Vertragliche Gestaltung von Urlaub

Osnabrücker Schriften zum Unternehmens- und Wirtschaftsrecht

Herausgegeben von Andreas Fuchs,
Markus Stoffels und Dirk A. Verse

Band 19

PL ACADEMIC RESEARCH

Miriam Sprink

Vertragliche Gestaltung von Urlaub

Möglichkeiten und Grenzen

PL ACADEMIC RESEARCH

Bibliografische Information der Deutschen Nationalbibliothek
Die Deutsche Nationalbibliothek verzeichnet diese Publikation in der Deutschen Nationalbibliografie; detaillierte bibliografische Daten sind im Internet über http://dnb.d-nb.de abrufbar.

Zugl.: Heidelberg, Univ., Diss., 2014

Umschlaggestaltung:
© Olaf Gloeckler, Atelier Platen, Friedberg

D 16
ISSN 1865-696X
ISBN 978-3-631-66249-6 (Print)
E-ISBN 978-3-653-05346-3 (E-Book)
DOI 10.3726/978-3-653-05346-3

PL Academic Research ist ein Imprint der Peter Lang GmbH.
Peter Lang – Frankfurt am Main · Bern · Bruxelles · New York · Oxford · Warszawa · Wien

Diese Publikation wurde begutachtet.

www.peterlang.com

Vorwort

Die vorliegende Arbeit lag im Sommersemester 2014 und im Wintersemester 2014/2015 der Juristischen Fakultät der Ruprecht-Karls-Universität Heidelberg zur Annahme als Dissertation vor. Neuere Rechtsprechung und Literatur konnten bis zum 31.03.2014 berücksichtigt werden.

Ich danke meinem Doktorvater Prof. Dr. Markus Stoffels für die Betreuung der Arbeit, die zügige Erstellung der Erstgutachtens und das entgegengebrachte Vertrauen bei der Erstellung der Arbeit sowie während meiner Zeit als wissenschaftliche Mitarbeiterin an seinem Lehrstuhl für Bürgerliches Recht, Arbeitsrecht und Unternehmensrecht. Zudem danke ich dem Lehrstuhlteam für die tolle Zusammenarbeit, insbesondere Diana Buntner und Nicole Bung. Prof. Dr. Thomas Lobinger danke ich für die zeitnahe Erstellung des Zweitgutachtens. Schließlich danke ich Prof. Dr. Dirk A. Verse M.Jur., Prof. Dr. Andreas Fuchs sowie Prof. Dr. Markus Stoffels für die Aufnahme der Dissertation in ihre Schriftenreihe.

Mein besonderer Dank gilt daneben meinen Eltern für ihre vielfältige und jederzeitige Unterstützung. Meinem Bruder danke ich für die mühevolle Endkorrektur, seine Unterstützung und Motivation. Meiner Familie widme ich diese Arbeit.

Inhaltsübersicht

Inhaltsverzeichnis

Klauselverzeichnis

Einleitung

A. Anlass und Gegenstand der Untersuchung

I. Arbeits- und wirtschaftspolitische Bedeutung des Erholungsurlaubes und seiner Ausgestaltung

Die immense arbeits- und wirtschaftspolitische Bedeutung des Erholungsurlaubes ergibt sich aus seiner Rolle als Rückgrat der Arbeitsfähigkeit der Arbeitnehmer. Er ist seit jeher wesentliche Säule der Erhaltung der Arbeitskraft.[1] Kennzeichnend für die heutige Wahrnehmung des Urlaubsanspruches ist der deutliche Bedeutungsgewinn von Freizeit in der Gesellschaft. Die „Generation Y" misst der Freizeit eine zuvor in diesem Ausmaß nicht vorhandene Bedeutung bei. Dies belegen Umfragen, nach denen für die 20- bis 30-Jährigen materielle Statussymbole an Wichtigkeit abnehmen. Ihnen ist es vielmehr am wichtigsten, Freizeit zu haben.[2] Freizeit als neues Statussymbol spiegelt sich auch in der Arbeitswelt wider. So tauchen in Bewerbungsgesprächen verstärkt Begriffe wie „work-life-Balance", „Freizeit", „Feierabend" und „Urlaub" auf.[3] In größeren Unternehmen und Großkanzleien werden nunmehr unterschiedlich ausgestaltete Freizeitmodelle angeboten, die zunehmend auch Teil der Gehaltsverhandlungen sind. So bieten bereits einige Unternehmen sogenannte Sabbaticals an, die Arbeitnehmer erhalten also beispielsweise nach einer gewissen Dauer der Betriebszugehörigkeit die Möglichkeit, in bestimmtem Umfang zusätzlichen bezahlten oder unbezahlten Urlaub zu nehmen. Dabei unterscheidet sich die individuelle Ausgestaltung mitunter erheblich und reicht von einigen Monaten bezahlter Freistellung bis zur Möglichkeit, jährlich in einem bestimmten Umfang zusätzlich zum Jahresurlaub eine unbezahlte Freistellung zu verlangen.[4] Daraus ergeben sich insbesondere hinsichtlich des Mehrurlaubs zunehmende

---

1 Zur Entwicklung des Urlaubsrechts in Deutschland siehe *Neumann/Fenski*, Einl. Rn. 1 ff.; *Streblow*, S. 3 ff.

2 *Knauß*, Wirtschaftswoche online v. 06.08.2013; *Löhr*, FAZ v. 10.06.2013; http://www.diffferent.de/statussymbole-die-neue-studie/ (20.03.14).

3 Siehe dazu nur *Baron van Lijnden*, Legal Tribune Online v. 11.09.2013.

4 *Baron van Lijnden*, Legal Tribune Online v. 11.09.2013; *Kunz*, Die Welt v. 06.01.2014; *Löhr*, FAZ v. 10.06.2013.

Regelungsmöglichkeiten sowie dementsprechend ein zunehmender Regelungsbedarf der Vertragsparteien. Dies kann sowohl die Arbeitsvertragsparteien, die Betriebspartner, als auch die Tarifvertragsparteien betreffen.

Urlaub und Urlaubsregelungen sind daher wirtschaftliche Faktoren, die es zu beachten gilt. Wurden sie bislang vorwiegend für den Erhalt der Leistungsfähigkeit der Arbeitnehmer eingesetzt, gewinnen sie nunmehr zunehmend Bedeutung im Wettbewerb um Arbeitskräfte am Arbeitsmarkt. Im Werben um Talente und das Know-how der Arbeitnehmer entwickeln sie sich zu wichtigen Gestaltungsfaktoren.

II. Entwicklung und Möglichkeiten der urlaubsrechtlichen Rahmenbedingungen

Dieser Bedeutungsgewinn hat die jahrzehntelange vertragliche Regelung von Urlaub, die zumeist lediglich in der Festsetzung des Urlaubsumfangs und einem bloßen Verweis auf die im Übrigen geltenden Normen des Bundesurlaubsgesetzes bestanden hatte,[5] überholt.

Infolge der Rechtsprechung des Europäischen Gerichtshofs ist überdies das deutsche Urlaubsrecht grundlegend umgestaltet worden.[6] Dieses befindet sich in einem Mehrebenensystem, wobei eine Gemengelage aus verschiedensten Rechtsquellen besteht.[7] Zum einen gilt es, deutsches Gesetzes- und Verfassungsrecht zu beachten. Darüber hinaus ist das Urlaubsrecht europarechtlich verankert, einerseits im Primärrecht in Form von Art. 31 Abs. 2 GRC, andererseits im Sekundärrecht in Art. 7 der Richtlinie 2003/88/EG. Hier stellt sich neben der Frage des Verhältnisses der Rechtsquellen zueinander insbesondere das Problem einer unmittelbaren Wirkung des Primärrechts für die Vertragsparteien. Überdies trifft das Übereinkommen Nr. 132 der Internationalen Arbeitsorganisation über den bezahlten Jahresurlaub als völkervertragliche Rechtsquelle urlaubsrechtliche Bestimmungen.

Die Umgestaltung des deutschen Urlaubsrechts fand seinen Ausgangspunkt in der Entscheidung *Schultz-Hoff* des Europäischen Gerichtshofs, in der dieser entschied, dass Art. 7 Abs. 1 der Richtlinie 2003/88/EG einer nationalen Regelung entgegensteht, nach welcher der Anspruch auf bezahlten Jahresurlaub bei Ablauf des Bezugszeitraums und/oder eines im nationalen Recht festgelegten Übertragungszeitraums auch dann erlischt, wenn der Arbeitnehmer während

---

5 *Powietzka/Fallenstein*, NZA 2010, 673, 674.

6 *Gallner* in FS Etzel, 155; *Höpfner*, RdA 2013, 16.

7 Siehe hierzu eingehend *Gallner* in FS Etzel, 155; *Höpfner*, RdA 2013, 16.

des gesamten oder eines Teils des Bezugszeitraums krankgeschrieben war und seine Arbeitsunfähigkeit bis zum Ende seines Arbeitsverhältnisses fortgedauert hat, weshalb er seinen Anspruch auf bezahlten Jahresurlaub nicht ausüben konnte.[8] Bei dieser Entscheidung ging es zwar um die Sonderkonstellation des Verfalls von Urlaubsansprüchen langzeiterkrankter Arbeitnehmer, sie veränderte jedoch das deutsche Urlaubsrecht und die jahrzehntelang gefestigte deutsche Rechtsprechung zum Urlaubsrecht entscheidend.[9] Das Bundesarbeitsgericht übernahm die europäische Rechtsprechung im Wege einer „richtlinienkonformen Rechtsfortbildung" des § 7 Abs. 3, 4 BUrlG, sodass fortan die Urlaubsansprüche nicht verfielen, wenn der Arbeitnehmer den Urlaub auf Grund von Krankheit nicht innerhalb des Kalenderjahres und des Übertragungszeitraums nehmen konnte.[10]

Die zunächst angenommene unbefristete Ansammlung von Urlaubsansprüchen Langzeiterkrankter wurde mittlerweile durch die Entscheidung *KHS* des Europäischen Gerichtshofs abgemildert. Hier erklärte er, dass dem Jahresurlaub über eine bestimmte Grenze hinaus seine positive Wirkung für den Arbeitnehmer als Erholungszeit fehlt, sodass eine Verfallfrist, die über dieser Grenze liegt, mit der Richtlinie vereinbar ist. Damit wurde letztlich eine „Nuancierung" zum *Schultz-Hoff*-Urteil vorgenommen.[11] Das Bundesarbeitsgericht übernahm auch diese Wandlung der europäischen Rechtsprechung und bildete § 7 Abs. 3 BUrlG richtlinienkonform dergestalt fort, dass nunmehr der Urlaubsanspruch langzeiterkrankter Arbeitnehmer spätestens 15 Monate nach Ablauf des Kalenderjahres verfällt.[12]

Diese Änderung der Rechtsprechung wirft diverse Folgefragen auf. Dabei handelt es sich teils um Detailfragen, andererseits geht es um Grundfragen des Urlaubsrechts, die es zu klären gilt.[13] So wird bereits der Inhalt des Urlaubsanspruchs vom Bundesarbeitsgericht und vom Europäischen Gerichtshof unterschiedlich beurteilt.[14] Infolge der *Schultz-Hoff*-Entscheidung gab das Bundesarbeitsgericht zudem die Surrogatstheorie auf,[15] was weite Teile des Urlaubsabgeltungsanspruchs und damit auch seiner Gestaltbarkeit betrifft.

---

8 EuGH v. 20.01.2009 – C-350/06 und C-520/06 NZA 2009, 135 (Schultz-Hoff).

9 *Gallner* in FS Etzel, 155; *Höpfner*, RdA 2013, 16.

10 BAG v. 24.03.2009 – 9 AZR 983/07 NZA 2009, 538.

11 EuGH v. 22.11.2011 – C-214/10 EuZW 2011, 958, 959 (KHS).

12 BAG v. 07.08.2012 – 9 AZR 353/10 NZA 2012, 1216.

13 *Gallner* in FS Etzel, 155; *Höpfner*, RdA 2013, 16.

14 Siehe dazu im Einzelnen im ersten Teil, D. II. (S. 48 ff.) sowie im zweiten Teil, X. 4. a) (S. 241 ff.).

15 BAG v. 19.06.2012 – 9 AZR 652/10 NZA 2012, 1087.

Für die Vertragsparteien ergeben sich daraus einerseits neue Gestaltungsmöglichkeiten, beispielsweise hinsichtlich des Urlaubsabgeltungsanspruchs. Andererseits wurde insbesondere durch die Ansammlung von Urlaubsansprüchen Langzeiterkrankter die Notwendigkeit sichtbar, zumindest den nicht von der Arbeitszeitrichtlinie erfassten Mehrurlaubsanspruch abweichend von den Vorschriften des Bundesurlaubsgesetzes und den unionsrechtlichen Vorgaben zu regeln.[16]

In der Gestaltung des Mehrurlaubsanspruchs sind die Vertragsparteien frei. Soweit er abweichend von den Vorschriften des Bundesurlaubsgesetzes geregelt wird, finden diese keine Anwendung.[17] Daraus ergibt sich für den Arbeitgeber gerade hinsichtlich des Mehrurlaubsanspruchs ein enormes Flexibilisierungspotential. Die vorliegende Arbeit beabsichtigt die Spielräume derartiger Gestaltungsmöglichkeiten zu ermitteln. So offenbart sich die Möglichkeit, die Gewährung von Mehrurlaub an bestimmte Zwecke zu binden und ihn nur unter vorgegebenen Voraussetzungen zu gewähren, sodass dadurch ein Anreiz zu einem erwünschten Verhalten geschaffen oder auch ein verpöntes Verhalten mit einer Kürzung des Mehrurlaubsanspruchs sanktioniert werden kann. Für den Arbeitnehmer besteht ein besonderes Interesse daran, zusätzliche bezahlte Freizeit zu erhalten und dabei genau zu wissen, unter welchen Voraussetzungen der Anspruch besteht bzw. gekürzt wird.

Bei der in der Praxis verbreiteten Vertragsgestaltung in Form von Allgemeinen Geschäftsbedingungen ist daher ein besonderes Augenmerk auf die Transparenz solcher Abmachungen zu legen. Indes steht bei der Gewährung von Mehrurlaubsansprüchen bereits die Eröffnung der Inhaltskontrolle nach § 307 Abs. 3 S. 1 BGB in Frage. Das Bundesarbeitsgericht verneint sie mit dem Hinweis, dass bei der Regelung von Mehrurlaub nicht von gesetzlichen Vorschriften abgewichen, sondern vielmehr etwas anderes geregelt werde.[18] Bejaht man sie hingegen, so ist überdies den Grenzen des AGB-Rechts Beachtung zu schenken.

---

16 *Oberthür*, ArbRB 2009, 278; *Pötters/Stiebert*, NJW 2012, 1034, 1039; *Powietzka/Fallenstein*, NZA 2010, 673.

17 EuGH v. 03.05.2012 – C-337/10 NVwZ 2012, 688, 690 (Rn. 35) (Neidel); v. 24.01.2012 – C-282/10 EuZW 2012, 342, 345 (Rn. 48) (Dominguez); BAG v. 13.11.2012 – 9 AZR 64/11 NJOZ 2013, 514; v. 22.05.2012 – 9 AZR 575/10 NZA-RR 2013, 48; v. 22.05.2012 – 9 AZR 618/10 NZA 2012, 987; v. 12.04.2011 – 9 AZR 80/10 NZA 2011, 1050; v. 04.05.2010 – 9 AZR 183/09 NZA 2010, 1011; v. 23.03.2010 – 9 AZR 128/09 NZA 2010, 810; v. 24.03.2009 – 9 AZR 983/07 NZA 2009, 538. Siehe dazu im Einzelnen auch im ersten Teil, A. II. (S. 8 ff.); III. 2. (S. 22 f.); B. II. (S. 36 ff.).

18 BAG v. 24.03.2009 – 9 AZR 983/07 NZA 2009, 538, 547 (Rn. 93 f.); siehe dazu im Einzelnen im ersten Teil, A. V. 2. b) (S. 25 ff.).

Bei den tarifvertraglichen Urlaubsregelungen ergeben sich die unterschiedlichen Grenzen insbesondere aus ihrer in Art. 9 Abs. 3 GG manifestierten Tarifautonomie. So unterliegen sie nach § 310 Abs. 4 S. 1 BGB keiner AGB-Kontrolle. Die Betriebspartner haben insbesondere die Grenze des § 77 Abs. 3 S. 1 BetrVG zu beachten, sodass ihnen im Geltungsbereich von Tarifverträgen kein großer Spielraum für Urlaubsregelungen bleibt. Im Rahmen des § 87 Abs. 1 Nr. 5 BetrVG können sie aber Urlaubsregelungen in Betriebsvereinbarungen treffen.

B. Gang der Darstellung

Im ersten Teil der vorliegenden Arbeit werden die allgemeinen Grenzen untersucht, denen Urlaubsregelungen unterliegen, die neben den bereits genannten internationalen Rechtsquellen im nationalen Recht insbesondere im AGB-Recht, den Grenzen des Bundesurlaubsgesetzes und des Allgemeinen Gleichbehandlungsgesetzes zu finden sind. Auch eine Einordnung des Mehrurlaubs als Sondervergütung, die erforderliche vertragliche Differenzierung zwischen Mindest- und Mehrurlaub sowie die Notwendigkeit einer Tilgungsbestimmung werden beleuchtet.

In einem zweiten Teil werden einzelne Regelungsmöglichkeiten in Bezug auf ihre Gesetzmäßigkeit überprüft. Dabei werden neben facettenreichen Verfalls- und Kürzungsvereinbarungen auch Möglichkeiten eines vereinbarten Rückrufs, von Rückzahlungsvereinbarungen, Regelungen hinsichtlich des Urlaubsentgelts, des Urlaubsgeldes, der Urlaubsabgeltung und Vereinbarungen von Urlaubsansprüchen bei der Beendigung des Arbeitsverhältnisses sowie in ruhenden Arbeitsverhältnissen analysiert. Der Schwerpunkt liegt dabei auf arbeitsvertraglichen Vereinbarungen.

Die gefundenen Ergebnisse werden schließlich in einem dritten Teil zusammengefasst.

Erster Teil: Allgemeine Grenzen vertraglicher Urlaubsregelungen

Bei der Betrachtung vertraglicher Urlaubsregelungen ist zwischen dem Arbeitsvertrag, dem Tarifvertrag und der Betriebsvereinbarung zu unterscheiden, für die es jeweils unterschiedliche Grenzen zu beachten gilt.

A. Arbeitsvertragliche Regelungen

Die Grenzen arbeitsvertraglicher Regelungen ergeben sich einerseits aus dem internationalen Recht, insbesondere dem Europarecht, sowie andererseits aus dem nationalen Recht.

I. Internationale Vorgaben

International findet sich in Art. 3 Abs. 3 ILO[19] ein dreiwöchiger Mindesturlaubsanspruch, während Art. 24 AEMR[20] und Art. 7d IPWSKR[21] keine konkrete Dauer oder Vorgaben für den Mindesturlaubsanspruch vorgeben. Art. 2 Nr. 3 ESC[22] sieht in der Fassung vom 18.10.1961, in der sie auch von Deutschland unterzeichnet und ratifiziert wurde, einen Mindesturlaubsanspruch von zwei Wochen pro Jahr vor. In der revidierten Fassung vom 03.05.1996, die bislang von Deutschland nur unterzeichnet, nicht jedoch ratifiziert worden ist, ist nunmehr eine Dauer von vier Wochen vorgesehen.[23] Bei diesen internationalen Vorgaben handelt es sich um völkerrechtliche Verträge zwischen den beteiligten Staaten. Nach Art. 59 Abs. 2 GG bedarf das Völkervertragsrecht der Transformation, um innerstaatliche Geltung zu erlangen.[24] Selbst nach der Transformation durch das Ratifizierungsgesetz

19 Übereinkommen Nr. 132 der Internationalen Arbeitsorganisation über bezahlten Jahresurlaub (1970); wird im Folgenden mit ILO für International Labour Organization bezeichnet.

20 Allgemeine Erklärung der Menschenrechte.

21 Internationaler Pakt über wirtschaftliche, soziale und kulturelle Rechte.

22 Europäische Sozialcharta.

23 Zum aktuellen Ratifizierungsstand siehe http://conventions.coe.int/Treaty/Commun/ChercheSig.asp?NT=163&CM=7&DF=25/02/2013&CL=GER (20.03.2014).

24 BVerfG v. 14.10.2004 – 2 BvR 1481/04 NJW 2004, 3407, 3408; Maunz/Dürig/*Nettesheim*, Art. 59 GG Rn. 181 ff.

wirken sie nur unmittelbar, wenn sie „self-executing“ sind, also zur praktischen Umsetzung keiner weiteren gesetzgeberischen Akte bedürfen.[25] Damit gelten die internationalen Vorgaben zwar für Deutschland als unterschreibenden Staat und verpflichten diesen, die Vorgaben innerstaatlich umzusetzen. Sie entfalten aber gerade keine unmittelbare Wirkung für die Vertragsparteien. Diese haben vielmehr die nationalen Normen zu beachten, die die Vorgaben umsetzen. Verstößt eine nationale Vorschrift gegen eine der internationalen Vorgaben, so führt dies lediglich zu einer Haftung des deutschen Staates im völkerrechtlichen Verhältnis, hat aber für die Vertragsparteien keine unmittelbaren Folgen.[26]

II. Europarechtliche Vorgaben

1. Das Urlaubsrecht betreffendes Primärrecht

Der Anspruch auf bezahlten Jahresurlaub ist seit Inkrafttreten des Vertrags von Lissabon nach Art. 6 Abs. 1 EUV primärrechtlich in der Grundrechtecharta in Art. 31 Abs. 2 verbindlich geregelt. Im *KHS*-Urteil bezog der Europäische Gerichtshof erstmalig eindeutig Stellung zu der Frage, auf welcher Ebene der Urlaubsanspruch im Europarecht zu verankern ist.[27] Bestand zuvor noch Streit,[28] so steht nunmehr die primärrechtliche Verankerung fest. Ob darüber hinaus ein allgemeiner Rechtsgrundsatz existiert, der sich aufgrund der gemeinsamen Verfassungsüberlieferungen der Mitgliedstaaten ergibt und der nach Art. 6 Abs. 3 EUV Teil des Primärrechts ist, ist wegen der undeutlichen und umstrittenen Terminologie nicht geklärt.[29] Der Europäische Gerichtshof nennt den Anspruch auf bezahlten Jahresurlaub seit der *BECTU*-Entscheidung einen „besonders wichtigen Grundsatz des Sozialrechts der Gemeinschaft“.[30] Bislang hat er sich aber

---

25 Maunz/Dürig/*Nettesheim*, Art. 59 GG Rn. 177 ff.; Däubler/*Schiek*, Einl. Rn. 344.

26 Zur Haftung der Mitgliedstaaten im Europarecht siehe Schulze/Zuleeg/Kadelbach/Beljin/*Böhm*, § 12 Rn. 83 ff.

27 EuGH v. 22.11.2011 – C-214/10 EuZW 2011, 958, 960 (Rn. 37) (KHS).

28 Gegen die primärrechtliche Verankerung beispielsweise *Bauer/Arnold*, NJW 2009, 631, 633; Andeutungen auf eine primärrechtliche Geltung enthalten die Schlussanträge von GA Trstenjak, Schlussanträge v. 24.01.2008 – C 350/06 BeckRS 2008, 70070 (Rn. 33, 39) (Schultz-Hoff).

29 Dazu eingehend GA *Trstenjak*, Schlussanträge v. 08.09.2011 – C-282/10 BeckRS 2011, 81367 (Rn. 89 ff.) (Dominguez).

30 EuGH v. 20.01.2009 – C-350/06, C-520/06 Slg. 2009, I-179 (Rn. 22) (Schultz-Hoff); v. 16.03.2006 – C-131/04, C-257/04 NZA 2006, 481, 483 (Rn. 48) (Robinson-Steele); v. 18.03.2004 – C-342/01 Slg. 2004, I-2605 (Rn. 29) (Merino Gómez); v. 26.06.2001 – C-173/99 Slg. 2001, I-4881 (Rn. 43) (BECTU).

nicht dazu geäußert, ob er ihn als einen allgemeinen Rechtsgrundsatz ansieht. Für die vertragliche Gestaltung von Urlaubsansprüchen spielt dies letztlich nur bei der Frage der unmittelbaren Anwendbarkeit des Primärrechts zwischen Privaten eine Rolle.[31]

Bei der Staffelung des Mehrurlaubsanspruchs nach dem Alter der Arbeitnehmer erlangt das Diskriminierungsverbot wegen des Alters eine besondere Bedeutung.[32] Es ist primärrechtlich nach Inkrafttreten des Vertrags von Lissabon nunmehr in Art. 21 Abs. 1 GRC verbindlich geregelt. Der Europäische Gerichtshof sieht es außerdem als allgemeinen Grundsatz des Gemeinschaftsrechts an, sodass es überdies nach Art. 6 Abs. 3 EUV primärrechtlich verankert ist.[33]

2. *Das Urlaubsrecht betreffendes Sekundärrecht*

Die bedeutendste zu beachtende sekundärrechtliche Grenze im Urlaubsrecht ist die Arbeitszeitrichtlinie 2003/88/EG. Hierin werden bestimmte Aspekte der Arbeitszeitgestaltung geregelt. Das Urlaubsrecht betrifft Art. 7 der Richtlinie.

Nach Art. 7 Abs. 1 der Richtlinie treffen die Mitgliedstaaten die erforderlichen Maßnahmen, damit jeder Arbeitnehmer einen bezahlten Mindestjahresurlaub von vier Wochen nach Maßgabe der Bedingungen für die Inanspruchnahme und die Gewährung erhält, die in den einzelstaatlichen Rechtsvorschriften und/oder nach den einzelstaatlichen Gepflogenheiten vorgesehen ist. Nach Art. 7 Abs. 2 der Arbeitszeitrichtlinie darf der bezahlte Mindestjahresurlaub außer bei Beendigung des Arbeitsverhältnisses nicht durch eine finanzielle Vergütung ersetzt werden.

Hinsichtlich der Diskriminierung wegen des Alters, die bei einer Staffelung des Urlaubsanspruchs nach dem Alter relevant werden kann, ist die Richtlinie 2000/78/EG zu beachten, die eine solche Diskriminierung in Art. 1, 2 verbietet.

3. *Konsequenzen der europarechtlichen Vorgaben für die urlaubsrechtliche Vertragsgestaltung*

a) Auswirkungen des urlaubsrechtlichen Primärrechts auf das Verhältnis zwischen Privaten

Indem das europäische Primärrecht unmittelbare Geltung für den Einzelnen in der Europäischen Union entfalten kann, ergeben sich auch Konsequenzen für die arbeitsvertragliche Urlaubsgestaltung zwischen Privaten. Während die Rechtslage

31 Siehe dazu im ersten Teil, A. II. 3. (S. 9 ff.).

32 Siehe hierzu im ersten Teil, A. IV. (S. 22 f.); im zweiten Teil, A. III. 1. b) (S. 143 ff.).

33 EuGH v. 19.01.2010 – C-555/07 NZA 2010, 85, 88 (Rn. 50) (Kücükdeveci); v. 22.11.2005 – C 144/04 NZA 2005, 1345, 1348 (Rn. 75) (Mangold).

hinsichtlich des Diskriminierungsverbots weitgehend geklärt ist, stellt sich hinsichtlich des primärrechtlichen Urlaubsanspruchs die Frage der unmittelbaren Anwendbarkeit des Primärrechts zwischen Privaten, einerseits in Form des Art. 31 Abs. 2 GRC, andererseits in Form eines allgemeinen Rechtsgrundsatzes. Darüber hinaus kann in Anlehnung an die Rechtsprechung des Europäischen Gerichtshofs zu *Kücükdeveci*[34] und *Mangold*[35] die Anwendung des allgemeinen Rechtsgrundsatzes, wie er durch die Richtlinie 2003/88 konkretisiert ist, erwogen werden.

aa) Unmittelbare Anwendbarkeit des Diskriminierungsverbotes

Die Rechtslage hinsichtlich des Diskriminierungsverbotes ist inzwischen geklärt. In der *Mangold*- und *Kücükdeveci*-Rechtsprechung erkannte der Europäische Gerichtshof an, dass das Verbot der Altersdiskriminierung als gemeinsame Verfassungsüberlieferung der Mitgliedstaaten ein allgemeiner Rechtsgrundsatz im Sinne von Art. 6 Abs. 3 EUV ist.[36] In der *Kücükdeveci*-Entscheidung leitete er sodann das Verbot der Altersdiskriminierung auch aus Art. 21 Abs. 1 GRC her, der zwischenzeitlich nach Art. 6 Abs. 1 EUV primärrechtlich galt. Nationale Vorschriften, die gegen das unionsrechtliche Verbot verstoßen, haben danach auch in Rechtsstreitigkeiten zwischen Privaten unangewendet zu bleiben.[37] Das bedeutet, dass Vertragsparteien nicht nur die nationalrechtlichen Vorschriften, insbesondere in Form des Allgemeinen Gleichbehandlungsgesetzes, beachten müssen. Sie müssen dabei auch das primärrechtlich verankerte, durch die Richtlinie 2000/78/EG konkretisierte Diskriminierungsverbot beachten. Sollte eine nationalrechtliche Norm hiergegen verstoßen, so kann dies im Rechtsstreit zur unmittelbaren Anwendung des Unionsrechts führen.[38] Die Vertragsparteien

34 EuGH v. 19.01.2010 – C-555/07 NZA 2010, 85, 88 (Rn. 50) (Kücükdeveci).

35 EuGH v. 22.11.2005 – C 144/04 NZA 2005, 1345, 1348 (Rn. 75) (Mangold).

36 EuGH v. 22.11.2005 – C-144/04 EuZW 2006, 17 (Mangold).

37 EuGH v. 19.01.2010 – C-555/07 EuZW 2010, 177 (Kücükdeveci).

38 Zur lebhaften Diskussion dieser Rechtsprechung in der deutschen Literatur siehe nur *Annuß*, BB 2005, 325; *Bauer*, NZA 2005, 800; *Bauer/Arnold*, NJW 2006, 6; *Bauer/von Medem*, ZIP 2010, 449; *Brock/Windeln*, Anm. zu EuGH v. 22.11.2005 – C-144/04 EWiR 2005, 869; *Gas*, EuZW 2005, 737; *Herrmann*, EuZW 2006, 69; *von Oettingen/Rabenschlag*, ZEuS 2006, 363; *Preis*, NZA 2006, 401; *Preis/Temming*, NZA 2010, 185; *Reich*, Anm. zu EuGH v. 22.11.2005 – C-144/04 EuZW 2006, 20; *Schiek*, AuR 2006, 145; *Seifert*, EuR 2010, 802; *Strybny*, Anm. zu EuGH v. 22.11.2005 – C-144/04 BB 2005, 2753; *Thüsing*, ZIP 2005, 2149; *Wiedemann*, Anm. zu EuGH v. 22.11.2005 – C-144/04 AP Richtlinie 2000/78/EG Nr. 1. Problematisch ist daran insbesondere, dass der Europäische Gerichtshof dadurch den Weg zur unmittelbaren Drittwirkung von Richtlinien zu ebnen scheint, vgl. auch *Bauer/Göpfert/Krieger*, Einl. Rn. 52 f.; § 10 AGG Rn. 9.

müssen hier also bei der Vertragsgestaltung auf die Einhaltung der unionsrechtlichen Vorgaben achten, anderenfalls riskieren sie, in einem Rechtsstreit durch die unmittelbare Anwendung des Unionsrechts belastet zu werden.[39]

bb) Unmittelbare Anwendbarkeit von Art. 31 Abs. 2 GRC

Hinsichtlich der Überprüfung der Auswirkungen des primärrechtlich verankerten Urlaubsanspruchs auf die urlaubsrechtliche Vertragsgestaltung ist in mehreren Schritten vorzugehen. Zunächst ist zu überprüfen, ob der nach Art. 6 Abs. 1 EUV primärrechtlich verankerte Art. 31 Abs. 2 GRC unmittelbare Geltung zwischen Privaten erlangt. Dies kann zur Unanwendbarkeit von unionsrechtswidrigem nationalem Recht führen, das einer richtlinienkonformen Auslegung nicht zugänglich ist.

Art. 31 Abs. 2 GRC gibt ein Recht auf bezahlten Jahresurlaub und stellt damit ein soziales Grundrecht dar. Dabei ist von einem subjektiven Recht auszugehen, das dem Arbeitnehmer gewährt wird. Dies ergibt sich aus dem Wortlaut, der von einem „Recht" spricht, sowie der systematischen Betrachtung der Art. 28, 29 GRC, die ebenfalls subjektive Rechte gewähren.[40] Der Grundrechtscharakter ergibt sich dabei aus der besonderen Nähe zur Garantie der Menschenwürde nach Art. 1 GRC und daraus, dass es sich bei Art. 31 Abs. 2 GRC um eine besondere Ausformung des Grundrechts auf körperliche Unversehrtheit im Arbeitsverhältnis handelt, Art. 3 Abs. 1 GRC.[41]

(1) Anwendungsbereich des Grundrechts auf bezahlten Urlaub

Private können nur an europäische Grundrechte gebunden sein, wenn der Sachverhalt in den Anwendungsbereich der Grundrechtecharta fällt. Dies richtet sich nach Art. 51 Abs. 1 GRC. Danach gilt die Grundrechtecharta für die Organe und Einrichtungen der Union unter Einhaltung des Subsidiaritätsprinzips und für die Mitgliedstaaten ausschließlich bei der Durchführung des Rechts der Union. Nach Art. 52 Abs. 2 GRC erfolgt die Ausübung der durch die Grundrechtecharta anerkannten Rechte, die in den Gemeinschaftsverträgen oder im Vertrag über die Europäische Union begründet sind, im Rahmen der darin festgelegten Bedingungen und Grenzen. Dadurch soll also eine Begrenzung

---

39 Siehe dazu z. B. *Link*, Anm. zu EuGH v. 19.01.2010 – C-555/07 NJW 2010, 430, 431; *Schubert*, Anm. zu EuGH v. 19.01.2010 – C-555/07 EuZW 2010, 180, 182.

40 GA *Trstenjak*, Schlussanträge v. 08.09.2011 – C-282/10 BeckRS 2011, 81367 (Rn. 75 ff.) (Dominguez).

41 GA *Trstenjak*, Schlussanträge v. 08.09.2011 – C-282/10 BeckRS 2011, 81367 (Rn. 76) (Dominguez); *Jarass*, Art. 31 GRC Rn. 2; *Seifert*, EuZA 2013, 299, 309.

des Grundrechtsadressatenkreises geschaffen werden.[42] Neue Zuständigkeiten oder Aufgaben für die Union werden hierdurch ausdrücklich nicht begründet. Für die Mitgliedstaaten gelten die europäischen Grundrechte ausschließlich bei der Durchführung des Unionsrechts, also beim Vollzug des unmittelbar geltenden Unionsrechts durch die Behörden in den Mitgliedstaaten.[43] Aus Art. 31 Abs. 2 GRC lässt sich damit eine Schutzpflicht der Union und ihrer Mitgliedstaaten ableiten, gegen die sie verstoßen, wenn sie ihren Bediensteten keine gerechten und angemessenen Arbeitsbedingungen gewähren oder wenn sie keine Regelungen zur Sicherung der in Art. 31 GRC genannten Rechte erlassen, obwohl sie über entsprechende Kompetenzen verfügen.[44] Eine Beeinträchtigung des Grundrechts durch Mitgliedstaaten kommt daher einerseits bei der Durchführung von Unionsrecht in Betracht, z. B. bei der Umsetzung von Richtlinien in nationales Recht, wobei deren Spielraum zu beachten ist. Art. 31 GRC sieht gerade den Erlass ausgestaltender Regelungen vor.[45] Bereits der begrenzte Anwendungsbereich des Art. 51 Abs. 1 GRC spricht folglich gegen eine unmittelbare Anwendbarkeit zwischen Privaten.[46]

(2) Unmittelbare Anwendung des Art. 31 Abs. 2 GRC in seiner Konkretisierung durch die Richtlinie 2003/88/EG

Möglicherweise ergibt sich aber aus der Übertragbarkeit der *Mangold*- und *Kücükdeveci*-Rechtsprechung des Europäischen Gerichtshofs eine unmittelbare Anwendbarkeit des Art. 31 Abs. 2 GRC mit der Folge der Unanwendbarkeit

---

42 GA *Trstenjak*, Schlussanträge v. 08.09.2011 – C-282/10 BeckRS 2011, 81367 (Rn. 80 f.) (Dominguez).

43 *Höpfner*, RdA 2013, 16, 21; *ders.*, ZfA 2010, 449, 467 ff.

44 GA *Trstenjak*, Schlussanträge v. 08.09.2011 – C-282/10 BeckRS 2011, 81367 (Rn. 81) (Dominguez); *Frenz*, Handbuch Europarecht, Bd. 4, S. 1171, Rn. 3909; *Hilbrandt* in: Heselhaus/Nowak, § 36 Rn. 40, 46; *Jarass*, Art. 31 GRC Rn. 9.

45 GA *Trstenjak*, Schlussanträge v. 08.09.2011 – C-282/10 BeckRS 2011, 81367 (Rn. 82) (Dominguez).

46 Überzeugend GA *Trstenjak*, Schlussanträge v. 08.09.2011 – C-282/10 BeckRS 2011, 81367 (Rn. 83) (Dominguez); *Frenz*, Handbuch Europarecht, Bd. 4, S. 1171, Rn. 3909; *Gallner*, Das deutsche Urlaubsrecht im Spiegel des Unionsrechts, S. 14; *Hilbrandt* in: Heselhaus/Nowak, § 36 Rn. 40; *Höpfner*, RdA 2013, 16, 21; *ders.*, ZfA 2010, 449, 467 ff.; *Jarass*, Art. 31 GRC Rn. 9; Schwarze/*Knecht*, Art. 31 GRC Rn. 4; *Wank* in FS Bepler, 585, 587; a. A. GA *Villalón*, Schlussanträge v. 18.07.2013 – C-176/12 (Rn. 28 ff.) (Association de médiation sociale); *Curtin/van Ooik*, MJ 2001, 102, 112; *Greif* in Uffmann/Dahm, 43, 67 ff.

entgegenstehender nationaler Normen.[47] Die Voraussetzungen einer Übertragbarkeit dieser Entscheidungen auf den Anspruch auf bezahlten Jahresurlaub bestehen nach der Rechtsprechung des Europäischen Gerichtshofs zum einen in einem primärrechtlich verankerten Anspruch auf bezahlten Jahresurlaub, der durch die Vorschrift des Art. 31 Abs. 2 GRC gegeben ist.[48] Darüber hinaus sind ein bestehendes Arbeitsverhältnis und ein Urlaubsanspruch nach den Voraussetzungen der Richtlinie erforderlich.[49]

Auch die jüngsten Ausführungen des Generalanwalts *Villalón* zur unmittelbaren Anwendbarkeit von Art. 27 GRC zwischen Privaten deuten in diese Richtung. Er geht dabei zunächst bei Art. 27 GRC von einem Grundsatz aus, der durch Art. 3 Abs. 1 der Richtlinie 2002/14/EG konkretisiert worden sei. Diese Konkretisierung durch Sekundärrecht werde unmittelbar Inhalt des Primärrechts, sodass entgegenstehendes nationales Recht unanwendbar bleiben müsse.[50] Jedoch spricht gegen diese Ansicht bereits die Wirkung der sogenannten Charta-Grundsätze. Diese enthalten verbindliches Recht. Sie verpflichten nach Art. 51 Abs. 1 GRC die Union und ihre Stellen sowie die Mitgliedstaaten und deren Stellen, soweit sie Unionsrecht durchführen.[51] Nach Art. 52 Abs. 5 S. 1 GRC können die Grundsätze durch Rechtsakte konkretisiert und ausgestaltet werden. Soweit die Union gestaltende Durchführungsakte erlassen hat, führt dies zu präziseren Vorgaben für Verwaltung und Rechtsprechung der Union sowie der Mitgliedstaaten. Die Präzisierung erfolgt aber gerade auf der Ebene des einschlägigen Ausgestaltungsrechts. Die rechtlichen Gehalte des Grundsatzes werden dadurch nicht erweitert.[52] Daher geht die rechtliche Betrachtung *Villalóns*, der davon ausgeht, die sekundärrechtliche Konkretisierung werde Teil des Primärrechts, fehl.

---

47 Hierfür sprechen sich *Pötters/Stiebert* wiederholt aus, ZESAR 2012, 23, 28; *Stiebert/Pötters*, Anm. zu EuGH v. 22.11.2011 – C-214/10, EuZW 2011, 960, 961.

48 Gegebenenfalls kann auch ein allgemeiner Rechtsgrundsatz im Sinne von Art. 6 Abs. 3 EUV angenommen werden, dazu siehe sogleich unter cc) (S. 16 ff.) und GA *Trstenjak*, Schlussanträge v. 08.09.2011 – C-282/10 BeckRS 2011, 81367 (Rn. 89 ff.) (Dominguez).

49 GA *Trstenjak*, Schlussanträge v. 08.09.2011 – C-282/10 BeckRS 2011, 81367 (Rn. 89 ff.) (Dominguez).

50 GA *Villalón*, Schlussanträge v. 18.07.2013 – C-176/12 (Rn. 65 ff.) (Association de médiation sociale).

51 *Jarass*, Art. 51 GRC Rn. 74 f.

52 *Jarass*, Art. 51 GRC Rn. 77 ff.

Bei Art. 31 Abs. 2 GRC hingegen handelt es sich nicht um einen Charta-Grundsatz, sondern um ein Grundrecht. Für eine Konkretisierung der Norm auf vier Wochen lässt sich zunächst Art. 7 Abs. 1 der Arbeitszeitrichtlinie anführen. Allerdings erscheint es bereits problematisch, den primärrechtlichen Anspruch allein im Lichte der Arbeitszeitrichtlinie auszulegen. Bei dem Anspruch auf vier Wochen bezahlten Jahresurlaub handelt es sich um keinen zwischen den Vertragsparteien anwendbaren Völkerrechtssatz im Sinne von Art. 31 Abs. 3c WVK[53]. Vielmehr gewährt Art. 3 Abs. 3 ILO, das nicht von allen Mitgliedstaaten der Europäischen Union ratifiziert worden ist, nur einen dreiwöchigen Mindesturlaubsanspruch. Art. 24 AEMR und Art. 7d IPWSKR geben gar keine konkrete Dauer oder Vorgaben für den Mindesturlaubsanspruch vor. Der primärrechtliche Anspruch auf bezahlten Jahresurlaub kann daher nicht ausschließlich im Lichte der Arbeitszeitrichtlinie ausgelegt werden. Im Recht der Mitgliedstaaten kommt dem Primärrecht aber nur unmittelbare Wirkung zu, soweit die Vorschriften eindeutig und bestimmt genug sind, um ohne weitere Ausführungsvorschriften von nationalen Gerichten angewendet werden zu können.[54] Der primärrechtliche Anspruch auf bezahlten Jahresurlaub ist mithin viel zu unbestimmt, um ihn unmittelbar zwischen Arbeitgeber und Arbeitnehmer anzuwenden.[55]

Problematisch an einer Auslegung anhand der Arbeitszeitrichtlinie ist zudem, dass in den arbeitsrechtlichen Richtlinien zahlreiche Grundrechtskonkretisierungen zu finden sind, wenn man einen inhaltlichen Zusammenhang zwischen Grundrecht und Richtlinie ausreichen lässt. So wäre beispielsweise das Verbot der Kündigung wegen eines Betriebsübergangs nach Art. 4 Abs. 1 der Richtlinie 2001/23/EG eine Konkretisierung des Grundrechts auf Schutz vor ungerechtfertigter Entlassung nach Art. 30 GRC und die Rahmenvereinbarung über den Elternurlaub wäre eine Konkretisierung des Grundrechts auf Elternurlaub nach Art. 33 GRC. Nahezu jede Vorschrift einer arbeitsrechtlichen Richtlinie ließe sich als Konkretisierung eines sozialen Grundrechts ansehen, sodass jedes hiergegen verstoßende Gesetz zwischen Privaten unanwendbar wäre.[56] Ebenso führte dies zu dem Problem der Vermengung von Primär- und Sekundärrecht, indem das Primärrecht anhand des Sekundärrechts

---

53 Wiener Vertragsrechtskonvention.

54 GA *Trabucchi*, Schlussanträge v. 10.03.1976 – C-43/75 Slg. 1976, 455, 485 (4.) (Defrenne II).

55 *Seifert*, EuZA 2013, 299, 309.

56 *Höpfner*, RdA 2013, 16, 21; *Willemsen/Sagan*, NZA 2011, 258, 261.

angewendet würde.[57] Auch die daraus resultierende Rechtsunsicherheit der Privaten ist zu beachten, die bei der Vertragsgestaltung nicht mehr wüssten, wann sich ein in der Grundrechtecharta verbürgtes Recht als Konkretisierung einer bestimmten Richtlinie gegen nationales Recht durchsetzt.[58]

Schließlich ist der deutliche Unterschied zwischen den Diskriminierungsverboten und dem bezahlten Jahresurlaub zu beachten. Während der Anspruch auf bezahlten Jahresurlaub völlig unbestimmt ist und es gerade den Mitgliedstaaten zustehen soll, eigene Regeln hierzu zu treffen, waren im Urteil *Kücükdeveci* hingegen die Diskriminierungsverbote primär- und sekundärrechtlich identisch geregelt. Da aber die Arbeitszeitrichtlinie in erheblichem Maße auf das nationale Recht verweist, liegt hier der Fall anders, sodass trotz primärrechtlicher Verankerung des Urlaubsrechts keine unmittelbare Anwendung zwischen Privaten anzunehmen ist.[59]

Art. 31 Abs. 2 GRC kommt vielmehr bei der Interpretation der Richtlinie 2003/88/EG zur Anwendung, die im Lichte des Grundrechts erfolgt. Im Rahmen der richtlinienkonformen Auslegung wirkt sich so das Grundrecht auch auf das nationale Recht, namentlich das Bundesurlaubsgesetz, aus.[60] Bei unionsrechtswidrigem nationalem Recht ist daher jedenfalls im Urlaubsrecht die Unanwendbarkeit der nationalen Norm nicht als Sanktionsmaßnahme gegenüber dem Mitgliedstaat anzuerkennen. Diese wirkte sich vielmehr als Sanktionsmaßnahme gegenüber Privaten aus. Als Sanktionsmaßnahme gegenüber dem Mitgliedstaat kommen demgegenüber ein Vertragsverletzungsverfahren und gegebenenfalls Staatshaftungsansprüche in Betracht.[61]

---

57 GA *Trstenjak*, Schlussanträge v. 08.09.2011 – C-282/10 BeckRS 2011, 81367 (Rn. 154 ff.) (Dominguez).

58 GA *Trstenjak*, Schlussanträge v. 08.09.2011 – C-282/10 BeckRS 2011, 81367 (Rn. 164 ff.) (Dominguez).

59 Ausführlich hierzu GA *Trstenjak*, Schlussanträge v. 08.09.2011 – C-282/10 BeckRS 2011, 81367 (Rn. 162 ff.) (Dominguez); *Frenz*, Handbuch Europarecht, Bd. 4, S. 1171, Rn. 3909; *Höpfner*, RdA 2013, 16, 21; *ders.*, ZfA 2010, 449, 467 ff.; *Hilbrandt* in: Heselhaus/Nowak, § 36 Rn. 40; *Jarass*, Art. 31 GRC Rn. 9; Schwarze/*Knecht*, Art. 31 GRC Rn. 4; *Seifert*, EuZA 2013, 299; *Wank* in FS Bepler, 585, 587; a. A. *Curtin/van Ooik*, MJ 2001, 102, 112; *Greif* in Uffmann/Dahm, 43, 67 ff.; offen gelassen von *Suckow/Klose*, JArbR 2012, 59, 71 f.

60 Zu dieser „simplen Einstrahlung der Charta auf das nationale Arbeitsrecht“ *Willemsen/Sagan*, NZA 2011, 258, 260; *Höpfner*, RdA 2013, 16, 21 f.

61 *Höpfner*, RdA 2013, 16, 21; gegen die unmittelbare Anwendbarkeit von Art. 31 Abs. 2 GRC und die Unanwendbarkeit entgegenstehender nationalrechtlicher Normen auch GA *Trstenjak*, Schlussanträge v. 08.09.2011 – C-282/10 BeckRS 2011, 81367 (Rn. 81)

cc) Unmittelbare Anwendbarkeit eines allgemeinen Rechtsgrundsatzes

Schließlich muss ein allgemeiner Rechtsgrundsatz, selbst wenn man diesen herleiten kann,[62] im nächsten Schritt zwischen Privaten anwendbar sein. Eine solche Annahme birgt einerseits einen Wertungswiderspruch zu Art. 51 Abs. 1 S. 1 GRC in sich, dessen Anwendungsbereich umgangen werden könnte, wenn man den allgemeinen Rechtsgrundsatz als deckungsgleich mit dem Schutzumfang des Art. 31 Abs. 2 GRC begreift.[63] Begreift man diesen nicht als deckungsgleich und sieht insoweit keinen Wertungswiderspruch zu Art. 51 Abs. 1 S. 1 GRC, so muss der allgemeine Grundsatz aber ein subjektives Recht einräumen und inhaltlich unbedingt und hinreichend bestimmt sein.[64] An einer hinreichenden Bestimmtheit scheitert daher jedenfalls eine unmittelbare Geltung des allgemeinen Rechtsgrundsatzes. Bereits der Schutzumfang eines solchen Rechtsgrundsatzes ist nicht klar und es obliegt den Mitgliedstaaten, die Durchführungsmodalitäten festzulegen. Daher ist auch eine unmittelbare Anwendbarkeit eines allgemeinen Rechtsgrundsatzes abzulehnen.[65]

dd) Ergebnis

Dadurch, dass der Europäische Gerichtshof den Urlaubsanspruch in Art. 31 Abs. 2 GRC anerkennt und ihn als einen „bedeutsamen Grundsatz des Sozialrechts der Union“[66] bezeichnet, ist noch nichts darüber ausgesagt, ob er die Arbeitszeitrichtlinie in Anlehnung an *Mangold* und *Kücükdeveci* als Konkretisierung dieses Rechts ansieht, sodass entgegenstehendes nationales Recht unanwendbar ist. Es erscheint überzeugender, dass Art. 31 Abs. 2 GRC nicht

---

(Dominguez); a. A. *Greif* in Uffmann/Dahm, 43, 67 ff.; *Pötters/Stiebert*, ZESAR 2012, 23, 28; *Stiebert/Pötters*, Anm. zu EuGH v. 22.11.2011 - C-214/10 EuZW 2011, 960, 961; offen lassend *Willemsen/Sagan*, NZA 2011, 258, 261.

62 Zur insoweit umstrittenen und unklaren Terminologie und der wohl möglichen Herleitung vgl. GA *Trstenjak*, Schlussanträge v. 08.09.2011 - C-282/10 BeckRS 2011, 81367 (Rn. 89 ff.) (Dominguez).

63 GA *Trstenjak*, Schlussanträge v. 08.09.2011 - C-282/10 BeckRS 2011, 81367 (Rn. 127 ff.) (Dominguez).

64 GA *Trstenjak*, Schlussanträge v. 08.09.2011 - C-282/10 BeckRS 2011, 81367 (Rn. 133 ff.) (Dominguez).

65 GA *Trstenjak*, Schlussanträge v. 08.09.2011 - C-282/10 BeckRS 2011, 81367 (Rn. 138 ff.) (Dominguez).

66 EuGH v. 20.01.2009 - C-350/06, C-520/06 Slg. 2009, I-179 (Rn. 22) (Schultz-Hoff); v. 16.03.2006 - C-131/04, C-257/04 NZA 2006, 481, 483 (Rn. 48) (Robinson-Steele); v. 18.03.2004, Slg. 2004, I-2605 (Rn. 29) (Merino Gómez); v. 26.06.2001 - C-173/99, Slg. 2001, I-4881 (Rn. 43) (BECTU).

unmittelbar zwischen Privaten gilt und lediglich bei der Interpretation der Richtlinie 2003/88/EG zur Anwendung kommt[67] und dass auch ein allgemeiner Rechtsgrundsatz[68] letztlich keine Anwendung zwischen Privaten findet. Für diese Sichtweise kann auch die Entscheidung des Europäischen Gerichtshofs im Fall *Dominguez* angeführt werden, in dem er für den Fall, dass es sich um keinen öffentlichen Arbeitgeber handelt, lediglich auf Staatshaftungsansprüche verweist, keine unmittelbare Anwendung der Arbeitszeitrichtlinie annimmt und auch Art. 31 Abs. 2 GRC nicht erwähnt.[69] Andererseits kann dies auch als bloßer Hinweis aufgefasst werden, dass sich der Europäische Gerichtshof in diesem Fall nicht zur Wirkung von Art. 31 Abs. 2 GRC äußern wollte.[70]

b) Auswirkungen des Sekundärrechts auf die urlaubsrechtliche Vertragsgestaltung

Bei der Untersuchung der Auswirkungen des Sekundärrechts auf die urlaubsrechtliche Vertragsgestaltung ist zunächst die Wirkungsweise der Richtlinie in den Blick zu nehmen. Diese hat selbst, da sie sich unmittelbar nur an die Mitgliedstaaten richtet, keine unmittelbare Folge für die Vertragsparteien bei der Vertragsgestaltung. Allerdings ergeben sich aus ihr Vorgaben für die Auslegung des nationalen Rechts durch die Gerichte und Behörden.[71] Diese wiederum gilt es sodann von den Vertragsparteien bei der Vertragsgestaltung zu beachten.

Diese Wirkung zeigte sich in den vergangenen Jahren in den Entscheidungen *Schultz-Hoff* und *KHS* des Europäischen Gerichtshofs und deren Umsetzung durch das Bundesarbeitsgericht nur allzu deutlich.[72] Die erstgenannte Entscheidung betrifft zwar selbst mit dem Verfall von Urlaubsansprüchen bei Langzeiterkrankten nur einen Teilaspekt des Urlaubsrechts. Dieser zufolge ist Art. 7 Abs. 1 der Richtlinie 2003/88/EG nicht mit einer nationalen Regelung vereinbar, nach der der Anspruch auf bezahlten Jahresurlaub bei Ablauf des Bezugszeitraums

---

67 So auch *Powietzka/Rolf*, Anhang 1 Rn. 6.

68 Falls man einen solchen überhaupt annehmen möchte.

69 EuGH v. 24.01.2012 – C-282/10 EuZW 2012, 342 (Dominguez); *Bauer/von Medem*, NZA 2012, 113 Fn. 28.

70 *Pötters*, Anm. zu EuGH v. 24.01.2012 – C-282/10 (Dominguez) EuZW 2012, 345, 346 f.; durch die Rücknahme Vorabentscheidungsersuchens v. 27.06.2011 – C-317/11 durch das LAG Berlin-Brandenburg in der Rechtssache C-317/11 hatte der Europäische Gerichtshof hier keine Gelegenheit sich zu dieser Rechtsfrage zu äußern.

71 Siehe nur EuGH v. 04.07.2006 – C-212/04 EuZW 2006, 730 (Adeneler).

72 EuGH v. 22.11.2011 – C-214/10 EuZW 2011, 958, 960 (KHS); v. 20.01.2009 – C-350/06, C-520/06 Slg. 2009, I-179 (Schultz-Hoff); BAG v. 07.08.2012 – 9 AZR 353/10 NZA 2012, 1216; v. 24.03.2009 – 9 AZR 983/07 NZA 2009, 538.

und/oder eines im nationalen Recht festgelegten Übertragungszeitraums auch dann erlischt, wenn der Arbeitnehmer während des gesamten Bezugszeitraums oder eines Teils davon krankgeschrieben war und seine Arbeitsunfähigkeit bis zum Ende seines Arbeitsverhältnisses fortgedauert hat, weshalb er seinen Anspruch auf bezahlten Jahresurlaub nicht ausüben konnte.[73] Das Bundesarbeitsgericht setzte dieses Urteil in seiner Entscheidung vom 24.03.2009 um, sodass seitdem das deutsche Urlaubsrecht im Rahmen des § 7 Abs. 3 BUrlG dahingehend europarechtskonform fortgebildet worden ist, dass der Urlaubsanspruch Langzeiterkrankter zunächst nicht mehr verfiel, wenn der Arbeitnehmer den Urlaub auf Grund von Krankheit nicht innerhalb des Kalenderjahres und des Übertragungszeitraums nehmen konnte.[74]

Im *KHS*-Urteil des Europäischen Gerichtshofs geht es um die Frage, ob in einem Tarifvertrag eine Verfallfrist des Urlaubsanspruchs von 15 Monaten vorgesehen werden kann, die auch bei einer Langzeiterkrankung Anwendung findet, bei der nicht die Möglichkeit einer Inanspruchnahme des Urlaubs besteht. Diese befand der Europäische Gerichtshof für mit der Arbeitszeitrichtlinie vereinbar. Der mit Art. 7 der Richtlinie 2003/88/EG verfolgte doppelte Zweck bestehe darin, es dem Arbeitnehmer zu ermöglichen, sich zum einen von der Ausübung der ihm nach seinem Arbeitsvertrag obliegenden Aufgaben zu erholen und zum anderen über einen Zeitraum für Entspannung und Freizeit zu verfügen. Über eine bestimmte Grenze hinaus fehle dem Jahresurlaub seine positive Wirkung für den Arbeitnehmer als Erholungszeit, sodass eine Verfallfrist, die über dieser Grenze liege, mit der Richtlinie vereinbar sei. Damit wurde letztlich eine „Nuancierung" zum *Schultz-Hoff*-Urteil vorgenommen.[75] Das Bundesarbeitsgericht nahm bei der Umsetzung des Urteils eine „modifizierte" richtlinienkonforme Auslegung des § 7 Abs. 3 S. 3 BUrlG vor, sodass nunmehr der Urlaubsanspruch langzeiterkrankter Arbeitnehmer, auch wenn diese nicht die Möglichkeit einer Inanspruchnahme hatten, am 31. März des zweiten auf das Urlaubsjahr folgenden Jahres verfällt, also 15 Monate nach Ablauf des Kalenderjahres.[76] Auch hinsichtlich des Urlaubsabgeltungsanspruchs nach § 7 Abs. 4 BUrlG nahm das

---

73 EuGH v. 20.01.2009 – C-350/06 und C-520/06 NZA 2009, 135 (Schultz-Hoff).

74 BAG v. 24.03.2009 – 9 AZR 983/07 NZA 2009, 538; zur Rechtsfigur der richtlinienkonformen Rechtsfortbildung und der in dogmatischer Hinsicht „flexiblen Argumentation" des Senats *Suckow/Klose*, JArbR 2012, 59, 71; allgemein zu der Rechtsfigur *Pötters/Christensen*, JZ 2011, 387.

75 EuGH v. 22.11.2011 – C-214/10 EuZW 2011, 958, 959 (KHS).

76 BAG v. 11.06.2013 – 9 AZR 855/11 BeckRS 2013, 72914; v. 16.10.2012 – 9 AZR 63/11 NZA 2013, 326; v. 07.08.2012 – 9 AZR 353/10 NZA 2012, 1216, 1220 (Rn. 28).

Bundesarbeitsgericht infolge der europäischen Rechtsprechung eine unionsrechtskonforme Auslegung vor, sodass sich nationalrechtlich einige Änderungen ergeben.[77]

Zu berücksichtigen gilt schließlich, dass in dem Fall, dass es sich bei dem Arbeitgeber um eine juristische Person des öffentlichen Rechts handelt, die Arbeitszeitrichtlinie unmittelbar anwendbar ist.[78] Handelt es sich in dieser Konstellation aber um einen bei der juristischen Person des öffentlichen Rechts angestellten Arbeitnehmer, so ist dennoch vorrangig die nationalrechtliche Norm des § 7 Abs. 3 S. 3 BUrlG richtlinienkonform auszulegen.[79] Geht es hingegen um einen Beamten und mangelt es an nationalrechtlichen Umsetzungsvorschriften in den einschlägigen Urlaubsverordnungen, so findet die Arbeitszeitrichtlinie unmittelbare Anwendung. So leitet das Bundesverwaltungsgericht für diesen Fall unmittelbar aus der Arbeitszeitrichtlinie unter Bezugnahme auf Art. 9 Abs. 1 ILO einen Verfall des Mindesturlaubsanspruchs 18 Monate nach Ende des Urlaubsjahres her.[80]

Aus der Auslegung des europäischen Sekundärrechts durch den Europäischen Gerichtshof ergeben sich damit weitreichende Konsequenzen für die Auslegung des nationalen Urlaubsrechts, das die Vertragsparteien bei der Vertragsgestaltung zu beachten haben. Art. 7 der Arbeitszeitrichtlinie gilt ausdrücklich

---

77 BAG v. 24.03.2009 - 9 AZR 983/07 NZA 2009, 538; siehe dazu im zweiten Teil, A. X. (S. 238 ff.).

78 EuGH v. 03.05.2012 - C-337/10 NVwZ 2012, 688 (Neidel); v. 24.01.2012 - C-282/10 EuZW 2012, 342, 345 (Rn. 34) (Dominguez); BAG v. 11.06.2013 - 9 AZR 855/11 BeckRS 2013, 72914 (Rn. 19); v. 16.10.2012 - 9 AZR 63/11 NZA 2013, 326, 327 (Rn. 12); v. 23.03.2010 - 9 AZR 128/09 NZA 2010, 810, 818 f. (Rn. 88 ff.); siehe dazu auch *Stiebert/Pötters*, Anm. zu EuGH v. 03.05.2012 - C-337/10 NVwZ 2012, 690, 691.

79 BAG v. 11.06.2013 - 9 AZR 855/11 BeckRS 2013, 72914 (Rn. 19); v. 07.08.2012 - 9 AZR 353/10 NZA 2012, 1216, 1220 (Rn. 30); siehe dazu bereits EuGH v. 04.02.1988 - C 157/86 Slg. 1988, 673 (Rn. 11) (Murphy u. a.); *Brechmann*, S. 65; *Höpfner*, RdA 2013, 16, 19; *ders.*, Die systemkonforme Auslegung, S. 233; *Linsenmaier*, RdA 2012, 193, 197.

80 BVerwG v. 31.01.2013 - 2 C 10/12 NVwZ 2013, 1295, 1296 f. (Rn. 20 f.). Die Argumentation unter Bezugnahme auf Art. 9 I ILO hätte auch bei der richtlinienkonformen Auslegung des § 7 Abs. 3 S. 3 BUrlG für einen Verfall des Urlaubsanspruchs 18 Monate nach Ablauf des Kalenderjahres angeführt werden können. Die Divergenz der Ergebnisse ergibt sich daher einerseits aus den unterschiedlichen Rechtsquellen, andererseits aber auch aus der unterschiedlichen Auslegung der Arbeitszeitrichtlinie. Zu einer vergleichenden Betrachtung zum Erholungsurlaub für Beamte und Tarifbeschäftigte des öffentlichen Dienstes siehe *Conze*, ZTR 2013, 363.

aber nur für den gesetzlichen Mindesturlaub, sodass sich die Konsequenzen aus der richtlinienkonformen Rechtsfortbildung des § 7 Abs. 3 S. 4, Abs. 4 BUrlG nur auf den gesetzlichen Mindesturlaub beziehen.[81] Daher eröffnete sich gerade durch die jüngst ergangene europäische Rechtsprechung die Möglichkeit, Mehrurlaubsansprüche abweichend von den europäischen Vorgaben vertraglich zu regeln. Hinsichtlich solcher Ansprüche besteht eine weitgehende Freiheit der Vertragsparteien.[82]

4. Ergebnis

Das Europarecht macht der vertraglichen Urlaubsgestaltung damit weitreichende Vorgaben, die auf verschiedene Weise Einfluss auf das Urlaubsrecht haben. Während auf der Ebene des Primärrechts bisher und nach zutreffender Ansicht auch weiterhin lediglich die Diskriminierungsverbote eine spürbare (unmittelbare) Konsequenz für die Vertragsparteien haben, haben auf der Ebene des Sekundärrechts die Arbeitszeitrichtlinie und ihre Auslegung durch den Europäischen Gerichtshof wegen der unionsrechtskonformen Auslegung des nationalen Rechts erhebliche Konsequenzen für die vertragliche Urlaubsgestaltung.

III. Grenzen durch das Bundesurlaubsgesetz

1. Grenzen für den gesetzlichen Mindesturlaub

Im nationalen Recht erlangt zunächst und vor allem das Bundesurlaubsgesetz Bedeutung für den gesetzlichen Mindesturlaub. Diesem werden insbesondere durch die Vorschriften des § 7 Abs. 3 BUrlG und des § 13 Abs. 1 S. 3 BUrlG Grenzen gesetzt.

Die Vorschrift des § 7 Abs. 3 BUrlG ist dabei, wie bereits im Rahmen der europarechtlichen Vorgaben erörtert, nach der Rechtsprechung des Bundesarbeitsgerichts richtlinienkonform fortgebildet und modifiziert ausgelegt worden, sodass danach der Urlaubsanspruch des Arbeitnehmers 15 Monate nach Ablauf

---

81 EuGH v. 03.05.2012 – C-337/10 NVwZ 2012, 688, 690 (Rn. 35) (Neidel); v. 24.01.2012 – C-282/10 EuZW 2012, 342, 345 (Rn. 48) (Dominguez).

82 Für arbeitsvertragliche Regelungen BAG v. 24.03.2009 – 9 AZR 983/07 NZA 2009, 538, 546 (Rn. 81 ff.); für tarifvertragliche Regelungen BAG v. 12.04.2011 – 9 AZR 80/10 NZA 2011, 1050, 1051 f. (Rn. 21 ff.); v. 23.03.2010 – 9 AZR 128/09 NZA 2010, 810, 812 (Rn. 19 ff.); die nationalrechtlichen Grenzen dieser Freiheit werden im Folgenden aufgezeigt, siehe im ersten Teil, A. III. (S. 20 ff.).

des Kalenderjahres verfällt, wenn er wegen einer Langzeiterkrankung nicht die tatsächliche Möglichkeit der Inanspruchnahme hatte.[83]

§ 13 Abs. 1 S. 3 BUrlG legt den Vertragsparteien die Grenze auf, dass vom Bundesurlaubsgesetz nicht zuungunsten des Arbeitnehmers arbeitsvertraglich abgewichen werden kann. Dadurch soll dem Arbeitnehmer sein Mindesturlaubsanspruch von vier Wochen garantiert werden. Die Vertragsparteien unterliegen damit bei jeder einzelnen Regelung der Günstigkeitsüberprüfung. Ein Sachgruppenvergleich, wie im sonstigen Tarifrecht, findet im Rahmen des § 13 Abs. 1 BUrlG ausweislich des Wortlautes nicht statt.[84] Nur die Aufteilung des Urlaubs im Urlaubsjahr nach § 7 Abs. 2 S. 2 BUrlG steht in ihrem Ermessen.[85] Aus der Norm folgt daher aber im Umkehrschluss, dass den Vertragsparteien hinsichtlich für den Arbeitnehmer günstigerer Regelungen durchaus Spielraum zukommt. Für den Mindesturlaubsanspruch kann also beispielsweise eine Verkürzung der Wartefrist, die Einbeziehung eines Monats, der schon begonnen hat, bei der Entstehung von Teilurlaub, eine Aufrundungsregel für jeden Bruchteil von Urlaubstagen, eine Festlegung des Urlaubszeitraums durch Vereinbarung oder selbstbestimmtes Handeln des Arbeitnehmers[86] und ein längerer Referenzzeitraum als in § 11 Abs. 1 S. 1 BUrlG[87] vorgesehen werden.

Es muss bei der Vertragsgestaltung von Mindesturlaubsregelungen mithin in jedem Einzelfall genau geprüft werden, ob es sich um eine für den Arbeitnehmer günstigere Regelung handelt. Ist dies nicht der Fall und handelt es sich stattdessen um eine ungünstigere Regelung, so kann diese zwischen den Vertragsparteien nicht vereinbart werden.[88]

---

83 BAG v. 07.08.2012 – 9 AZR 353/10 NZA 2012, 1216, 1220 (Rn. 28); v. 24.03.2009 – 9 AZR 983/07 NZA 2009, 538; siehe auch die Ausführungen im ersten Teil, A. II. 3. b) (S. 17 ff.).

84 Zum Günstigkeitsvergleich im Rahmen des § 13 Abs. 1 S. 1 BUrlG siehe im ersten Teil, B. II. 1. (S. 36).

85 ErfK/*Gallner*, § 13 BUrlG Rn. 21.

86 BAG v. 27.01.1987 – 8 AZR 579/84 AP BUrlG § 13 Nr. 30.

87 BAG v. 30.07.1975 – 5 AZR 342/74 AP BUrlG § 11 Nr. 12; ErfK/*Gallner*, § 13 BUrlG Rn. 23; zu den Regelungsmöglichkeiten hinsichtlich des Urlaubsentgelts siehe im zweiten Teil, A. VIII. (S. 197 ff.).

88 Zu den Folgen eines Verstoßes gegen das gesetzliche Verbot des § 13 Abs. 1 S. 3 BUrlG siehe sogleich im ersten Teil, A. VI. 2. (S. 32 ff.).

2. *Grenzen für den übergesetzlichen Mehrurlaub*

Anders verhält es sich mit dem übergesetzlichen Mehrurlaub. Hierbei ist zunächst zwischen übergesetzlichem Mehrurlaub, der dem Arbeitnehmer vom Arbeitgeber in der bislang üblichen Form zugestanden wird, nämlich ohne eine Differenzierung zwischen Mindest- und Mehrurlaubsanspruch, und einer differenzierenden Regelung des Mehrurlaubs zu unterscheiden.[89] Dabei geht das Bundesarbeitsgericht davon aus, dass bei einer nicht klar erkennbaren Differenzierung der Regelung im Zweifel für die gesamte Regelung das Bundesurlaubsgesetz Anwendung findet.[90] Findet also keine ausreichende Differenzierung statt, so unterliegt der Mehrurlaubsanspruch ebenfalls den Grenzen des Bundesurlaubsgesetzes mit den bereits genannten Konsequenzen. Nehmen die Vertragsparteien hingegen eine ausreichende Differenzierung vor, so gelten die Grenzen des Bundesurlaubsgesetzes gerade nicht. Die Vertragsparteien sind vielmehr in der Gestaltung dieser Regelungen frei.[91]

IV. Grenzen durch das Allgemeine Gleichbehandlungsgesetz

Urlaubsregelungen, die an das Alter, an eine Behinderung oder an andere der in § 1 AGG genannten Merkmale anknüpfen, unterliegen den Grenzen des Allgemeinen Gleichbehandlungsgesetzes, das die Vorgaben des Art. 21 Abs. 1 GRC sowie der Richtlinie 2000/78/EG in nationalem Recht konkretisiert. Sie sind daher lediglich möglich, wenn sie durch die Vorschriften der §§ 8 oder 10 AGG gerechtfertigt sind. Dies kann nach § 8 AGG der Fall sein, wenn der Grund wegen der Art der auszuübenden Tätigkeit oder der Bedingungen ihrer Ausübung eine wesentliche und entscheidende berufliche Anforderung darstellt, sofern der Zweck rechtmäßig und die Anforderung angemessen ist. Nach § 10 S. 1, 2 AGG kann eine Rechtfertigung durch ein legitimes Ziel, das erforderlich und angemessen ist, erfolgen.[92] Näheres soll im zweiten Teil untersucht werden.[93]

---

89 Zu den Anforderungen an eine solche Differenzierung siehe im ersten Teil, F. (S. 69 ff.).

90 BAG v. 23.03.2010 – 9 AZR 128/09 NZA 2010, 810, 814 ff. (Rn. 34 ff.); für eine tarifvertragliche Klausel: BAG v. 12.04.2011 – 9 AZR 80/10 NZA 2011, 1050 ff.; zum Streit über sogenannte Altverträge siehe im zweiten Teil, F. IV. (S. 79 ff.).

91 BAG v. 24.03.2009 – 9 AZR 983/07 NZA 2009, 538, 546 (Rn. 81 ff.); für tarifvertragliche Regelungen BAG v. 12.04.2011 – 9 AZR 80/10 NZA 2011, 1050, 1051 f. (Rn. 21 ff.); v. 23.03.2010 – 9 AZR 128/09 NZA 2010, 810, 812 (Rn. 19 ff.).

92 Vertiefend und weiterführend zur Vertragsfreiheit und Diskriminierungsverboten *Lobinger* in Isensee, Vertragsfreiheit und Diskriminierung, 99 ff.

93 Zum Verfall von Mehrurlaub im Fall der Langzeiterkrankung und einer Abgrenzung von Krankheit und Behinderung siehe im zweiten Teil, A. II. 3. b) (S. 124 ff.). Zu einer Staffelung des Mehrurlaubs nach dem Alter siehe im zweiten Teil, A. III. 1. b) (S. 143 ff.).

V. AGB-Kontrolle bei vorformulierten Arbeitsverträgen nach den §§ 305 ff. BGB

Bei den Urlaubsregelungen in Arbeitsverträgen wird es sich häufig um Allgemeine Geschäftsbedingungen handeln, sodass sich als weitere allgemeine Grenzen vertraglicher Urlaubsregelungen die Vorschriften der §§ 305 ff. BGB ergeben.

1. *Allgemeines*

Nach § 305 Abs. 1 BGB liegen Allgemeine Geschäftsbedingungen vor, wenn die Vertragsbedingungen für eine Vielzahl von Verträgen vorformuliert sind und sie eine Vertragspartei (Verwender) der anderen Vertragspartei bei Abschluss eines Vertrags stellt. Sie müssen ferner wirksam im Sinne des § 305 Abs. 2 BGB in den Vertrag einbezogen worden sein.

Im Arbeitsrecht sind bei Allgemeinen Geschäftsbedingungen insbesondere § 310 Abs. 3, Abs. 4 BGB zu beachten. Nach § 310 Abs. 4 S. 2 BGB sind die Besonderheiten des Arbeitsrechts angemessen zu berücksichtigen und § 305 Abs. 2 und 3 BGB sind nicht anzuwenden.[94] Begreift man den Verbraucherbegriff als rechtstechnischen Oberbegriff, bei dem kein konsumtiver Zweck erforderlich ist, kann auch der Arbeitnehmer als Verbraucher aufgefasst werden, sodass außerdem § 310 Abs. 3 BGB Anwendung findet.[95] Die Gegenansicht, die den Verbraucherbegriff als marktorientiert auffasst, kann in Anbetracht des Wortlauts von § 13 BGB und der Bereichsausnahme des § 15 UKlaG nicht überzeugen. Letztere legt vielmehr nahe, dass auch der Gesetzgeber den Arbeitnehmer als Verbraucher auffasst.[96] Nach § 310 Abs. 3 Nr. 3 BGB sind daher u. a. die Begleitumstände des Vertragsschlusses zu berücksichtigen. Diese werden generell unter Ergänzung durch konkrete, individuelle Umstände betrachtet.[97]

---

94 Str. ist dabei, ob nur rechtliche oder auch tatsächliche Besonderheiten Berücksichtigung finden sollen; dafür u. a. *Thüsing*, NZA 2002, 591, 592; ihm folgend *Preis*, NZA-Beil. 2003, 19, 26; dagegen u. a. WLP/*Stoffels*, Anhang zu § 310 ArbR Rn. 18; *Singer*, RdA 2003, 194, 199 m. w. N.

95 So das BAG v. 25.05.2005 – 5 AZR 572/04 NZA 2005, 1111, 1115 f.; bestätigt durch das BVerfG v. 23.11.2006 – 1 BvR 1909/06 NZA 2007, 85, 86; a. A. *Annuß*, NJW 2002, 2844; *Henssler*, RdA 2002, 129, 134; Staudinger/*Richardi*, 2005, § 611 Rn. 382; Staudinger/*Weick*, 2004, § 13 BGB Rn. 53.

96 ErfK/*Preis*, § 611 BGB Rn. 185; a. A. *Annuß*, NJW 2002, 2844, 2846.

97 Palandt/*Grüneberg*, § 310 BGB Rn. 19.

Schließlich sind die allgemeinen Auslegungsgrundsätze der §§ 133, 157 BGB zu beachten, wobei § 305c Abs. 2 BGB berücksichtigt werden muss, wonach Zweifel bei der Auslegung Allgemeiner Geschäftsbedingungen zu Lasten des Verwenders gehen.

2. *Inhaltskontrolle*

Liegen Allgemeine Geschäftsbedingungen vor, müssen sie der Inhaltskontrolle standhalten. Die Eröffnung der Inhaltskontrolle richtet sich nach § 307 Abs. 3 S. 1 BGB. Danach gelten § 307 Abs. 1, 2 sowie die §§ 308, 309 BGB nur für Bestimmungen in Allgemeinen Geschäftsbedingungen, durch die von Rechtsvorschriften abweichende oder diese ergänzende Regelungen vereinbart werden. Rechtsvorschriften in diesem Sinne sind nicht nur die Gesetzesvorschriften selbst, sondern alle dem Gerechtigkeitsgebot entsprechenden allgemein anerkannten Rechtsgrundsätze, also auch ungeschriebene Rechtsgrundsätze, das Richterrecht und die aufgrund ergänzender Auslegung nach §§ 157, 242 BGB und aus der Natur des jeweiligen Schuldverhältnisses zu entnehmenden Rechte und Pflichten.[98]

Dadurch sollen zwei Fälle kontrollfrei bleiben, einerseits die deklaratorischen Klauseln, die lediglich den Gesetzeswortlaut unverändert in den Vertrag übernehmen,[99] sowie andererseits die Festlegungen von Leistung und Gegenleistung und ihres Verhältnisses zueinander.[100] Eine Inhaltskontrolle soll im Grundsatz im Bereich des Wettbewerbs unterbleiben, also bei Preisen und anderen Hauptleistungen.[101] Dort wird das Verhältnis von Leistung und Gegenleistung durch Angebot und Nachfrage geregelt.[102]

a) Gesetzlicher Mindesturlaub

Bei der Gewährung des gesetzlichen Mindesturlaubs ist, sobald vertraglich zugunsten des Arbeitnehmers abgewichen wird, eine Abweichung von den im Bundesurlaubsgesetz geregelten Rechtsvorschriften unproblematisch gegeben. Wird also beispielsweise für den Mindesturlaubsanspruch im Arbeitsvertrag eine Verkürzung der Wartefrist vorgesehen, so wird dadurch von der Rechtsvorschrift des § 4 BUrlG abgewichen. Mithin ist in diesem Fall die Inhaltskontrolle nach § 307 Abs. 3 S. 1 BGB eröffnet.

---

98 BGH v. 10.12.1992 – I ZR 186/90 NJW 1993, 721; MüKoBGB/*Müller-Glöge*, § 611 BGB Rn. 63; ErfK/*Preis*, §§ 305 bis 310 BGB Rn. 34.

99 Däubler/Bonin/Deinert/*Däubler*, § 307 BGB Rn. 248, 256 ff.

100 Däubler/Bonin/Deinert/*Däubler*, § 307 BGB Rn. 248, 263 ff.

101 *Canaris*, AcP 200 (2000), 273, 324.

102 Ausführlich zu den Ursachen der Kontrollfreiheit *Stoffels*, JZ 2001, 843, 847 f.

b) Übergesetzlicher Mehrurlaub

Die Gewährung von Mehrurlaub ist gesetzlich nicht geregelt, weshalb die Vertragsparteien in der Gestaltung grundsätzlich frei sind.[103] Daraus folgert das Bundesarbeitsgericht, dass gerade nicht von Rechtsvorschriften, im zugrundeliegenden Urteil von § 7 Abs. 3, 4 BUrlG, abgewichen wird oder solche ergänzt werden, sondern dass vielmehr etwas völlig anderes geregelt wird.[104] Infolgedessen überprüft es die Mehrurlaubsregelung ausschließlich anhand des § 307 Abs. 1 S. 2 i. V. m. Abs. 1 S. 1 BGB auf Intransparenz.[105] Problematisch an dieser Sichtweise ist allerdings, dass dieser Begründung folgend sämtliche nicht gesetzlich geregelte Sonderleistungen, wie beispielsweise Gratifikationen, Ausbildungs- und Umzugskostenbeihilfen sowie Urlaubsgeld der Inhaltskontrolle entzogen wären.[106] Auch ließe sich einwenden, dass Mindest- und Mehrurlaub grundsätzlich den gleichen Regelungen unterworfen werden sollen und eine Regelung des Mehrurlaubsanspruchs in Allgemeinen Geschäftsbedingungen von diesem Grundsatz abweicht.[107] Erscheint diese Betrachtungsweise als etwas unscharf,[108] so bietet sich ein genauerer Blick auf § 307 Abs. 3 S. 1 BGB an.

Bei der Bestimmung des kontrollfreien Kerns des § 307 Abs. 3 S. 1 BGB muss genau unterschieden werden, ob es sich um leistungsbestimmende und damit kontrollfreie Klauseln handelt oder ob es sich um leistungsausgestaltende Klauseln und damit um kontrollunterworfene Klauseln handelt.[109] Greifbarer wird diese Unterscheidung durch die Beschränkung des kontrollfreien Raums auf den engen Bereich der Leistungsbezeichnungen, ohne deren Vorliegen mangels Bestimmtheit oder Bestimmbarkeit des wesentlichen Vertragsinhalts ein wirksamer Vertrag nicht mehr angenommen werden kann.[110]

Legt man diese Betrachtungsweise zugrunde, so lässt sich feststellen, dass der kontrollfreie Kern sehr eng zu halten ist und bei Allgemeinen Geschäftsbedingungen

---

103 BAG v. 24.03.2009 – 9 AZR 983/07 NZA 2009, 538.

104 BAG v. 24.03.2009 – 9 AZR 983/07 NZA 2009, 538, 547 (Rn. 93 f.).

105 BAG v. 24.03.2009 – 9 AZR 983/07 NZA 2009, 538, 547; dem folgend *B. Gaul/Bonanni/Ludwig*, DB 2009, 1013, 1016; *Grobys*, NJW 2009, 2177, 2178.

106 *Polzer*, S. 118; *Stoffels*, ZfA 2009, 861, 865.

107 Clemenz/Kreft/Krause/*Klumpp*, § 307 BGB Rn. 242.

108 So Clemenz/Kreft/Krause/*Klumpp*, § 307 BGB Rn. 242.

109 Staudinger/*Coester*, § 307 BGB Rn. 311 ff.

110 St. Rspr., vgl. BGH v. 21.04.1993 – IV ZR 33/92 NJW-RR 1993, 1049, 1050; v. 23.06.1993 – IV ZR 135/92 NJW 1993, 2369; v. 13.07.1994 – IV ZR 107/93 NJW 1994, 2693; v. 30.06.1995 – V ZR 184/94 NJW 1995, 2637, 2638; v. 24.03.1999 – IV ZR 90/98 NJW 1999, 2279, 2280.

zu prüfen ist, ob ohne das Vorliegen der Klausel mangels Bestimmtheit oder Bestimmbarkeit des wesentlichen Vertragsinhalts ein wirksamer Vertrag nicht mehr angenommen werden kann. So ließe sich begründen, dass der Aufhebungsvertrag eines Arbeitsvertrags grundsätzlich kontrollfrei sein muss, da er gerade die Aufhebung des Arbeitsverhältnisses regelt. Ohne die Regelung der Aufhebungsabrede selbst wäre der Vertrag unwirksam, da er keinen Regelungsgegenstand mehr hätte. Sind allerdings neben der Aufhebungsabrede an sich weitere standardisierte Regelungen getroffen, so bestimmt diese nicht mehr den wesentlichen Vertragsinhalt, sodass die Regelungen kontrollfähig sind.[111] Mit dieser Formel lässt sich damit jeweils bestimmen, ob eine Regelung den kontrollfreien wesentlichen Vertragsinhalt betrifft oder ob leistungsausgestaltende Klauseln vorliegen, die nicht so wesentlich sind, dass die Wirksamkeit des Vertrags von ihnen abhängt, sodass sie der Kontrolle des Gerichts nach § 307 Abs. 3 S. 1 BGB unterliegen.

Nach dieser Formel lässt sich folglich die Festlegung des Mehrurlaubs an sich als gerade den wesentlichen Inhalt der Urlaubsregelung betreffend und damit leistungsbestimmend ansehen.[112] Die Ausgestaltung hingegen, mit der einzelne Modalitäten des Mehrurlaubs geregelt werden, ist nur eine leistungsausgestaltende Klausel und damit kontrollfähig.[113] Dieser Ansatz wird auch durch die Rechtsprechung bestätigt, die z. B. die Inhaltskontrolle bei einer Klausel, die einen Widerrufsvorbehalt für übertariflich gewährte Leistungen enthält, für eröffnet hält und diesen an § 308 Nr. 4 BGB misst.[114] Auch die Rechtsprechung zu den einseitigen Leistungsbestimmungsrechten des Arbeitgebers, die sie der Inhaltskontrolle unterwirft, wie beispielsweise Bestimmungen, wonach der Anspruch des Arbeitnehmers auf Zusatzvergütung reduziert werden soll, wenn der Arbeitnehmer aus dem Unternehmen ausscheidet,[115] spricht für diesen Ansatz. Nicht anders verhält es sich aber bei übergesetzlich gewährtem Urlaub, der mit bestimmten Modalitäten, wie einem Widerrufsvorbehalt, versehen wird und somit nicht nur festgelegt, sondern weiter ausgestaltet wird.

Mithin ist die Sichtweise des Bundesarbeitsgerichts, dass Regelungen über Mehrurlaub per se nicht der Inhaltskontrolle unterliegen, nicht mit § 307 Abs. 3 S. 1 BGB zu vereinbaren. Vielmehr kann dies nur für die Festlegung des Mehrurlaubs an sich gelten, nicht hingegen für die Ausgestaltung der Modalitäten

---

111 *Preis*, NZA-Beil. 2006, 115, 119.

112 *Preis*, NZA-Beil. 2006, 115, 119.

113 So auch *Polzer*, S. 120.

114 BAG v. 12.01.2005 – 5 AZR 364/04 NZA 2005, 465.

115 BAG v. 25.04.2007 – 5 AZR 627/06 NZA 2007, 853.

des Mehrurlaubs, beispielsweise durch Widerrufsvorbehalte, Verfall- oder Ausschlussfristen oder Rückzahlungsvereinbarungen. Für diese muss die Inhaltskontrolle nach § 307 Abs. 3 S. 1 BGB eröffnet sein.[116]

Ob die Rechtsprechung des Bundesarbeitsgerichts zur Inhaltskontrolle von Mehrurlaubsregelungen verlässlich und bereits gefestigt ist, erscheint im Übrigen zweifelhaft.[117] Es ist durchaus denkbar, dass es letztlich doch eine Inhaltskontrolle anstrengen wird, wenn es sich um umfangreiche ausdifferenzierte Mehrurlaubsregelungen handelt, bei denen beispielsweise Widerrufsvorbehalte, abweichende Verfallfristen oder Kürzungsvereinbarungen für den Mehrurlaub des Arbeitnehmers vorgesehen sind. Dies wird sich erst in nächster Zeit zeigen, wenn vermehrt differenzierte Mehrurlaubsregelungen von den Arbeitgebern verwendet werden.[118]

Die Inhaltskontrolle ist für die Ausgestaltungen der Regelungen über Mehrurlaub grundsätzlich eröffnet, sodass sie anhand der §§ 309, 308, 307 Abs. 1, 2 BGB überprüft werden.

3. *Verstoß gegen wesentliche Grundgedanken der gesetzlichen Regelung*

In Konkretisierung des Verbots der unangemessenen Benachteiligung gemäß § 307 Abs. 1 S. 1 BGB regelt § 307 Abs. 2 Nr. 1 BGB, dass eine unangemessene Benachteiligung im Zweifel vorliegt, wenn die Klausel gegen wesentliche Grundgedanken der gesetzlichen Regelung verstößt.[119] Dabei ist entscheidend, ob die zu überprüfende dispositive Regelung nicht nur auf Zweckmäßigkeitserwägungen beruht, sondern eine Ausprägung des Gerechtigkeitsgebots darstellt.[120]

---

116 I. E. ebenso *Bauer/Arnold*, NJW 2009, 631, 634; *Henssler/Moll*, AGB-Kontrolle vorformulierter Arbeitsbedingungen, S. 5; Clemenz/Kreft/Krause/*Klumpp*, § 307 BGB Rn. 27; Rn. 242; *Krieger/Arnold*, NZA 2009, 530, 533; *Oberthür*, ArbRB 2009, 150, 152; *Polzer*, S. 120; *Powietzka/Fallenstein*, NZA 2010, 673, 678; Preis/*Stoffels*, Der Arbeitsvertrag, II U 20 Rn. 19; *Stoffels*, ZfA 2009, 861, 865.

117 Dies sehen auch *Powietzka/Fallenstein*, NZA 2010, 673, 675 so, die daher vorsorglich eine Angemessenheitskontrolle der Klauseln vornehmen, sowie Preis/*Stoffels*, Der Arbeitsvertrag, II U 20 Rn. 19.

118 Gelegenheit für eine Entscheidung hätte es in der Entscheidung vom 06.08.13 – 9 AZR 289/12 gegeben, die sich jedoch durch einen Vergleich der Parteien erledigt hat.

119 HK-ArbR/*Boemke/Ulrici*, § 307 BGB Rn. 24; ErfK/*Preis*, §§ 305–310 BGB Rn. 43.

120 St. Rspr. vgl. BGH v. 01.04.1992 – XII ZR 100/91 NJW 1992, 1761; v. 09.05.1996 – III ZR 209/95 NJW-RR 1996, 1009; MüKoBGB/*Wurmnest*, § 307 BGB Rn. 66.

Schließlich ist zu beachten, dass zu den wesentlichen Grundgedanken auch die allgemein anerkannten Rechtsgrundsätze gehören.[121]

4. *Generalklausel*

Die Generalklausel der Inhaltskontrolle bildet § 307 Abs. 1 S. 1 BGB, wonach Bestimmungen in Allgemeinen Geschäftsbedingungen unwirksam sind, wenn sie den Vertragspartner des Verwenders entgegen den Geboten von Treu und Glauben unangemessen benachteiligen.

Hierbei wird eine umfassende Interessenabwägung im Einzelfall vorgenommen, bei der die Interessen beider Parteien beachtet werden, die diese jeweils an der Aufrechterhaltung oder dem Wegfall der Klausel haben.[122] Obwohl nur einzelne Klauseln überprüft werden, wird der gesamte Vertragsinhalt als Hintergrund der Überprüfung herangezogen.[123] Weiter ist zu beachten, dass grundsätzlich ein genereller, typisierender, vom Einzelfall losgelöster Maßstab anzulegen ist.[124] Da der Arbeitnehmer aber überzeugenderweise ein Verbraucher im Sinne des § 310 Abs. 3 BGB ist,[125] sind auch die den Vertragsschluss begleitenden Umstände zu berücksichtigen. Diese werden konkret-individuell bestimmt. Zu ihnen zählen insbesondere die persönlichen Eigenschaften des Vertragspartners, Besonderheiten der konkreten Situation des Vertragsabschlusses sowie untypische Sonderinteressen des Verbrauchers.[126] Durch die konkret-individuelle Beachtung der den Vertragsschluss begleitenden Umstände kann daher eine nach generell-abstrakter Betrachtung wirksame Klausel unwirksam oder eine nach generell-abstrakter Betrachtung unwirksame Klausel wirksam sein.[127]

5. *Transparenzgebot*

Darüber hinaus ist dem Transparenzgebot nach § 307 Abs. 1 S. 2 BGB Aufmerksamkeit zu schenken. Danach kann sich eine unangemessene Benachteiligung auch daraus ergeben, dass die Bestimmung nicht klar und verständlich ist. Dies

---

121 BGH v. 30.05.2001 – XII ZR 273/98 NJW 2001, 3480, 3482.

122 MüKoBGB/*Wurmnest*, § 307 BGB Rn. 33.

123 BGH v. 02.12.1992 – VIII ARZ 5/92 NJW 1993, 532; Staudinger/*Coester*, § 307 BGB Rn. 124.

124 BAG v. 04.03.2004 – 8 AZR 196/03 AP BGB § 309 Nr. 3.

125 Siehe dazu bereits im ersten Teil, A. V. 1. (S. 23 ff.).

126 Siehe ausführlich hierzu *Stoffels*, AGB-Recht, Rn. 478 ff.

127 BAG v. 31.08.2005 – 5 AZR 545/04 AP ArbZG § 6 Nr. 8; *Stoffels*, AGB-Recht, Rn. 481.

schließt das Bestimmtheitsgebot mit ein. Für den Verwender dürfen also keine ungerechtfertigten Beurteilungsspielräume bestehen.[128]

Bei Urlaubsregelungen erlangt das Transparenzgebot insbesondere im Zusammenhang mit Freiwilligkeitsvorbehalten, aber auch bei der hinreichenden Differenzierung zwischen dem Mindest- und dem Mehrurlaubsanspruch Bedeutung.[129]

6. *Rechtsfolgen der Unwirksamkeit*

Nach § 306 Abs. 1 BGB bleibt der Vertrag grundsätzlich auch bei der Unwirksamkeit einer Klausel im Übrigen wirksam. Gemäß § 306 Abs. 2 BGB richtet sich der Vertragsinhalt bei der Unwirksamkeit der untersuchten Klausel nach den gesetzlichen Vorschriften. Das bedeutet, dass grundsätzlich die unwirksame Klausel nicht aufrechterhalten wird.[130] Kann jedoch die Klausel geteilt werden, so ist der von der Unwirksamkeit nicht betroffene Teil der Klausel im Übrigen wirksam. Die Teilbarkeit ist durch eine Streichung des unwirksamen Teils mit einem „blauen Stift" zu ermitteln.[131]

Wird also beispielsweise in einer Urlaubsklausel ausdrücklich zwischen Mindest- und Mehrurlaub differenziert und werden für den Mehrurlaub vom Bundesurlaubsgesetz abweichende Regelungen geschaffen, so kann eine unwirksame Regelung des Mindesturlaubs gestrichen werden. Die Klausel ist insoweit teilbar, sodass die Regelung des Mehrurlaubs wirksam bleiben kann.[132]

Wurden hingegen der Mindest- und der Mehrurlaub einheitlich in Allgemeinen Geschäftsbedingungen vereinbart, so kommt mangels Teilbarkeit § 306 Abs. 2 BGB zur Anwendung, sodass sich der Inhalt des Vertrags insoweit nach

---

128 BAG v. 31.08.2005 – 5 AZR 545/04 AP ArbZG § 6 Nr. 8.

129 Zur Differenzierung siehe die Ausführungen im ersten Teil, F. (S. 69 ff.); zum Freiwilligkeitsvorbehalt siehe im zweiten Teil, A. I. 2. (S. 108 ff.).

130 BAG v. 04.03.2004 – 8 AZR 196/03 NZA 2004, 727; BGH v. 25.06.2003 – VIII ZR 344/02 NJW 2003, 2899; zustimmend Staudinger/*Krause*, Anhang zu § 310 BGB Rn. 273 ff.; ErfK/*Preis*, §§ 305–310 BGB Rn. 104; *Stoffels*, ZfA 2009, 861, 890 f.; WLP/*Stoffels*, Anhang zu § 310 ArbR Rn. 75 ff.

131 BAG v. 12.03.2008 – 10 AZR 152/07 NZA 2008, 699; v. 19.12.2006 – 9 AZR 294/06 NZA 2007, 809; v. 21.04.2005 – 8 AZR 425/04 NZA 2005, 1053; Staudinger/*Krause*, Anhang zu § 310 BGB Rn. 253 ff.; ErfK/*Preis*, §§ 305–310 BGB Rn. 103; kritisch *Thüsing*, AGB-Kontrolle im Arbeitsrecht, Rn. 118 ff.

132 Siehe vertiefend zur Rechtsfolge der Unwirksamkeit einer nicht ausdrücklich zwischen Mindest- und Mehrurlaub differenzierenden Klausel im ersten Teil, F. II. 2. b) bb) (S. 74 ff.).

dem Bundesurlaubsgesetz richtet. Nur ausnahmsweise wird die entstandene Lücke durch ergänzende Vertragsauslegung geschlossen. Dazu darf kein dispositives Gesetzesrecht zur Schließung der Lücke vorhanden sein und eine ersatzlose Streichung der Lücke darf keine angemessene, den typischen Interessen des AGB-Verwenders und seines Vertragspartners Rechnung tragende Lösung sein.[133]

VI. Allgemeine gesetzliche Grenzen, §§ 134, 138, 242 BGB

Auch den allgemeinen gesetzlichen Grenzen der §§ 134, 138 BGB sowie des § 242 BGB sind bei Urlaubsregelungen Beachtung zu schenken. Arbeitsvertragliche Urlaubsregelungen, die gegen gesetzliche Verbote oder gegen die guten Sitten verstoßen, sind nichtig. Ferner müssen sie den Geboten von Treu und Glauben entsprechen.

1. Rechtsmissbrauch, § 242 BGB

Die Unwirksamkeit einer vertraglichen Urlaubsregelung wegen Rechtsmissbrauchs gemäß § 242 BGB ist zwar grundsätzlich denkbar. Soweit es um die Inhaltskontrolle Allgemeiner Geschäftsbedingungen geht, stellen die §§ 307 bis 309 BGB eine abschließende Konkretisierung des Gebots von Treu und Glauben dar, sodass § 242 BGB keine Anwendung findet.[134] In den davon nicht erfassten Fällen, also insbesondere in den durch § 310 Abs. 4 S. 1 BGB ausgeschlossenen Bereichen[135] sowie im Bereich der Individualabreden, gibt § 242 BGB hingegen einen zusätzlichen Schutz, der einen individuellen Rechtsmissbrauch verhindern soll.[136] Im Einzelfall findet hierbei eine Ausübungskontrolle statt, die sich auf den grundsätzlichen Gedanken stützt, dass die Ausübung eines bestehenden Rechts in einer konkreten Situation wegen bestimmter, außergewöhnlicher Umstände wegen Rechtsmissbrauchs unzulässig sein kann.[137]

---

133 BAG v. 07.12.2005 – 5 AZR 535/04 NZA 2006, 423; v. 12.01.2005 – 5 AZR 364/04 NZA 2005, 465; BGH v. 03.11.1999 – VIII ZR 269/98 NJW 2000, 1110.

134 Staudinger/*Coester*, § 307 BGB Rn. 35; *Stoffels*, AGB-Recht, Rn. 389.

135 Siehe dazu auch BT-Drs. 7/5422, S. 13.

136 Staudinger/*Coester*, § 307 BGB Rn. 36; *Stoffels*, AGB-Recht, Rn. 389.

137 Staudinger/*Coester*, § 307 BGB Rn. 36; *Stoffels*, AGB-Recht, Rn. 389. Zur Institution des Rechtsmissbrauchs als Anwendungsfall des § 242 BGB siehe nur MüKoBGB/*Roth/Schubert*, § 242 BGB Rn. 235 ff.

Das Bundesarbeitsgericht hat jedoch bislang noch in keinem Fall einen urlaubsrechtlichen Anspruch wegen Rechtsmissbrauchs versagt.[138] Es sind praktisch kaum Fallkonstellationen denkbar, in denen ein Urlaubsanspruch wegen Rechtsmissbrauchs abgelehnt wird.[139] So rechtfertigt die fehlende Erbringung der Arbeitsleistung keine Einwendung des Rechtsmissbrauchs nach § 242 BGB.[140]

Fälle, in denen jedoch der Einwand des Rechtsmissbrauchs in Betracht zu ziehen ist, betreffen den Urlaubsabgeltungsanspruch nach § 7 Abs. 4 BUrlG. Hierbei ist aber zu beachten, dass der Einwand des § 242 BGB nur in besonders krassen Ausnahmekonstellationen in Betracht kommt.[141] Hierfür lässt sich die Streichung des ehemaligen S. 2 der Regelung anführen. Dieser ist als dem Übereinkommen Nr. 132 der Internationalen Arbeitsorganisation entgegenstehend durch das Gesetz vom 29.10.1974[142] aufgehoben worden.[143] Daher sind für die Einwendung des Rechtsmissbrauchs nur sehr eingeschränkte Anwendungsmöglichkeiten gegeben, die eingehender Begründung bedürfen.[144] Dafür reicht eine bloße, auch grobe, Vertragsverletzung oder widersprüchliches Verhalten des Arbeitnehmers nicht aus, es müssen vielmehr weitere Umstände dazu kommen. Solche Umstände können einerseits die Verfolgung unlauterer Zwecke oder eine Schädigungsabsicht des Arbeitnehmers sein.[145] Darüber hinaus ist die Einwendung des Rechtsmissbrauchs anzunehmen, wenn der Arbeitnehmer von vornherein beabsichtigt, allein den Abgeltungsanspruch als Geldanspruch durchzusetzen und daher den Urlaubsanspruch vereitelt.[146] Räumt beispielsweise der Arbeitgeber dem Arbeitnehmer das Recht ein, die konkrete Lage des Urlaubs innerhalb eines bestimmten Zeitraums selbst zu bestimmen und teilt der Arbeitnehmer nicht unverzüglich ein Annahmeverweigerungsrecht mit, so wäre ein späteres Urlaubsabgeltungsverlangen rechtsmissbräuchlich nach § 242 BGB.[147]

---

138 Moll/*Jacobsen*, Münchener Anwaltshandbuch Arbeitsrecht, § 27 Rn. 34.

139 So auch Moll/*Jacobsen*, Münchener Anwaltshandbuch Arbeitsrecht, § 27 Rn. 34.

140 St. Rspr. seit BAG v. 28.01.1982 – 6 AZR 571/79 AP BUrlG § 3 Rechtsmissbrauch Nr. 11; v. 18.03.2003 – 9 AZR 190/02 NZA 2003, 1111.

141 BAG v. 22.10.2009 – 8 AZR 865/08 AP BGB § 133 Nr. 57 (Rn. 26).

142 BGBl I, 2879, 2885.

143 BAG v. 07.11.1985 – 6 AZR 169/84 NZA 1986, 392, 393.

144 BAG v. 07.11.1985 – 6 AZR 169/84 NZA 1986, 392, 393.

145 BAG v. 22.10.2009 – 8 AZR 865/08 AP BGB § 133 Nr. 57 (Rn. 26).

146 BAG v. 22.10.2009 – 8 AZR 865/08 AP BGB § 133 Nr. 57 (Rn. 26); *Neumann/Fenski*, § 7 BUrlG Rn. 120 f.; *Powietzka/Rolf*, § 1 BUrlG Rn. 37 ff.

147 BAG v. 06.09.2006 – 5 AZR 703/05 NZA 2007, 36, 38 (Rn. 19).

Ein weiteres Beispiel liefert der vom Landesarbeitsgericht Düsseldorf entschiedene Fall, in dem der Arbeitgeber dem Arbeitnehmer auf dessen Wunsch für Vorstellungsgespräche an einzelnen Tagen, unter Verstoß gegen § 7 Abs. 2 BUrlG, Urlaub gewährte und dieser nach Inanspruchnahme der Urlaubstage Urlaubsabgeltung verlangte. Auch hier nimmt das Landesarbeitsgericht einen Rechtsmissbrauch des Arbeitnehmers an, der dem Arbeitgeber vorwerfe, dieser hätte nicht auf sein berufliches Fortkommen Acht nehmen dürfen, sondern den Urlaub für Vorstellungsgespräche verweigern müssen. Er nutze daher das Entgegenkommen des Arbeitgebers rücksichtslos im Eigeninteresse aus, indem er nochmals Urlaub verlange.[148] Ob diese Fallkonstellation bereits die hohen Anforderungen erfüllt, die an einen Rechtsmissbrauch gestellt werden, erscheint jedoch zweifelhaft.[149] Hier zeigt sich, dass die Einwendung des Rechtsmissbrauchs auch mit dem gesetzlichen Verbot des § 13 BUrlG kollidieren kann. Die Parteien können wegen § 13 Abs. 1 S. 3 BUrlG keine von § 7 Abs. 2 BUrlG abweichende Regelung vereinbaren, sodass bei der Gewährung des Urlaubs, die hiergegen verstößt, der Urlaub des Arbeitnehmers nicht ordnungsgemäß erfüllt wurde und dieser ihn erneut verlangen kann.[150] Dabei kann es keinen Unterschied machen, ob der Arbeitnehmer im laufenden Anstellungsverhältnis den Urlaub verlangt, obwohl er diesen bereits in einzelnen Tagen in Anspruch genommen hat oder ob er ihn nach Beendigung des Arbeitsverhältnisses in Form eines Urlaubsabgeltungsanspruchs nach § 7 Abs. 4 BUrlG verlangt.[151]

2. *Verstoß gegen ein gesetzliches Verbot, § 134 BGB*

Weiter dürfen vertragliche Urlaubsregelungen gemäß § 134 BGB nicht gegen gesetzliche Verbote verstoßen. Hierbei kommen insbesondere vertragliche Regelungen in Betracht, die von den im Bundesurlaubsgesetz vorgesehenen Mindeststandards zuungunsten des Arbeitnehmers abweichen.[152] Denkbar ist beispielsweise der vertragliche Ausschluss jeglicher Urlaubsansprüche des Arbeitnehmers, der einen Verstoß gegen § 13 Abs. 1 S. 3 BUrlG darstellt.

148 LAG Düsseldorf v. 25.10.2004 – 10 Sa 1306/04 LAGE § 7 BUrlG Nr. 41, S. 5 ff.

149 Zustimmend *Powietzka/Rolf*, § 1 BUrlG Rn. 40.

150 ErfK/*Gallner*, § 7 BUrlG Rn. 25 f.

151 A. A. *Powietzka/Rolf*, § 1 BUrlG Rn. 40.

152 Zu den vom Bundesurlaubsgesetz vorgegebenen Grenzen siehe im ersten Teil, A. III. (S. 20 ff.).

Rechtsfolge eines Verstoßes gegen § 134 BGB ist grundsätzlich die Totalnichtigkeit des Rechtsgeschäfts.[153] Das verbotene Rechtsgeschäft ist soweit nichtig wie nötig, um Wortlaut, Sinn und Zweck des Verbotsgesetzes durchzusetzen.[154] Bei einem Verstoß gegen das Bundesurlaubsgesetz bleibt also nach Sinn und Zweck grundsätzlich der Arbeitsvertrag wirksam; nur die Klausel, die gegen das Bundesurlaubsgesetz verstößt, ist unwirksam.[155] Dadurch wird dem Arbeitnehmer der im Bundesurlaubsgesetz vorgesehene Mindesturlaubsanspruch gewährleistet. Dies entspricht gerade dem Sinn und Zweck von § 13 Abs. 1 S. 3 BUrlG.

In dem häufig auftretenden Fall, dass die Regelung in Allgemeinen Geschäftsbedingungen vorkommt, ist die Wirksamkeit des Vertrags im Übrigen nach § 306 Abs. 1 BGB ausdrücklich vorgesehen.[156]

3. *Verstoß gegen die guten Sitten, § 138 BGB*

Eine Unwirksamkeit einer vertraglichen Urlaubsregelung wegen Sittenwidrigkeit ist von der Rechtsprechung bisher nicht festgestellt worden. Sie ist theoretisch bei einer Mehrurlaubsregelung möglich, dessen Entstehung von unlauteren Gegenleistungen des Arbeitnehmers abhängig gemacht wird.[157]

VII. Rechtsfolgen der Unwirksamkeit bei Individualabreden

Vereinbaren die Arbeitsvertragsparteien individualvertraglich eine differenzierte Urlaubsklausel, die hinsichtlich des Mindesturlaubs aber unzulässigerweise zuungunsten des Arbeitnehmers von den Vorschriften des Bundesurlaubsgesetzes abweicht, so ist diese in Bezug auf den Mindesturlaub gemäß §§ 13 Abs. 1 S. 3 BUrlG i. V. m. § 134 BGB unwirksam. Wurde der Mehrurlaubsanspruch von den Vertragsparteien differenziert geregelt,[158] so kann die Regelung in Bezug auf den Mehrurlaub nach § 139 BGB wirksam bleiben.[159] § 139 BGB stellt eine

153 Jauernig/*Mansel*, § 134 BGB Rn. 15.

154 Jauernig/*Mansel*, § 134 BGB Rn. 14; siehe zu verbotswidrigen Rechtsgeschäften auch *Flume*, AT II, 340 ff.

155 ErfK/*Gallner*, § 13 BUrlG Rn. 21 ff.; BeckOKArbR/*Lampe*, § 13 BUrlG Rn. 7 f.

156 Mehr zur Inhaltskontrolle und der Unwirksamkeitsfolge von unwirksamen Urlaubsklauseln in AGB siehe im ersten Teil, A. V. (S. 23 ff.).

157 Zur Sittenwidrigkeit von Rechtsgeschäften siehe auch *Flume*, AT II, 363 ff.

158 Wann dies der Fall ist, siehe auch für tarifvertragliche Regelungen im ersten Teil, F. (S. 69 ff.).

159 Für eine tarifvertragliche Regelung BAG v. 12.04.2011 – 9 AZR 80/10 NZA 2011, 1050; für eine individualvertragliche Regelung LAG Sachsen-Anhalt v. 08.12.2011 – 3 Sa 338/10 – juris (Rn. 56); v. 29.11.2011 – 6 Sa 24/11 – juris (Rn. 30).

widerlegliche Vermutung der Nichtigkeit des gesamten Vertrags auf, wenn der hypothetische Parteiwille zu keinem Ergebnis führt.[160] Bei einer zwischen Mindest- und Mehrurlaub differenzierenden Klausel ist gerade davon auszugehen, dass die Parteien wollten, dass der Mehrurlaubsanspruch unabhängig von einer Unwirksamkeit des Mindesturlaubsanspruchs aufrechterhalten bleibt.

Fehlt es an einer differenzierten Regelung, stellt sich die Frage, ob dennoch ein hypothetischer Parteiwille im Sinne von § 139 BGB angenommen werden kann. Allerdings lässt sich eine solche einheitliche Urlaubsregelung schon nicht teilen, sodass § 139 BGB nicht zur Anwendung kommt.

B. Tarifvertragliche Regelungen

Die Tarifvertragsparteien haben auch auf dem Gebiet des Urlaubsrechts das Recht zur Normsetzung, das ihnen durch Art. 9 Abs. 3 GG garantiert wird.[161] Daher unterliegt die Gestaltung von tarifvertraglichen Urlaubsregelungen, denen nach § 4 Abs. 1 TVG normative Wirkung zukommt, anderen Grenzen als arbeitsvertragliche Regelungen. Zunächst sind die internationalen und europarechtlichen Vorgaben nach Unterschieden zu untersuchen, um sodann die unterschiedlichen nationalen Grenzen zu untersuchen, die insbesondere das Bundesurlaubsgesetz vorgibt.

I. Internationale und europarechtliche Vorgaben

Hinsichtlich der internationalen und europarechtlichen Vorgaben stellen sich dieselben Fragen wie bei arbeitsvertraglichen Regelungen, nämlich insbesondere, ob die das Urlaubsrecht betreffenden völkerrechtlichen Verträge sowie das primäre Unionsrecht unmittelbar für die Vertragsparteien wirken, sodass diese es bei der urlaubsvertraglichen Gestaltung beachten müssen. Wegen der Normsetzungskompetenz der Tarifvertragsparteien könnte man meinen, dass die Tarifparteien wie der Staat an völkerrechtliche Verpflichtungen gebunden sind.[162] Allerdings spricht gegen eine solche Wirkung klar die Charakterisierung des Tarifvertrags als privatautonomer Vertrag. Völkerrechtliche Verpflichtungen richten sich an die ratifizierenden Staaten, nicht an Privatpersonen. Damit sind Tarifvertragsparteien nur insoweit an Völkerrecht gebunden, als es unmittelbar

---

160 *Flume*, AT II, 581; Staudinger/*Roth*, § 139 BGB Rn. 2.

161 ErfK/*Gallner*, § 13 BUrlG Rn. 3.

162 *Gamillscheg*, Kollektives Arbeitsrecht I, § 16 II, S. 687 „Der Tarifvertrag darf internationales und europäisches Recht nicht verletzen".

und horizontal wirkt.[163] Nach Art. 59 Abs. 2 GG bedarf das Völkervertragsrecht der Transformation, um innerstaatliche Geltung zu erlangen.[164] Selbst nach der Transformation durch das Ratifizierungsgesetz wirken sie nur unmittelbar, wenn sie zur praktischen Umsetzung keiner weiteren gesetzgeberischen Akte bedürfen.[165] Mithin unterscheidet sich die Wirkung der völkerrechtlichen Verträge nicht in ihrer Wirkung auf die tarifvertraglichen Parteien von ihrer Wirkung auf die Arbeitsvertragsparteien. Sie wirken sich auch hier lediglich mittelbar aus. So sind beispielsweise Tarifverträge im Einklang mit den Vorschriften des Übereinkommens Nr. 132 der Internationalen Arbeitsorganisation über den bezahlten Jahresurlaub auszulegen.[166]

Die Unionsgrundrechte binden vorrangig die Europäische Union und ihre Organe. Die Mitgliedstaaten werden gemäß Art. 51 Abs. 1 GRC nur gebunden, soweit sie Unionsrecht durchführen. Die Chartagrundrechte sind nicht auf Horizontalwirkung angelegt und können daher die Parteien privatautonomer Verträge nicht binden.[167] Tarifvertragsparteien sind an das Unionsrecht aber nur soweit gebunden wie andere Privatpersonen auch.[168] Damit unterscheidet sich auch die Wirkung des primären und des sekundären Unionsrechts auf die Tarifvertragsparteien[169] nicht von derjenigen auf die Arbeitsvertragsparteien, sodass die dort erfolgten Ausführungen auch für die tarifvertraglichen Vereinbarungen gelten.[170] Die Tarifvertragsparteien müssen damit bei der Vertragsgestaltung insbesondere die sich aus dem Sekundärrecht ergebende richtlinienkonforme Rechtsfortbildung und modifizierte Auslegung des § 7 Abs. 3 S. 4, Abs. 4 BUrlG beachten.[171] Darüber hinaus können auch sie Mehrurlaubsansprüche abweichend von den

---

163 *Löwisch/Rieble*, § 1 TVG Rn. 541 ff.; Wiedemann/*Thüsing*, Einleitung Rn. 119 ff.; 173 ff.; Däubler/*Schiek*, Einl. Rn. 343.

164 BVerfG v. 14.10.2004 – 2 BvR 1481/04 NJW 2004, 3407, 3408; Maunz/Dürig/*Nettesheim*, Art. 59 GG Rn. 181 ff.; siehe dazu bereits im ersten Teil, A. I. (S. 7 ff.).

165 Maunz/Dürig/*Nettesheim*, Art. 59 GG Rn. 177 ff.; Däubler/*Schiek*, Einl. Rn. 344; siehe dazu bereits im ersten Teil, A. I. (S. 7 ff.).

166 Allgemein für die Abkommen der Internationalen Arbeitsorganisation Kempen/Zachert/*Kocher*, Grundlagen Rn. 418 f.; Däubler/*Schiek*, Einl. Rn. 346.

167 *Löwisch/Rieble*, § 1 TVG Rn. 591; Jacobs/Krause/Oetker/Schubert/*Krause*, § 1 TVG Rn. 164; Däubler/*Schiek*, Einl. Rn. 352.

168 Wiedemann/*Thüsing*, Einleitung Rn. 119 ff.; Däubler/*Schiek*, Einl. Rn. 369 ff.

169 Zum sekundären Unionsrecht und zum Tarifvertrag siehe ausführlich Däubler/*Schiek*, Einl. Rn. 383 ff. sowie bereits im ersten Teil, A. II. 2. (S. 9 f.); 3. b) (S. 17 ff.).

170 Siehe eingehend im ersten Teil, A. I. (S. 7 f.), II. (S. 8 ff.).

171 EuGH v. 03.05.2012 – C-337/10 NVwZ 2012, 688, 690 (Rn. 35) (Neidel); v. 24.01.2012 – C-282/10 EuZW 2012, 342, 345 (Rn. 48) (Dominguez).

europäischen Vorgaben tarifvertraglich regeln. Hinsichtlich solcher Ansprüche sind sie weitgehend frei.[172]

II. Grenzen durch das Bundesurlaubsgesetz

Im Bundesurlaubsgesetz erfährt die Tarifautonomie eine Einschränkung, indem auch die Tarifvertragsparteien gemäß § 13 Abs. 1 S. 1 BUrlG nicht zuungunsten der Arbeitnehmer von den „Grundnormen“[173] der §§ 1, 2, 3 Abs. 1 BUrlG abweichen dürfen.[174] Im Folgenden ist darüber hinaus zwischen Mindest- und Mehrurlaub zu unterscheiden.

1. Grenzen für den gesetzlichen Mindesturlaub

Bei tarifvertraglichen Mindesturlaubsregelungen ist die bereits genannte Besonderheit des § 13 Abs. 1 S. 1 BUrlG zu beachten. Die Regelungsbefugnis der Tarifvertragsparteien geht also weiter als diejenige der Arbeitsvertragsparteien. Sie können im Rahmen des § 13 Abs. 1 S. 1 BUrlG auch zuungunsten der Arbeitnehmer von den Urlaubsregelungen abweichen.[175]

Zulässig ist eine Abweichung nur, wenn die Tarifnorm nicht zuungunsten des Arbeitnehmers von §§ 1, 2, 3 Abs. 1 BUrlG abweicht. Ob eine solche Abweichung anzunehmen ist, wird durch einen Günstigkeitsvergleich festgestellt.[176] Bei diesem wird die einzelne Tarifnorm mit der betroffenen gesetzlichen Regelung verglichen. Aus dem Wortlaut von § 13 Abs. 1 S. 1 BUrlG, der von gesetzlichen Vorschriften und davon abweichenden Vorschriften und nicht von einer Gesamtregelung spricht, ergibt sich dabei, dass insoweit ein Einzelvergleich und nicht, wie im sonstigen Tarifrecht, ein Sachgruppenvergleich vorzunehmen ist.[177] Eine Kompensation einer unzulässigen Abweichung von den Grundnormen der §§ 1, 2, 3 Abs. 1 BUrlG, beispielsweise durch eine zusätzliche Urlaubsgeldregelung, kann

---

172 Für arbeitsvertragliche Regelungen BAG v. 24.03.2009 – 9 AZR 983/07 NZA 2009, 538, 546 (Rn. 81 ff.); für tarifvertragliche Regelungen BAG v. 12.04.2011 – 9 AZR 80/10 NZA 2011, 1050, 1051 f. (Rn. 21 ff.); v. 23.03.2010 – 9 AZR 128/09 NZA 2010, 810, 812 (Rn. 19 ff.); die nationalrechtlichen Grenzen dieser Freiheit werden im Folgenden aufgezeigt, zweiter Teil, B.

173 *Neumann/Fenski*, § 13 BUrlG Rn. 2; Arnold/Tillmanns/*Zimmermann*, § 13 BUrlG Rn. 5.

174 *Powietzka/Rolf*, § 13 BUrlG Rn. 3.

175 ErfK/*Gallner*, § 13 BUrlG Rn. 3, 5.

176 Siehe dazu auch bereits bei den arbeitsvertraglichen Regelungen im ersten Teil, A. III. 1. (S. 20 f.).

177 ErfK/*Gallner*, § 13 BUrlG Rn. 6; *Powietzka/Rolf*, § 13 BUrlG Rn. 6.

daher nicht stattfinden.[178] Insoweit findet eine individuelle Prüfung statt und nicht etwa ein kollektiver Günstigkeitsvergleich.[179] Vielmehr sind die Auswirkungen auf das Arbeitsverhältnis des einzelnen Arbeitnehmers zu betrachten, wobei die Wirksamkeit einer Tarifregelung abstrakt festgestellt wird.[180]

2. Grenzen für den übergesetzlichen Mehrurlaub

Die den Mindestjahresurlaub übersteigenden Regelungen sind grundsätzlich von den Vertragsparteien frei regelbar und unterliegen insoweit auch nicht dem Bundesurlaubsgesetz. Allerdings ist auch bei jeder tarifvertraglichen Regelung zunächst durch Auslegung zu ermitteln, ob der Tarifvertrag einen Gleichlauf von gesetzlichem Mindesturlaub und tariflichem Mehrurlaub intendierte oder ob er diesen Gleichlauf aufgehoben hat, sodass der tarifliche Mehrurlaub nicht dem Bundesurlaubsgesetz unterliegt.[181] Damit stellen sich die Grenzen des Bundesurlaubsgesetzes für den tariflichen Mehrurlaub nur bei mangelnder Unterscheidung und bei dem Fehlen konkreter Anhaltspunkte, die für ein Abweichen von den Regelungen des Bundesurlaubsgesetzes sprechen.[182]

III. Grenzen durch das Allgemeine Gleichbehandlungsgesetz

Auch die Grenzen des Allgemeinen Gleichbehandlungsgesetzes, das die Vorgaben des Art. 21 Abs. 1 GRC sowie der Richtlinie 2000/78/EG in nationalem Recht konkretisiert, gelten für die Tarifvertragsparteien.[183]

IV. § 310 Abs. 4 S. 1 BGB

Bei tarifvertraglichen Regelungen ist § 310 Abs. 4 S. 1 BGB von besonderer Bedeutung. Hiernach findet bei Tarifverträgen keine AGB-Kontrolle statt. Dies beruht auf dem Gedanken, dass es sich bei den Tarifvertragsparteien um zwei

---

178 BAG v. 15.01.2013 – 9 AZR 465/11 NZA 2013, 585, 588 (Rn. 20); v. 15.12.2009 – 9 AZR 887/08 AP BUrlG § 11 Nr. 66; v. 22.01.2002 – 9 AZR 601/00 NZA 2002, 1041; AnwK-ArbR/*Düwell*, § 13 BUrlG Rn. 16.

179 BAG v. 28.03.2000 – 1 AZR 366/99 NZA 2001, 49; ErfK/*Gallner*, § 13 BUrlG Rn. 6; *Neumann/Fenski*, § 13 BUrlG Rn. 31.

180 BAG v. 22.01.2002 – 9 AZR 601/00 NZA 2002, 1041; AnwK-ArbR/*Düwell*, § 13 BUrlG Rn. 17.

181 Siehe dazu eingehend im ersten Teil, F. (S. 69 ff.).

182 Siehe dazu eingehend im ersten Teil, F. (S. 69 ff.).

183 Siehe hierzu im ersten Teil, A. IV. (S. 22 f.); es ergeben sich insoweit keine abweichenden Grenzen zu denen der Arbeitsvertragsparteien.

gleichberechtigte Partner handelt, die den Vertrag aushandeln. Diesen kommt die Institutsgarantie des Art. 9 Abs. 3 GG zu. Indem davon ausgegangen wird, dass es sich um zwei gleichberechtigte Verhandlungsparteien handelt, geht der Gesetzgeber von einer ausgewogenen, auch die Arbeitnehmerinteressen berücksichtigenden Regelung aus. Dem entspricht auch die gegenüber den Arbeitsvertragsparteien weiterreichende Vertragsgestaltungsfreiheit. Daher sind Tarifverträge nur daraufhin zu überprüfen, ob sie gegen die Verfassung, zwingendes Gesetzesrecht oder gegen die guten Sitten verstoßen.[184] Dies bestätigt die Regelung des § 310 Abs. 4 S. 1 BGB.[185] Die für Arbeitsvertragsparteien aufgezeigten Grenzen der AGB-Kontrolle stellen sich also bei tarifvertraglichen Urlaubsregelungen nicht.

V. Bezugnahmeklauseln in Arbeitsverträgen

Außenseiter nehmen häufig in ihrem Arbeitsvertrag Bezug auf den in Tarifverträgen geregelten Urlaub.[186] Dann gelten grundsätzlich die abweichenden Bestimmungen des Tarifvertrags zwischen den Arbeitsvertragsparteien, § 13 Abs. 1 S. 2 BUrlG.

Hier ist die grundsätzliche Bezugnahme auf „Urlaub" so zu verstehen, dass auch das zusätzlich geregelte Urlaubsgeld darunterfällt. § 305 c Abs. 2 BGB ist dabei nicht anzuwenden. Vielmehr ist darauf nur zurückzugreifen, wenn trotz Ausschöpfung der anerkannten Auslegungsmethoden nicht behebbare Zweifel bleiben.[187] Wird also in einem Arbeitsvertrag auf einen Tarifvertrag Bezug genommen, der zwischen Mindest- und Mehrurlaub unterscheidet, so halten die tarifvertraglichen Regelungen über die Bezugnahmeklausel in das Arbeitsverhältnis Einzug.

Die Bezugnahmeklausel an sich, die sich im Arbeitsvertrag befindet, unterliegt den bereits dargestellten Grenzen von arbeitsvertraglichen Regelungen, mithin auch der AGB-Kontrolle.[188] Der Tarifvertrag, auf den diese aber Bezug nimmt, unterliegt den geringfügig unterschiedlichen Grenzen und ist gemäß § 310 Abs. 4 S. 3 BGB nicht Gegenstand der Inhaltskontrolle.[189] Das Zusammenspiel

184 BAG v. 06.09.1995 – 5 AZR 174/94 NZA 1996, 437, 439; v. 04.09.1985 – 5 AZR 655/84 NZA 1986, 225, 226.

185 ErfK/*Preis*, §§ 305–310 BGB Rn. 8.

186 Siehe dazu auch AnwK-ArbR/*Düwell*, § 1 BUrlG Rn. 37.

187 BAG v. 17.01.2006 – 9 AZR 41/05 NZA 2006, 923.

188 ErfK/*Preis*, §§ 305–310 BGB Rn. 12 ff.

189 ErfK/*Preis*, §§ 305–310 BGB Rn. 12; vgl. dazu auch BT-Drs. 14/6857, S. 54.

von Bezugnahmeklausel und Tarifvertrag muss also bei der Vertragsgestaltung Beachtung finden.

Hinsichtlich eines einfachen Verweises auf tarifvertragliche Bestimmungen in Bezugnahmeklauseln ergeben sich zunächst keine Besonderheiten. Ein solcher ist zum einen transparent, zum anderen gibt es auch keine Anzeichen für eine Unangemessenheit.

Beispielsklausel 1: Einfache Bezugnahmeklausel

Hinsichtlich des Erholungsurlaubs wird auf den Tarifvertrag [xy] in seiner jeweils gültigen Fassung verwiesen.

Des Weiteren bietet sich auch eine Bezugnahmeklausel an, die nur hinsichtlich des Mindesturlaubs auf einen Tarifvertrag verweist, hinsichtlich des Mehrurlaubs aber ein eigenes Regelwerk aufstellt oder umgekehrt. Bei einer solchen Verweisung handelt es sich um einen Teilverweis. Bei diesem ist umstritten, ob insoweit § 310 Abs. 4 S. 3 BGB Anwendung findet oder ob nicht bei einem Teilverweis eine Inhaltskontrolle stattfinden muss.[190] Der Grund für die Bereichsausnahme des § 310 Abs. 4 BGB für Tarifverträge besteht in deren Richtigkeitsgewähr. Der Gesetzgeber geht davon aus, dass es sich bei den Tarifvertragsparteien um zwei gleichberechtigte Verhandlungsparteien handelt, sodass eine ausgewogene, auch die Arbeitnehmerinteressen berücksichtigende Regelung zustandekommt.[191] Bei einem Teilverweis kann aber gerade nicht von einer solchen Richtigkeitsgewähr ausgegangen werden. Einzelne Regelungen des Tarifvertrags können vielmehr einseitig belastende Vereinbarungen enthalten, die lediglich in einer Gesamtschau des ganzen Tarifvertrags als ausgewogen einzustufen sind.[192] Daher sprechen die besseren Gründe für die Anwendung der Inhaltskontrolle auf Teilverweise.[193] Bei einer solchen Inhaltskontrolle ist insbesondere nach § 307 Abs. 1 S. 2 BGB auf die Transparenz zu achten. Differenziert in diesem Fall der Tarifvertrag selbst nicht zwischen Mindest- und Mehrurlaub, so kann sich aus dem Zusammenspiel zwischen Verweisungsklausel und dem in Bezug genommenen Teil des Tarifvertrags eine Intransparenz ergeben. Für den Arbeitnehmer ist hier nicht auf einen Blick klar, was genau für seinen Mindesturlaubsanspruch gilt.

---

190 Siehe zum Meinungsbild ErfK/*Preis*, §§ 305–310 BGB Rn. 17 ff. m. w. N.

191 Staudinger/*Krause*, Anhang zu § 310 BGB Rn. 88; ErfK/*Preis*, §§ 305–310 BGB Rn. 8.

192 *Däubler*, NZA 2001, 1329, 1335.

193 So mit überzeugender Argumentation *Däubler*, NZA 2001, 1329, 1335; ErfK/*Preis*, §§ 305–310 BGB Rn. 17 f.; *Reinecke*, NZA-Beil. 2000, 23, 29; *Thüsing*, AGB-Kontrolle im Arbeitsrecht, Rn. 189; a. A. *D. Gaul*, ZTR 1991, 188, 190; Wiedemann/*Oetker*, § 3 TVG Rn. 343.

Ein solcher Teilverweis sollte daher nur auf Tarifverträge erfolgen, die ausdrücklich zwischen Mindest- und Mehrurlaub differenzieren.

Beispielsklausel 2: Bezugnahmeklausel, die nur auf den tariflich geregelten Mindesturlaub verweist[194]

(1) Hinsichtlich des gesetzlichen Mindesturlaubs wird auf den Tarifvertrag [xy] in seiner jeweils gültigen Fassung verwiesen.
(2) Darüber hinaus steht dem Arbeitnehmer zusätzlich bezahlter Mehrurlaub von weiteren [x] Tagen pro Jahr zu. [...]

VI. Rechtsfolgen bei Unwirksamkeit

Vereinbaren die Tarifvertragsparteien hinsichtlich des Urlaubs eine differenzierte Klausel, die hinsichtlich des Mindesturlaubs aber unzulässigerweise von den in §§ 1, 2, 3 Abs. 1 BUrlG festgehaltenen Grundsätzen abweicht, so ist diese in Bezug auf den Mindesturlaub gemäß §§ 13 Abs. 1 S. 1, 1 BUrlG i. V. m. § 134 BGB unwirksam. Wegen der Differenzierung[195] kann aber die Regelung in Bezug auf den Mehrurlaub nach § 139 BGB wirksam bleiben.[196] Dabei ist von dem hypothetischen Parteiwillen auszugehen, den Mehrurlaubsanspruch unabhängig vom Mindesturlaubsanspruch aufrechtzuerhalten.[197]

C. Urlaubsregelungen in Betriebsvereinbarungen

I. Internationale und unionsrechtliche Vorgaben

International und unionsrechtlich ergeben sich bei den Urlaubs- und Urlaubsgeldregelungen in Betriebsvereinbarungen keine Besonderheiten. Auch für die Betriebspartner gelten die völkerrechtlichen Verträge sowie Art. 31 Abs. 2 GRC nicht unmittelbar. Für sie gilt es vielmehr, die unionsrechtskonform auszulegenden nationalen urlaubsrechtlichen Normen zu beachten.[198]

---

194 Die umgekehrte Konstellation ist zwar denkbar; da jedoch in der Praxis kaum eigene Regelungswerke für den Mehrurlaubsanspruch existieren, ist diese Konstellation eher theoretischer Natur.

195 Wann dies der Fall ist, siehe auch für tarifvertragliche Regelungen im ersten Teil, F. (S. 69 ff.).

196 BAG v. 12.04.2011 – 9 AZR 80/10 NZA 2011, 1050.

197 Siehe zur Herleitung des hypothetischen Parteiwillens bereits im ersten Teil, A. VII. (S. 33).

198 Siehe im Übrigen zur Wirkungsweise des internationalen Rechts und des Unionsrechts im ersten Teil, A. I. (S. 7 f.), II. (S. 8 ff.).

II. Grenzen durch das Bundesurlaubsgesetz

Eine Abweichung vom gesetzlichen Urlaubsanspruch ist in Betriebsvereinbarungen lediglich zugunsten der Arbeitnehmer möglich. § 13 Abs. 1 S. 3 BUrlG gilt auch für Betriebsvereinbarungen. Ausgenommen hiervon ist § 7 Abs. 2 S. 2 BUrlG.[199] Im Übrigen haben die Betriebspartner dieselben Möglichkeiten wie die Arbeitsvertragsparteien.[200]

III. Grenzen durch das Betriebsverfassungsgesetz

Hinsichtlich der Urlaubsregelungen in Betriebsvereinbarungen ist insbesondere die Sperrwirkung im Sinne von § 77 Abs. 3 S. 1 BetrVG zu beachten, von der es lediglich die Ausnahme des § 77 Abs. 3 S. 2 BetrVG sowie nach gefestigter Rechtsprechung des Bundesarbeitsgerichts[201] die weitere Ausnahme des § 87 Abs. 1 BetrVG gibt.

1. § 77 Abs. 3 S. 1 BetrVG, Sperrwirkung

Gemäß § 77 Abs. 3 S. 1 BetrVG können Arbeitsentgelte und sonstige Arbeitsbedingungen, die durch Tarifvertrag geregelt sind oder üblicherweise geregelt werden, nicht Gegenstand einer Betriebsvereinbarung sein. Dabei sind unter „Arbeitsentgelte[n] und sonstige[n] Arbeitsbedingungen" alle Arbeitsbedingungen zu verstehen.[202] Für eine tarifliche Regelung reicht jede tarifliche Regelung, ohne dass der Arbeitgeber oder der Arbeitnehmer an den Tarifvertrag gebunden sein muss. Es reicht, dass das konkrete Arbeitsverhältnis in den räumlichen, fachlichen und persönlichen Geltungsbereich des Tarifvertrags fällt.[203] Die Sperrwirkung besteht insoweit, als der Tarifvertrag eine inhaltliche Sachregelung enthält. Dabei ist entscheidend, ob die Frage nach dem Willen der Tarifparteien

---

199 ErfK/*Gallner*, § 13 BUrlG Rn. 24; *Leinemann/Linck*, § 13 BUrlG Rn. 9; *Powietzka/Rolf*, § 13 BUrlG Rn. 22.

200 ErfK/*Gallner*, § 13 BUrlG Rn. 24.

201 BAG v. 22.03.2005 – 1 ABR 64/03 NZA 2006, 383; a. A. *Hromadka*, DB 1987, 1991, 1993 f; GK-BetrVG/*Kreutz*, § 77 BetrVG Rn. 132.

202 BAG v. 09.04.1991 – 1 AZR 406/90 NZA 1991, 734; GK-BetrVG/*Kreutz*, § 77 BetrVG Rn. 81; WPK/*Preis*, § 77 BetrVG Rn. 60; *Fitting*, § 77 BetrVG Rn. 71; *Richardi*, § 77 BetrVG Rn. 253 ff.

203 BAG v. 01.04.1987 – 4 AZR 77/86 NZA 1987, 593, 595 f.; *Fitting*, § 77 BetrVG Rn. 75; GK-BetrVG/*Kreutz*, § 77 BetrVG Rn. 105 f.; WPK/*Preis*, § 77 BetrVG Rn. 66; *Richardi*, § 77 BetrVG Rn. 259.

abschließend und umfassend geregelt sein soll.[204] Gewöhnlich enthalten Tarifverträge Regelungen zum Urlaub, sodass in diesen Fällen grundsätzlich die Sperrwirkung eingreift.[205] Diese schließt die bloße Aufstockung tariflicher Leistungen durch eine Betriebsvereinbarung aus, etwa die Gewährung übertariflicher Zulagen oder eine Arbeitszeitverkürzung durch zusätzliche freie Tage.[206] Ob die Frage nach dem Willen der Tarifparteien abschließend und umfassend geregelt sein soll, ist eine Frage der Auslegung des konkreten Tarifvertrags.[207] In der Regel enthalten Tarifverträge Regelungen zum Erholungsurlaub. Dabei kann davon ausgegangen werden, dass ein Urlaub mit anderer Zielrichtung, wie beispielsweise ein Bildungsurlaub für Arbeitnehmer oder Zusatzurlaub für Schwerstarbeit, vorgesehen werden kann. Ein solcher fällt schließlich in einen nicht vom Tarifvorbehalt erfassten Bereich.[208]

Bei der Gewährung von Erholungsurlaub durch eine Betriebsvereinbarung kann sich ebenfalls aus der Auslegung des Tarifvertrags ergeben, dass unter bestimmten Voraussetzungen die Gewährung eines zusätzlichen Urlaubsanspruchs möglich sein soll. Es bietet sich die Übertragung der Rechtsprechung zur Anwesenheitsprämie an. Hierbei geht das Bundesarbeitsgericht davon aus, dass diese durch Betriebsvereinbarung vereinbart werden können, wenn dadurch eine besondere Leistung oder ein besonderes Verhalten honoriert werden soll und die Prämie nicht als Lohnzulage anzusehen ist, die alle Arbeitnehmer als Gegenleistung nur für die allgemeine Arbeitsleistung erhalten. Wäre Letzteres der Fall, handelte es sich nur um eine günstigere Regelung gegenüber dem Tarifvertrag, die in einer Betriebsvereinbarung nicht möglich ist. Zulagen, die an andere tatbestandliche Voraussetzungen als die tariflichen oder tarifüblichen Regelungen geknüpft sind, sind hingegen nicht ausgeschlossen.[209] Eine Urlaubsgewährung

---

204 BAG v. 03.04.1979 – 6 ABR 29/77 AP BetrVG 1972 § 87 Nr. 2; LAG Hamm v. 08.08.1979 – 12 Ta BV 44/79 DB 1979, 2236.

205 So beispielsweise im Fall von BAG v. 01.04.1987 – 4 AZR 77/86 NZA 1987, 593, 595 f.

206 BAG v 30.05.2006 – 1 AZR 111/05 NZA 2006, 1170; v. 22.06.1993 – 1 ABR 62/92 NZA 1994, 184; v. 29.05.1964 – 1 AZR 281/63 AP BetrVG § 59 Nr. 24; v. 07.12.1962 – 1 AZR 245/61 AP GG Art. 12 Nr. 28; *Fitting*, § 77 BetrVG Rn. 84; WPK/*Preis*, § 77 BetrVG Rn. 61.

207 LAG Hamm v. 08.08.1979 – 12 Ta BV 44/79 DB 1979, 2236.

208 LAG Hamm v. 08.08.1979 – 12 Ta BV 44/79 DB 1979, 2236; *Richardi*, § 77 BetrVG Rn. 287; *Zöllner in* FS Nipperdey, Bd. II, 699, 718 f.; enger *Neumann-Duesberg*, S. 471.

209 LAG Hamm v. 08.08.1979 – 12 Ta BV 44/79 DB 1979, 2236; *Fitting*, § 77 BetrVG Rn. 88; WPK/*Preis*, § 77 BetrVG Rn. 65.

durch Betriebsvereinbarung ist daher möglich, wenn sie an ganz besondere andersartige und nicht für alle Arbeitnehmer in Betracht kommende Voraussetzungen anknüpft und die Auslegung des konkreten Tarifvertrags ergibt, dass der Urlaub insoweit nicht umfassend und abschließend geregelt ist.[210]

2. *§ 77 Abs. 3 S. 2 BetrVG, Öffnungsklauseln*

Unproblematisch möglich ist eine Urlaubsregelung, wenn es in dem Tarifvertrag eine Öffnungsklausel im Sinne von § 77 Abs. 3 S. 2 BetrVG gibt, die den Abschluss ergänzender Betriebsvereinbarungen ausdrücklich zulässt. In diesem Fall gilt es, insbesondere die Grenzen des § 13 Abs. 1 S. 3 BUrlG zu beachten.[211]

3. *Regelungen auf dem Gebiet des § 87 Abs. 1 Nr. 5 BetrVG*

Weiterhin ist der Rechtsprechung und einigen Stimmen in der Literatur zufolge § 77 Abs. 3 BetrVG nicht auf die in § 87 BetrVG geregelten sozialen Angelegenheiten anwendbar. § 87 BetrVG sei lex specialis und verdränge daher die Regelung des § 77 Abs. 3 BetrVG, wenn keine abschließende und zwingende tarifliche Regelung besteht, § 87 Abs. 1 Hs. 1 BetrVG.[212] Das bedeutet, im Fall einer lediglich tarifüblichen Regelung bleibt diesem Ansatz zufolge dem Betriebsrat die Möglichkeit, sein zwingendes Mitbestimmungsrecht durch eine Betriebsvereinbarung wahrzunehmen.[213]

Hierbei ist die Vorschrift des § 87 Abs. 1 Nr. 5 BetrVG von Interesse, wonach der Betriebsrat bei der Aufstellung allgemeiner Urlaubsgrundsätze und des Urlaubsplans sowie der Festsetzung der zeitlichen Lage des Urlaubs für einzelne Arbeitnehmer mitzubestimmen hat, wenn zwischen dem Arbeitgeber und den beteiligten Arbeitnehmern kein Einverständnis erzielt wird. Nehmen nun die Arbeitsvertragsparteien ausdifferenzierte Urlaubsregelungen, wie z. B. eine Unterscheidung zwischen Mindest- und Mehrurlaub, Widerrufs- oder

---

210 LAG Hamm v. 08.08.1979 – 12 Ta BV 44/79 DB 1979, 2236; in dieselbe Richtung argumentierend: BAG v. 19.04.1994 – 9 AZR 478/92 NZA 1995, 86, 87, nach dem es sich um „außertarifliche Leistungen“ handeln muss.

211 *Leinemann/Linck*, § 13 BUrlG Rn. 10.

212 BAG v. 22.03.2005 – 1 ABR 64/03 NZA 2006, 383; *Ehmann/Schmidt*, NZA 1995, 193, 196 f.; *Farthmann*, RdA 1974, 65, 71; *Fitting*, § 77 BetrVG Rn. 111 ff.; *Gast*, Anm. zu BAG v. 24.02.1987 – 1 ABR 18/85 BB 1987, 1249; MünchArbR/*Matthes*, § 238 Rn. 66 f.; a. A. *Hromadka*, DB 1987, 1991, 1993 f.; GK-BetrVG/*Kreutz*, § 77 BetrVG Rn. 132.

213 *Fitting*, § 77 BetrVG Rn. 109; WPK/*Preis*, § 87 BetrVG Rn. 104.

Freiwilligkeitsvorbehalte, Tilgungsbestimmungen, Ausschlussfristen o. Ä. in den Arbeitsvertrag auf, handelt es sich dabei gerade nicht um allgemeine Urlaubsgrundsätze im Sinne von § 87 Abs. 1 Nr. 5 BetrVG.

Darunter sind vielmehr allgemeine Richtlinien zu verstehen, nach denen dem einzelnen Arbeitnehmer vom Arbeitgeber im Einzelfall Urlaub zu gewähren ist.[214] Regelungsbedürftig sind dabei z. B. die Fragen, ob Betriebsferien eingerichtet werden sollen, ob der Urlaub im Rahmen der Betriebsferien zu nehmen ist und die zeitliche Lage der Betriebsferien.[215] Sinn und Zweck der Mitbestimmung im Sinne von § 87 Abs. 1 Nr. 5 BetrVG ist es, die Urlaubswünsche des einzelnen Arbeitnehmers mit den betrieblichen Belangen in Einklang zu bringen und sich möglicherweise vorrangigen Urlaubswünschen anderer Arbeitnehmer unterzuordnen.[216]

Zu den allgemeinen Urlaubsgrundsätzen zählt aber gerade nicht, ob und in welchem Umfang der Arbeitnehmer einen Urlaubsanspruch hat. Der Betriebsrat kann daher keine Regelung über das Entstehen und das Bestehen des Urlaubsanspruchs treffen.[217] Die Vereinbarung von ausdifferenzierten Urlaubsregelungen ist damit eine Vorfrage, die dem Mitbestimmungsrecht des Betriebsrates vorauszugehen hat.[218] Mithin richtet sich die Regelung der Dauer des Urlaubs und die Festlegung des Urlaubsentgelts nicht nach § 87 Abs. 1 Nr. 5 BetrVG.[219] Dies gilt ebenso für weitere Ausgestaltungen des Urlaubs, sodass die urlaubsrechtlichen Regelungen als Vorfragen nicht der Mitbestimmung des Betriebsrates unterliegen. Erst, wenn der Anspruch des Arbeitnehmers auf Urlaub besteht, wird der Anwendungsbereich des Betriebsverfassungsgesetzes eröffnet und dem Betriebsrat kommt ein Mitbestimmungsrecht zu, beispielsweise hinsichtlich der zeitlichen Lage des Urlaubs.[220]

4. Ergebnis

Die Regelung von Urlaub kommt in Betriebsvereinbarungen insgesamt nur sehr begrenzt in Betracht. Zum einen sind die Grenzen des § 13 Abs. 1 S. 3 BUrlG zu beachten, sodass vom gesetzlichen Urlaubsanspruch generell nur zugunsten

---

214 BAG v. 18.06.1974 – 1 ABR 25/73 AP Nr. 1 zu § 87 BetrVG 1972 Urlaub.

215 *Fitting*, § 87 BetrVG Rn. 196; WPK/*Preis*, § 87 BetrVG Rn. 94.

216 BAG v. 18.06.1974 – 1 ABR 25/73 AP Nr. 1 zu § 87 BetrVG 1972 Urlaub; *Richardi*, § 87 BetrVG Rn. 440.

217 *Richardi*, § 87 BetrVG Rn. 455.

218 So auch *Powietzka/Fallenstein*, NZA 2010, 673, 679.

219 *Richardi*, § 87 BetrVG Rn. 456.

220 *Richardi*, § 87 BetrVG Rn. 456.

der Arbeitnehmer abgewichen werden kann. Darüber hinaus sieht § 77 Abs. 3 S. 1 BetrVG eine weitgehende Sperrwirkung vor. Hier kommt eine urlaubsrechtliche Betriebsvereinbarung entweder nach § 77 Abs. 3 S. 2 BetrVG mithilfe einer Öffnungsklausel ergänzend zum Tarifvertrag in Betracht. Andererseits können die Betriebspartner im Bereich des § 87 Abs. 1 Nr. 5 BetrVG in Betriebsvereinbarungen allgemeine Urlaubsgrundsätze, einen Urlaubsplan und im Streitfall die zeitliche Festsetzung des Urlaubs für einzelne Arbeitnehmer vereinbaren. Liegt kein Ausnahmefall vor, ist die Regelung von Urlaub in einer Betriebsvereinbarung nur möglich, wenn sie eine andere Zielrichtung als der im Tarifvertrag geregelte Urlaub hat oder wenn an ganz besondere, andersartige und nicht für alle Arbeitnehmer in Betracht kommende Voraussetzungen anknüpft und die Auslegung des konkreten Tarifvertrags ergibt, dass der Urlaub insoweit nicht umfassend und abschließend geregelt ist.[221]

IV. Grenzen durch das Allgemeine Gleichbehandlungsgesetz

Auch die Grenzen des Allgemeinen Gleichbehandlungsgesetzes, das die Vorgaben des Art. 21 Abs. 1 GRC sowie der Richtlinie 2000/78/EG in nationalem Recht konkretisiert, gelten für die Betriebspartner.[222]

V. § 310 Abs. 4 S. 1 BGB

Bei Betriebsvereinbarungen ist darüber hinaus § 310 Abs. 4 S. 1 BGB zu beachten. Hiernach findet bei Tarifverträgen und Betriebsvereinbarungen keine AGB-Kontrolle statt. Daher findet bei Betriebsvereinbarungen nun richtigerweise entgegen der bisherigen Rechtsprechung[223] auch keine allgemeine, auf § 315 BGB gestützte, Billigkeitskontrolle mehr statt.[224] Eine Rechtskontrolle hingegen bleibt möglich und § 75 Abs. 1 S. 2 BetrVG verpflichtet die Betriebspartner von Rechts wegen, die Betriebsangehörigen nach den Grundsätzen von Recht und Billigkeit

---

221 LAG Hamm v. 08.08.1979 – 12 Ta BV 44/79 DB 1979, 2236; in dieselbe Richtung argumentierend: BAG v. 19.04.1994 – 9 AZR 478/92 NZA 1995, 86, 87, nach dem es sich um „außertarifliche Leistungen" handeln muss.

222 Siehe hierzu im ersten Teil, A. IV. (S. 22 f.); es ergeben sich insoweit keine abweichenden Grenzen zu denen der Arbeitsvertragsparteien.

223 Grundlegend BAG v. 30.01.1970 – 3 AZR 44/68 AP BGB § 242 Ruhegehalt Nr. 142; sowie u. a. BAG v. 01.12.1992 – 1 AZR 234/92 NZA 1993, 613.

224 *Annuß*, BB 2002, 458, 459; Staudinger/*Krause*, Anhang zu § 310 BGB Rn. 101; ErfK/*Preis*, §§ 305–310 BGB Rn. 9; *Stoffels*, AGB-Recht, Rn. 176; a. A. *Däubler*, NZA 2001, 1329, 1334.

zu behandeln.[225] Damit stellen sich die für Arbeitsvertragsparteien bereits aufgezeigten Grenzen der AGB-Kontrolle bei Urlaubsregelungen in Betriebsvereinbarungen nicht.

D. Sondervergütungscharakter des Mehrurlaubsanspruchs

Die systematische Einordnung des Mehrurlaubsanspruchs bedarf überdies der Klärung. Kann man ihn unter den Begriff der Sondervergütung fassen, hat dies Auswirkungen auf die Anwendbarkeit der zu Sondervergütungen ergangenen Rechtsprechung auf den Mehrurlaubsanspruch, die an verschiedenen Stellen bei den einzelnen Regelungsmöglichkeiten des Mehrurlaubs Relevanz erlangt. Bei der Einordnung stellen sich diverse Fragen. Zum einen ist zu klären, ob der Mehrurlaub unter einen der Begriffe der Sonderleistung, Sondervergütung, Sonderzuwendung, Sonderzahlung, Gratifikation oder der Anwesenheitsprämie zu fassen ist. Im Zuge der Klärung dieser Frage ist auch von Belang, was genau Gegenstand der Gewährung von Mehrurlaub ist und ob sie im Gegenseitigkeitsverhältnis erfolgt.

I. Abgrenzung der Begriffe

Die Begriffe Sonderzahlung, Sonderzuwendung, Sondervergütung und Sonderleistung werden, soweit ersichtlich, synonym verwendet.[226] Im Gesetz selbst ist nur die Sondervergütung und die Sonderzahlung genannt, nämlich in den Normen der §§ 4a EFZG, 2 Abs. 1 Nr. 6 NachwG. Zu klären ist daher vorab, ob der Begriff der Sondervergütung im deutschen Rechtssystem einheitlich verwendet wird, sodass der Begriff aus § 4a EFZG, dessen Bedeutung für die Regelung von Mehrurlaub später noch zu prüfen sein wird,[227] zugrunde zu legen ist.

Der Begriff der Sondervergütung wird gesetzlich in § 4a EFZG genannt und legaldefiniert. Danach sind dies Leistungen, die der Arbeitgeber zusätzlich zum laufenden Arbeitsentgelt erbringt. Zu ihm lassen sich folglich die bereits traditionell unter verschiedene Begriffe gefassten Sondervergütungen zählen, wie die Gratifikation, das 13. Monatsgehalt, die Jahresabschlussvergütung, das Weihnachtsgeld, das Urlaubsgeld, die Jubiläumszuwendung und die Anwesenheitsprämie.[228] Der Begriff der Sonderzahlung in § 2 Abs. 1 Nr. 6 NachwG wird

---

225 ErfK/*Preis*, §§ 305–310 BGB Rn. 9.

226 BeckOKArbR/*Joussen*, § 611 BGB Rn. 175; Schaub/*Linck*, § 78 Rn. 1 ff.; ErfK/*Preis*, § 611 BGB Rn. 527.

227 Siehe dazu im zweiten Teil, A. III. 1. c) bb) (S. 146 ff.).

228 BAG v. 13.05.2004 – 10 AZR 525/03 AP BGB § 611 Gratifikation Nr. 256; v. 17.12.1993 – 10 AZR 427/91 NZA 1993, 464; v. 08.12.1993 – 10 AZR 638/92 AP

als Zusatzentgelt aufgefasst, das neben der Grundvergütung, den Zuschlägen, Zulagen und Prämien Bestandteil des Arbeitsentgelts ist. Dabei werden auch freiwillige Leistungen von der Norm umfasst.[229] Als Teil des Zusatzentgelts wird also auch im Rahmen des § 2 Abs. 1 Nr. 6 NachwG unter Sonderzahlung eine zusätzlich zum laufenden Arbeitsentgelt erbrachte Leistung verstanden. Er deckt sich damit mit dem Verständnis des Gesetzgebers vom Begriff der Sondervergütung in § 4a EFZG.

Daher ist von einer einheitlichen Betrachtung des Begriffs Sondervergütung auszugehen.[230] Unter Sondervergütung, Sonderleistung, Sonderzuwendung und Sonderzahlung sind also Leistungen zu verstehen, die der Arbeitgeber zusätzlich zum laufenden Arbeitsentgelt erbringt. Weiter ist der Begriff der Gratifikation zu klären. Darunter wird eine verbreitete Form der Sonderleistung verstanden, die der Arbeitgeber aus bestimmten Anlässen zusätzlich zur Arbeitsvergütung gewährt.[231] Unter Anwesenheitsprämie wird eine Sondervergütung verstanden, mit deren Zusage dem Arbeitnehmer der Anreiz geboten wird, die Zahl seiner berechtigten oder unberechtigten Fehltage im Bezugszeitraum möglichst gering zu halten.[232] Damit erscheinen also die Gratifikation und die Anwesenheitsprämie als eine Form der Sondervergütung, die zu einem bestimmten Zweck geleistet wird.

Bei der Einordnung des Mehrurlaubs in eine dieser Kategorien ergeben sich mehrere Probleme. Zum einen muss bestimmt werden, was der Arbeitgeber, der sich entschließt, dem Arbeitnehmer Mehrurlaub zu gewähren, genau leistet.

TVG § 1 Tarifverträge: Einzelhandel Nr. 40; Kaiser/Dunkl/Hold/Kleinsorge/*Hold*, § 4a EFZG Rn. 8; ErfK/*Preis*, § 611 BGB Rn. 527.

229 ErfK/*Preis*, § 2 NachwG Rn. 17 ff. Freilich werden freiwillige Leistungen nicht von der Norm des § 4a EFZG umfasst, die von einer Kürzungsvereinbarung spricht. Eine solche kann bei einer unter Freiwilligkeitsvorbehalt gewährten Leistung schon nicht gesehen werden, siehe dazu MüKoBGB/*Müller-Glöge*, § 4a EFZG Rn. 6; *Vogelsang*, Rn. 574. Vom Begriff der Sondervergütung ist jedoch auch im Rahmen von § 4a EFZG eine freiwillige Leistung erfasst, da auch freiwillige Leistungen solche sind, die zusätzlich zum laufenden Arbeitsentgelt erfolgen.

230 Davon gehen, soweit ersichtlich, auch die Literatur und die Rechtsprechung aus, vgl. Kaiser/Dunkl/Hold/Kleinsorge/*Hold*, § 4a EFZG Rn. 8; BeckOKArbR/*Joussen*, § 611 BGB Rn. 175; Schaub/*Linck*, § 78; *Linck/Schütz* in FS Leinemann, 171, 178; Feichtinger/Malkmus/*Malkmus/S. Feichtinger*, § 4a EFZG Rn. 25 ff.; ErfK/*Preis*, § 611 BGB Rn. 527 ff.

231 Schaub/*Linck*, § 78 Rn. 3.

232 BAG v. 25.07.2001 – 10 AZR 502/00 AP EntgeltFG § 4a Nr. 1; ErfK/*Reinhard*, § 4a EFZG Rn. 3.

Darüber hinaus ist zu klären, ob eine Sondervergütung lediglich in einer Geldleistung oder auch in andersartigen Leistungen bestehen kann. Im nächsten Schritt ist zu untersuchen, ob der Mehrurlaub in einem Gegenseitigkeitsverhältnis steht, also letztlich eine Vergütung für geleistete Arbeit darstellt. Abschließend ist zu prüfen, ob die Gewährung von Mehrurlaub eine solche Sondervergütung darstellen kann und ob sie arbeitsvertraglich auch als Gratifikation, also an einen bestimmten Zweck gebunden oder gar als Anwesenheitsprämie vereinbart werden kann. Die Klärung dieser Frage ist entscheidend für die Darlegung der Grundsätze, die für die einzelnen Regelungen gelten und um überprüfen zu können, welche der von der Rechtsprechung entwickelten Grundsätze auf die Regelung von Mehrurlaub übertragbar sind.

II. Gegenstand der Leistung bei der Gewährung von Mehrurlaub

Bei der Gewährung von Mehrurlaub wird inhaltlich nichts anderes als bei der Einräumung von Mindesturlaub geleistet. Über den Inhalt dieses Anspruchs besteht aber seit jeher Streit zwischen dem Bundesarbeitsgericht und Teilen der Instanzrechtsprechung sowie der Literatur.[233] Früher war das Bundesarbeitsgericht der Ansicht, dass es sich beim Urlaubsanspruch um einen Einheitsanspruch handelt, der aus Freizeitgewährung und der Zahlung des Urlaubsentgelts besteht.[234] Seit 1982 vertritt das Bundesarbeitsgericht hingegen nunmehr die Ansicht, dass es sich beim Urlaubsanspruch um einen durch das Bundesurlaubsgesetz begründeten Anspruch des Arbeitnehmers gegen den Arbeitgeber handelt, der ihn berechtigt, von den durch den Arbeitsvertrag entstehenden Arbeitspflichten befreit zu werden. Danach ist der Urlaubsanspruch also ein Freistellungsanspruch. Die Pflicht zur Zahlung des Arbeitsentgelts aus § 611 BGB wird dabei nicht berührt.[235]

Die Interpretation des Anspruchsinhalts hat erhebliche Auswirkungen auf nahezu alle urlaubsrechtlichen Bestimmungen.[236] Sie wirkt sich nicht nur auf den Urlaubsanspruch selbst immens aus, sondern als „Nachwirkung“ auch auf den Urlaubsabgeltungsanspruch,[237] sodass auch die vertragliche Gestaltbarkeit

---

233 Siehe hierzu auch die Darstellung bei ErfK/*Gallner*, § 1 BUrlG Rn. 7 f. sowie *Suckow/Klose*, JArbR 2012, 59 ff.

234 BAG v. 03.06.1960 – 1 AZR 251/59 AP BGB § 611 Urlaubsrecht Nr. 73.

235 St. Rspr., z. B. BAG v. 24.03.2009 – 9 AZR 983/07 NZA 2009, 538; v. 20.09.2011 – 9 AZR 416/10 NZA 2012, 326; ErfK/*Gallner*, § 1 BUrlG Rn. 7 f.

236 Zu den betroffenen Bereichen siehe ErfK/*Gallner*, § 1 BUrlG Rn. 8.

237 Zu den Auswirkungen des Streits beim Abgeltungsanspruch siehe im zweiten Teil, A. X. 4. a) (S. 241 ff.).

des Urlaubsanspruchs in all diesen Punkten davon abhängt, welcher Inhalt dem Anspruch auf Urlaub beigemessen wird.

Die Diskussion entflammt neuerdings wiederum, dieses Mal durch unionsrechtliche Vorgaben. So geht der Europäische Gerichtshof für Art. 7 Abs. 1 der Arbeitszeitrichtlinie von einem Einheitsanspruch aus. Danach sei der Urlaubsanspruch als eine „zweiseitige Medaille" anzusehen, bestehend aus der Freistellung und der Fortzahlung des Arbeitsentgelts.[238] In den Schlussanträgen zu *Schultz-Hoff* wurde dieser Gedanke von *Trstenjak* ebenfalls für die Entwicklung von Thesen für die Entstehung, Befristung und Erfüllbarkeit des Urlaubs- und Urlaubsabgeltungsanspruchs verwendet.[239] Soweit der Europäische Gerichtshof diesen Gedanken aufgreift, betrifft dies weite Teile des gesamten Bundesurlaubsgesetzes und nicht nur etwa § 7 Abs. 3, 4 BUrlG.[240]

Ob das Bundesarbeitsgericht langfristig bei seinem Standpunkt hinsichtlich des Anspruchsinhalts bleiben wird, bleibt abzuwarten. Wahrscheinlich erscheint aber, dass der9. Senat diesbezüglich, wenn sich die Gelegenheit ergibt, eine Vorlagefrage an den Europäischen Gerichtshof zumindest prüfen wird.[241] Die Rechtsprechung des Bundesarbeitsgerichts ist daher hinsichtlich der dogmatischen Betrachtung des Urlaubsanspruchs nicht als unerschütterlich anzusehen. Insbesondere im Hinblick auf die unionsrechtlichen Vorgaben und den Standpunkt des Europäischen Gerichtshofs zum Urlaubsanspruch als Einheitsanspruch spricht einiges dafür, dieser Sichtweise auch im deutschen Recht zu folgen.[242] Hierfür ließe sich freilich bereits der Wortlaut des § 1 BUrlG anführen, der den Urlaub als bezahlte Freizeit beschreibt. Nimmt man diesen ernst, so kann man auch aus dem nationalen Recht den Einheitsanspruch herleiten.[243]

Andererseits stellen sich, folgte man dem Einheitsanspruch, auch im nationalen Recht neue Probleme. So könnte der Arbeitgeber bei konsequenter Befolgung

---

238 EuGH v. 20.01.2009 – C-350/06, C-520/06 Slg. 2009, I-179 (Rn. 60) (Schultz-Hoff); v. 16.03.2006 – C-131/04, C-257/04 NZA 2006, 481, 483 (Rn. 58) (Robinson-Steele).

239 Schlussanträge *Trstenjak* v. 24.01.2008 – C – 350/06 BeckRS 2008, 70070 (Rn. 72) (Schultz-Hoff).

240 ErfK/*Gallner*, § 1 BUrlG Rn. 8.

241 So *Klose*, Richter des 9. Senats am Bundesarbeitsgericht, in seinem Vortrag „Zurück in die Zukunft – Der EuGH als Zeitmaschine des Urlaubsrechts" bei der Kölner Ortstagung des Deutschen Arbeitsgerichtsverbands am 05.11.2012.

242 Hierfür sprechen sich bereits das LAG Düsseldorf v. 01.10.2010 – 9 Sa 1541/09 BeckRS 2010, 75029; v. 25.02.2011 – 9 Sa 258/10 ZTR 2011, 506 sowie *Bieder*, AuR 2012, 239 ff. aus.

243 *Neumann/Fenski*, § 1 BUrlG Rn. 65.

des Einheitsanspruchs im Falle der Insolvenz dem Arbeitnehmer keinen Urlaub mehr gewähren, eine Freistellung von der Arbeitspflicht bewirkte keine Urlaubserfüllung.[244] Ob daher der Europäische Gerichtshof, der sich bisher zum Einheitsanspruch ausschließlich in obiter dicta äußerte, tatsächlich in letzter Konsequenz daran festhalten wird, darf zu Recht bezweifelt werden.[245]

Der vorliegenden Arbeit soll die geltende Rechtslage zugrunde gelegt werden, sodass der Rechtsprechung des Bundesarbeitsgerichts folgend in der Gewährung von Urlaub die Gewährung von Freizeit gesehen wird.[246] Im Fall des Mehrurlaubs ist dieser Anspruch des Arbeitnehmers nicht gesetzlich vorgeschrieben, sondern wird vielmehr darüber hinaus gewährt.

III. Inhalt des Sondervergütungsanspruchs

Mit der sich im nächsten Schritt stellenden Frage, ob unter Sondervergütung lediglich eine Geldleistung fällt oder ob auch andersartige Ansprüche unter den Sondervergütungsbegriff fallen, wie Freistellungsansprüche unter Fortzahlung des Arbeitsentgelts und damit auch der Mehrurlaubsanspruch, hat sich die Literatur bislang kaum auseinandergesetzt.[247]

1. Wortlaut

Der Begriff „Sondervergütung" setzt sich aus dem Wort „Vergütung" und dem Zusatz „Sonder" zusammen. Vergütung bedeutet die „Geldsumme, mit der

---

244 Nach der Ansicht des Bundesarbeitsgerichts ist dies aber gerade möglich, siehe dazu BAG v. 15.02.2005 – 9 AZR 78/04 NZA 2005, 1124; v. 25.03.2003 – 9 AZR 174/02 NZA 2004, 43; ErfK/*Gallner*, § 1 BUrlG Rn. 36 f.; BeckOKArbR/*Lampe*, § 1 BUrlG Rn. 13.

245 So *Suckow*, Richter des 9. Senats am Bundesarbeitsgericht, in seinem Vortrag „Urlaubsrecht – Neues und Allerneuestes aus Erfurt" im Rahmen des arbeitsrechtlichen Praktikerseminars am Institut für Arbeitsrecht und Recht der Sozialen Sicherheit der Universität Bonn am 30.01.2013.

246 St. Rspr., vgl. nur BAG v. 24.03.2009 – 9 AZR 983/07 NZA 2009, 538; v. 20.09.2011 – 9 AZR 416/10 NZA 2012, 326.

247 Einzig in Kaiser/Dunkl/Hold/Kleinsorge/*Hold*, § 4a EFZG Rn. 10; *Hromadka/Schmitt-Rolfes*, Der unbefristete Arbeitsvertrag, S. 108; Clemenz/Kreft/Krause/*Klumpp*, § 307 BGB Rn. 247; *Linck/Schütz* in FS Leinemann, 171, 178; BeckOKArbR/*Ricken*, § 4a EFZG Rn. 6; Preis/*Stoffels*, II U 20 Rn. 26; MaSiG/*Viethen/Viethen*, Urlaub Rn. 75; finden sich Hinweise zur Beantwortung der Frage, allerdings ohne Begründungen.

etwas vergütet wird"[248]. Auch zu finden ist die Definition, nach der vergüten „eine bestimmte [Arbeits]leistung bezahlen"[249], „bezahlen, belohnen"[250], „bezahlen, entlohnen, honorieren"[251] bedeutet. Als gleichbedeutend ist der Begriff des Arbeitsentgelts anzusehen.[252] Von der Wortherkunft bedeutet das Wort Vergüten „entschädigen, zurückerstatten, die Güte, Beschaffenheit verbessern"[253]. All dies spricht dafür, dass eine Vergütung grundsätzlich nur in Geld bestehen kann, was den Schluss zuließe, dass daher auch eine Sondervergütung nur in einer Geldleistung bestehen kann. Auch die Verwendung des Begriffs durch den Gesetzgeber deutet in diese Richtung. Wenn dieser in § 611 BGB als Gegenleistung für die erbrachten Dienste eine Vergütung vorsieht und in § 612 BGB von der Höhe der Vergütung spricht, wird daraus nicht unmittelbar deutlich, ob eine solche nur in Geld erfolgen kann. Allerdings wird dies der Normalfall sein, sodass der Schluss naheliegt, dass der Gesetzgeber von einer Vergütung und damit auch von einer Sondervergütung in Geld ausgeht.

2. Systematik

Jedoch kann man nicht bei einer solchen Betrachtungsweise, die am bloßen Wortlaut haftet, verweilen.

a) § 107 GewO

aa) Möglichkeit der Naturalvergütung

Ein systematischer Blick in andere Rechtsvorschriften führt zur Vorschrift des § 107 GewO. Nach § 107 Abs. 1 GewO ist das Arbeitsentgelt in Euro zu berechnen und auszuzahlen. Nach § 107 Abs. 2 GewO können Arbeitgeber und Arbeitnehmer Sachbezüge als Teil des Arbeitsentgelts vereinbaren, wenn dies dem Interesse des Arbeitnehmers oder der Eigenart des Arbeitsverhältnisses entspricht.

Auch diese Vorschrift spricht folglich dafür, dass die Vergütung grundsätzlich in Geld zu zahlen ist. Der zweite Absatz macht deutlich, dass Sachbezüge vereinbart werden können, dass diese aber bestimmten Grenzen unterliegen. Damit ist also

---

248 Duden, Deutsches Universalwörterbuch, Vergütung.

249 Duden, Deutsches Universalwörterbuch, vergüten.

250 Wahrig, Deutsches Wörterbuch, vergüten.

251 Duden, Das Synonymwörterbuch, vergüten; als „besolden, entlohnen, honorieren" definiert den Begriff der Duden, Die deutsche Rechtschreibung, 21. Aufl. 1996, vergüten.

252 Nipperdey/*Kortstock*, Lexikon Arbeitsrecht, Vergütung; Nipperdey/*Kortstock*, Lexikon Arbeitsrecht, Arbeitsentgelt.

253 Digitales Wörterbuch, http://www.dwds.de/?qu=Vergütung (12.03.2014).

zunächst festzuhalten, dass die Vergütung in Geld oder innerhalb gewisser Grenzen in natura erfolgen kann. Die Abgrenzung wird durch eine Negativdefinition vorgenommen. Alles, was nicht in Form einer Geldleistung oder durch bargeldlose Überweisung als Bargeldersatz gewährt wird, ist Naturalvergütung.[254]

Legt man diese Definition der Vergütung zugrunde, ist damit die Leistung eines Freistellungsanspruchs, indem sie keine Barzahlung und keine bargeldlose Überweisung darstellt, als Naturalvergütung grundsätzlich innerhalb der Grenzen von § 107 Abs. 2 GewO möglich. Damit ist die Gewährung von Mehrurlaub, wenn sie in das Vergütungsgefüge als Gegenleistung eingebaut wird, als Sachbezug im Sinne von § 107 Abs. 2 GewO zu verstehen.

Ob der Arbeitgeber aber den Mehrurlaub als Gegenleistung für die geleistete Arbeit gewährt, ist eine Frage der konkreten Gestaltung des Arbeitsvertrags und damit gleichzeitig eine Frage der Auslegung.[255] Es ist also zumindest möglich, Mehrurlaub im Gegenseitigkeitsverhältnis zu gewähren. Er kann im Rahmen von § 107 Abs. 2 GewO als Naturalvergütung geleistet werden und damit Teil der Vergütung sein.[256]

bb) Übertragbarkeit des gefundenen Ergebnisses auf die Sondervergütung

Zu prüfen bleibt aber die Übertragbarkeit dieses für die Vergütung gefundenen Ergebnisses auf die Sondervergütung. Für die Sondervergütung fehlt eine der Regelung des § 107 Abs. 2 GewO vergleichbare Norm. Allerdings kann daraus nicht geschlossen werden, dass es für die Sondervergütung bei dem Grundsatz bleiben muss, dass diese nur in Form von Geld erfolgen kann. Es ist zu beachten, dass es kaum eine gesetzliche Regelung der Sondervergütung gibt. Dass die Vergütung gesetzlich geregelt ist, ist ihrer Eigenschaft als Existenzsicherung und damit ihrer Bedeutung für den Arbeitnehmer geschuldet. Könnte der Arbeitgeber den Arbeitnehmer anstelle von Bargeld beliebig in Naturalien mit demselben wirtschaftlichen Wert entlohnen, so würde dadurch dessen Existenzsicherung unnötig erschwert. Die Sondervergütung stellt eine Leistung dar, die vom Arbeitgeber über die Vergütung hinaus gewährt wird. Wenn aber bereits die eigentliche Vergütung nicht notwendigerweise nur in Geld erfolgen muss, so muss dies erst recht für eine über die Vergütung hinausgehende Leistung gelten. Die Sondervergütung wird gerade nicht primär zur Existenzsicherung geleistet und muss folglich erst recht auch in natura möglich sein.

254 BeckOKArbR/*Joussen*, § 611 BGB Rn. 147.
255 Siehe dazu auch im ersten Teil, D. V. 1. (S. 60 f.).
256 Zu Beispielsklauseln siehe im ersten Teil, D. V. 2. (S. 65 ff.).

cc) Ergebnis

Vergütung wird also grundsätzlich in Form von Geld geleistet, § 107 Abs. 1 GewO. Innerhalb gewisser Grenzen kann sie aber auch in natura erfolgen, § 107 Abs. 2 GewO. Die Gewährung von Mehrurlaub kann im Gegenseitigkeitsverhältnis erfolgen, sodass der Mehrurlaub auch als Sachbezug im Sinne von § 107 Abs. 2 GewO gewährt werden kann. Schließlich gilt das für die Vergütung gefundene Ergebnis erst recht für die Sondervergütung, die nicht vorrangig der Existenzsicherung dient und die der Arbeitgeber über die Vergütung hinausgehend gewährt.

b) § 23a Abs. 1 SGB IV

Wegen der wenig präzisen Definition der Sondervergütung in § 4a EFZG liegt ein Blick in das Sozialrecht nahe. Hier definiert der Gesetzgeber in § 23a Abs. 1 S. 1 SGB IV „einmalig gezahltes Arbeitsentgelt" als alle Zuwendungen des Arbeitgebers, die dem Arbeitsentgelt zuzurechnen sind und nicht für die Arbeit in einzelnen Entgeltabrechnungszeiträumen gezahlt werden. Möchte man diese Definition für die Sondervergütung im Arbeitsrecht heranziehen,[257] so fallen hierunter zunächst die typischen einmaligen Bezüge, wie das Weihnachtsgeld, das Urlaubsgeld oder das 13. Monatsgehalt.[258] Es stellt sich sogleich erneut das Problem, ob bei dieser Definition die Sondervergütung in Form von Geld erfolgen muss. Der sozialrechtliche Begriff des „einmalig gezahlten Arbeitsentgelts" soll eine Abgrenzung vom „laufenden Arbeitsentgelt" ermöglichen.[259] In Satz 2 der Regelung werden Zuwendungen durch eine gesetzliche Fiktion als laufendes Arbeitsentgelt qualifiziert, mit der Folge, dass sie bei Pauschalversteuerung beitragsfrei sind.[260] Der Gesetzgeber begegnete mit dieser Regelung der Rechtsprechung des Bundessozialgerichts, die zuvor den Begriff weit gefasst hatte und somit auch verbilligte Flugreisen des Arbeitgebers zu den Einmalzahlungen gezählt hatte.[261] So werden nunmehr u. a. sonstige Sachbezüge von den Einmalzahlungen ausgenommen. Zuwendungen des Arbeitgebers zu besonderen Anlässen, z. B. wegen besonderer Leistungen oder eines Jubiläums des Arbeitnehmers, werden nicht

---

257 So etwa ErfK/*Preis*, § 611 BGB Rn. 527.

258 JurisPK-SGB IV/*Jochim*, § 23a SGB IV Rn. 14; *Kreikebohm*, § 23a SGB IV Rn. 2.

259 JurisPK-SGB IV/*Jochim*, § 23a SGB IV Rn. 14; *Kreikebohm*, § 23a SGB IV Rn. 3; Kreikebohm/Spellbrink/Waltermann/*Roßbach*, § 23a SGB IV Rn. 2.

260 BT-Drs. 15/91, S. 18; BeckOKSozialrecht/*Mette*, § 23a SGB IV Rn. 4; Kreikebohm/Spellbrink/Waltermann/*Roßbach*, § 23a SGB IV Rn. 3.

261 BSG v. 07.02.2002 – B 12 KR 6/01 R NZS 2002, 537; v. 07.02.2002 – B 12 KR 12/01 R NZS 2002, 593; BeckOKSozialrecht/*Mette*, § 23a SGB IV Rn. 4.

von der gesetzlichen Fiktion des Satzes 2 erfasst und sind einmalig gezahltes Arbeitsentgelt.[262] Liegt damit auf den ersten Blick wiederum der Gedanke nahe, dass von dieser Definition ausschließlich Geldleistungen erfasst werden, so zeigt sich auch hier bei näherer Betrachtung, dass grundsätzlich Sachbezüge ebenfalls von der Definition erfasst sind. Einige Sachbezüge werden zwar in Satz 2 von der Regelung ausgenommen. Allein die Notwendigkeit dieser Regelung zeigt aber im Umkehrschluss, dass grundsätzlich auch eine Sachleistung als „Einmalzahlung" in Betracht kommt. Die Ausnahmen von Satz 1 haben darüber hinaus wirtschaftliche Gründe, die im Sozialrecht und Steuerrecht wurzeln,[263] sodass sie nicht auf das Arbeitsrecht übertragen werden können.[264] Zieht man also die Definition des § 23a Abs. 1 S. 1 SGB IV für die Sondervergütung heran, fallen auch hier Sachbezüge unter den Sondervergütungsbegriff.

c) Ergebnis

Die Systematik spricht dafür, dass die Sondervergütung nicht nur in Form von Geld erfolgen kann.

3. *Teleologie*

Im Folgenden sollen Sinn und Zweck der Norm untersucht werden. § 4a EFZG soll die Kürzung von Sondervergütungen im Falle der Arbeitsunfähigkeit infolge von Krankheit begrenzen. Das bedeutet, dass der Arbeitgeber in dieser Konstellation grundsätzlich die Sondervergütung in Form einer Anwesenheitsprämie gewährt. Durch zusätzlich gewährten Urlaub kann die Anwesenheit des Arbeitnehmers genauso honoriert werden wie durch eine Geldleistung, die diesen Zweck verfolgt. Das bedeutet, von der Funktion der Anwesenheitsprämie aus lässt sich nicht argumentieren, dass diese einzig durch eine Geldleistung erfüllt werden kann.[265]

Nach Sinn und Zweck der Norm ist Sondervergütung jede geldwerte Leistung des Arbeitgebers, die keinen Aufwendungsersatz beinhaltet und nicht laufendes Arbeitsentgelt darstellt.[266] Es stellt sich also das Problem, ob Urlaub als geldwerte Leistung aufgefasst werden kann. Hiergegen wird eingewendet, dass

---

262 *Kreikebohm*, § 23a SGB IV Rn. 5; BeckOKSozialrecht/*Mette*, § 23a SGB IV Rn. 4.

263 BT-Drs. 15/91, S. 18 (zu Art. 2 Nr. 7a neu).

264 So spricht sich auch *Preis* in ErfK/*Preis*, § 611 BGB Rn. 527 lediglich für die Übertragung der Definition aus § 23a Abs. 1 S. 1 SGB IV aus, nicht hingegen für die Übertragung der Ausnahmen aus Satz 2 der Regelung.

265 LAG Rheinland-Pfalz v. 01.03.2012 – 11 Sa 647/11 – juris (Rn. 59).

266 LAG Rheinland-Pfalz v. 01.03.2012 – 11 Sa 647/11 – juris (Rn. 59).

diese Einschätzung gerade dem unionsrechtlichen Einheitsanspruch entspreche.[267] Dass nach dem unionsrechtlichen Einheitsanspruch die Gewährung von Urlaub eine geldwerte Leistung darstellt, ist zweifelsfrei der Fall. Problematisch ist aber, ob dieses Ergebnis der Rechtsprechung des Bundesarbeitsgerichts zum Anspruchsinhalt bei der Urlaubsgewährung widerspricht oder ob nicht auch dieser zufolge die Urlaubsgewährung eine geldwerte Leistung darstellt.[268] Auch, wenn im Urlaubsanspruch der bloße Freistellungsanspruch gesehen wird, der die Verpflichtung des Arbeitgebers nach § 611 BGB, das Arbeitsentgelt zu bezahlen, nicht berührt, ist dieser nicht als wertlos anzusehen. Vielmehr ist in diesem eine immaterielle Leistung des Arbeitgebers zu sehen. Möchte man solche immateriellen Leistungen bewerten, hat man deren objektiven Wert zu ermitteln. Dieser lässt sich durch den Marktpreis bestimmen.[269] Beim Urlaubsanspruch ist es zweckmäßig, den objektiven Wert des Freizeitanspruchs nach dem Opportunitätskostenprinzip zu ermitteln. Darunter versteht man den Wert, den ein entgangener Ertrag im Vergleich zur besten, nicht realisierten Handlungsalternative hat.[270] Hätte der Arbeitnehmer in dem Urlaubszeitraum eine Arbeitsleistung erbracht, hätte er das Arbeitsentgelt verdient. Die Opportunitätskosten bestehen hier also grundsätzlich in dem entgangenen Arbeitsentgelt während der Freizeit. Indem der Gesetzgeber den Vergütungsanspruch für den Urlaubszeitraum aufrechterhält, § 11 BUrlG, bewertet er bereits den Freizeitanspruch des Arbeitnehmers nach dem Opportunitätskostenprinzip, wobei er eine mögliche Berechnungsweise in § 11 BUrlG vorgibt. Diese Sichtweise ist ökonomisch üblich und wird beispielsweise auch bei der Bewertung der Lasten durch Kinder angewendet.[271] Daher lässt sich der objektive Wert von Urlaub nach dem Urlaubsentgeltanspruch bestimmen. Dies ist lediglich eine ökonomische Bewertung, die unabhängig vom Anspruchsinhalt vorgenommen wird. Mithin kann auch nach der dogmatischen Einordnung des Urlaubsanspruchs als Freistellungsanspruch im Sinne des Bundesarbeitsgerichts in der Urlaubsgewährung eine geldwerte Leistung gesehen werden.[272]

---

267 LAG Rheinland-Pfalz v. 01.03.2012 – 11 Sa 647/11 – juris (Rn. 60); zum Einheitsanspruch siehe im ersten Teil, D. II. (S. 48 ff.).

268 Zum Anspruchsinhalt bei der Urlaubsgewährung nach dem Verständnis des Bundesarbeitsgerichts siehe im ersten Teil, D. II. (S. 48 ff.).

269 Siehe dazu Staudinger/*Lorenz*, § 818 BGB Rn. 26; MüKoBGB/*Oetker*, § 249 BGB Rn. 85.

270 Gabler Wirtschaftslexikon, Opportunitätskosten.

271 Wissenschaftlicher Beirat für Familienfragen, Gerechtigkeit für Familien, S. 119 ff.

272 I. E. ebenso *Linck/Schütz* in FS Leinemann, 171, 179, die ebenfalls dem Urlaubsanspruch im Sinne des Bundesarbeitsgerichts folgen und diesem den wirtschaftlichen

Schließlich bleibt der Einwand, bei der Kürzung von Mehrurlaubstagen erfolge, anders als bei Sonderzahlungen in Geld, kein finanzieller Einschnitt. Der Arbeitnehmer erhalte vielmehr weiterhin die arbeitsvertraglich vereinbarte Arbeitsvergütung.[273] Betrachtet man lediglich das Einkommen des Arbeitnehmers, so erhält er denselben Betrag, unabhängig von möglichen zusätzlichen freien Tagen. Allerdings erleidet der Arbeitnehmer, dem Mehrurlaubstage gekürzt werden, eine spürbare Einbuße, die geldwert ist. Dass er statt der freien Tage für denselben Wert Arbeit erbringt, führt zwar zu ausgeglichenen Finanzen. Jedoch wird ebenso, wie es der Sinn und Zweck von § 4a EFZG erfordert, eine Prämie gekürzt, die zu spürbaren Einbußen des Arbeitnehmers führt. Dass die Kürzung nach § 4a EFZG im Normalfall zu einem finanziellen Einschnitt beim Arbeitnehmer führt, spricht damit nicht dagegen, dass Sinn und Zweck der Regelung auch ohne einen solchen erfüllt sein können.

Daher kann nach Sinn und Zweck der Norm eine Sondervergütung grundsätzlich nicht nur in Form von Geld erfolgen, sondern auch in Form von Mehrurlaub.

4. *Historische Betrachtung*

Bei einer historischen Betrachtung bietet sich zunächst ein Blick in die Gesetzesmaterialien zu § 4a EFZG an, der den Sondervergütungsbegriff erstmalig gesetzlich verankert hat.

Die Norm des § 4a EFZG wurde zunächst als § 4b EFZG im Jahr 1996 in das Entgeltfortzahlungsgesetz eingefügt. Mit der Streichung des vormaligen § 4a EFZG erhielt sie ihre jetzige Bezeichnung.[274] In der Begründung des Gesetzesvorschlags wird erläutert, dass eine Grundlage für Vereinbarungen geschaffen werden sollte, nach denen eine zu zahlende Sondervergütung aufgrund krankheitsbedingter Fehlzeiten gekürzt werden kann. Eine gesetzliche Regelung über die Kürzung von Sondervergütungen für Zeiten der Arbeitsunfähigkeit infolge von Krankheit habe es bis zu diesem Zeitpunkt nicht gegeben und die Rechtsprechung habe diese Frage im Laufe der Jahre unterschiedlich beurteilt.[275]

Wert nach der Höhe des fortzuzahlenden Arbeitsentgelts beimessen. Soweit ersichtlich folgen auch *Powietzka/Fallenstein* dem Urlaubsanspruch im Sinne des Bundesarbeitsgerichts und messen dem Mehrurlaubsanspruch dennoch wirtschaftlichen Wert bei, *Powietzka/Fallenstein*, NZA 2010, 673, 676.

273 LAG Rheinland-Pfalz v. 01.03.2012 – 11 Sa 647/11 – juris (Rn. 65).

274 BGBl. 1996 Teil I, S. 1477; ErfK/*Dörner*, 12. Aufl. 2012, § 4a EFZG Rn. 1.

275 BT-Drs. 13/4612, S. 16.

Letztlich sagt die Gesetzesbegründung nichts über den Begriff der Sondervergütung selbst aus und in welcher Form diese zu erfolgen hat. Vielmehr legt der Verweis auf die Rechtsprechung, die diese spezielle Frage der Kürzung uneinheitlich beurteilte, den Gedanken nahe, dass grundsätzlich an dem Verständnis der Rechtsprechung von Sondervergütungen/Sonderleistungen durch die Regelung nichts geändert werden sollte. Lediglich der spezielle Fall der Kürzung einer zu zahlenden Sondervergütung aufgrund von krankheitsbedingten Fehlzeiten sollte gesetzlich geregelt werden. Der Gesetzgeber sieht damit die Regelung des Sondervergütungsbegriffs als rein deklaratorisch an.[276]

Dass in Art. 3 der Gesetzesbegründung an einer Stelle anstelle von „Sondervergütung" der Begriff der „Sonderzahlung" verwendet wird und die Sondervergütung „zu zahlen" sei,[277] ist wegen der bereits dargestellten synonymen Verwendung der Begriffe nicht überraschend.[278] Hieraus den Schluss zu ziehen, dass historisch bei der Sondervergütung von einem Geldanspruch auszugehen sei,[279] erscheint aber als voreilig. Vielmehr soll nach dem Gesetzgeber ausdrücklich der Sondervergütungsbegriff der Rechtsprechung abgebildet werden. Dass eine Zahlung der Vergütung nicht nur in Geld erfolgen kann, sondern auch in natura, wurde bereits aufgezeigt.[280] Daher kommt es letztendlich entscheidend darauf an, ob nach der Rechtsprechung Sondervergütungen ausschließlich in Geldansprüchen bestehen können.

5. *Rechtsprechung*

Die Rechtsprechung hat zum Mehrurlaub als Sondervergütung noch nicht ausdrücklich Stellung genommen,[281] was nicht weiter verwundert, da das Regelungsbedürfnis von Mehrurlaub erst jüngst durch die Rechtsprechung des Europäischen Gerichtshofs virulent wurde.[282] Interessant erscheinen aber insbesondere fünf vom Bundesarbeitsgericht entschiedene Fälle sowie ein Urteil des Landesarbeitsgerichts Hamm.

---

276 ErfK/*Reinhard*, § 4a EFZG Rn. 1.

277 BT-Drs. 13/4612, S. 16.

278 Siehe dazu im ersten Teil, D. I. (S. 46 ff.).

279 LAG Rheinland-Pfalz v. 01.03.2012 – 11 Sa 647/11 – juris (Rn. 61 ff.).

280 Siehe dazu im ersten Teil, D. III. 2. (S. 51 ff.).

281 In der Entscheidung des BAG v. 15.10.2013 – 9 AZR 374/12 – juris kam es wegen der bereits angenommenen Intransparenz der Vereinbarung nicht mehr auf die Frage an.

282 Siehe dazu eingehend in der Einleitung sowie im ersten Teil, A. II. (S. 8 ff.).

a) Freistellungsanspruch bei Fortbezahlung an Tagen mit regionalem Brauchtum

In den ersten beiden Entscheidungen des Bundesarbeitsgerichts geht es um den Freistellungsanspruch bei Fortbezahlung von Arbeitnehmern an Tagen mit regionalem Brauchtum.[283] Das Bundesarbeitsgericht verwendet hierbei nicht den Begriff der Sondervergütung oder der Sonderleistung. In der Sache ging es darum, dass den Arbeitnehmern eines Betriebs jeweils mehrmals in Folge ein halber bzw. ein Tag wegen Tagen mit regionalem Brauchtum, im einen Fall am Rosenmontag und im anderen Fall am „Wäldchestag" (Pfingstdienstag), bezahlte Freizeit vom Arbeitgeber gewährt wurde. Als dieser in einem anderen Jahr den Tag nicht mehr gewähren wollte, klagten die Arbeitnehmer auf Gewährung der bezahlten Freizeit und damit genau wie beim Mehrurlaub auf Freistellung von der Arbeitspflicht unter Fortzahlung des Arbeitslohns. Das Bundesarbeitsgericht prüft hier die Voraussetzungen einer betrieblichen Übung und verwendet dabei bei der Behandlung des Anspruchs auf Freistellung genau wie bei Gratifikationen und der Zahlung von Geldleistungen[284] die Definition der „Gewährung freiwilliger Leistungen"[285]. Bei der Entstehung einer betrieblichen Übung spielt es also nach der Rechtsprechung keine Rolle, ob es sich um eine Geldzahlung oder um einen Freistellungsanspruch handelt.

b) Vertraglich gewährter Treueurlaub

Bei den anderen beiden für diese Frage besonders interessanten Fällen des Bundesarbeitsgerichts geht es jeweils um einen vertraglich geregelten Treueurlaub.[286] Hierbei geht es bei einem Fall um die Kürzung eines unter Vorbehalt gezahlten betrieblichen Treueurlaubs[287] und im anderen Fall um den Widerruf eines vertraglich vorgesehenen Sonderurlaubs, der bei langer Betriebszugehörigkeit geleistet wurde[288].

Bei dem erstgenannten Fall verwendet das Bundesarbeitsgericht wiederum nicht den Begriff der Sondervergütung. Es führt aber aus, dass es sich in dem

283 BAG v. 24.03.1993 – 5 AZR 16/92 NZA 1993, 749; v. 12.01.1994 – 5 AZR 41/93 NZA 1994, 694.

284 BAG v. 23.06.1988 – 6 AZR 137/86 NZA 1989, 55; v. 05.02.1971 – 3 AZR 28/70 NJW 1971, 1422.

285 BAG v. 12.01.1994 – 5 AZR 41/93 NZA 1994, 694, 695.

286 BAG v. 26.05.1992 – 9 AZR 174/91 NZA 1993, 67; v. 05.09.1986 – 6 AZR 216/81 NZA 1986, 472.

287 BAG v. 26.05.1992 – 9 AZR 174/91 NZA 1993, 67.

288 BAG v. 05.09.1986 – 6 AZR 216/81 NZA 1986, 472.

Fall „um eine tarifvertraglich nicht vorgesehene, zusätzliche Leistung der Bekl. handelt, mit der sie die besondere Betriebstreue ihrer Mitarbeiter belohnen will"[289]. Sodann wird der Treueurlaub als „freiwillige Leistung" und als „keine selbständige neben der tariflich festgelegte[n] Leistung" bezeichnet.[290] All diese Charakterisierungen des zusätzlichen Treueurlaubs kommen der Definition der Sondervergütung nahe. Gerade das Wort „belohnen" und „freiwillige Leistung" in dem erstgenannten Fall[291] und der Begriff der „Honorierung" und „zu honorieren" im zweitgenannten Fall[292] bilden den bereits dargestellten Sondervergütungsbegriff ab.

In einer weiteren Entscheidung des Bundesarbeitsgerichts zur Verrechnung von Treueurlaub und Tarifurlaub prüft das Bundesarbeitsgericht die Grundsätze der Rechtsprechung zur dreimaligen vorbehaltlosen Zahlung einer Gratifikation.[293] Auch wenn diese in dem konkreten Fall letztlich nicht anwendbar waren, zeigt dies deutlich, dass das Bundesarbeitsgericht zum einen Urlaub durchaus als Gratifikation begreift und zum anderen, dass die „Zahlung" einer Gratifikation auch in der Gewährung von Mehrurlaub geschehen kann und nicht ausschließlich in Form von Geld.

Das Landesarbeitsgericht Hamm sieht in der Gewährung von zusätzlichem Urlaub ausdrücklich eine Gratifikation. Überdies zieht es einen Vergleich zwischen der Gewährung zusätzlicher Urlaubstage und der Gewährung einer Anwesenheitsprämie und überträgt daher die hierzu ergangene Rechtsprechung auf die Gewährung zusätzlicher Urlaubstage.[294] Auch hier zeigt sich daher der Gedanke, dass eine Sondervergütung durch die Freistellung von der Arbeit geleistet werden kann, als durchaus bereits in der Rechtsprechung vorhanden.

c) Zwischenergebnis

Freilich erging die Rechtsprechung, die sich unmittelbar auf die Kürzung von Sonderleistungen bezogen und die bis zur Schaffung von § 4a EFZG vorhanden war, zum Normalfall der gekürzten Sondervergütungsansprüche in Geld.[295] Geht

289 BAG v. 26.05.1992 – 9 AZR 174/91 NZA 1993, 67, 68.
290 BAG v. 26.05.1992 – 9 AZR 174/91 NZA 1993, 67, 68.
291 BAG v. 26.05.1992 – 9 AZR 174/91 NZA 1993, 67, 68
292 BAG v. 05.09.1986 – 6 AZR 216/81 NZA 1986, 472, 473.
293 BAG v. 05.09.1985 – 6 AZR 86/82 NZA 1986, 394.
294 LAG Hamm v. 08.08.1979 – 12 Ta BV 44/79 DB 1979, 2236.
295 BAG v. 26.10.1994 – 10 AZR 482/93 NZA 1995, 266; v. 15.02.1990 – 6 AZR 381/88 AP BGB § 611 Anwesenheitsprämie Nr. 15; v. 19.05.1982 – 5 AZR 466/80 AP BGB § 611 Anwesenheitsprämie Nr. 12.

man aber davon aus, dass der Sondervergütungsbegriff gerade nur die bereits unter verschiedenen Begriffen bekannten zusätzlich zum Arbeitsentgelt erbrachten Leistungen[296] wiedergeben soll, wird bei Betrachtung der Rechtsprechung zum Treue- und Sonderurlaub sehr deutlich, dass diese davon ausgeht, dass eine Sondervergütung nicht nur in Geld erfolgen kann, sondern auch in Form von Freistellungsansprüchen unter Fortzahlung des Arbeitsentgelts.

IV. Ergebnis

Mithin sprechen sowohl die Systematik, die Teleologie als auch die historische Betrachtung unter Heranziehung der Rechtsprechung dafür, dass die Sondervergütung nicht nur in Geld erfolgen kann. Diese erfolgt zwar in der Regel in Geld.[297] Jedoch erscheint es als logisch, dass diese, ebenso wie die Vergütung selbst, grundsätzlich auch in natura und damit auch in Form eines Freistellungsanspruchs erfolgen kann.[298]

V. Gestaltungsmöglichkeiten von Sondervergütungen

1. *Zwecksetzung der Sondervergütung*

Hinsichtlich der Gestaltung von Sondervergütungen bieten sich den Vertragsparteien unterschiedliche Möglichkeiten. Bei den mannigfaltigen Zwecksetzungsvarianten lassen sich fünf Grundtypen ausmachen. So gibt es arbeitsleistungsbezogene Zahlungen, Treueprämien, Absatz- und Umsatzförderungen,

---

296 Gratifikation, Jahressonderzahlung, Sonderleistung, Sonderzuwendung, Sonderzahlung, Anwesenheitsprämie.

297 Kaiser/Dunkl/Hold/Kleinsorge/*Hold*, § 4a EFZG Rn. 10, demzufolge es sich bei Sondervergütungen um Leistungen handelt, die in der Regel als Geldleistungen erfolgen.

298 I. E. so auch *Linck/Schütz* in FS Leinemann, 171, 178, allerdings ohne jegliche Problematisierung unter Gleichstellung des Sonderleistungs- und Sondervergütungsbegriffs; MaSiG/*Viethen/Viethen*, Urlaub Rn. 75 ohne Problematisierung mit Verweis auf *Linck/Schütz*; a. A. *Hromadka/Schmitt-Rolfes*, Der unbefristete Arbeitsvertrag, S. 108; Clemenz/Kreft/Krause/*Klumpp*, § 307 BGB Rn. 247; BeckOKArbR/*Ricken*, § 4a EFZG Rn. 6; Preis/*Stoffels*, II U 20 Rn. 26, die die Möglichkeit der Eigenschaft als Sondervergütung des Mehrurlaubsanspruchs ohne nähere Begründung verneinen. Bei LAG Rheinland-Pfalz v. 01.03.2012 – 11 Sa 647/11 – juris konnte eine Entscheidung, ob Urlaub eine Sondervergütung im Sinne von § 4a EFZG darstellen kann, letztlich wegen der angenommenen Akzessorietät des Urlaubs- und Urlaubsgeldanspruchs im konkreten Fall dahinstehen.

Gewinn- und Erfolgsbeteiligungen sowie soziale Leistungen.[299] Für die Gewährung von Mehrurlaub dürften in der Vertragspraxis die ersten beiden Grundtypen am relevantesten werden, da es sich um keine soziale Leistung handelt und die Absatz- und Umsatzförderungen sowie die Gewinn- und Erfolgsbeteiligungen in aller Regel als Geldleistung erfolgen werden. Die Einordnung der Leistung in eine der Kategorien sagt noch nichts über ihren Anspruchscharakter aus. Die Zwecksetzung wirkt sich aber bei der Frage aus, welche Gestaltungsmöglichkeiten konkret zulässig sind, ob also beispielsweise Vorbehalte, Stichtags- oder Rückzahlungsklauseln vereinbart werden können.[300]

a) Zweckbestimmung und Bestimmung des Verhältnisses der Sondervergütung zur Arbeitsleistung

Um die Rechtsqualität der Sondervergütung zu klären, ist die Vereinbarung gemäß §§ 133, 157 BGB auszulegen.[301] Dabei entscheiden sowohl der Wortlaut, also die Bezeichnung und die vorgesehenen Voraussetzungen, als auch eine Zweckbetrachtung der Vereinbarung. Letztere muss sich jedoch aus deutlichen Anhaltspunkten im Wortlaut der Regelung ergeben.[302] Nahm die Rechtsprechung zwischenzeitlich eine Abgrenzung zwischen Sondervergütungen mit reinem Entgeltcharakter, solchen zur Belohnung vergangener und künftiger Betriebstreue sowie solchen mit „Mischcharakter" vor, so führen diese Begrifflichkeiten nicht zur Klärung der Rechtsqualität der Sondervergütungen bei.[303] Dementsprechend kehrt jüngst auch die Rechtsprechung von dieser Unterscheidung ab und nimmt vielmehr vom Wortlaut der Vereinbarung ausgehend eine

---

299 Siehe dazu eingehend Schaub/*Linck*, § 78 Rn. 1 ff.; *Preis*, SR 2012, 101, 102.

300 *Preis*, SR 2012, 101, 102.

301 BAG v. 10.12.2008 – 10 AZR 15/08 NZA 2009, 322; v. 19.04.1995 – 10 AZR 49/94 NZA 1995, 1098.

302 BAG v. 14.03.2012 – 10 AZR 112/11 AP BGB § 611 Gratifikation Nr. 293; v. 18.01.2012 – 10 AZR 667/10 NZA 2012, 620. Zur schwierigen Auslegung einer Anrechenbarkeit bei Einführung einer Sonderzuwendung auf sonst übliche Sonderzuwendungen siehe *Picker*, Anm. zu BAG v. 18.03.1981 – 5 AZR 952/78 AP BGB § 611 Gratifikation Nr. 170.

303 So maß die Rechtsprechung der Bezeichnung der Sondervergütung lediglich Indizcharakter bei, BAG v. 03.03.1993 – 10 AZR 42/92 NZA 1993, 805; v. 07.11.1991 – 6 AZR 489/89 BB 1992, 142; v. 13.06.1991 – 6 AZR 421/89 BeckRS 1991, 30917004; v. 23.05.1984 – 5 AZR 398/82 BeckRS 1984, 04539. Siehe dazu auch die unterschiedliche Einordnung des „Weihnachtsgeldes" und der „Weihnachtsgratifikation" in BAG v. 21.12.1994 – 10 AZR 832/93 und in BAG v. 30.03.1994 – 10 AZR 134/93 NZA 1994, 651 siehe dazu instruktiv *Preis*, SR 2012, 101, 104.

Unterscheidung danach vor, ob sich der Arbeitgeber binden wollte und in welchem Verhältnis die Leistung zur Arbeitserbringung steht.[304]

Daher muss nunmehr die Zwecksetzung der Sondervergütung möglichst ausdrücklich und genau in der Vereinbarung niedergelegt werden. Die vormals großzügige Neigung der Rechtsprechung dazu, aus dem Zweck auch über die ausdrückliche Vereinbarung hinaus Voraussetzungen herzuleiten,[305] wird jüngst eingegrenzt.[306] Richtigerweise können nicht im Nachhinein weitere, nicht ausdrücklich vorgesehene Anspruchsvoraussetzungen aufgestellt werden, die auf weitere Zwecke schließen lassen.[307] Auch der Höhe der Sondervergütung kommt bei der Auslegung Bedeutung zu. So besagt diese zwar nichts zur Bindung des Arbeitgebers,[308] jedoch sprechen besonders hohe Leistungen dafür, dass diese für geleistete Arbeit oder als Gewinnbeteiligung gezahlt wurden.[309]

Richtigerweise ist also nicht eine Begrifflichkeit für die Zulässigkeit einzelner Gestaltungsmöglichkeiten von Sondervergütungen entscheidend, sondern vielmehr deren Verhältnis zur Arbeitsleistung. Dabei ist davon auszugehen, dass ein Arbeitgeber in aller Regel jede Sondervergütung im Hinblick auf das Arbeitsverhältnis und die Verpflichtung des Arbeitnehmers zur Arbeitsleistung erbringt.[310] Daher ist bei der Gewährung einer Sondervergütung zunächst von einer arbeitsleistungsbezogenen Sonderleistung auszugehen. Durch deutliche Anhaltspunkte kann jedoch auch eine Sondervergütung in Form einer Treueprämie vereinbart werden, die gerade nicht im Gegenseitigkeitsverhältnis zur erbrachten Arbeitsleistung steht.

Der Charakter der Entgeltlichkeit ist allen Gestaltungsvarianten eigen. Der Arbeitgeber leistet nämlich auch bei einer freiwilligen Leistung in aller Regel kein Geschenk. Ein solches ist nur anzunehmen, wenn die Leistung keinen Bezug zur bisherigen Arbeitsleistung aufweist, wie dies beispielsweise bei Leistungen der Fall sein kann, die einem Arbeitnehmer aus Anlass der Geburt eines Kindes, zum Einzug in eine neue Wohnung o. Ä. gewährt werden.[311]

---

304 BAG v. 20.01.2010 – 10 AZR 914/08 NZA 2010, 445.

305 BAG v. 12.01.2000 – 10 AZR 840/98 NZA 2000, 944; v. 02.09.1992 – 10 AZR 536/90 – juris.

306 BAG v. 10.12.2008 – 10 AZR 35/08 NZA 2009, 258; *Preis*, SR 2012, 101, 108.

307 BAG v. 10.12.2008 – 10 AZR 35/08 NZA 2009, 258.

308 BAG v. 18.03.2009 – 10 AZR 289/08 NZA 2009, 535.

309 Schaub/*Linck*, § 77 Rn. 7; *Preis*, SR 2012, 101, 113.

310 BAG v. 01.04.2009 – 10 AZR 393/08 AP BGB § 242 Betriebliche Übung Nr. 84 (Rn. 19).

311 Schaub/*Linck*, § 78 Rn. 9.

b) Konsequenzen aus dem Verhältnis der Sondervergütung zur Arbeitsleistung für die grundsätzliche Zulässigkeit einzelner Gestaltungsmöglichkeiten

Erfolgt die Sondervergütung im Gegenseitigkeitsverhältnis zur Arbeitsleistung, so kann sie weder mit einer Rückzahlungsklausel versehen werden, die eine Rückzahlung der Sondervergütung vorsieht, wenn der Arbeitnehmer nicht bis zu einem bestimmten Termin im folgenden Kalenderjahr dem Betrieb angehört, noch kann eine Stichtagsklausel vereinbart werden, bei welcher der Stichtag außerhalb des Bezugszeitraums liegt. Ansonsten würde dem Arbeitnehmer ein im Bezugszeitraum bereits verdientes Arbeitsentgelt wieder entzogen.[312] Bei Stichtagsklauseln ist vor allem zu klären, ob die Voraussetzungen des Anspruchs erfüllt sind und ob die Sondervergütung schon durch die erbrachte Arbeitsleistung verdient ist.[313]

Ein Anknüpfen an den bloßen Bestand des Arbeitsverhältnisses im Bezugszeitraum hingegen ist auch bei arbeitsleistungsbezogenen Sondervergütungen zulässig[314] und widerspricht nicht der Berufsfreiheit des Arbeitnehmers aus Art. 12 GG.[315] Alle darüber hinausgehenden Vereinbarungen, wie Freiwilligkeitsvorbehalte, die auf eine Bindung des Arbeitnehmers im Folgejahr ausgerichteten Rückzahlungsklauseln und bezugszeitraumüberschreitende Stichtagsklauseln sind hingegen problematisch.[316] Arbeitsleistungsbezogene Sondervergütungen stehen nämlich zur Arbeitsleistung im synallagmatischen Verhältnis und sind nach Ablauf des Leistungszeitraums verdient, sodass sie nicht entfallen können.[317] Diese zunächst für Sondervergütungen in Betriebsvereinbarungen entwickelte Rechtsprechung gilt ebenso für vertragliche Sondervergütungen.[318] Auch bei einer Sondervergütung mit Mischcharakter darf schließlich der zur

---

312 BAG v. 18.01.2012 – 10 AZR 612/10 NZA 2012, 561.

313 BAG v. 06.05.2009 – 10 AZR 443/08 NZA 2009, 783; *Preis*, SR 2012, 101, 116.

314 BAG v. 18.01.2012 – 10 AZR 667/10 NZA 2012, 620, 621 (Rn. 11).

315 *Preis*, SR 2012, 101, 116. Dazu, dass mit Sonderzahlungen verbundene einzelvertragliche Stichtags- und Rückzahlungsklauseln einen Arbeitnehmer nicht in unzulässiger Weise in seiner durch Art. 12 GG garantierten Berufsfreiheit behindern dürfen und insoweit einer Inhaltskontrolle durch die Arbeitsgerichte gem. § 307 BGB unterliegen siehe auch BAG v. 18.01.2012 – 10 AZR 612/10 NZA 2012, 561, 562 (Rn. 20); v. 24.10.2007 – 10 AZR 825/06 NZA 2008, 40, 42 (Rn. 24).

316 Schaub/*Linck*, § 77 Rn. 4 ff.; § 78 Rn. 50 ff.; *Preis*, SR 2012, 101, 116.

317 BAG v. 12.04.2011 – 1 AZR 412/09 NZA 2011, 989.

318 BAG v. 18.01.2012 – 10 AZR 612/10 NZA 2012, 561.

Arbeitsleistung synallagmatische Bestandteil nicht mit den genannten Gestaltungsvarianten versehen werden.[319]

Möglich ist aber die Vereinbarung einer reinen Treueprämie, die nicht im Gegenseitigkeitsverhältnis zur Arbeitsleistung steht. Da dies jedoch die Ausnahme sein wird, muss der Zweck aus der Klausel hinreichend deutlich werden. Dabei hängt die Zahlungspflicht vom bloßen Bestand des Arbeitsverhältnisses am Stichtag ab. Diese Gestaltungsvariante von Sondervergütungen ist nach aktueller und zustimmungswürdiger Rechtsprechung zulässig.[320]

Abschließend bleibt die problematische Frage nach der Zulässigkeit von Klauseln, die an das ungekündigte Arbeitsverhältnis zu einem bestimmten Stichtag anknüpfen.[321] Hinsichtlich arbeitsleistungsbezogener Sondervergütungen und solcher mit Mischcharakter ist eine derartige Vereinbarung richtigerweise nicht möglich, da hierbei auch im Falle einer betriebsbedingten Kündigung ohne eine Beeinflussungsmöglichkeit des Arbeitnehmers eine im Bezugszeitraum verdiente Leistung entfallen könnte.[322]

Zunächst ging auch die Rechtsprechung unter Heranziehung des Rechtsgedanken des § 162 BGB davon aus, dass Bindungs- und Rückzahlungsklauseln, die den Fall der betriebsbedingten Kündigung erfassen, unzulässig sind.[323] Es folgte jedoch Rechtsprechung, nach der solche Klauseln ohne weiteres zulässig seien.[324] Nach einem weiteren Rechtsprechungswandel differenziert das Bundesarbeitsgericht nunmehr danach, ob es sich um eine arbeitsleistungsbezogene Sondervergütung handelt. Dann sei eine solche Vereinbarung unzulässig. Im Falle einer reinen Treueprämie hingegen sei dies zulässig. In diesem Fall entfalle der Anspruch unabhängig davon, wer das Arbeitsverhältnis gekündigt habe.[325]

Lässt man jedoch für den Fall der reinen Treueprämie derartige Klauseln zu, bedeutete dies, dass demjenigen Arbeitnehmer, der von sich aus dem Betrieb die Treue hält, dem jedoch vonseiten des Arbeitgebers gekündigt wird,

---

319 Schaub/*Linck*, § 77 Rn. 6; *Preis*, SR 2012, 101, 119.

320 BAG v. 18.01.2012 – 10 AZR 667/10 NZA 2012, 620.

321 Siehe dazu auch im zweiten Teil, A. II. 3. d) (S. 130 ff.).

322 BAG v. 18.01.2012 – 10 AZR 667/10 NZA 2012, 620.

323 BAG v. 27.10.1978 – 5 AZR 287/77 AP BGB § 611 Gratifikation Nr. 98.

324 So in Bezug auf tarifliche Regelungen BAG v. 04.09.1985 – 5 AZR 655/84 AP BGB § 611 Gratifikation Nr. 123; in Bezug auf vom Arbeitgeber in seinem Betrieb nach von ihm gesetzten allgemeinen Regeln gewährte Gratifikationen BAG v. 25.04.1991 – 6 AZR 532/89 AP BGB § 611 Gratifikation Nr. 137 sowie für eine einzelvertragliche Zusage BAG v. 19.11.1992 – 10 AZR 264/91 NZA 1993, 353.

325 BAG v. 18.01.2012 – 10 AZR 612/10 NZA 2012, 561.

keine Honorierung für seine Betriebstreue erhält. In diesen Fällen liegt aber die Beendigung des Arbeitsverhältnisses nicht in seiner Entscheidungsgewalt. Daher ist die Zulässigkeit solcher Klauseln bei der Verwendung von Allgemeinen Geschäftsbedingungen im Hinblick auf § 307 Abs. 1 S. 1 BGB zumindest zweifelhaft.[326] Vorzugswürdig erscheint daher, insgesamt betriebsbedingte und durch den Arbeitgeber veranlasste Kündigungen des Arbeitnehmers von Bindungs- und Rückzahlungsklauseln auszunehmen. Der Rechtsprechung des Bundesarbeitsgerichts zufolge ist dies aber im Falle der Treueprämie nicht nötig.

Die Überprüfung der Übertragbarkeit der Rechtsprechung auf die Gewährung von Mehrurlaub zu den Gestaltungsvarianten im Einzelnen erfolgt im zweiten Teil.[327] Die dargestellten Überlegungen zur Zweckbestimmung und Bestimmung des Verhältnisses der Sondervergütung zur Arbeitsleistung sowie die daraus resultierenden Konsequenzen sind aber grundsätzlich ebenso auf die Gewährung von Mehrurlaub übertragbar, die als Sondervergütung erfolgen und genauso wie andere Leistungen an verschiedene Zwecke gebunden werden kann. Lediglich im Einzelfall bleibt zu überprüfen, ob die von der Rechtsprechung entwickelten Kriterien zu Sondervergütungen gänzlich auf die Gewährung von Mehrurlaub übertragen werden können, so beispielsweise bei der Staffelung der möglichen Bindungsdauer hinsichtlich Rückzahlungsklauseln.[328]

2. *Ergebnis*

Damit bleibt es letztlich den Vertragsparteien überlassen zu entscheiden, ob die Gewährung von Mehrurlaub im Gegenseitigkeitsverhältnis erfolgen soll oder ob es sich um eine zusätzliche Leistung handeln soll, die nicht im synallagmatischen Verhältnis zur Arbeitsleistung steht. Dass die Gewährung von Mehrurlaub nicht per se keine im Gegenseitigkeitsverhältnis zur Arbeitsleistung des

326 Ebenso LAG Düsseldorf v. 19.07.2011 – 16 Sa 607/11 NZA-RR 2011, 630; LAG München v. 26.05.2009 – 6 Sa 1135/08 – juris; LAG München v. 10.02.2011 – 2 Sa 718/10 – juris; LAG Hamm v. 05.02.2009 – 8 Sa 1665/08 LAGE BGB § 611 Gratifikation Nr. 14; MünchArbR/*Krause*, § 59 Rn. 23; *Preis*, SR 2012, 101, 122; a. A. Schaub/*Linck*, § 78 Rn. 50.

327 Zur Vereinbarung eines Verfalls von Mehrurlaubsansprüchen im Fall der Beendigung des Arbeitsverhältnisses siehe im zweiten Teil, A. II. 3. d) (S. 130 ff.); zur Vereinbarung von Rückzahlungsklauseln in Bezug auf den Mehrurlaub siehe im zweiten Teil, A. VII. 2. (S. 191 ff.).

328 Siehe dazu im zweiten Teil, A. VII. 2. a) aa) (S. 192 ff.).

Arbeitnehmers stehende Leistung des Arbeitgebers darstellt, wie dies teils angenommen wird,[329] sollen verschiedene abschließende Klauselbeispiele zeigen. In diesem Bereich ist also ein besonderes Augenmerk auf die Vertragsgestaltung zu legen, da sich das Verhältnis der Sondervergütung zur Arbeitsleistung aus der Vereinbarung ergeben muss. Aus dieser leitet sich sodann die Zulässigkeit der einzelnen Gestaltungsmöglichkeiten ab.[330]

Bei der Verwendung Allgemeiner Geschäftsbedingungen ist insbesondere auf die transparente Gestaltung sowie auf die Vermeidung von Widersprüchen zu achten. Das Transparenzgebot spielt dabei eine zunehmende Rolle, wie sich u. a. an der Rechtsprechung zu Widerrufsvorbehalten, Freiwilligkeitsvorbehalten und Pauschalierungsabreden zeigt.[331]

Beispielsklausel 3: Mehrurlaubsklausel im Gegenseitigkeitsverhältnis

„(1) [1]Der Arbeitnehmer hat Anspruch auf den gesetzlichen Mindesterholungsurlaub von [x] Tagen jährlich, bezogen auf eine Fünf-Tage-Woche. [2]Im Übrigen gelten die Vorschriften des Bundesurlaubsgesetzes in seiner jeweils geltenden Fassung.

(2) Darüber hinaus steht dem Arbeitnehmer für seine erbrachte Arbeitsleistung bezahlter Mehrurlaub von weiteren [x] Tagen pro Jahr zu (Jahresmehrurlaub).

(3) Urlaubsjahr ist das Kalenderjahr.“[332]

Beispielsklausel 4: Mehrurlaubsklausel im Gegenseitigkeitsverhältnis mit Wahlrecht zum Dienstwagen

(1) „[1]Der Arbeitnehmer hat Anspruch auf den gesetzlichen Mindesterholungsurlaub von [x] Tagen jährlich, bezogen auf eine Fünf-Tage-Woche. [2]Im Übrigen gelten die Vorschriften des Bundesurlaubsgesetzes in seiner jeweils geltenden Fassung.“[333]

(2) Darüber hinaus steht dem Arbeitnehmer für seine erbrachte Arbeitsleistung nach seiner Wahl ein Dienstwagen oder bezahlter Mehrurlaub von weiteren [x] Tagen pro Jahr zu (Jahresmehrurlaub).

(3) Urlaubsjahr ist das Kalenderjahr.

---

329 *Powietzka/Fallenstein*, NZA 2010, 673, 676.

330 Abzulehnen ist daher die vormalige Rechtsprechung, die auf Zirkelschlüssen beruhte, BAG v. 24.10.1990 – 6 AZR 156/89 AP BGB § 611 Gratifikation Nr. 135; siehe dazu eindrücklich *Preis*, SR 2012, 101, 122.

331 BAG v. 12.01.2005 – 5 AZR 364/04 NZA 2005, 465; v. 30.07.2008 – 10 AZR 606/07 NZA 2008, 1173; v. 01.09.2010 – 5 AZR 517/09 NZA 2011, 575.

332 In Anlehnung an *Powietzka/Fallenstein*, NZA 2010, 673, 675, wobei vorliegend ein Gegenseitigkeitsverhältnis konstruiert wurde.

333 *Powietzka/Fallenstein*, NZA 2010, 673, 675.

Beispielsklausel 5: Mehrurlaubsklausel als Treueprämie[334]

(1) „[1]Der Arbeitnehmer hat Anspruch auf den gesetzlichen Mindesterholungsurlaub im Umfang von 20 Tagen pro Jahr, bezogen auf eine Fünf-Tage-Woche. [2]Das Nähere bestimmt sich nach den Vorschriften des Bundesurlaubsgesetzes.“[335]

(2) [1]Darüber hinaus erlangt der Arbeitnehmer als Anreiz zur Betriebstreue im laufenden Kalenderjahr einen zusätzlichen bezahlten Erholungsurlaub von weiteren [x] Tagen pro Jahr (Jahresmehrurlaub). [2]Dieser entsteht zu Beginn des Kalenderjahres. [3]Ein im laufenden Kalenderjahr noch nicht gewährter Mehrurlaubsanspruch verfällt für den Fall, dass das Arbeitsverhältnis zum Abschluss des Kalenderjahres nicht ungekündigt fortbesteht. [4]Dies gilt nicht für den Fall der betriebsbedingten Kündigung sowie für die durch den Arbeitgeber veranlasste Eigenkündigung des Arbeitnehmers. [5]Ist der Mehrurlaub im Kündigungszeitpunkt bereits gewährt und genommen worden, so ist der Arbeitnehmer insoweit zur Rückzahlung des Mehrurlaubsentgelts verpflichtet.[336]

„(3) Urlaubsjahr ist das Kalenderjahr.

(4) Tilgungsbestimmung“[337]

VI. Mitbestimmung des Betriebsrats, § 87 Abs. 1 Nr. 10 BetrVG

Soweit der Mehrurlaub als Sondervergütung zwischen Arbeitnehmer und Arbeitgeber vereinbart wird, stellt sich die Frage eines Mitbestimmungsrechts des Betriebsrates. Gemäß § 87 Abs. 1 Nr. 10 BetrVG hat der Betriebsrat ein erzwingbares Mitbestimmungsrecht bei Fragen der betrieblichen Lohngestaltung, insbesondere bei der Aufstellung von Entlohnungsgrundsätzen und der Einführung und Anwendung von Entlohnungsmethoden. Dabei bezieht sich das Mitbestimmungsrecht aber nur auf die Verteilungsgrundsätze.[338] Die Betriebspartner können also die Verteilungsgrundsätze betreffende Betriebsvereinbarungen abschließen, soweit keine zwingende und abschließende tarifliche Regelung existiert.[339]

---

334 Siehe hierzu eingehend im zweiten Teil, A. II. 3. d) bb) (S. 131 ff.).

335 *Powietzka/Fallenstein,* NZA 2010, 673, 675.

336 Zur Zulässigkeit von Rückzahlungsklauseln siehe im zweiten Teil, A. VII. (S. 186 ff.). Zu einer solchen Rückzahlungsklausel, die sich auf Verfallklauseln bezieht, siehe im zweiten Teil, A. VII. 2. c) (Beispielsklausel 49, S. 196).

337 Zu einem Formulierungsvorschlag für eine Tilgungsbestimmung siehe Beispielsklausel 7, S. 102.

338 BAG v. 14.08.2001 – 1 AZR 619/00 NZA 2002, 276; Schaub/*Koch*, § 235 Rn. 89 ff.; Rn. 107; Schaub/*Linck*, § 78 Rn. 75; *Thüsing*, DB 1997, 1130.

339 Zu den allgemeinen Grenzen durch das Betriebsverfassungsgesetz bei Betriebsvereinbarungen siehe im ersten Teil, C. III. (S. 41 ff.).

Damit obliegt es zunächst dem Arbeitgeber zu entscheiden, eine Sondervergütung in Form von Mehrurlaub zu gewähren. Bei der Verteilung, also beispielsweise bei der Aufstellung von bestimmten Kürzungs- oder Verfallsregelungen o. Ä., die noch zu überprüfen sein werden, darf folglich der Betriebsrat nach § 87 Abs. 1 Nr. 10 BetrVG mitbestimmen.

E. Urlaubsgeldregelungen

Beim Urlaubsgeld handelt es sich um eine typischerweise als arbeitsleistungsbezogene Sondervergütung gewährte Leistung, die zusätzlich zur vertraglich geschuldeten Vergütung gewährt wird.[340] Auch hier kann die Gestaltung jedoch unterschiedlich erfolgen und eine Zwecksetzung sollte ausdrücklich vorgenommen werden, um deutlich werden zu lassen, ob es sich um einen im unmittelbaren Gegenseitigkeitsverhältnis befindlichen Vergütungsbestandteil handelt, um eine Sonderleistung mit Mischcharakter oder um eine Sondervergütung, die nicht im Gegenseitigkeitsverhältnis steht, ob also ein Bezug zur Arbeitsleistung gegeben ist.[341] Hiervon hängt wiederum die Zulässigkeit der einzelnen Regelungsmöglichkeiten, wie diejenige von an das folgende Kalenderjhar bindenden Rückzahlungsklauseln ab.[342]

Wird die Gewährung von Urlaubsgeld arbeitsvertraglich geregelt, so sind insbesondere die Grenzen durch das Allgemeine Gleichbehandlungsgesetz und die Grenzen durch das AGB-Recht zu beachten. Dabei existieren ebenso wie bei der Gewährung von Mehrurlaub keine gesetzlichen Regelungen, von denen abgewichen wird. Vielmehr wird gerade eine übergesetzliche Leistung vereinbart. Soweit es sich hierbei nicht um die Festsetzung des Urlaubsgeldes an sich, sondern um die Ausgestaltung handelt, mit der einzelne Modalitäten des Urlaubsgeldes geregelt werden, liegt eine leistungsausgestaltende Klausel vor, die kontrollfähig im Sinne von § 307 Abs. 3 S. 1 BGB ist.[343] Auch die allgemeinen Grenzen der §§ 134, 138, 242 BGB gelten für Urlaubsgeldregelungen, werden aber in aller Regel keine große Rolle spielen.

---

340 Kaiser/Dunkl/Hold/Kleinsorge/*Hold*, § 4a EFZG Rn. 8; *Preis*, SR 2012, 101, 102; ErfK/*Preis*, § 611 BGB Rn. 527; *Schmitt*, § 4a EFZG Rn. 18.

341 Siehe dazu bereits soeben im ersten Teil, D. V. (S. 60 ff.).

342 Siehe dazu im zweiten Teil, A. XII. (S. 282 ff.).

343 Siehe dazu auch bereits im ersten Teil, A. V. 2. b) (S. 25 ff.).

Bei tarifvertraglichen Urlaubsgeldregelungen sind die Grenzen durch das Allgemeine Gleichbehandlungsgesetz zu beachten und Verstöße gegen die Verfassung, zwingendes Gesetzesrecht oder gegen die guten Sitten zu vermeiden.[344]

Auch bei Urlaubsgeldregelungen in Betriebsvereinbarungen sind die Grenzen des Betriebsverfassungsgesetzes, des Allgemeinen Gleichbehandlungsgesetzes und der Rechtskontrolle zu beachten. § 77 Abs. 3 S. 1 BetrVG greift ebenfalls ein, sodass nur, soweit keine umfassende und abschließende tarifliche Regelung existiert, eine Regelung möglich ist. Überträgt man auch beim Urlaubsgeld die Rechtsprechung zur Anwesenheitsprämie, so ist, soweit die Auslegung des konkreten Tarifvertrags es zulässt, eine Betriebsvereinbarung möglich, die an andere tatbestandliche Voraussetzungen als die tariflichen oder tarifüblichen anknüpft und daher das Urlaubsgeld als außertarifliche und nicht nur als übertarifliche Leistung gewährt.[345] Die Ausnahmen des § 77 Abs. 3 S. 2 BetrVG finden auch auf Urlaubsgeldregelungen Anwendung. Auf dem Gebiet des § 87 Abs. 1 Nr. 10 BetrVG können sodann die Betriebspartner Betriebsvereinbarungen abschließen.

Gemäß § 87 Abs. 1 Nr. 10 BetrVG hat der Betriebsrat ein erzwingbares Mitbestimmungsrecht bei Fragen der betrieblichen Lohngestaltung, insbesondere bei der Aufstellung von Entlohnungsgrundsätzen und der Einführung und Anwendung von Entlohnungsmethoden. Dabei bezieht sich das Mitbestimmungsrecht aber nur auf die Verteilungsgrundsätze.[346]

F. Deutliche Differenzierung und Vertrauensschutz

Im Folgenden sollen die vom Bundesarbeitsgericht aufgestellten Auslegungsregeln zum Vorliegen eines vom Bundesurlaubsgesetz abweichenden Parteiwillens bezüglich des Mehrurlaubs untersucht werden, sodass ein Formulierungsvorschlag für eine ausreichende Differenzierung aufgezeigt werden kann.

Die Vertragsparteien sind in der Vereinbarung von Urlaubsregelungen, die den nach Art. 7 Abs. 1 der Arbeitszeitrichtlinie gewährleisteten und den von §§ 1, 3 BUrlG begründeten Anspruch auf Mindestjahresurlaub von vier Wochen übersteigen, frei.[347]

---

344 Siehe zum Prüfungsmaßstab bei Tarifverträgen bereits im ersten Teil, B. IV. (S. 37).

345 LAG Hamm v. 08.08.1979 – 12 Ta BV 44/79 DB 1979, 2236; *Fitting*, § 77 BetrVG Rn. 88; siehe dazu eingehend beim Urlaubsanspruch im ersten Teil, C. III. 1. (S. 41 ff.).

346 BAG v. 14.08.2001 – 1 AZR 619/00 NZA 2002, 276; Schaub/*Koch*, § 235 Rn. 89 ff.; Rn. 107; Schaub/*Linck*, § 78 Rn. 75; *Thüsing*, DB 1997, 1130.

347 EuGH v. 03.05.2012 – C-337/10 NVwZ 2012, 688, 690 (Rn. 35) (Neidel); v. 24.01.2012 – C-282/10 EuZW 2012, 342, 345 (Rn. 48) (Dominguez); BAG

I. Auslegungsregel des Bundesarbeitsgerichts

Nach der Rechtsprechung des Bundesarbeitsgerichts müssen für einen Regelungswillen der Vertragsparteien, der zwischen gesetzlichen und übergesetzlichen vertraglichen Ansprüchen unterscheidet, im Rahmen der Auslegung nach §§ 133, 157 BGB deutliche Anhaltspunkte bestehen.[348] Dabei hat das Bundesarbeitsgericht gleichermaßen für Arbeits- und für Tarifverträge die Auslegungsregel aufgestellt, dass die Vertragsparteien nur ausnahmsweise vom Gesetzesrecht abweichen wollen. In der Regel sei davon auszugehen, dass sie Ansprüche nur begründen und fortbestehen lassen wollen, soweit eine gesetzliche Verpflichtung bestehe. Daher müssten für einen abweichenden, durch Auslegung nach §§ 133, 157 BGB zu ermittelnden übereinstimmenden Willen deutliche Anhaltspunkte bestehen. Regel sei danach also der Gleichlauf der Ansprüche. Ausnahme sei ihr unterschiedliches rechtliches Schicksal.[349]

II. Eindeutiger Regelungswille der Vertragsparteien

Im Folgenden soll daher durch Untersuchung der bisher hierzu ergangenen Rechtsprechung untersucht werden, wann ein eindeutiger Regelungswille der Vertragsparteien anzunehmen ist.

Der wohl eindeutigste Fall, in dem besondere Anhaltspunkte für einen Regelungswillen der Vertragsparteien angenommen werden können, ist die ausdrückliche Unterscheidung zwischen dem gesetzlichen und dem vertraglichen Urlaubsanspruch. In den bisher entschiedenen Fällen lag eine solche ausdrückliche Unterscheidung zwar nicht vor, allerdings untersucht das Bundesarbeitsgericht

---

v. 13.11.2012 – 9 AZR 64/11 NJOZ 2013, 514; v. 22.05.2012 – 9 AZR 575/10 NZA-RR 2013, 48; v. 22.05.2012 – 9 AZR 618/10 NZA 2012, 987; v. 12.04.2011 – 9 AZR 80/10 NZA 2011, 1050; v. 04.05.2010 – 9 AZR 183/09 NZA 2010, 1011; v. 23.03.2010 – 9 AZR 128/09 NZA 2010, 810; v. 24.03.2009 – 9 AZR 983/07 NZA 2009, 538; siehe hierzu bereits im ersten Teil, A. III. 2. (S. 22).

348 BAG v. 13.11.2012 – 9 AZR 64/11 NJOZ 2013, 514, 515 (Rn. 13); v. 22.05.2012 – 9 AZR 575/10 NZA-RR 2013, 48, 49 (Rn. 12); v. 22.05.2012 – 9 AZR 618/10 NZA 2012, 987, 988 (Rn. 13); v. 12.04.2011 – 9 AZR 80/10 NZA 2011, 1050, 1052 (Rn. 23 ff.); v. 04.05.2010 – 9 AZR 183/09 NZA 2010, 1011, 1013 (Rn. 25); v. 23.03.2010 – 9 AZR 128/09 NZA 2010, 810, 814 (Rn. 35); v. 24.03.2009 – 9 AZR 983/07 NZA 2009, 538, 546 (Rn. 84).

349 BAG v. 23.03.2010 – 9 AZR 128/09 NZA 2010, 810, 814 (Rn. 37); diesem folgend die Literatur Clemenz/Kreft/Krause/*Klumpp*, § 307 BGB Rn. 243; *Powietzka/Rolf*, § 1 BUrlG Rn. 2 ff.; Suckow/Striegel/Niemann/*Striegel*, Rn. 784; a. A. ArbG Berlin v. 22.04.2009 – 56 Ca 21280/08 NZA-RR 2009, 411 (I. 2. 1. 2.).

im Rahmen der Auslegung stets zunächst, ob sich der Regelungswille der Parteien aus einer ausdrücklichen Unterscheidung ergibt.[350]

Eine solche kann sich aus dem Wortlaut der Vereinbarung, dem Gesamtzusammenhang, im Falle einer tarifvertraglichen Regelung auch aus einer Protokollnotiz o. Ä. ergeben.[351] Ist in einem Tarifvertrag nicht ausdrücklich auf eine Niederschrift zum Tarifvertrag Bezug genommen, so ist diese nicht Teil des Tarifvertrags und kann allenfalls als Auslegungshilfe dienen. In diesem Fall muss aber der Wortlaut des Tarifvertrags die Auslegung überhaupt zulassen.[352]

Liegt eine ausdrückliche Unterscheidung vor, ist von besonderen Anhaltspunkten im Sinne der Rechtsprechung auszugehen, sodass sich der Mehrurlaubsanspruch abweichend vom Bundesurlaubsgesetz regeln lässt. Solche abweichenden Regelungen müssen sodann auch vorliegen.

Mangels ausdrücklicher Differenzierung untersuchte das Bundesarbeitsgericht die Regelungen daraufhin, ob diese dennoch einen eindeutigen Regelungswillen der Vertragsparteien erkennen ließen.

1. Aufstellung eigener Regeln

Hierbei geht es zunächst seit 2011 entgegen seiner zuvor selbst getätigten Aussage[353] für Tarifverträge davon aus, dass es für den Regelungswillen nicht ausreiche, dass sich ein Tarifvertrag vom gesetzlichen Urlaubsregime löse und stattdessen eigene Regeln aufstelle.[354] Ein solcher Tarifvertrag, der nicht zwischen beiden Urlaubsarten unterscheide, löse sich nämlich insgesamt für gesetzlichen und tarifvertraglichen Urlaub vom Regime des Bundesurlaubsgesetzes, sodass hieraus gerade nicht ein eindeutiger Regelungswille der Vertragsparteien ersichtlich werde, den Mehrurlaub abweichend vom gesetzlichen Anspruch zu regeln.[355] Die zu einer tarifvertraglichen Regelung ergangene Rechtsprechung ist insoweit auf Arbeitsverträge übertragbar. Das Bundesarbeitsgericht nimmt hier lediglich

---

350 BAG v. 04.05.2010 – 9 AZR 183/09 NZA 2010, 1011, 1013 (Rn. 26).

351 BAG v. 07.09.2004 – 9 AZR 587/03 NJOZ 2005, 575; v. 09.11.1999 – 9 AZR 797/98 NZA 2000, 603; AnwK-ArbR/*Düwell*, § 13 BUrlG Rn. 12; *Powietzka/Rolf*, § 13 BUrlG Rn. 4.

352 BAG v. 10.04.2013 – 5 AZR 97/12 NZA 2013, 911, 912 f. (Rn. 15).

353 BAG v. 23.03.2010 – 9 AZR 128/09 NZA 2010, 810, 815 (Rn. 50); diesem folgend LAG Rheinland-Pfalz v. 19.08.2010 – 10 Sa 244/10 ZTR 2011, 98; LAG Düsseldorf v. 20.01.2011 – 11 Sa 1493/10 ZTR 2011, 377; LAG Hamm v. 24.02.2011 – 16 Sa 727/10 LAGE § 7 BUrlG Nr. 48 (Rn. 49).

354 BAG v. 12.04.2011 – 9 AZR 80/10 NZA 2011, 1050, 1052 (Rn. 23 ff.).

355 BAG v. 12.04.2011 – 9 AZR 80/10 NZA 2011, 1050, 1052 (Rn. 23 ff.).

die Auslegung nach §§ 133, 157 BGB vor. Auch bei Arbeitsverträgen ist bei einer vom Bundesurlaubsgesetz abweichenden Regelung, die sich insgesamt auf den „Urlaub" bezieht, gerade nur der Wille der Vertragsparteien zu erkennen, sich insgesamt vom Regime des Bundesurlaubsgesetzes zu lösen, sodass dies nicht für einen eindeutigen Regelungswillen der Vertragsparteien ausreicht, der darauf schließen lässt, die Parteien wollten zwischen dem Mindest- und Mehrurlaub unterscheiden.

2. *Abweichung in den vertraglichen Bestimmungen zu den jeweiligen Regelungsgegenständen von den Vorschriften des Bundesurlaubsgesetzes*

Bei der aktuellen Rechtsprechung zur Differenzierung zwischen Mindest- und Mehrurlaub geht es meist um die Frage, ob die richtlinienkonforme Auslegung des § 7 Abs. 3, 4 BUrlG auch auf den in Frage stehenden Mehrurlaubsanspruch Anwendung findet.

a) Rechtsprechung zu tarifvertraglichen Regelungen

Dazu hat das Bundesarbeitsgericht für Tarifvertragsparteien die Auslegungsregel aufgestellt, dass diese einen Gleichlauf des gesetzlichen Urlaubsanspruchs und des tariflichen Mehrurlaubsanspruchs nicht wollen, wenn sie in den einschlägigen tariflichen Bestimmungen zu den jeweiligen Regelungsgegenständen von den Vorschriften des Bundesurlaubsgesetzes abweichen.[356] Bezogen auf § 7 Abs. 3 BUrlG wurde dementsprechend ein abweichender Regelungswille der Tarifvertragsparteien angenommen, wenn sie entweder bei der Befristung und Übertragung bzw. beim Verfall des Urlaubs zwischen gesetzlichem Mindesturlaub und tarifvertraglichem Mehrurlaub unterscheiden oder sich vom gesetzlichen Fristenregime gelöst und eigenständige, vom Bundesurlaubsgesetz abweichende Regelungen zur Befristung und Übertragung bzw. zum Verfall des Urlaubsanspruchs getroffen haben.[357] Bei dem ersten Teil dieser Regel kann eine Übertragung auch für die Arbeitsvertragsparteien noch angenommen werden. So ist auch bei diesen von einem eindeutigen Regelungswillen auszugehen, wenn

356 BAG v. 22.05.2012 – 9 AZR 618/10 NZA 2012, 987, 988 f. (Rn. 13; 24); v. 22.05.2012 – 9 AZR 575/10 NZA-RR 2013, 48, 49 (Rn. 12); v. 12.04.2011 – 9 AZR 80/10 NZA 2011, 1050, 1052 (Rn. 27).

357 BAG v. 22.05.2012 – 9 AZR 618/10 NZA 2012, 987, 988 (Rn. 13); v. 22.05.2012 – 9 AZR 575/10 NZA-RR 2013, 48, 49 (Rn. 12); v. 12.04.2011 – 9 AZR 80/10 NZA 2011, 1050, 1052 (Rn. 27).

sie bei der Befristung und Übertragung bzw. beim Verfall[358] des Urlaubs eine Unterscheidung zwischen Mindest- und Mehrurlaubsanspruch vornehmen.

Haben die Vertragsparteien eigenständige, vom Bundesurlaubsgesetz abweichende Regelungen zur Befristung und Übertragung bzw. zum Verfall des Urlaubsanspruchs getroffen, ohne zwischen Mindest- und Mehrurlaubsanspruch zu differenzieren, geht das Bundesarbeitsgericht für die Tarifvertragsparteien in einem zweiten Schritt davon aus, dass auch dies für einen eigenständigen Regelungswillen spreche. Danach solle der Arbeitnehmer das Risiko tragen, den Urlaub nicht in Anspruch nehmen zu können. Dabei sei es unerheblich, falls die eigenständige Sonderregelung für den unionsrechtlich verbürgten Mindesturlaub nach §§ 13 Abs. 1 S. 1, 1 BUrlG, 134 BGB unwirksam sei. Die Regelung bleibe in diesem Fall für den vom Mindesturlaub abtrennbaren Teil der einheitlich geregelten Gesamturlaubsdauer, den Mehrurlaub, gemäß § 139 BGB wirksam.[359]

b) Übertragbarkeit auf arbeitsvertragliche Regelungen

Hinsichtlich der Arbeitsvertragsparteien ist hierbei zunächst nicht ersichtlich, inwiefern eine arbeitsvertragliche abweichende Regelung zur Befristung und Übertragung bzw. zum Verfall des Urlaubsanspruchs, die nicht zwischen Mindest- und Mehrurlaubsanspruch differenziert, bei diesen anders zu interpretieren sein soll. So soll auch bei diesen der Arbeitnehmer das Risiko, den Urlaub nicht in Anspruch nehmen zu können, tragen. Allerdings ist im nächsten Schritt bei den Arbeitsvertragsparteien der Fall, dass die Urlaubsregelung insgesamt zulasten des Arbeitnehmers von den Befristungs-, Übertragungs- oder Verfallvorschriften des Bundesurlaubsgesetzes abweicht, zu untersuchen.

aa) Individualabreden

Die den Mindesturlaub betreffende Regelung ist zunächst ebenfalls nach §§ 13 Abs. 1 S. 3 BUrlG, 134 BGB unwirksam. Handelt es sich bei der arbeitsvertraglichen Regelung nicht um Allgemeine Geschäftsbedingungen, sondern um Individualabreden, so kann § 139 BGB ebenfalls angewendet werden.[360] In diesem

---

358 Bzw., wenn sie entsprechende Abweichungen bei den jeweiligen Regelungsgegenständen in Bezug auf andere Vorschriften des Bundesurlaubsgesetzes vorsehen, so für die Abgeltung BAG v. 22.05.2012 – 9 AZR 618/10 NZA 2012, 987, 989 (Rn. 24).

359 BAG v. 12.04.2011 – 9 AZR 80/10 NZA 2011, 1050, 1052 (Rn. 27).

360 LAG Sachsen-Anhalt v. 08.12.2011 – 3 Sa 338/10 – juris (Rn. 56); v. 29.11.2011 – 6 Sa 24/11 – juris (Rn. 30); für Arbeitsvertragsrichtlinien des Diakonischen Werkes der Evangelischen Kirche in Deutschland, die individualvertragliche Regelungen darstellen. Die Revision der letztgenannten Entscheidung sollte vom

Fall ist damit die von der Rechtsprechung bisher nur für tarifvertragliche Regelungen hergeleitete Auslegungsregel auch auf arbeitsvertragliche Regelungen übertragbar.

bb) AGB-Regelungen

Handelt es sich hingegen bei der Urlaubsregelung um Allgemeine Geschäftsbedingungen, so ist zunächst die Regelung in Bezug auf den Mindesturlaub ebenfalls nach §§ 13 Abs. 1 S. 3 BUrlG, 134 BGB unwirksam. Der sich auf den Mehrurlaub beziehende Teil der Regelung ist, wenn er nicht teilbar ist, nach § 306 Abs. 2 BGB grundsätzlich nicht aufrechtzuerhalten.[361] Eine Aufrechterhaltung kommt hier nur nach dem sogenannten blue-pencil-Test in Betracht.[362] Es ist also zu prüfen, ob bei einer solchen Regelung, die nicht ausdrücklich zwischen Mindest- und Mehrurlaub unterscheidet, dennoch von einer Teilbarkeit auszugehen ist. Eine Teilung von Vertragsklauseln in einen zulässigen und in einen unzulässigen Teil kommt nur in Betracht, wenn der unzulässige Teil sprachlich eindeutig abtrennbar ist. In einem solchen Fall werde eine sprachlich und inhaltlich teilbare Klausel vorausgesetzt, die ohne ihre unzulässigen Bestandteile mit ihrem zulässigen Inhalt aufrechterhalten werden könne. Gegenstand der Inhaltskontrolle seien dann für sich jeweils verschiedene, nur formal verbundene AGB-Bestimmungen.[363] Die Zerlegung einer ihrem Wortlaut nach eindeutig einheitlichen Regelung in mehrere selbstständige Regelungen sei nicht zulässig.[364] Bei der vorliegend zu untersuchenden Klausel spricht zunächst die fehlende ausdrückliche Unterscheidung zwischen Mindest- und Mehrurlaub gegen eine sprachliche Abtrennbarkeit. Andererseits spricht die Rechtsprechung, die in der abweichenden Regelung der Übertragungs- und Verfallregelungen bereits den eindeutigen Parteiwillen sieht, den Gleichlauf zwischen Mindest- und Mehrurlaub aufzuheben, dafür, in dieser Regelung verschiedene, nur äußerlich zusammengefasste Regelungen zu sehen.

Bundesarbeitsgericht am 06.08.2013 (9-AZR 289/12) verhandelt werden, erledigte sich jedoch durch einen Vergleich.

361 Zu den allgemeinen Grenzen siehe im ersten Teil, A. V. 6. (S. 29 f.).

362 Siehe hierzu bereits im ersten Teil, A. V. 6. (S. 29 f.); BAG v. 12.03.2008 – 10 AZR 152/07 NZA 2008, 699; v. 19.12.2006 – 9 AZR 294/06 NZA 2007, 809; v. 21.04.2005 – 8 AZR 425/04 NZA 2005, 1053; ErfK/*Preis*, §§ 305–310 BGB Rn. 103; kritisch *Thüsing*, AGB-Kontrolle im Arbeitsrecht, Rn. 118 ff.

363 BAG v. 19.12.2006 – 9 AZR 294/06 NZA 2007, 809, 811 (Rn. 32).

364 *BAG v.* 11.04.2006 – 9 AZR 610/05 NZA 2006, 1042.

So spricht danach beispielsweise eine Klausel wie § 26 Abs. 2 a) TV-L, die u. a. vorsieht, dass der Erholungsurlaub im Fall der Übertragung in den ersten drei Monaten des folgenden Kalenderjahres angetreten werden muss, für einen solchen eindeutigen Parteiwillen.[365] Folgt man daher der Rechtsprechung in ihrer Auslegung, so ist in einer solchen Klausel eine Vereinigung mehrerer Regelungen, des Mindest- und des Mehrurlaubs, zu sehen, sodass bei einer Unwirksamkeit der Mindesturlaubsregelungen dieser Teil gestrichen werden kann, ohne dass auch der den Mehrurlaub betreffende Teil unwirksam ist. Dieser kann nach diesem Verständnis gerade selbstständig als zulässiger Teil der Klausel bestehen bleiben, sodass es nicht zu einer Anwendung des § 306 Abs. 2 BGB kommt. Freilich bewegt man sich hier nahe an der verbotenen geltungserhaltenen Reduktion. Folgt man aber in Bezug auf die tarifvertraglichen und die individualvertraglichen Regelungen der Auslegung des Bundesarbeitsgerichts und geht man von der Prämisse aus, dass die bloß abweichende Regelung von Übertragungs- und Verfallsregelungen für einen eindeutigen Parteiwillen ausreicht, der deutlich erkennen lässt, dass die Vertragsparteien keinen Gleichlauf von Mindest- und Mehrurlaub wollen, so ist die Folgerung, dass es sich bei der Klausel um die Vereinigung mehrerer selbstständiger Regelungen handelt, nur konsequent.[366]

cc) Ergebnis

Damit ist die zu tarifvertraglichen Regelungen ergangene Rechtsprechung auf arbeitsvertragliche Regelungen übertragbar. Auch bei diesen reicht es für einen dem Gleichlauf von Mindest- und Mehrurlaub entgegenstehenden Regelungswillen der Vertragsparteien aus, wenn sie entweder bei dem jeweiligen Regelungsgegenstand zwischen gesetzlichem Mindesturlaub und tarifvertraglichem Mehrurlaub unterscheiden oder wenn sie bei den jeweiligen Regelungsgegenständen vom Bundesurlaubsgesetz abweichende Regelungen geschaffen haben. Ist dabei die Regelung hinsichtlich des Mindesturlaubs nach §§ 13 Abs. 1 S. 1 bzw. S. 3, 134 BUrlG unwirksam, so bleibt der den Mehrurlaub betreffende Teil nach § 139 BGB bzw. bei Allgemeinen Geschäftsbedingungen wegen der Teilbarkeit der Klausel wirksam.

3. *Abweichung von der Zwölftelungsregelung des § 5 BUrlG*

Weichen die Tarifvertragsparteien lediglich von der Zwölftelungsregelung des § 5 BUrlG ab, so reicht dies dem Bundesarbeitsgericht zufolge nicht für einen

365 Siehe dazu BAG v. 22.05. 2012 – 9 AZR 618/10 NZA 2012, 987.

366 Zur eigenen Stellungnahme siehe sogleich im ersten Teil, F. II. 4. (S. 76 ff.).

in Bezug auf den Verfall dem Gleichlauf von Mindest- und Mehrurlaub entgegenstehenden Regelungswillen aus.[367] Vielmehr muss sich die Abkoppelung des Mehrurlaubs gerade auf die Regelung des Fristenregimes des Urlaubsanspruchs beziehen, sodass deutlich wird, dass der Arbeitnehmer für den Mehrurlaub das Verfallsrisiko tragen soll.[368] Eine Abweichung für den Mehrurlaubsanspruch in anderen Einzelfragen kann insoweit nicht ausreichen.[369]

4. *Eigene Stellungnahme*

Dem vom Bundesarbeitsgericht als Ausgangspunkt angeführten Regel-Ausnahme-Verhältnis kann insoweit zugestimmt werden, als die Vertragsparteien bis zur *Schultz-Hoff*-Rechtsprechung des Europäischen Gerichtshofs und der infolgedessen geänderten Rechtsprechung des Bundesarbeitsgerichts in der Regel den Mindest- und Mehrurlaub einheitlich regelten und sich daher beide nach den Vorschriften des Bundesurlaubsgesetzes richten sollten bzw. beide davon abweichen sollten.[370]

Hiergegen wendet das Arbeitsgericht Berlin ein, dass zuvor das Bundesarbeitsgericht noch davon ausgegangen sei, dass arbeitsunfähige Arbeitnehmer nicht bessergestellt werden sollten als arbeitsfähige Arbeitnehmer. Durch die Auslegungsregel werde diese Vermutung aber in ihr Gegenteil verkehrt, sodass ihr nicht gefolgt werden könne.[371] Allerdings entspringt diese Vermutung der Rechtsprechung zur Surrogatstheorie,[372] die inzwischen aufgegeben wurde, sodass sie ohnehin nicht mehr trägt.[373] Auch das Ergebnis des Arbeitsgerichts Berlin, dass nach Anhaltspunkten zu suchen sei, dass arbeitsunfähige Arbeitnehmer über das zwingende Maß hinaus bessergestellt werden sollen,[374] erscheint

---

367 BAG v. 22.05.2012 – 9 AZR 618/10 NZA 2012, 987, 989 (Rn. 24); v. 12.04.2011 – 9 AZR 80/10 NZA 2011, 1050, 1052 (Rn. 28); LAG München v. 29.07.2010 – 3 Sa 280/10 – juris (2. b)); a. A. ArbG München v. 11.02.2010 – 3 Ca 10454/09 (II. 2. b) bb)) http://www.arbg.bayern.de/imperia/md/content/stmas/lag/muenchen/entscheidungen_arbg_muenchen/arbg_m__nchen_3ca10454_09.pdf (12.03.2014).

368 BAG v. 12.04.2011 – 9 AZR 80/10 NZA 2011, 1050, 1052 (Rn. 28).

369 LAG München v. 29.07.2010 – 3 Sa 280/10 – juris (2. b)).

370 *Powietzka/Fallenstein*, NZA 2010, 673, 674.

371 ArbG Berlin v. 22.04.2009 – 56 Ca 21280/08 NZA-RR 2009, 411, 412 f. (I. 2. 1. 2.).

372 BAG v. 07.09.2004 – 9 AZR 587/03 NJOZ 2005, 575, 576.

373 BAG v. 23.03.2010 – 9 AZR 128/09 NZA 2010, 810, 814 (Rn. 38 ff.); zur Aufgabe der Surrogatstheorie siehe eingehend bei der Darstellung des Urlaubsabgeltungsanspruchs im zweiten Teil, A. X. (S. 238 ff.).

374 ArbG Berlin v. 22.04.2009 – 56 Ca 21280/08 NZA-RR 2009, 411, 413 (I. 2. 1. 2.).

im Hinblick auf die Unterschiede zwischen arbeitsfähigen und arbeitsunfähigen Arbeitnehmern nicht überzeugend.[375] Vielmehr besteht wegen der Erfüllbarkeit der Urlaubsansprüche von arbeitsfähigen Arbeitnehmern gerade ein sachlicher Grund für eine Ungleichbehandlung von arbeitsfähigen und arbeitsunfähigen Arbeitnehmern. Der mit Beendigung des Arbeitsverhältnisses entstehende Anspruch auf Urlaubsabgeltung gleicht den Nachteil der fehlenden Erfüllbarkeit des Urlaubsanspruchs aus und gewährt den nicht zu verwirklichenden Freistellungsanspruch als Geldanspruch.[376] Mit dem Bundesarbeitsgericht ist diese Ansicht folglich abzulehnen. Daher ist es richtig, dass die Vertragsparteien grundsätzlich den Gleichlauf der Urlaubsansprüche wollen und nur ausnahmsweise von diesem Gleichlauf abweichen möchten.

Des Weiteren ist überzeugend, dass die ausdrückliche Differenzierung zwischen Mindest- und Mehrurlaub ein deutlicher Anhaltspunkt für eine gewollte Unterscheidung ist. Auch die Annahme, dass es für den Regelungswillen nicht ausreiche, dass sich ein Tarifvertrag vom gesetzlichen Urlaubsregime löse und stattdessen eigene Regeln aufstelle, erscheint einleuchtend. So bringen die Vertragsparteien durch eine solche Regelung zum Ausdruck, dass sie Mindest- und Mehrurlaub einheitlich und gerade nicht unterschiedlich regeln möchten. Daher spricht eine solche Regelung gerade nicht für den Willen der Differenzierung zwischen Mindest- und Mehrurlaub.

Betrachtet man unter diesem Gesichtspunkt die Rechtsprechung, die in Bezug auf die Abweichung von den Vorschriften des Bundesurlaubsgesetzes zu den jeweiligen Regelungsgegenständen und eine diesbezügliche Differenzierung zwischen Mindest- und Mehrurlaub ergangen ist, ist diese zweifelhaft. Auch bei dieser Regelung ist keine Differenzierung zwischen Mindest- und Mehrurlaub vorhanden. Aus der bloßen Loslösung der Vertragsparteien beispielsweise vom Fristenregime des Bundesurlaubsgesetzes bzw. von den Verfalls- und Übertragungsregelungen[377] schließt indes die Rechtsprechung, dass die Parteien den Gleichlauf von Mindest- und Mehrurlaub aufheben wollen. Allerdings regeln die Vertragsparteien auch in dieser Konstellation den Urlaub einheitlich. Indem sie den Verfall und die Übertragung des Urlaubs oder auch die Abgeltung insgesamt abweichend von den Vorschriften des Bundesurlaubsgesetzes regeln, bringen sie

375 BAG v. 23.03.2010 – 9 AZR 128/09 NZA 2010, 810, 815 (Rn. 43).

376 BAG v. 23.03.2010 – 9 AZR 128/09 NZA 2010, 810, 815 (Rn. 43); ebenso *Mestwerdt*, jurisPR-ArbR 27/2009 Anm. 2 (C.).

377 Bzw. aus entsprechenden Abweichungen bei den jeweiligen Regelungsgegenständen in Bezug auf andere Vorschriften des Bundesurlaubsgesetzes, so für die Abgeltung BAG v. 22.05.2012 – 9 AZR 618/10 NZA 2012, 987, 989 (Rn. 24).

zum Ausdruck, dass sie den einheitlichen Urlaubsanspruch vom Bundesurlaubsgesetz abweichend regeln wollen. Ein Wille, zwischen Mindest- und Mehrurlaub zu differenzieren, wird dadurch gerade nicht deutlich.[378] Daher ist auch die Folge dieser Annahme, die in der Aufrechterhaltung des tariflichen Mehrurlaubsanspruchs nach § 139 BGB zu sehen ist, nicht überzeugend. Die Parteien gingen von einer einheitlichen Regelung des Urlaubs aus. Diese Regelung lässt sich schon nicht teilen, sodass § 139 BGB nicht zur Anwendung kommt. Ebenso verhält es sich bei Individualabreden. Bei AGB-Regelungen kommt mangels Teilbarkeit § 306 Abs. 2 BGB zur Anwendung, sodass sich der Inhalt des Vertrags insoweit nach dem Bundesurlaubsgesetz richtet, in diesem Fall nach § 7 Abs. 3 BUrlG.

Letztlich hat man diese Rechtsprechung wohl als Entgegenkommen für die Vertragsparteien von Altverträgen aufzufassen, bei denen das Bundesarbeitsgericht keinen Vertrauensschutz gewährt.[379] Sie kann aber nicht überzeugen. Bei der Vertragsgestaltung sollten die Vertragsparteien ein Augenmerk auf eine ausdrückliche Unterscheidung zwischen Mindest- und Mehrurlaub legen.

III. Fazit und Beispielsklausel

Nach dem Bundesarbeitsgericht gibt es für Tarifvertragsparteien zwei Möglichkeiten, ihren dem Gleichlauf von Mindest- und Mehrurlaub entgegenstehenden Regelungswillen auszudrücken. Entweder sie unterscheiden ausdrücklich zwischen Mindest- und Mehrurlaub und regeln den Mehrurlaub abweichend von den Vorschriften des Bundesurlaubsgesetzes. Darüber hinaus kann ein eindeutiger Regelungswille auch ohne eine ausdrückliche Differenzierung angenommen werden. Soll dieser sich gerade auf eine abweichende Regelung des § 7 Abs. 3, 4 BUrlG beziehen, so sind vom Bundesurlaubsgesetz abweichende Regelungen zur Befristung und Übertragung bzw. zum Verfall oder der Abgeltung des Urlaubsanspruchs erforderlich.[380] Für die Arbeitsvertragsparteien gelten ebenfalls beide Möglichkeiten der Unterscheidung.

Die Vertragsparteien sollten aber stets ausdrücklich zwischen Mindest- und Mehrurlaubsanspruch differenzieren und für den Mehrurlaubsanspruch abweichende Regelungen treffen. Wollen sie also insbesondere von der Vorschriften des § 7 Abs. 3, 4 BUrlG hinsichtlich des Mehrurlaubs zulasten des Arbeitnehmers

---

378 Ebenfalls kritisch betrachtet *Schlottfeldt* diese Rechtsprechung, ZESAR 2013, 222, 224 f.

379 Siehe dazu sogleich im zweiten Teil, F. IV. (S. 79 ff.).

380 BAG v. 12.04.2011 – 9 AZR 80/10 NZA 2011, 1050, 1052 (Rn. 28); für die Abgeltung in Arbeitsverträgen BAG v. 04.05.2010 – 9 AZR 183/09 NZA 2010, 1011, 1013 (Rn. 26).

abweichen, so müssen sie diesbezüglich den Verfall und die Abgeltung abweichend regeln.[381] Dann findet § 7 Abs. 3, 4 BUrlG keine Anwendung.[382]

Beispielsklausel 6: Grundklausel – Deutliche Differenzierung zwischen Mindest- und Mehrurlaub

„(1) [1]*Der Arbeitnehmer hat Anspruch auf den gesetzlichen Mindesterholungsurlaub von 20 Tagen jährlich, bezogen auf eine Fünf-Tage-Woche.* [2]*Im Übrigen gelten die Vorschriften des Bundesurlaubsgesetzes in seiner jeweils geltenden Fassung.*"[383]

(2) *Darüber hinaus steht dem Arbeitnehmer zusätzlich bezahlter Mehrurlaub von weiteren [x] Tagen pro Jahr zu (Jahresmehrurlaub).*

(3) *Urlaubsjahr ist das Kalenderjahr.*[384]

Bei diesem Beispiel fehlen freilich vom Bundesurlaubsgesetz abweichende Regelungen der Vertragsparteien hinsichtlich des Mehrurlaubsanspruchs. Diese Klausel dient daher lediglich der Veranschaulichung einer ausreichenden Differenzierung zwischen Mindest- und Mehrurlaub. Diese ist der Ausgangspunkt für die Betrachtung der einzelnen Möglichkeiten einer abweichenden Regelung des Mehrurlaubsanspruchs. So werden im Folgenden die einzelnen denkbaren Klauseltypen auf ihre Wirksamkeit hin überprüft und jeweils als Beispielsklauseln dargestellt. Die hier dargestellte Klausel dient dabei als Grundklausel, die je nach Regelungsmöglichkeit um vom Bundesurlaubsgesetz abweichende Regelungen ergänzt wird.

Soweit bei den einzelnen Regelungen aber nicht vom Bundesurlaubsgesetz abgewichen wird, ist nach §§ 133, 157 BGB davon auszugehen, dass die Regelungen des Bundesurlaubsgesetzes Anwendung finden sollen.[385]

IV. Kritik an der Rechtsprechung im Falle sogenannter Altverträge

An der Rechtsprechung des Bundesarbeitsgerichts wurde durch einige Literaturstimmen für den Fall sogenannter Altverträge scharfe Kritik geübt.[386] Die Kritiker

---

381 Zu den einzelnen Regelungsmöglichkeiten des Verfalls siehe im zweiten Teil, A. II. (S. 112 ff.); zu den Regelungsmöglichkeiten des Urlaubsabgeltungsanspruchs siehe im zweiten Teil, A. X. (S. 238 ff.).

382 In diesem Sinne auch BAG v. 04.05.2010 – 9 AZR 183/09 NZA 2010, 1011; v. 24.03.2009 – 9 AZR 983/07 NZA 2009, 538.

383 *Powietzka/Fallenstein*, NZA 2010, 673, 675.

384 In Anlehnung an *Powietzka/Fallenstein*, NZA 2010, 673, 675.

385 BAG v. 12.04.2011 – 9 AZR 80/10 NZA 2011, 1050; v. 23.03.2010 – 9 AZR 128/09 NZA 2010, 810, 814 ff. (Rn. 34 ff.); DFL/*Gutzeit*, § 7 BUrlG Rn. 39.

386 *Bauer/Arnold*, Anm. zu BAG v. 24.03.2009 – 9 AZR 983/07 AP BUrlG § 7 Nr. 39 [zu 3.]; *dies.*, NJW 2009, 631, 634; *Kamanabrou*, SAE 2009, 233, 237 f.; *Krieger/*

gehen von einem umgekehrten Regel-Ausnahme-Verhältnis im Fall sogenannter Altverträge aus. Vor der *Schultz-Hoff*-Entscheidung seien die Vertragsparteien davon ausgegangen, dass sich übergesetzliche Urlaubsansprüche nach den bisherigen Grundsätzen der Rechtsprechung des Bundesarbeitsgerichts richteten.[387] Daher gehen sie bei der Auslegung davon aus, dass bei fehlender Differenzierung zwischen Mindest- und Mehrurlaub nur der Mindesturlaub im Fall der dauerhaften Arbeitsunfähigkeit nicht verfalle. Der Mehrurlaub richte sich nach den bisherigen Grundsätzen der Rechtsprechung, sodass dieser früher verfalle.[388] Letztlich geht es bei dieser Frage also um ein Problem des Vertrauensschutzes für Altverträge.

1. Standpunkt des Bundesarbeitsgerichts

Diesem Standpunkt tritt das Bundesarbeitsgericht aber entschieden entgegen.[389] Gegen den zwischen Alt- und Neuverträgen differenzierenden Auslegungsansatz spreche zum einen, dass eine Rechtsprechungsänderung als solche nicht gegen Art. 20 Abs. 3 GG verstoße.[390] Höchstrichterliche Urteile sind als Judikativakt kein Gesetzesrecht, das einen Akt der Legislative darstellt. Sie entfalten daher auch keine vergleichbare Rechtsbindung.[391] Eine Anknüpfung an vorherige Rechtsprechungsgrundsätze sei auch bei der Rechtsprechungswende von 1982 nicht diskutiert worden.[392] Vielmehr sei davon auszugehen, dass die Vertragsparteien in der Regel ihren Vereinbarungen die objektive Rechtslage zugrunde legen wollen und nicht die höchstrichterliche Rechtsanwendung. Ferner sei die Annahme eines umgekehrten Regel-Ausnahme-Verhältnisses auch zur Interessenwahrung nicht erforderlich, da eine ausreichende Differenzierung zwischen Mindest- und Mehrurlaub auch bei der bloßen Abweichung der Regelung von den gesetzlichen Vorschriften angenommen werde.[393] Hinsichtlich

---

Arnold, NZA 2009, 530, 532; *Powietzka/Rolf*, § 7 BUrlG Rn. 95; *Sedlmeier*, EuZA 2010, 88, 98.

387 *Bauer/Arnold*, Anm. AP BUrlG § 7 Nr. 39 [zu 3.]; in Richtung einer ergänzenden Vertragsauslegung *Kamanabrou*, SAE 2009, 233, 237 f.; *Polzer*, S. 116 f.; *Powietzka/Rolf*, § 7 BUrlG Rn. 95.

388 So u. a. *Bauer/Arnold*, NJW 2009, 631, 634; *C. Picker*, ZTR 2009, 230, 238 f.; Staudinger/*Olzen*, § 366 BGB Rn. 41; DFL/*Löwisch*, § 366 BGB Rn. 2; *Polzer*, S. 116 f.

389 BAG v. 23.03.2010 – 9 AZR 128/09 NZA 2010, 810, 815 (Rn. 44 ff.).

390 BAG v. 23.03.2010 – 9 AZR 128/09 NZA 2010, 810, 815 (Rn. 49).

391 St. Rspr. des Bundesverfassungsgerichts; vgl. nur *BVerfG v. 26.06.1991* – 1 BvR 779/85 NZA 1991, 809, 810*; v. 15.01.2009* – 2 BvR 2044/07 NJW 2009, 1469, 1475 *(Rn. 85); siehe auch BAG v. 23.03.2006* – 2 AZR 343/05 NZA 2006, 971 (Rn. *33).*

392 BAG v. 23.03.2010 – 9 AZR 128/09 NZA 2010, 810, 815 (Rn. 49).

393 BAG v. 23.03.2010 – 9 AZR 128/09 NZA 2010, 810, 815 (Rn. 50).

des Zeitpunktes stellte das Bundesarbeitsgericht zunächst „jedenfalls“ auf den Zeitpunkt des Vorlagebeschlusses ab,[394] erklärte später aber den Ablauf der Umsetzungsfrist der Arbeitszeitrichtlinie für entscheidend[395]. Neuerdings stellt es wiederum auf den Zeitpunkt des Vorlagebeschlusses ab.[396]

2. *Eigene Stellungnahme*

Um zu den genannten Standpunkten Stellung nehmen zu können, ist ein Blick in das Unionsrecht und die Untersuchung des Vertrauensschutzes durch innerstaatliche Gerichte bei einem zeitlich unbegrenzten Urteil des Europäischen Gerichtshofes unerlässlich.

a) Unionsrechtliche Betrachtung

Das Urteil des Europäischen Gerichtshofs in der Sache *Schultz-Hoff* wirkt im Grundsatz zeitlich unbegrenzt. Seine Auslegung beschränkt sich dabei darauf, zu erläutern, wie die unionsrechtliche Regelung seit ihrem Inkrafttreten zu verstehen und anzuwenden ist. Daraus folgt, dass innerstaatliche Gerichte die Vorschrift in dieser Auslegung auch auf Rechtsverhältnisse, die vor der Vorabentscheidung entstanden sind, anzuwenden haben.[397] Die Entscheidung über die Frage nach innerstaatlichem Vertrauensschutz fällt aber nicht in die Kompetenz des Europäischen Gerichtshofes, sodass diese grundsätzlich vom Bundesarbeitsgericht entschieden werden kann.[398] Bei der Frage, ob das innerstaatliche Gericht ohne eine zeitliche Beschränkung des Europäischen Gerichtshofes Vertrauensschutz annehmen darf, besteht indes Ungewissheit.

Der Europäische Gerichtshof nimmt an, dass eine solche innerstaatliche Möglichkeit durch den Grundsatz der Rechtssicherheit und des Rückwirkungsverbotes begrenzt wird.[399] Lediglich über die Auslegung der nationalen Normen entscheiden die innerstaatlichen Gerichte.[400] Das Bundesarbeitsgericht

---

394 BAG v. 24.03.2009 – 9 AZR 983/07 NZA 2009, 538.

395 BAG v. 23.03.2010 – 9 AZR 128/09 NZA 2010, 810.

396 BAG v. 19.06.2012 – 9 AZR 652/10 NZA 2012, 1087, 1089 (Rn. 28).

397 Vgl. EuGH v. 20.09. 2001 – C-184/99 EuZW 2002, 52, 56 (Rn. 50) (Grzelczyk); v. 15.03.2005 – C-209/03 NJW 2005, 2055, 2058 (Rn. 66) (Bidar); BAG v. 23.03.2010 – 9 AZR 128/09 NZA 2010, 810, 817 (Rn. 74).

398 BAG v. 23.03.2010 – 9 AZR 128/09 NZA 2010, 810, 817 (Rn. 74).

399 EuGH v. 16.07.2009 – C 12/08 Slg. I 2009, 6686 (Rn. 61) (Mono Car Styling); v. 04.07.2006 – C-212/04 EuZW 2006, 730 (Rn. 110) (Adeneler); v. 08.10.1987 – 80/86, Slg.1987, 3969 (Rn. 13) (Kolpinghuis Nijmegen).

400 EuGH v. 26.10.2006 – C-4/05 NVwZ 2007, 187, 188 f. (Rn. 36) (Güzeli).

differenziert bei der Frage nationalen Vertrauensschutzes zwischen Primär- und Sekundärrecht.[401] Für das Sekundärrecht könne innerstaatlicher Vertrauensschutz angenommen werden, auch wenn der Europäische Gerichtshof keine zeitliche Beschränkung aufgestellt habe.[402] Dieser Möglichkeit stimmt auch das deutsche Schrifttum weitgehend zu.[403]

Indem der Europäische Gerichtshof den Mindesturlaubsanspruch stets auf das Sekundärrecht des Art. 7 der Arbeitszeitrichtlinie 2003/88/EG stützte, unter Hervorhebung, dass er ein besonders bedeutsamer Grundsatz des Sozialrechts der Gemeinschaft sei, allerdings damals noch ohne Berufung auf ein Unionsgrundrecht, handelt es sich nach dem Bundesarbeitsgericht hier um sekundäres Unionsrecht, bei dem grundsätzlich die Frage nach innerstaatlichem Vertrauensschutz durch die nationalen Gerichte geklärt werden dürfe.[404]

Geht man hingegen davon aus, dass sich der Mindestjahresurlaubsanspruch aus Art. 31 Abs. 2 GRC als Unionsgrundrecht ergibt, so handelt es sich um Primärrecht.[405] Für den Fall des Primärrechts geht der 7. Senat des Bundesarbeitsgerichts davon aus, dass allein der Europäische Gerichtshof für die zeitliche Begrenzung der Unanwendbarkeit der gegen das Primärrecht verstoßenden nationalen Norm zuständig ist.[406] Dieser nahm im vorliegenden Fall keine Begrenzung vor, sodass damit keine Berufung auf Vertrauensschutz möglich wäre und eine Rückwirkung auf Altverträge anzunehmen wäre.

---

401 BAG v. 23.03.2010 – 9 AZR 128/09 NZA 2010, 810, 818 (Rn. 80); vgl. dazu *Wißmann* in FS Bauer, 1161, 1164 ff.

402 Vgl. infolge der Entscheidung Junk des EuGH v. 27.01 2005 – C-188/03 EuZW 2005, 145 (Rn. 31ff., 40 ff.) (Junk) grundlegend BAG v. 23.03.2006 – 2 AZR 343/05 NZA 2006, 971 (Rn. 32 ff., v.a. Rn. 42); bestätigt z. B. durch BAG v. 08.11.2007 – 2 AZR 554/05 AP KSchG 1969 § 17 Nr. 28 (Rn. 27 ff.); v. 12.07.2007 – 2 AZR 619/05 AP KSchG 1969 § 17 Nr. 33 (Rn. 20 ff.); v. 26.07.2007 – 8 AZR 769/06 NZA 2008, 112, 118 (Rn. 66 f.); v. 22.03.2007 – 6 AZR 499/05 NZA 2007, 1101, 1102 f. (Rn. 16 ff.).

403 Vgl. nur *Bauer/Arnold*, Anm. zu BAG v. 24.03.2009 – 9 AZR 983/07 AP BUrlG § 7 Nr. 39 [zu 2]; *Höpfner*, RdA 2006, 156, 164 f.; *Kamanabrou*, SAE 2009, 233, 236 f.; *Schlachter*, RdA 2009, Sonderbeil. zu Heft 5, 31, 35 f.; *Sedlmeier*, EuZA 2010, 88, 97 f.; *Tillmanns* in FS Buchner, 885, 894 ff.; *Wißmann* in FS Bauer, 1161, 1164 ff.; *Riesenhuber*, Anm. zu BAG v. 23.03.2006 – 2 AZR 343/05 AP KSchG 1969 § 17 Nr. 21; a. A. *Abele*, RdA 2009, 312, 317; *Schiek*, AuR 2006, 41, 43 f.

404 BAG v. 23.03.2010 – 9 AZR 128/09 NZA 2010, 810, 818 (Rn. 84).

405 Siehe zu dieser problematischen Frage im ersten Teil, A. II. (S. 8 ff.).

406 BAG v. 26.04.2006 – 7 AZR 500/04 NZA 2006, 1162 (Rn. 21, 24, 28 und 40 ff.), das nationalen Vertrauensschutz in Rn. 48 ff. trotzdem prüft und das Urteil des EuGH v. 22.11.2005 – C-144/04 EuZW 2006, 17 (Rn. 55 ff., 74 ff.) (Mangold) übernimmt.

Im Folgenden ist also für den Fall, dass es sich um Sekundärrecht handelt, weiter zu prüfen, ob das Bundesarbeitsgericht einen Vertrauensschutz für Altverträge anzunehmen hat.

b) Innerstaatlicher Vertrauensschutz bei sekundärrechtlich verankertem Mindestjahresurlaubsanspruch

Bei einer Rechtsprechungsänderung müssen die innerstaatlichen Gerichte den Vertrauensschutz der Bürger, der sich aus dem Rechtsstaatsgebot des Art. 20 Abs. 3 GG ergibt, beachten.[407] Die Entscheidungen eines höchsten Gerichts wirken dabei zwar nicht vergleichbar rechtsbindend wie Gesetzesrecht, sondern stellen nur die Rechtslage in einem konkreten Fall fest.[408] Allerdings darf der Bürger dennoch auf diese Rechtslage, die von einem höchsten Gericht festgestellt wurde, vertrauen, wenn sich eine Änderung der Rechtsprechung nicht im Rahmen der vorhersehbaren Entwicklung hält.[409] Der Rechtsprechung des Bundesarbeitsgerichts zufolge ist dies bei der in Frage stehenden Rechtsprechungsänderung der Fall.

Das vom Landesarbeitsgericht Düsseldorf am 02.08.2006 eingeleitete Vorabentscheidungsverfahren sei der vorläufige Schlusspunkt einer seit 1989 an der Rechtsprechung des Bundesarbeitsgerichts zum Verfall von Urlaubs- und Urlaubsabgeltungsansprüchen geübten Kritik des Landesarbeitsgerichts Düsseldorf. Die Vorlage an den Europäischen Gerichtshof sei eine Zäsur der Rechtsentwicklung. Zuvor hatte das Bundesarbeitsgericht stets die seiner Rechtsprechung entgegenstehenden Entscheidungen des Landesarbeitsgerichts aufgehoben.[410] Mit der Vorlage an den Europäischen Gerichtshof war nun die Frage erstmals an ein anderes Gericht gestellt und die Entscheidung war offen. Durch die Veröffentlichung in einer Fachzeitschrift[411] sei die Vorlage auch bekannt gewesen.[412] Daher sei es zumindest möglich gewesen, dass sich nun infolge einer Entscheidung des Europäischen Gerichtshofs die Rechtsprechung des Bundesarbeitsgerichts ändern würde. Dies erschien insbesondere unter Berücksichtigung der bereits im Schrifttum vertretenen völker- und unionsrechtlichen Bedenken

407 BAG v. 24.03.2009 – 9 AZR 983/07 NZA 2009, 538, 545 (Rn. 72).

408 Vgl. etwa BAG v. 23.03.2006 – 2 AZR 343/05 NZA 2006, 971, 975 (Rn. 33).

409 BGH v. 26.11.2008 – VIII ZR 200/05 NJW 2009, 427, 430 (Rn. 33); für Unanwendbarkeitsausspruch enger: BAG v. 26.04.2006 – 7 AZR 500/04 NZA 2006, 1162, 1168 (Rn. 40 ff.).

410 BAG v. 24.03.2009 – 9 AZR 983/07 NZA 2009, 538, 545 (Rn. 74).

411 LAG Düsseldorf v. 02.02.2009 – 12 Sa 486/06 NZA-RR 2009, 242.

412 BAG v. 24.03.2009 – 9 AZR 983/07 NZA 2009, 538, 545 (Rn. 75).

bezüglich der nationalen Rechtsprechung[413] als denkbar.[414] Daher sei die Rechtsprechungsänderung des Bundesarbeitsgerichts letztlich nicht völlig unerwartet geschehen, sondern habe sich vielmehr im Rahmen einer sich über Jahrzehnte hinweg entwickelnden Rechtsprechung entfaltet.[415] Vor der Vorabentscheidung fehlte darüber hinaus eine vertrauensbildende Auseinandersetzung der Rechtsprechung des Bundesarbeitsgerichts mit dem Unionsrecht. Vielmehr handelte es sich um eine grundsätzlich neue Fragestellung.[416]

Hiergegen wenden sich einige Literaturstimmen, die eine Rückwirkung der Rechtsprechungsänderung auf Altverträge ablehnen.[417] *Krieger/ Arnold* wenden sich insbesondere gegen ein Abstellen auf den Zeitpunkt des Vorabentscheidungsersuchens für das Bekanntwerden einer möglichen Rechtsprechungsänderung. Ein bloßer Vorlagebeschluss sei nicht geeignet, das Vertrauen des Bürgers in eine eindeutige gesetzliche Regelung zu erschüttern, die durch höchstrichterliche Rechtsprechung bestätigt wurde.[418] Es gebe viele Vorlagebeschlüsse. Dies bedeute nicht, dass sich daraus eine Rechtsprechungsänderung ergebe. Außerdem finden solche Vorlagebeschlüsse kaum den Weg in Fachzeitschriften, sodass das Bekanntwerden solcher Beschlüsse problematisch sei.[419]

Vorliegend handelt es sich aber um einen Fall, in dem ein jahrzehntelanger Rechtsstreit zwischen einem Landesarbeitsgericht und dem Bundesarbeitsgericht voranging. Bei der Vorlage durch das Landesarbeitsgericht ist daher von einem bestimmten Vorlagebeschluss auszugehen, der jahrzehntelang umstrittene Rechtsfragen klären sollte. Dass hier zumindest durch den vorangegangenen langandauernden Rechtsstreit das Vertrauen in die höchstrichterliche Rechtsprechung erschüttert war, kann nicht geleugnet werden. Der Vorlagebeschluss in der Rechtssache *Schultz-Hoff* war in der Fachzeitschrift „Rechtsprechungs-Report der Neuen Zeitschrift für Arbeitsrecht“[420], die weite Verbreitung findet, veröffentlicht. Daher ist der Vorlagebeschluss in diesem Fall auch bekannt geworden.

---

413 *Kohte*, BB 1984, 609, 615 ff.; *ders.* in FS Schwerdtner, 99, 104 ff.; *Künzl*, BB 1991, 1630, 1632.

414 BAG v. 24.03.2009 – 9 AZR 983/07 NZA 2009, 538, 545 (Rn. 75).

415 BAG v. 24.03.2009 – 9 AZR 983/07 NZA 2009, 538, 545 (Rn. 74 f.).

416 BAG v. 23.03.2010 – 9 AZR 128/09 NZA 2010, 810, 822 (Rn. 121).

417 *Bauer/Arnold*, NJW 2009, 631, 634; *dies.*, Anm. zu BAG v. 24.03.2009 – 9 AZR 983/07 AP BUrlG § 7 Nr. 39 [zu 3.]; *Krieger/Arnold*, NZA 2009, 530, 532; *C. Picker*, ZTR 2009, 230, 238.

418 *Krieger/Arnold*, NZA 2009, 530, 532.

419 *Krieger/Arnold*, NZA 2009, 530, 532.

420 NZA-RR.

Allerdings war durch den Vorlagebeschluss noch nicht klar, wie der Europäische Gerichtshof entscheiden würde. Selbst wenn dieser eine der nationalen Rechtsprechung widersprechende Entscheidung fällt, ist dadurch bei einer Richtlinie nicht klar, wie die Entscheidung umgesetzt wird. Einerseits kommt eine richtlinienkonforme Auslegung oder Rechtsfortbildung in Betracht. Andererseits kann auch wegen der eindeutigen nationalen Regelung ein Abwarten auf das Einschreiten des deutschen Gesetzgebers vonnöten sein.[421] Im vorliegenden Fall legte nicht das Bundesarbeitsgericht, sondern ein Landesarbeitsgericht dem Europäischen Gerichtshof die Fragen vor, sodass selbst bei der Entscheidung des Europäischen Gerichtshofs nicht klar war, wie das Bundesarbeitsgericht diese umsetzen würde. Daher erscheint in diesem Fall ein Abstellen auf den Zeitpunkt des letztinstanzlichen Urteils des Bundesarbeitsgerichts als überzeugend.[422]

c) Ergebnis

Mithin ist die Rechtsprechung zum innerstaatlichen Vertrauensschutz im Fall der *Schultz-Hoff*-Entscheidung des Europäischen Gerichtshofs nicht einleuchtend. Geht man von einer sekundärrechtlichen Verankerung des Urlaubsanspruchs aus, so erscheint es vielmehr überzeugend, bis zum Zeitpunkt der Entscheidung des Bundesarbeitsgerichts vom 24.03.2009 Vertrauensschutz zu gewähren.[423] Nach dem Bundesarbeitsgericht hingegen ist auch bei Altverträgen die dargelegte Differenzierung nötig, um eine Anwendung des Bundesurlaubsgesetzes auf den Mehrurlaubsanspruch zu vermeiden.[424]

G. Tilgungsbestimmung

Weiterhin gilt es zu überprüfen, ob die Vertragsparteien eine Tilgungsbestimmung vereinbaren sollten, die vorsieht, welcher Urlaub bei der Gewährung durch den Arbeitgeber zuerst erfüllt wird. Dazu ist zunächst die Frage zu klären,

---

421 So überzeugend *Höpfner*, RdA 2013, 16, 28.

422 *Höpfner*, RdA 2013, 16, 28. Auch das BAG v. 23.03.2006 – 2 AZR 343/05 NZA 2006, 971, 976 (Rn. 40 ff.); v. 12.07.2007 – 2 AZR 619/05 AP KSchG 1969 § 17 Nr. 33 (Rn. 28 ff.); v. 08.11.2007 – 2 AZR 554/05 AP KSchG 1969 § 17 Nr. 28 (Rn. 27 ff.); v. 22.03.2007 – 6 AZR 499/05 NZA 2007, 1101, 1102 f.; v. 26.07.2007 – 8 AZR 769/06 NZA 2008, 112, 118 (Rn. 66 f.) sprach sich bei der Umsetzung des *Junk*-Urteils dafür aus, dass weder das Inkrafttreten der Richtlinie noch der Ablauf der Umsetzungsfrist noch der Vorlagebeschluss des nationalen Gerichts das Vertrauen in eine höchstrichterliche Rechtsprechung zerstören kann.

423 *Höpfner*, RdA 2013, 16, 28.

424 BAG v. 23.03.2010 – 9 AZR 128/09 NZA 2010, 810.

in welcher Reihenfolge der Urlaub getilgt wird, wenn keine vertragliche Regelung vorhanden ist. Dies wird u. a. relevant, wenn der Arbeitnehmer, der bereits einen Teil seines Jahresurlaubs genommen hat, über den Übertragungszeitraum hinaus arbeitsunfähig erkrankt.[425] Hinsichtlich der Frage, welcher Urlaub zuerst verbraucht wird, besteht Streit. Es stellt sich hier einerseits die Frage, ob § 366 Abs. 2 BGB (direkt oder zumindest entsprechend) anwendbar ist und bei Bejahung dieser Frage, welche der genannten Varianten einschlägig ist.

I. Anwendbarkeit des § 366 Abs. 2 BGB

Bestimmt der Urlaubsanspruch, der Mindest- und Mehrurlaub beinhaltet, nicht, zur Tilgung welcher Verpflichtung der Arbeitgeber bei der Gewährung von Urlaub leistet, steht die Anwendbarkeit des § 366 Abs. 2 BGB in Frage.[426] Dazu muss es sich bei dem Urlaubsanspruch gemäß § 366 Abs. 2 BGB um mehrere Schuldverhältnisse handeln. Schuldverhältnisse im Sinne von § 366 Abs. 2 BGB sind wie bei §§ 362, 364 BGB als Schuldverhältnisse im engeren Sinne zu verstehen. Gemeint sind also die einzelnen Forderungen.[427] Es ist damit zu klären, ob es sich bei dem Urlaubsanspruch, bei dem neben dem Mindesturlaub auch Mehrurlaub gewährt wird, um einen einheitlichen Anspruch oder um mehrere nebeneinander bestehende Ansprüche und damit um mehrere Schuldverhältnisse im Sinne von § 366 BGB handelt.

1. *Urlaubsanspruch als einheitlicher Anspruch*

Zunächst ist, *Natzels* Ansatz folgend, denkbar, dass es sich beim Urlaubsanspruch grundsätzlich um einen einheitlichen Anspruch handelt, der auf dieselbe Leistung, nämlich die Freistellung von der Arbeitspflicht gerichtet ist. Dabei schade es nicht, wenn dieser sich nach verschiedenen Anspruchsgrundlagen richte. Zur Begründung dieser These führt *Natzel* aus, dass der Arbeitnehmer schließlich in der Regel nur einmal Urlaub vom Arbeitgeber verlangen könne und nicht etwa

425 Siehe dazu *Powietzka/Fallenstein*, NZA 2010, 673, 674, die zur Veranschaulichung ein Beispiel darstellen.

426 Für eine Anwendbarkeit des § 366 Abs. 2 BGB spricht sich, allerdings ohne Begründung, *Benecke* aus, Anm. zu BAG v. 04.05.2010 – 9 AZR 183/09 RdA 2011, 241, 244.

427 BeckOKBGB/*Dennhardt*, § 366 BGB Rn. 1; MüKoBGB/*Fetzer*, § 366 BGB Rn. 2; Palandt/*Grüneberg*, § 366 BGB Rn. 2; Staudinger/*Olzen*, § 366 BGB Rn. 14; Erman/*Westermann/Buck-Heeb*, § 366 BGB Rn. 1; a. A. wohl Soergel/*Schreiber*, § 366 BGB Rn. 1 (Abstellen auf Interessenlage).

neben dem auf der einen Rechtsgrundlage beruhenden Urlaub einen weiteren unter Berufung auf eine andere Rechtsgrundlage geltend machen könne.[428]

Unerheblich für die Annahme eines einheitlichen Anspruchs sei, wenn die verschiedenen Anspruchsgrundlagen jeweils an verschiedene Voraussetzungen und Rechtsfolgen gebunden seien. Ein auf ein einheitliches Leistungsziel gerichteter Anspruch könne selbstverständlich hinsichtlich Entstehung, Untergang und Durchsetzbarkeit an unterschiedliche Voraussetzungen und Rechtsfolgen geknüpft werden.[429] Hierfür spreche im Urlaubsrecht auch die Regelung des § 13 Abs. 1 BUrlG, die den grundsätzlichen Vorrang tariflicher Bestimmungen vorsieht.[430]

Hinsichtlich einer Entscheidung des Bundesarbeitsgerichts, bei der dieses entschieden hatte, dass der Arbeitgeber für die begehrte Freistellung von der Arbeitspflicht auch bestimmen müsse, welcher Anspruch des Arbeitnehmers erfüllt werde,[431] geht *Natzel* davon aus, dass die Urlaubsregelungen einen unterschiedlichen Gehalt hatten. Dies begründet er damit, dass der gesetzliche Mindesturlaub einerseits mit Entgeltfortzahlung und der tarifliche Mehrurlaub andererseits ohne Entgeltfortzahlung gewährt wurden. In diesem Fall könne daher nicht von demselben Anspruch die Rede sein, sondern hier seien verschiedene Ansprüche vorhanden.[432] Die erste Ausnahme, die *Natzel* also für die Annahme eines einheitlichen Urlaubsanspruchs macht, ist, wenn die Urlaubsregelungen einen „unterschiedlichen Gehalt“ haben.

Schließlich nimmt *Natzel* eine weitere Unterscheidung vor. Sehen der Gesetzgeber oder die Vertragsparteien von vornherein ein Stufenverhältnis des Urlaubsanspruchs dergestalt vor, dass der Mehrurlaub „zusätzlich“ zum Mindesturlaub gewährt werde, wie dies beispielsweise beim gesetzlichen Zusatzurlaub der Fall sei, könne ebenfalls nicht von einem einheitlichen Anspruch ausgegangen werden, sondern der zusätzlich gewährte Urlaubsanspruch sei in diesem Fall ein zusätzlicher Anspruch, selbst wenn er sich letztlich nach dem gesetzlichen Anspruch richte.[433]

---

428 *Natzel*, NZA 2011, 77, 78; diesem mit derselben Argumentation folgend LAG Berlin-Brandenburg v. 02.12.2009 – 17 Sa 621/09 – juris; LAG Hessen v. 26.04.2010 – 17 Sa 1772/09 – juris.

429 *Natzel*, NZA 2011, 77, 78.

430 *Natzel*, NZA 2011, 77, 78.

431 BAG v. 01.10.1991 – 9 AZR 290/90 NZA 1992, 1078.

432 *Natzel*, NZA 2011, 77, 79.

433 *Natzel*, NZA 2011, 77, 79.

2. *Ergebnis*

Damit ist nach *Natzel* die Regelung des § 366 BGB grundsätzlich beim Urlaubsanspruch mangels verschiedener Schuldverhältnisse nicht anwendbar. Lediglich bei einem anderen Gehalt des Urlaubsanspruchs und bei einem von vornherein vom Gesetzgeber oder den Vertragsparteien vorgesehenen Stufenverhältnis zwischen Mindest- und gesetzlichem oder vertraglichem „Zusatzurlaub" ist nach *Natzel* von verschiedenen Ansprüchen auszugehen und damit § 366 BGB auch anwendbar.

3. *Eigene Stellungnahme*

Im Folgenden soll zu *Natzels* Ansatz Stellung genommen werden und die Rechtsprechung des Bundesarbeitsgerichts zu § 366 BGB in Bezug auf Urlaubsregelungen genauer untersucht werden, um daraus folgend einen eigenen Lösungsvorschlag herleiten zu können.

a) Kritik an Natzel

Der von *Natzel* vertretene Ansatz erscheint auf den ersten Blick logisch. Verlangt der Arbeitnehmer Urlaub, so scheint dies ein Anspruch zu sein, sodass die Annahme eines einheitlichen Anspruchs überzeugend klingt. Allerdings erscheinen die von ihm unternommenen Differenzierungen bei näherer Betrachtung zweifelhaft.

Habe der Urlaubsanspruch einen anderen Gehalt, so liegen mehrere Ansprüche vor. Dies soll der Fall sein, wenn der Mehrurlaubsanspruch ohne Urlaubsentgelt gewährt wird. Scheint auch dies im ersten Moment überzeugend, so stellt sich doch sogleich die Frage, ab wann ein Urlaubsanspruch einen solchen „anderen Gehalt" erlangt. Ob dies nur bei einem Mehrurlaubsanspruch ohne Urlaubsentgelt oder bereits bei Kürzungstatbeständen hinsichtlich des Urlaubsentgelts der Fall sein soll, wird nicht vollends deutlich. Bei Kürzungstatbeständen liegen nach *Natzel* lediglich andere Voraussetzungen und Rechtsfolgen für das Entstehen und den Untergang vor, die grundsätzlich nichts an der Einheitlichkeit des Urlaubsanspruchs ändern sollen. Damit läge bei Kürzungstatbeständen grundsätzlich ein einheitlicher Urlaubsanspruch vor. Sobald aber der Kürzungstatbestand zu einer Kürzung des Urlaubsentgelts auf null führt, läge ein „anderer Gehalt" vor, sodass mehrere Ansprüche vorlägen. Diese Differenzierung mutet zum einen willkürlich an, zum anderen erscheint eine klare Bestimmung, ab wann ein anderer Gehalt des Urlaubsanspruchs vorliegt, kaum möglich.

Insbesondere im Hinblick darauf, dass nach *Natzel* also ein einheitlicher Anspruch anzunehmen ist, wenn die Vertragsparteien völlig ausdifferenzierte

Regelungswerke für den Mehrurlaubsanspruch des Arbeitnehmers schaffen, nicht hingegen, wenn für den Mehrurlaubsanspruch lediglich geregelt wird, dass kein Urlaubsentgeltanspruch besteht, erscheint die Differenzierung als fragwürdig.

Schließlich ist der Ansatz zu betrachten, dass bei einem durch den Gesetzgeber oder die Vertragsparteien geschaffenen Stufenverhältnis verschiedene Ansprüche vorliegen. Bei dieser weiteren Differenzierung wird nicht völlig klar, was *Natzel* meint. Einerseits wäre dies bei jeglicher differenzierenden Mehrurlaubsregelung der Fall, indem die Vertragsparteien ausdrücklich festschreiben, dass über den Mindesturlaubsanspruch hinausgehend, also „zusätzlich", ein Mehrurlaubsanspruch gewährt wird, der an andere Voraussetzungen und Rechtsfolgen geknüpft wird. Andererseits kann gerade dies nicht gemeint sein, sieht *Natzel* doch grundsätzlich in einem Mehrurlaubsanspruch, der an vom Gesetz abweichende Voraussetzungen und Rechtsfolgen geknüpft wird, dennoch einen mit dem gesetzlichen Urlaubsanspruch einheitlichen Anspruch. Davon auszugehen, dass sobald die Vertragsparteien ein Stufenverhältnis vorsehen, mehrere Ansprüche vorliegen, führte außerdem zu der weiterführenden Frage, ab wann dies der Fall ist. Ob die Parteien dafür das Wort „zusätzlich" in den Vertrag aufnehmen müssen oder ob nicht bereits die deutliche Differenzierung zwischen Mindest- und Mehrurlaub ausreicht, die ohnehin notwendig ist, um den Mehrurlaub frei regeln zu können, ist nicht ersichtlich.[434] Besonders trennscharf und deutlich ist auch hier die Bestimmung nicht möglich.

Insgesamt erscheint der Ansatz *Natzels* als Versuch, sich dem Problem dogmatisch zu nähern. Das Ergebnis, das zu verschiedenen, sehr unbestimmten Differenzierungen führt, kann aber nicht vollends überzeugen.

b) Betrachtung der Rechtsprechung des Bundesarbeitsgerichts

Auch der in *Natzels* Beitrag entstehende Eindruck, dass das Bundesarbeitsgericht lediglich in der genannten Entscheidung § 366 BGB in Bezug auf Urlaub anwendet, stellt sich als nicht zutreffend heraus. Vielmehr zieht das Bundesarbeitsgericht auch in anderen Fällen, die den Urlaubsanspruch betreffen, § 366 BGB heran. Diese sollen im Anschluss genauer betrachtet werden.

aa) Rechtsprechung vor Schultz-Hoff

Zunächst lohnt sich ein genauerer Blick auf die von *Natzel* genannte Entscheidung des Bundesarbeitsgerichts vom 01.10.1991.[435] In dieser ging es um die

---

434 Zur Differenzierung siehe im ersten Teil, A. III. (S. 20 ff.); F. (S. 69 ff.).

435 BAG v. 01.10.1991 – 9 AZR 290/90 NZA 1992, 1078.

Unterscheidung zwischen tariflich vorgesehenem Sonderurlaub bei Bezahlung der Urlaubsvergütung, bezahltem Erholungsurlaub sowie andererseits unbezahltem Urlaub. Hierbei statuiert das Bundesarbeitsgericht, dass der Arbeitgeber auch zu bestimmen habe, welchen Anspruch des Arbeitnehmers er erfüllen wolle, wenn für die vom Arbeitnehmer begehrte Freistellung von der Arbeitspflicht unterschiedliche Urlaubsansprüche in Betracht kämen.[436] Ausdrücklich wird in dieser Entscheidung § 366 BGB nicht angewendet, jedoch wendet das Gericht letztlich § 366 Abs. 1 BGB (direkt) an, demzufolge der Schuldner bei einer Verpflichtung aus mehreren Schuldverhältnissen diejenige Schuld tilgt, die er bei der Leistung bestimmt.[437] Damit ging also das Bundesarbeitsgericht in der genannten Entscheidung davon aus, dass bei unterschiedlich ausgeformten Urlaubsansprüchen, die auch mit unterschiedlichen Voraussetzungen, Rechtsfolgen und unterschiedlichen Urlaubsentgeltsregelungen verbunden sind, mehrere Forderungen des Arbeitnehmers vorliegen und damit § 366 BGB anwendbar ist.

Es lassen sich zwei weitere Entscheidungen des Bundesarbeitsgerichts aus dem Jahr 2002 anführen, in denen dieses § 366 BGB in Bezug auf Urlaubsregelungen anwendet. Das erste Urteil behandelt entstehende Probleme beim Zusammentreffen eines tariflichen und eines übertariflichen Urlaubsanspruchs, die einem Arbeitnehmer zukommen.[438] Hierbei war eine vom Bundesurlaubsgesetz abweichende Berechnungsart des Urlaubsentgelts vereinbart, wobei die Wirksamkeit dieser Vereinbarung in Frage stand. Das Bundesarbeitsgericht geht davon aus, dass der Arbeitgeber bei der Urlaubsgewährung grundsätzlich zunächst auf den gesetzlichen Mindesturlaub leiste. Schon hier stellt es fest, dass die Vertragsparteien frei sind, für den über den gesetzlichen Urlaubsanspruch hinausgehenden Urlaub abweichende Regelungen zu treffen.[439] Es prüft daher zunächst die Wirksamkeit der Vereinbarung in Bezug auf den Mehrurlaub und sodann in Bezug auf den Mindesturlaub.[440] Bei der zweiten Entscheidung verhielt es sich ähnlich. Auch hier gab es den gesetzlichen Mindesturlaubsanspruch und einen tariflichen Mehrurlaubsanspruch sowie ebenfalls abweichende Berechnungsregelungen für die Urlaubsvergütung samt einer Betriebsvereinbarung, die hiervon abwich.[441] Das Bundesarbeitsgericht ging wiederum davon aus, dass mehrere Ansprüche

436 BAG v. 01.10.1991 – 9 AZR 290/90 NZA 1992, 1078, 1079.

437 A. A. ErfK/*Gallner*, § 7 BUrlG Rn. 54, die wohl von einer entsprechenden Anwendung des § 366 BGB ausgeht.

438 BAG v. 22.01.2002 – 9 AZR 601/00 NZA 2002, 1041.

439 BAG v. 22.01.2002 – 9 AZR 601/00 NZA 2002, 1041.

440 BAG v. 22.01.2002 – 9 AZR 601/00 NZA 2002, 1041, 1042.

441 BAG v. 05.09.2002 – 9 AZR 244/01 NZA 2003, 726.

vorlagen und wendete § 366 Abs. 2 BGB (direkt) an, wonach der gesetzliche Urlaubsanspruch vorrangig getilgt würde.[442]

Vor der *Schultz-Hoff*-Rechtsprechung ging also das Bundesarbeitsgericht bei nicht ausdrücklich zwischen Mindest- und Mehrurlaub differenzierenden Regelungen, die das Urlaubsentgelt insgesamt abweichend von den Vorschriften des Bundesurlaubsgesetzes regelten, ohne jegliche Problematisierung von mehreren Ansprüchen aus und wendete § 366 BGB an.

bb) Rechtsprechung nach Schultz-Hoff

Jüngst ergingen die ersten Urteile des Bundesarbeitsgerichts seit *Schultz-Hoff* zu Tilgungsbestimmungen in Bezug auf einen Urlaubsanspruch.[443] Bei dem ersten, in dieser Frage ausführlicheren Urteil ging es um einen über vertragliche Bezugnahme geltenden tariflichen Anspruch auf Urlaub. In dem Tarifvertrag waren lediglich 30 Urlaubstage ohne Differenzierung vorgesehen, wobei eine Kürzungsklausel für den Urlaub, soweit der gesetzliche Mindesturlaub nicht unterschritten werde, für jeden unentschuldigten Fehltag vorgesehen war. Das Bundesarbeitsgericht geht hier davon aus, dass es sich mangels Differenzierung um einen einheitlichen Urlaubsanspruch handelt, soweit sich der gesetzliche und der vertragliche Urlaubsanspruch decken, sodass dieser insoweit mit der Urlaubsgewährung unter allen in Betracht kommenden Anspruchsgrundlagen getilgt wird und § 366 Abs. 2 BGB nicht anwendbar ist. Eine Analogie scheitere bereits an der Regelungslücke.[444] Nur bei hinreichend deutlicher Differenzierung zwischen gesetzlichem und übergesetzlichem Urlaub könne von unterschiedlichen Ansprüchen ausgegangen werden, sodass dann § 366 Abs. 2 BGB anwendbar sei. Eine solche Differenzierung müsse erkennbar von den Vertragsparteien gewollt sein. Dies sei nicht bereits bei abweichenden Entstehungsvoraussetzungen, Übertragungs-, Kürzungs-, Verfalls- oder Abgeltungsregelungen der Fall, sondern davon getrennt zu betrachten.[445] Dass es sich bei einer Urlaubsregelung ohne Differenzierung typischerweise um einen einheitlichen Anspruch auf Erholungsurlaub handelt, der auf verschiedenen Anspruchsgrundlagen beruht, sodass § 366 BGB insoweit keine Anwendung findet, bestätigt das Bundesarbeitsgericht in seiner neuesten

442 BAG v. 05.09.2002 – 9 AZR 244/01 NZA 2003, 726, 730; diesem folgend LAG Sachsen-Anhalt v. 08.12.2011 – 3 Sa 338/10 – juris (Rn. 64).

443 BAG v. 16.10.2012 – 9 AZR 234/11 NZA 2013, 575; v. 07.08.2012 – 9 AZR 760/10 NZA 2013, 104.

444 BAG v. 07.08.2012 – 9 AZR 760/10 NZA 2013, 104, 105 (Rn. 10 ff.).

445 BAG v. 07.08.2012 – 9 AZR 760/10 NZA 2013, 104, 106 (Rn. 16 ff.).

Rechtsprechung.[446] Dies hat zur Folge, dass der Arbeitgeber mit der Freistellung des Arbeitnehmers von der Verpflichtung zur Arbeitsleistung auch ohne ausdrückliche oder konkludente Tilgungsbestimmung insoweit beide Ansprüche ganz oder teilweise erfüllt.[447]

In den beiden jüngsten Urteilen setzt sich das Bundesarbeitsgericht ausdrücklich mit der Frage, ob es sich beim Urlaubsanspruch um einen oder mehrere Ansprüche handelt, auseinander. Entgegen der vorherigen Rechtsprechung, bei der trotz einheitlich geregelter Urlaubsansprüche von zwei Ansprüchen ausgegangen wurde, legt das Bundesarbeitsgericht nunmehr, *Natzel* folgend, sehr formelle Bestimmungsmerkmale an. So muss ausdrücklich zwischen Mindest- und Mehrurlaub differenziert werden, abweichende Entstehungs-, Übertragungs-, Verfallregelungen usw. reichten hierfür nicht aus. Dies erscheint zum einen im Hinblick auf die Rechtsprechung zum Differenzierungswillen, bei dem insgesamt abweichende Übertragungs- und Verfallregelungen ausreichen, um diesen hinreichend deutlich zu machen,[448] als nicht stimmig.

Zudem bleibt zu beachten, dass das Bundesarbeitsgericht in den beiden entschiedenen Fällen zur Tilgungsbestimmung nach *Schultz-Hoff* lediglich aussagt, dass wegen eines einheitlichen Anspruchs keine Tilgungsbestimmung notwendig sei, soweit sich der gesetzliche und der vertragliche Urlaubsanspruch decken. Wie die Konstellation zu behandeln ist, soweit sie sich gerade nicht decken, ist damit nicht entschieden. Soweit sie sich nicht decken, ist aber auch nach aktueller Rechtsprechung richtigerweise von verschiedenen Ansprüchen auszugehen, sodass § 366 Abs. 2 BGB Anwendung findet, wenn die Parteien keine Tilgungsbestimmung vereinbart haben.[449]

c) Sonderfall des übertragenen Urlaubsanspruchs

Zu beachten ist schließlich der Sonderfall des übertragenen Urlaubsanspruchs. In diesem Fall liegen richtigerweise zwei unterschiedliche Urlaubsansprüche vor, zum einen der übertragene Urlaubsanspruch und zum anderen der zu Beginn des Jahres neu entstehende Urlaubsanspruch des folgenden Jahres, sodass § 366 Abs. 2 BGB Anwendung findet.[450] Auch nach der aktuellen Rechtsprechung ist

---

446 BAG v. 16.10.2012 – 9 AZR 234/11 NZA 2013, 575 (Rn. 2).

447 BAG v. 07.08.2012 – 9 AZR 760/10 NZA 2013, 104.

448 Siehe zur Rechtsprechung und der Kritik an dieser im ersten Teil, F. II. (S. 70 ff.).

449 Zur richtigen Anwendung des § 366 Abs. 2 BGB siehe sogleich im ersten Teil, G. II. (S. 95 ff.).

450 *Leinemann/Linck*, § 7 BUrlG Rn. 129. Zur Anwendung des § 366 Abs. 2 BGB in dem Fall, dass ein Anspruch früher verfällt, siehe im ersten Teil, G. II. 3. a) (S. 98 ff.).

davon auszugehen, dass sie in diesem Fall, soweit es den Verfall betrifft, von unterschiedlichen Ansprüchen ausgehen wird, sodass § 366 Abs. 2 BGB anzuwenden ist.

4. *Eigener Lösungsansatz*

Im Folgenden soll unter Bezugnahme auf *Natzels* Ansatz sowie die Rechtsprechung ein eigener Lösungsansatz herausgearbeitet werden. Bei der Betrachtung der Frage, ob der Urlaubsanspruch als einheitlicher Anspruch oder als mehrere nebeneinander bestehende Ansprüche aufzufassen ist, ist eine pauschale Antwort unmöglich. Vielmehr ist dies für jede Regelung einzeln zu bestimmen.

a) Keine Differenzierung zwischen Mindest- und Mehrurlaub

Liegt keine Differenzierung zwischen Mindest- und Mehrurlaub vor, regelt also die Urlaubsvereinbarung lediglich den Mehrurlaubsanspruch dergestalt, dass der Arbeitgeber dem Arbeitnehmer beispielsweise 30 Urlaubstage gewährt,[451] so ist *Natzel*, den ihm folgenden Landesarbeitsgerichten sowie nun auch dem Bundesarbeitsgericht zuzustimmen, dass hier ein einheitlicher Urlaubsanspruch vorliegt. Der Arbeitnehmer kann in dem Fall nicht neben dem gesetzlichen Urlaubsanspruch einen anderen verlangen, sondern insgesamt einen Urlaubsanspruch in Bezug auf verschiedene Anspruchsgrundlagen. In dem Fall liegt also ein einheitlicher Anspruch vor, sodass § 366 BGB nicht anwendbar ist.[452]

An dieser Stelle kommt die analoge Anwendung des § 366 Abs. 2 BGB in Betracht. Dazu muss eine planwidrige Regelungslücke anzunehmen sein.[453] Bereits die Planwidrigkeit erscheint hier aber zweifelhaft. Diese ist nur gegeben, wenn nach Sinn und Zweck dieser Fall eigentlich von der Norm umfasst werden soll.[454] Der Sinn und Zweck von § 366 Abs. 2 BGB ist aber gerade darin zu sehen, dass eine Lösung für den Fall gegeben wird, in dem der Schuldner aus mehreren Schuldverhältnissen verpflichtet ist, mit seiner Leistung eine Schuld ganz oder teilweise tilgen will und nicht erklärt, welche Schuld dies sein soll. In

---

451 Zur Differenzierung siehe im ersten Teil, A. III. (S. 20 ff.); F. (S. 69 ff.).

452 *Natzel*, NZA 2011, 77, 78; diesem folgend BAG v. 16.10.2012 – 9 AZR 234/11 NZA 2013, 575; v. 07.08.2012 – 9 AZR 760/10 NZA 2013, 104; LAG Hessen v. 26.04.2010 – 17 Sa 1772/09 – juris; LAG Berlin-Brandenburg v. 02.12.2009 – 17 Sa 621/09 – juris; *Powietzka/Rolf*, § 7 BUrlG Rn. 100.

453 BGH v. 14.12.2006 – IX ZR 92/05 NJW 2007, 992, 993; v. 13.03.2003 – I ZR 290/00 NJW 2003, 1932, 1933; BAG v. 13.02.2003 – 8 AZR 654/01 NJW 2003, 2473, 2474; *Larenz/Canaris*, S. 194 ff.; Palandt/*Sprau*, Einleitung Rn. 48, 55.

454 Staudinger/*Coing/Honsell*, Einleitung zum BGB Rn. 155 ff.

diesem Fall gibt § 366 Abs. 2 BGB eine Reihenfolge vor, welche Schuld zunächst getilgt wird.[455] Sinn und Zweck der Norm ist gerade nicht, den Fall eines einzigen Anspruchs zu regeln. In diesem Fall erfüllt der Arbeitgeber mit der Urlaubsgewährung den Urlaubsanspruch unter allen in Betracht kommenden Anspruchsgrundlagen.[456] Eine Analogie zu § 366 BGB ist daher mangels Planwidrigkeit abzulehnen.[457]

b) Differenzierung zwischen Mindest- und Mehrurlaub

Wird aber zwischen Mindest- und Mehrurlaubsanspruch differenziert und wird der Mehrurlaubsanspruch differenziert mit einem eigenen Regelungswerk vertraglich vereinbart, so kann nicht mehr von einem einheitlichen Urlaubsanspruch des Arbeitnehmers ausgegangen werden. Vielmehr muss gerade im Hinblick auf etwaige Kürzungsregelungen, die sich sowohl auf den Mehrurlaubsanspruch selbst, auf den Urlaubsentgeltanspruch als auch auf den Urlaubsabgeltungsanspruch beziehen können, für den Arbeitnehmer ersichtlich sein, welchen Anspruch der Arbeitgeber mit der Gewährung des Urlaubs erfüllt. Möchte man den Gedanken *Natzels* zum Stufenverhältnis heranziehen, so liegt eine Vereinbarung eines solchen Stufenverhältnisses bereits durch die Differenzierung und durch die Vereinbarung eines ausdifferenzierten Regelungswerks für den Mehrurlaub vor. Die Vertragsparteien vereinbaren in diesem Fall schließlich auch ausdrücklich, dass der Mehrurlaub „zusätzlich" zum Mindesturlaub gewährt wird. In dem Fall liegen also mehrere Ansprüche vor, nämlich einerseits der Anspruch auf den Mindesturlaub und andererseits der Anspruch auf den Mehrurlaub. Daher sind mehrere Schuldverhältnisse gegeben und § 366 BGB ist (direkt) anwendbar.[458]

5. Ergebnis

Letztlich erscheint also eine differenzierte Lösung vorzugswürdig. Wird in der (arbeits- oder tarif-) vertraglichen Urlaubsregelung nicht zwischen Mindest- und Mehrurlaub unterschieden und werden dem Arbeitnehmer lediglich

---

455 MüKoBGB/*Fetzer*, § 366 BGB Rn. 1; Palandt/*Grüneberg*, § 366 BGB Rn. 1; Staudinger/*Olzen*, § 366 BGB Rn. 1 ff.; *Natzel*, NZA 2011, 77, 79.

456 *Natzel*, NZA 2011, 77, 79.

457 I. E. ebenso BAG v. 16.10.2012 – 9 AZR 234/11 NZA 2013, 575 (Rn. 2); v. 07.08.2012 – 9 AZR 760/10 NZA 2013, 104, 105 (Rn. 12); LAG Köln v. 19.08.2011 – 12 Sa 110/11 ZTR 2011, 732; *Natzel*, NZA 2011, 77, 79; a. A. LAG Düsseldorf v. 30.09.2010 – 5 Sa 353/10 ZTR 2011, 97; ErfK/*Gallner*, § 7 BUrlG Rn. 54; wohl Schaub/*Linck*, 14. Aufl. 2011, § 104 Rn. 8.

458 I. E. ebenso *Powietzka/Rolf*, § 7 BUrlG Rn. 97 ff.

mehr Urlaubstage zugestanden, als es das Gesetz vorschreibt, so ist darin eine einheitliche Urlaubsforderung des Arbeitnehmers zu sehen, sodass § 366 BGB mangels mehrerer Schuldverhältnisse keine Anwendung findet. Eine Analogie kann in diesem Fall mangels Planwidrigkeit einer etwaigen Regelungslücke nicht überzeugen.

Vereinbaren hingegen die Vertragsparteien für den Mehrurlaubsanspruch ein eigenes Regelungswerk und unterscheiden ganz ausdrücklich zwischen Mindest- und Mehrurlaub, so sind mehrere Ansprüche vorhanden, sodass auch § 366 BGB Anwendung findet. Eine Unterscheidung zum einen nach einem „anderen Gehalt" sowie zum anderen nach einem „zusätzlichen" Urlaubsanspruch, wie *Natzel* sie vornehmen möchte, ist schließlich zu unbestimmt und zu unklar.

In diesem Sinne ist auch die aktuelle Rechtsprechung zu verstehen. Bei dieser leuchtet allerdings nicht ein, warum für den Willen der Parteien, zwei unterschiedliche Ansprüche zu regeln, nicht dieselben Maßstäbe gelten, wie für den Parteiwillen, zwischen Mindest- und Mehrurlaub zu differenzieren. Hier sollten dieselben Maßstäbe angelegt werden. Da die Rechtsprechung, die bloß abweichende Regelungen der jeweiligen Gegenstände für einen Differenzierungswillen ausreichen lässt, nicht überzeugen kann,[459] reicht auch für den Regelungswillen zweier unterschiedlicher Ansprüche nur die ausdrückliche Differenzierung zwischen Mindest- und Mehrurlaub samt abweichenden Regelungen.

II. Anwendung des § 366 Abs. 2 BGB

Für den Fall der differenzierten Mehrurlaubsregelung ist nun weiter zu klären, welche Bestimmung des § 366 Abs. 2 BGB im Falle einer fehlenden Tilgungsbestimmung einschlägig ist. Hierbei besteht Streit, auf welche Urlaubsforderung der Arbeitgeber zuerst leistet.

1. Geringere Sicherheit für den Gläubiger, § 366 Abs. 2 BGB

Einerseits wird unter Berufung auf § 366 Abs. 2 BGB (direkt oder zumindest in entsprechender Anwendung) vertreten, dass im Zweifel zunächst der weniger gesicherte Anspruch erfüllt werden soll. Indem der Mehrurlaub früher verfalle, biete er geringere Sicherheit, sodass zunächst der Anspruch auf vertraglichen Mehrurlaub getilgt werde.[460] Dieser Ansatz beruht auf der Annahme, dass der

---

459 Siehe dazu im ersten Teil, F. II. 4. (S. 76 ff.).

460 *Kohte/Beetz*, jurisPR-ArbR 25/2009, Anm. 1 zu BAG v. 24.03.2009 – 9 AZR 983/07 unter Bezugnahme auf ArbG Berlin v. 06.03.2009 – 28 Ca 21796/08, 28 Ca 21976/08, BeckRS 2010, 68276 (Rn. 59).

vertraglich gewährte Mehrurlaubsanspruch früher verfällt als der gesetzliche Mindesturlaubsanspruch. Dabei ist aber zu beachten, dass dies überzeugenderweise nur der Fall sein kann, wenn die Vertragsparteien dies ausdrücklich in der Urlaubsregelung vereinbart haben.[461] Es muss also ausdrücklich aus der Klausel hervorgehen, dass eine Differenzierung zwischen Mindest- und Mehrurlaub[462] gewollt ist und dass der Mehrurlaub früher als der Mindesturlaub verfallen soll.[463] Nur in dieser Konstellation kommt die genannte Meinung zur Anwendung.[464]

2. Die dem Schuldner lästigere Forderung, § 366 Abs. 2 BGB

Bei dem nächsten Ansatz gehen die Vertreter zunächst von dem umgekehrten Regel-Ausnahme-Verhältnis für Altverträge aus. Danach ist bei fehlender Differenzierung zwischen Mindest- und Mehrurlaub davon auszugehen, dass nach den alten Grundsätzen der Rechtsprechung zuerst der Mehrurlaubsanspruch verfällt.[465]

Dieser Ansatz geht für den Fall der fehlenden Tilgungsbestimmung ebenfalls von § 366 Abs. 2 BGB aus, subsumiert allerdings nicht unter das Merkmal der geringeren Sicherheit, sondern unter das der größeren Lästigkeit. Hierbei wird davon ausgegangen, dass der mangels Differenzierung früher verfallende Mehrurlaubsanspruch für den Schuldner, also den Arbeitgeber, weniger lästig ist als der nicht verfallende Mindesturlaubsanspruch.[466] Dies wird schließlich noch mit der konsequenten arbeitsrechtlichen Unterscheidung zwischen Urlaub und

---

461 Siehe dazu im ersten Teil, F. (S. 69 ff.).

462 Zur Differenzierung siehe im ersten Teil, A. III. (S. 20 ff.); F. (S. 69 ff.).

463 Genauer zu Verfallsregelungen des Mehrurlaubs siehe im zweiten Teil, A. II. 3. (S. 123 ff.); 4. (S. 137 ff.).

464 Für diese Konstellation subsumiert auch *Gallner* ausdrücklich unter das Merkmal der geringeren Sicherheit, ErfK/*Gallner*, § 7 BUrlG Rn. 54.

465 So ausdrücklich *C. Picker*, ZTR 2009, 230, 238 f. unter Berufung auf *Bauer/Arnold*, NJW 2009, 631, 634 sowie konkludent DFL/*Löwisch*, § 366 BGB Rn. 2; Staudinger/*Olzen*, § 366 BGB Rn. 41, die jeweils auf *C. Picker* verweisen; siehe zur Erläuterung dieses Ansatzes bereits im ersten Teil, F. (S. 69 ff.).

466 Zu tariflich gewährtem Mehrurlaub Staudinger/*Olzen*, § 366 BGB Rn. 41; *C. Picker*, ZTR 2009, 230, 239; zu tariflich und arbeitsvertraglich gewährtem Mehrurlaub DFL/*Löwisch*, § 366 BGB Rn. 2.

„Mehrurlaub" untermauert.[467] Mithin werde zuerst der gesetzliche Mindesturlaubsanspruch getilgt.[468]

Die Rechtsprechung des Bundesarbeitsgerichts folgt hingegen auch bei Altverträgen der Auslegungsregel,[469] sodass dieser Ansatz lediglich relevant wird, wenn ausdrücklich zwischen Mindest- und Mehrurlaub differenziert wird und für den Mehrurlaubsanspruch eine Verfallsregelung vorhanden ist. In dieser Konstellation ist nach dem genannten Ansatz ebenfalls nach § 366 Abs. 2 BGB die lästigere Forderung der gesetzliche Mindesturlaubsanspruch, der in dieser Konstellation später verfällt als der Mehrurlaubsanspruch.[470]

3. *Eigene Stellungnahme*

Nach § 366 Abs. 2 BGB wird bei fehlender Tilgungsbestimmung zunächst die fällige Schuld, unter mehreren fälligen Schulden diejenige, welche dem Gläubiger geringere Sicherheit bietet, unter mehreren gleich sicheren die dem Schuldner lästigere, unter mehreren gleich lästigen die ältere Schuld und bei gleichem Alter jede Schuld verhältnismäßig getilgt.

Gewährt der Arbeitgeber dem Arbeitnehmer Urlaub, so sind in der Regel sowohl der Mindest- als auch der Mehrurlaubsanspruch fällig. Somit käme man, wie *Kohte/Beetz*[471], zu der Frage, ob einer der Ansprüche für den Gläubiger weniger sicher ist. Bei der Bestimmung der geringeren Sicherheit wird zum einen betrachtet, für welche Forderungen überhaupt Sicherheiten bestehen.[472] Darüber hinaus bedeutet Sicherheit für den Gläubiger aber auch die Durchsetzbarkeit der Forderung.[473] Die frühere Verjährung ist beispielsweise für den Gläubiger

---

467 *C. Picker*, ZTR 2009, 230, 239.

468 Zu tariflich gewährtem Mehrurlaub Staudinger/*Olzen*, § 366 BGB Rn. 41; *C. Picker*, ZTR 2009, 230, 239; zu tariflich und arbeitsvertraglich gewährtem Mehrurlaub DFL/*Löwisch*, § 366 BGB Rn. 2.

469 Siehe im ersten Teil, F. IV. 2. (S. 81 ff.).

470 So bereits ausdrücklich *Kamanabrou*, SAE 2009, 233, 238, die bei einer differenzierten Verfallregelung von einer größeren Lästigkeit nach § 366 Abs. 2 BGB ausgeht, sowie unter Verweisung auf *Kamanabrou Benecke*, Anm. zu BAG v. 04.05.2010 – 9 AZR 183/09 RdA 2011, 241, 244.

471 *Kohte/Beetz*, jurisPR-ArbR 25/2009, Anm. 1 zu BAG v. 24.03.2009 – 9 AZR 983/07 unter Bezugnahme auf ArbG Berlin v. 06.03.2009 – 28 Ca 21796/08, 28 Ca 21976/08 BeckRS 2010, 68276 (Rn. 59).

472 Staudinger/*Olzen*, § 366 BGB Rn. 39.

473 Staudinger/*Olzen*, § 366 BGB Rn. 40.

weniger sicher.[474] Die konkrete Urlaubsregelung muss also auf eine mögliche geringere Sicherheit für den Gläubiger hin überprüft werden. Dies kann nur im Einzelfall unter Abwägung aller Einzelheiten der Klausel entschieden werden.

a) Vereinbarung einer kürzeren Verfallfrist

Wird eine kürzere Verfallfrist hinsichtlich des Mehrurlaubsanspruchs vereinbart, so ist zu klären, ob darin eine geringere Sicherheit für den Arbeitnehmer liegt.

In seinem Urteil vom 21.11.1975 geht der Bundesgerichtshof davon aus, dass das frühere Erlöschen einer Forderung vergleichbar mit der früheren Verjährung einer Forderung zu einer geringeren Sicherheit der Forderung für den Gläubiger führt.[475] Bei der früheren Verjährung besteht die geringere Sicherheit darin, dass der Gläubiger besonders auf die rechtzeitige Geltendmachung der Forderung achten muss, um das Entstehen eines Leistungsverweigerungsrechts des Schuldners nach § 222 BGB zu verhindern.[476] Entsprechendes gelte auch für die drohende Vernichtung einer Forderung.[477]

Bei einem früheren Verfall des Mehrurlaubsanspruchs wird die Forderung des Gläubigers vernichtet, sodass dem Bundesgerichtshof folgend in der Forderung des Arbeitnehmers auf Mehrurlaub eine geringere Sicherheit für den Gläubiger zu sehen wäre. Nach § 366 Abs. 2 BGB wäre diese also zunächst getilgt.

Zu beachten ist aber, dass bislang ausschließlich das Arbeitsgericht Berlin[478] vertreten hat, dass der frühere Verfall eines Anspruchs ebenfalls eine geringere Sicherheit für den Gläubiger im Sinne des § 366 Abs. 2 BGB darstellt. In dem Urteil des Bundesgerichtshofs zum Erlöschen der Forderung, auf welches das Arbeitsgericht Berlin verweist,[479] prüft dieser hilfsweise in einem nächsten Schritt die Lästigkeit der Forderung für den Schuldner. Da beide Prüfungen zum gleichen Ergebnis kommen, konnte in dem konkreten Fall dahinstehen, ob das

474 BGH v. 19.11.2008 – XII ZR 123/07 NJW 2009, 1071, 1073; v. 27.05.1957 – II ZR 319/55 NJW 1957, 1314.

475 BGH v. 21.11.1975 – IV ZR 112/74 VersR 1976, 136, 137 f. (I. 3 c).

476 BGH v. 19.11.2008 – XII ZR 123/07 NJW 2009, 1071; v. 05.04.1965 – VIII ZR 10/64 NJW 1965, 1373, 1374; v. 27.05.1957 – II ZR 319/55 NJW 1957, 1314; OLG München v. 05.07.1996 – 21 U 1903/96 NJW-RR 1997, 944.

477 BGH v. 21.11.1975 – IV ZR 112/74 VersR 1976, 136, 137 f. (I. 3 c).

478 ArbG Berlin v. 06.03.2009 – 28 Ca 21796/08, 28 Ca 21976/08 BeckRS 2010, 68276; diesem folgend *Kohte/Beetz*, jurisPR-ArbR 25/2009, Anm. 1 zu BAG v. 24.03.2009 – 9 AZR 983/07.

479 ArbG Berlin v. 06.03.2009 – 28 Ca 21796/08, 28 Ca 21976/08 BeckRS 2010, 68276 (Rn. 59).

Merkmal der geringeren Sicherheit oder das Merkmal der lästigeren Forderung angewendet wird.[480]

Die größere Lästigkeit für den Schuldner wird nach den mit der Nichterfüllung verbundenen Rechtsfolgen bestimmt.[481] Für den Arbeitgeber ist aber in dem vorliegenden Fall, in dem der Mehrurlaubsanspruch früher verfällt als der Mindesturlaubsanspruch, gerade der später verfallende Anspruch lästiger.[482] Somit ist in diesem Fall eine Entscheidung vonnöten, ob in einem früher verfallenden Anspruch eine geringere Sicherheit für den Gläubiger gesehen werden kann. Für diese Annahme spricht zum einen die Vergleichbarkeit der Lage des Gläubigers in dem Fall der früheren Verjährung und des früheren Verfalls. Bei der drohenden Verjährung, für die allgemein die Annahme einer geringeren Sicherheit anerkannt ist, rührt die geringere Sicherheit von der Gefahr des Entstehens eines Leistungsverweigerungsrechts des Schuldners her.[483] Bei dem Erlöschen einer Forderung ist die Rechtsfolge für den Gläubiger noch einschneidender. Es kommt nicht auf das Erheben einer Einrede des Schuldners an, sondern die Forderung erlischt von Rechts wegen.[484] Ist also eine drohende rechtshemmende Einwendung für den Gläubiger weniger sicher, so muss dies erst recht für eine drohende rechtsvernichtende Einwendung gelten. Untermauern lässt sich dieses Ergebnis auch mit den Mietfällen, in denen eine drohende Abrechnungsfrist für die Mietnebenkostenabrechnung ebenfalls wegen des Erlöschens der Forderung als weniger sicher für den Gläubiger angesehen wird.[485]

Damit ist eine drohende rechtsvernichtende Einwendung und mithin auch ein drohender Verfall der Forderung für den Gläubiger weniger sicher, sodass man in diesem Fall letztlich nicht zur Prüfung der größeren Lästigkeit der Forderung gelangt. Die Vertreter der größeren Lästigkeit zeigen überdies nicht auf, wie sie zu dem von ihnen bejahten Prüfungspunkt gelangen, lassen mithin den Prüfungspunkt der geringeren Sicherheit, der nach dem Wortlaut des

---

480 BGH v. 21.11.1975 – IV ZR 112/74 VersR 1976, 136, 137 f. (I. 3 c).

481 *Avenarius*, AcP 203 (2003), 511, 536; Staudinger/*Olzen*, § 366 BGB Rn. 41.

482 *C. Picker*, ZTR 2009, 230, 239; DFL/*Löwisch*, § 366 BGB Rn. 2; Staudinger/*Olzen*, § 366 BGB Rn. 41.

483 BGH v. 27.05.1957 – II ZR 319/55 NJW 1957, 1314.

484 Staudinger/*Olzen*, Einleitung zu §§ 362 ff. BGB Rn. 5 ff.

485 OLG Brandenburg v. 03.03.2010 – 3 U 108/09 MDR 2010, 980, 981 zur Betriebskostenvorauszahlung und *Schmid*, NZM 2001, 705 zur Abrechnungsfrist bei Teilzahlungen auf Mietnebenkosten.

§ 366 Abs. 2 BGB vorrangig zu prüfen ist, außer Acht[486] bzw. statuieren, dass das Merkmal der geringeren Sicherheit hier nicht weiterhelfe, ohne aufzuzeigen, inwiefern es nicht anwendbar ist.[487] Dies kann nicht überzeugen.[488]

b) Vereinbarung einer längeren Verfallsfrist

Vereinbaren aber Arbeitgeber und Arbeitnehmer beispielsweise eine längere Verfallsfrist hinsichtlich des Mehrurlaubanspruchs, so ist der Anspruch auf Mindesturlaub, der in dieser Konstellation früher verfällt, für den Arbeitnehmer weniger sicher und wird zuerst getilgt.

4. Ergebnis

Im Ergebnis kann, wenn man von der Regelung des § 366 Abs. 2 BGB ausgeht, keine pauschale Tilgungsreihenfolge überzeugen. Vielmehr muss im Einzelfall die Klausel daraufhin untersucht werden, ob die Merkmale des § 366 Abs. 2 BGB erfüllt sind.

Bei der Konstellation, in der die Vertragsparteien ausdrücklich zwischen Mindest- und Mehrurlaub differenzieren und für den Mehrurlaub eine kürzere Verfallsfrist vorsehen, stellt sich das Problem, unter welches Merkmal des § 366 Abs. 2 BGB zu subsumieren ist. In diesem Fall ist davon auszugehen, dass der Mehrurlaubsanspruch für den Arbeitnehmer als Gläubiger eine geringere Sicherheit aufweist, indem sie wegen des drohenden früheren Verfalls weniger durchsetzbar ist als der Mindesturlaubsanspruch. Der Mehrurlaubsanspruch wird also richtigerweise zuerst getilgt.[489]

---

486 DFL/*Löwisch*, § 366 BGB Rn. 2; Staudinger/*Olzen*, § 366 BGB Rn. 41; *C. Picker*, ZTR 2009, 230, 239.

487 *Kamanabrou*, SAE 2009, 233, 238.

488 So i. E. auch ErfK/*Gallner*, § 7 BUrlG Rn. 54; *Polzer*, S. 187 ff.

489 I. E. zustimmend *Kohte/Beetz*, Anm. 1 zu BAG v. 24.03.2009 – 9 AZR 983/07 jurisPR-ArbR 25/2009; ArbG Berlin v. 06.03.2009 – 28 Ca 21796/08, 28 Ca 21976/08 BeckRS 2010, 68276 (Rn. 59); a. A. BAG v. 05.09.2002 – 9 AZR 244/01 NZA 2003, 726, 730; v. 22.01.2002 – 9 AZR 601/00 NZA 2002, 1041, 1042; v. 09.06.1998 – 9 AZR 43/97 NZA 1999, 80; so auch *Kamanabrou*, SAE 2009, 233, 238; *Krieger/Arnold*, NZA 2009, 530, 533; Staudinger/*Olzen*, § 366 BGB Rn. 41; *C. Picker* ZTR 2009, 230, 239.

5. Rechtsprechung des Bundesarbeitsgerichts

Die Rechtsprechung des Bundesarbeitsgerichts kann hierzu nicht gewinnbringend herangezogen werden, da diese in den genannten Fällen nicht ausdrücklich unter eine der Varianten des § 366 Abs. 2 BGB subsumierte, sondern pauschal annahm, nach § 366 Abs. 2 BGB sei zunächst der Mindesturlaubsanspruch getilgt.[490] Allerdings kann man letztlich dadurch, dass die Entscheidungen aus der Zeit vor der *Schultz-Hoff*-Entscheidung des Europäischen Gerichtshofs stammen, davon ausgehen, dass mangels abweichender Verfalls- oder Ausschlussfristen keine der Forderungen weniger sicher war, sodass es auf die lästigere Forderung ankam. In der erstgenannten Entscheidung führte die abweichende Berechnung des Urlaubsentgelts zu einem zuungunsten vom Bundesurlaubsgesetz abweichenden Urlaubsentgeltanspruch. Einen solchen konnte der Arbeitnehmer in Bezug auf den Mindesturlaub wegen § 13 Abs. 1 S. 1 BUrlG nicht vereinbaren, sodass die Regelung diesbezüglich unwirksam war und sich nach dem Bundesurlaubsgesetz richtete. Hier war daher letztlich der Mindesturlaubsanspruch die für den Arbeitgeber lästigere Forderung, sodass die vorrangige Tilgung dieser Forderung überzeugt. Bei der zweiten Entscheidung legte das Bundesarbeitsgericht dar, welche Feststellungen das Landesarbeitsgericht noch zu treffen hatte. Dabei sollte zwischen dem Mindesturlaub und dem tariflichen Mehrurlaub getrennt werden und für die Tilgungsreihenfolge wurde pauschal darauf hingewiesen, dass nach § 366 Abs. 2 BGB der Arbeitgeber zunächst auf den gesetzlichen und sodann auf den tariflichen und vertraglichen Urlaubsanspruch leiste.[491]

Seit der *Schultz-Hoff*-Entscheidung hatte das Bundesarbeitsgericht noch keinen Fall zu entscheiden, in dem ausreichend zwischen Mindest- und Mehrurlaub differenziert wird und in dem keine Tilgungsbestimmung vorliegt, sodass eine Anwendung des § 366 Abs. 2 BGB in Betracht kommt.

III. Konsequenzen für die Vertragsgestaltung

Die aufgezeigten Schwierigkeiten und Unstimmigkeiten bei der Bestimmung der Tilgungsreihenfolge verdeutlichen die Notwendigkeit der vertraglichen Regelung einer Tilgungsbestimmung durch die Vertragsparteien im Fall der Differenzierung. Hierdurch können die Auslegungsschwierigkeiten verhindert werden.

---

490 BAG v. 05.09.2002 – 9 AZR 244/01 NZA 2003, 726; v. 22.01.2002 – 9 AZR 601/00 NZA 2002, 1041.

491 BAG v. 05.09.2002 – 9 AZR 244/01 NZA 2003, 726, 730.

Aus Arbeitgebersicht sollte in der Klausel vorgesehen werden, dass mit der Urlaubsgewährung zuerst der Anspruch auf den gesetzlichen Mindesturlaub erfüllt wird, bis dieser vollständig aufgebraucht ist.[492]

Beispielsklausel 7: Tilgungsbestimmung als Teil einer Urlaubsklausel

> *„[1]Mit der Urlaubserteilung erfüllt der Arbeitgeber zunächst den Anspruch des Arbeitnehmers auf den gesetzlichen Mindesterholungsurlaub, dann einen ggf. bestehenden Anspruch auf gesetzlichen Zusatzurlaub (danach ggf. tariflichen Mehrurlaub). [2]Erst nach vollständiger Erfüllung des gesetzlichen (und ggf. des tariflichen) Urlaubsanspruchs wird der vertragliche Mehrurlaub im Sinne des Absatzes [x] erteilt.“*[493]

Diese Klausel ist wiederum nur als Teilklausel einer umfassenden Urlaubsregelung zu verstehen.

---

492 Ebenso *Heer/Wolters*, Anm. zu BAG v. 07.08.2012 – 9 AZR 760/10 ZTR 2013, 22; *Powietzka/Fallenstein*, NZA 2010, 673, 674 f.; Preis/*Stoffels*, Der Arbeitsvertrag, II U 20 Rn. 17.

493 Preis/*Stoffels*, Der Arbeitsvertrag, II U 20 Rn. 17, in Anlehnung an *Powietzka/Fallenstein*, NZA 2010, 673, 675.

Zweiter Teil: Einzelne Regelungsmöglichkeiten und ihre Gesetzmäßigkeit

Im Folgenden sollen einzelne Regelungsmöglichkeiten des Urlaubs anhand der im allgemeinen Teil aufgestellten Grundsätze und Grenzen überprüft werden. Dabei werden zunächst arbeits- und tarifvertragliche Urlaubsregelungen betrachtet, also u. a. die konkreten Grenzen für einen vereinbarten Widerrufs- und Freiwilligkeitsvorbehalt, für Verfall- und Kürzungsvereinbarungen sowie für Urlaubsgeldregelungen. Sodann werden auch Möglichkeiten für die Betriebspartner beleuchtet, Urlaubsregelungen zu treffen.

A. Arbeitsvertragliche und tarifvertragliche Regelungen

I. Widerrufs- und Freiwilligkeitsvorbehalt

Ein beliebtes Regelungsinstrument sind der Widerrufs- und der Freiwilligkeitsvorbehalt.[494] Diese werden in der Regel von Arbeitgeber und Arbeitnehmer in Form Allgemeiner Geschäftsbedingungen vereinbart. Hinsichtlich des Mindesturlaubs ist eine solche Regelung wegen § 13 Abs. 1 BUrlG von vornherein ausgeschlossen. Daher soll im Folgenden die Gestaltbarkeit von Mehrurlaub in Form von Widerrufs- und Freiwilligkeitsvorbehalten überprüft werden.

1. Widerrufsvorbehalt

a) Arbeitsvertragliche Regelungen

Bei der Vereinbarung von übergesetzlichen Leistungen wie dem Mehrurlaub liegt es nahe, diese in Form von Widerrufs- oder Freiwilligkeitsvorbehalten zu regeln. Dabei kommt einerseits das Verfassen eines Widerrufsvorbehalts in Betracht, bei dem der Arbeitgeber unter bestimmten Umständen den Anspruch auf Mehrurlaub widerrufen kann, sodass der Anspruch entfällt. Andererseits kommt die Regelung in Form eines Freiwilligkeitsvorbehalts in Frage, sodass der Anspruch auf den Mehrurlaub nur entsteht, wenn der Arbeitgeber diesen gewährt, ohne dass eine betriebliche Übung entsteht.

494 Siehe zu einem unter Widerrufsvorbehalt gewährten Treueurlaub bereits BAG v. 26.05.1992 – 9 AZR 174/91 NZA 1993, 67.

Bei der Prüfung der von Rechtsvorschriften abweichenden oder diese ergänzenden Bestimmungen im Sinne von § 307 Abs. 3 S. 1 BGB nimmt das Bundesarbeitsgericht für übertarifliche Leistungen an, dass die Regelung eines Widerrufsvorbehalts eine Abweichung vom Grundsatz der bindenden Verträge darstelle. Der Grundsatz „pacta sunt servanda" sei ein allgemein anerkannter Rechtsgrundsatz, sodass mit einer Abweichung von diesem die Inhaltskontrolle gemäß § 307 Abs. 3 S. 1 BGB eröffnet sei.[495] Nach den bereits dargestellten Grundsätzen ist entscheidend, ob es sich bei der Vereinbarung von Mehrurlaub in Form eines Widerrufsvorbehalts um eine leistungsbestimmende oder um eine leistungsausgestaltende Klausel handelt.[496] Bei der Regelung eines Widerrufsvorbehalts wird ein einseitiges Leistungsbestimmungsrecht vereinbart. Dies stellt eine der Leistungsbestimmung nachgeschaltete Ausgestaltung der Leistung und mithin eine kontrollfähige Klausel dar. Damit unterliegt die Vereinbarung von Mehrurlaub in Form eines Widerrufsvorbehalts der Inhaltskontrolle.

Bei den Klauselverboten mit Wertungsmöglichkeit, die in § 308 BGB geregelt und spezieller als § 307 BGB sind,[497] findet sich in § 308 Nr. 4 BGB eine Vorschrift über Änderungsvorbehalte, die auf den Widerrufsvorbehalt anwendbar ist. Danach ist in Allgemeinen Geschäftsbedingungen insbesondere die Vereinbarung eines Rechts des Verwenders, die versprochene Leistung zu ändern oder von ihr abzuweichen, unwirksam, wenn nicht die Vereinbarung der Änderung oder Abweichung unter Berücksichtigung der Interessen des Verwenders für den anderen Vertragsteil zumutbar ist. Im Einzelfall muss also, insbesondere unter Berücksichtigung der im Arbeitsrecht geltenden Besonderheiten im Sinne von § 310 Abs. 4 S. 2 BGB, geprüft werden, ob die Vereinbarung des Widerrufsvorbehalts für den Arbeitnehmer zumutbar ist.

Beim Widerrufsvorbehalt in Arbeitsverträgen ist insbesondere darauf zu achten, dass nicht der Kernbereich des Arbeitsverhältnisses betroffen ist, bei dem das Gleichgewicht zwischen Leistung und Gegenleistung grundlegend gestört wird.[498] Bei übertariflichen Leistungen hält das Bundesarbeitsgericht den vereinbarten Widerrufsvorbehalt für zumutbar und wirksam, wenn keine Umgehung des Schutzes gegenüber Änderungskündigungen vorliegt und dem Arbeitnehmer die tarifliche oder mindestens die übliche Vergütung verbleibt. Das sei der Fall, wenn der im Gegenseitigkeitsverhältnis stehende widerrufliche Teil des

---

495 BAG v. 12.01.2005 – 5 AZR 364/04 NZA 2005, 465, 467.

496 Siehe dazu bereits im ersten Teil, A. V. 2. b) (S. 25 ff.).

497 BAG v. 12.01.2005 – 5 AZR 364/04 NZA 2005, 465.

498 BAG v. 07.10.1982 – 2 AZR 455/80 AP BGB § 620 Teilkündigung Nr. 5. (III. 1. b)).

Gesamtverdienstes unter 25 Prozent liegt und der Tariflohn nicht unterschritten wird.[499] Sind in dem Widerrufsvorbehalt noch weitere Zahlungen des Arbeitgebers als widerruflich vorgesehen, die keine unmittelbare Gegenleistung für die Arbeitsleistung sind, sondern Ersatz für Aufwendungen, die an sich der Arbeitnehmer selbst tragen muss, sind bis zu 30 Prozent des Gesamtverdienstes widerruflich.[500]

Dabei bietet sich eine Unterscheidung danach an, ob der Mehrurlaub unmittelbar im Gegenseitigkeitsverhältnis steht. Bei einer Übertragung der Grundsätze auf den Mehrurlaubsanspruch dürfte der Wert des gewährten Mehrurlaubs im Verhältnis zur jährlichen Gesamtvergütung des Arbeitnehmers nicht mehr als 25–30 Prozent ausmachen.[501] Da es sich bei der Gewährung von Mehrurlaub um keinen Aufwendungsersatz handelt, den der Arbeitnehmer nach allgemeinen Regeln selbst tragen muss,[502] ist lediglich die Grenze von 25 Prozent der Gesamtvergütung zu beachten, wenn der Mehrurlaub im unmittelbaren Gegenseitigkeitsverhältnis vereinbart wird. Die von der Rechtsprechung bestimmte Höchstgrenze ist also auf einen widerruflichen Mehrurlaubsanspruch, der ebenfalls in das Vergütungsgefüge eingefügt werden kann,[503] übertragbar.

Dabei besteht der wirtschaftliche Wert des Mehrurlaubs in dem bezahlten Arbeitsentgelt in diesem Zeitraum.[504] Verdient ein Arbeitnehmer monatlich 3.300 Euro brutto und erhält einen vertraglichen Jahresmehrurlaub in Höhe von zehn Urlaubstagen, so macht dieser bei durchschnittlich 22 Arbeitstagen pro Monat lediglich circa 3,78 Prozent der Jahresgesamtvergütung aus.[505] Um die Grenze von 25–30 Prozent der Jahresgesamtvergütung zu erreichen, müsste der Arbeitgeber dem Arbeitnehmer über drei zusätzliche Monate Urlaub gewähren. Selbst, wenn die Gewährung von Mehrurlaub mit der Gewährung von anderen

499 BAG v. 07.12.2005 – 5 AZR 535/04 NZA 2006, 423; kritisch *Bayreuther*, ZIP 2007, 2009; BAG v. 12.01.2005 – 5 AZR 364/04 NZA 2005, 465; kritisch *Preis/Lindemann*, AuR 2005, 229 f.

500 BAG v. 11.10.2006 – 5 AZR 721/05 NZA 2007, 87, 89; siehe vertiefend hierzu WLP/*Stoffels*, Anhang zu § 310 ArbR Rn. 141 f.

501 So auch *Powietzka/Fallenstein*, NZA 2010, 673, 676.

502 Siehe dazu BAG v. 11.10.2006 – 5 AZR 721/05 NZA 2007, 87, 89; v. 12.01.2005 – 5 AZR 364/04 NZA 2005, 465, 468.

503 Siehe dazu bereits im ersten Teil, D. V. (S. 60 ff.).

504 Siehe dazu eingehend im ersten Teil, D. III. 3. (S. 54 ff.); so auch *Linck/Schütz* in FS Leinemann, 171, 179; *Powietzka/Fallenstein*, NZA 2010, 673, 676.

505 Vergleichbares Rechenbeispiel stellen *Powietzka/Fallenstein*, NZA 2010, 673, 676 dar.

Gratifikationen, wie Urlaubsgeld und Weihnachtsgeld kombiniert wird, wird die Grenze in aller Regel nicht überschritten. Daher ist die Vereinbarung von Mehrurlaub in Form eines Widerrufsvorbehalts in Hinblick auf seine Höhe in aller Regel unproblematisch und nach § 308 Nr. 4 BGB zumutbar.[506]

Wichtig für die Vertragsparteien ist überdies die Berücksichtigung des Transparenzgebots. Nach § 307 Abs. 1 S. 2 BGB muss klar sein, auf welche Leistung der Widerruf sich bezieht, unter welchen Voraussetzungen und in welchem Umfang er ausgeübt werden kann. Widerrufsgrund und -umfang müssen angegeben werden.[507] Welchen Konkretisierungsgrad die Nennung des Grundes haben muss, ist nicht abschließend geklärt, wobei hier großzügige Anforderungen überzeugen.[508]

Genügt die Klausel den Anforderungen des § 308 Nr. 4 BGB, so muss darüber hinaus die Ausübung des Widerrufs nach § 315 BGB billigem Ermessen entsprechen. Überdies muss insbesondere bei der Annahme großzügiger Anforderungen beim Konkretisierungsgrad des Widerrufsgrundes auf der Ebene der Ausübungskontrolle genau geprüft werden, ob sich Widerrufsgrund und -umfang in einem angemessenen Verhältnis befinden und dass die Voraussetzungen des Widerrufsvorbehalts gegeben sind.[509] Als anzugebende Widerrufsgründe kommen beispielsweise wirtschaftliche Gründe in Betracht, aber auch das Unterschreiten einer bestimmten Anzahl von Anwesenheitstagen, das Nichterreichen einer bestimmten Leistung oder Pflichtverletzungen des Arbeitnehmers.[510] Möchte der Arbeitgeber auf den Grad der Störung abstellen, muss auch dieser in der Klausel konkretisiert werden, sodass der Arbeitnehmer erkennen kann, unter welchen Voraussetzungen ein Widerruf möglich sein soll.[511] Knüpft der Widerruf an eine bestimmte Anzahl von krankheitsbedingten Fehltagen an, so ist zusätzlich die Regelung des § 4a EFZG mit ihren Grenzen zu beachten.[512]

---

506 I. E. ebenso *Powietzka/Fallenstein*, NZA 2010, 673, 676.

507 BAG v. 11.10.2006 – 5 AZR 721/05 NZA 2007, 87; v. 12.01.2005 – 5 AZR 364/04 NZA 2005, 465.

508 Zur Darstellung der unklaren Rechtsprechung und für eine großzügige Fassung des Widerrufsgrundes WLP/*Stoffels*, Anhang zu § 310 ArbR Rn. 136 ff.; *Stoffels*, ZfA 2009, 861, 880 f.; siehe hierzu auch Staudinger/*Krause*, Anhang zu § 310 BGB Rn. 249.

509 BAG v. 16.12.1982 – 2 AZR 147/81 – juris.

510 BAG v. 11.10.2006 – 5 AZR 721/05 NZA 2007, 87, 89 f.; v. 12.01.2005 – 5 AZR 364/04 NZA 2005, 465, 468.

511 BAG v. 11.10.2006 – 5 AZR 721/05 NZA 2007, 87, 89 f.; v. 12.01.2005 – 5 AZR 364/04 NZA 2005, 465, 468.

512 Siehe dazu im zweiten Teil, A. III. 1. c) bb) (S. 146 ff.).

Werden diese Grenzen nicht eingehalten, so ist die Widerrufsklausel insgesamt unwirksam. Eine geltungserhaltende Reduktion oder ergänzende Vertragsauslegung findet hierbei nicht statt.[513]

Beispielsklausel 8: Mehrurlaubsklausel mit Widerrufsvorbehalt

„(1) *Der Arbeitnehmer hat Anspruch auf den gesetzlichen Mindesterholungsurlaub von 20 Tagen jährlich, bezogen auf eine Fünf-Tage-Woche. Im Übrigen gelten die Vorschriften des Bundesurlaubsgesetzes in seiner jeweils geltenden Fassung.*

(2) [1]*Darüber hinaus steht dem Arbeitnehmer zusätzlich bezahlter Mehrurlaub von weiteren [x] Tagen pro Jahr zu.* [2]*Der Arbeitgeber behält sich jedoch vor, diesen zusätzlichen Mehrurlaub nach billigem Ermessen zu widerrufen und zukünftig ganz oder in Teilen nicht mehr zu gewähren.* [3]*Ein Widerruf durch den Arbeitgeber kann nur aus wirtschaftlichen Gründen erfolgen.* [4]*Der Widerruf ist zulässig, wenn der Jahresabschluss des Arbeitgebers für das vorangegangene Geschäftsjahr ein negatives Jahresergebnis ausweist. […]*

(3) *Urlaubsjahr ist das Kalenderjahr.*“[514]

(4) *Tilgungsbestimmung*[515]

b) Tarifvertragliche Regelungen

Widerrufsvorbehalte können nicht nur in Arbeitsverträgen, sondern auch in Tarifverträgen geregelt werden. Die Vereinbarung eines solchen Widerrufsvorbehalts ist grundsätzlich zulässig. Sie ist nur dann gem. § 134 BGB nichtig, wenn wesentliche Elemente des Arbeitsvertrages einer einseitigen Änderung unterliegen sollen und somit das Gleichgewicht zwischen Leistung und Gegenleistung grundlegend gestört würde.[516] Auch schützt das Kündigungsschutzgesetz den Arbeitnehmer grundsätzlich vor einseitig vom Arbeitgeber auf der Grundlage tarifvertraglicher Ermächtigungen verfügten Änderungen, sodass die Ausübung des Widerrufsrechts sich nicht als Umgehung des Vertragsinhaltsschutzes nach § 2 KSchG herausstellen darf.[517] Die Ausübung des vereinbarten Widerrufs hat auch bei tarifvertraglich vereinbarten Widerrufsvorbehalten gemäß § 315 BGB nach billigem Ermessen zu erfolgen.[518]

---

513 BAG v. 13.04.2010 – 9 AZR 113/09 NZA-RR 2010, 457, 460; v. 19.12.2006 – 9 AZR 294/06 NZA 2007, 809, 811.

514 *Powietzka/Fallenstein*, NZA 2010, 673, 676.

515 Zu einem Formulierungsvorschlag für eine Tilgungsbestimmung siehe in Beispielsklausel 7, S. 102.

516 BAG v. 15.11.1995 – 2 AZR 521/95 NZA 1996, 603, 605.

517 BAG v. 07.07.2011 – 6 AZR 151/10 NJOZ 2012, 413, 414 f. (Rn. 19 f.); v. 24.09.2008 – 6 AZR 76/07 NZA 2009, 154, 160 (Rn. 49).

518 BAG v. 15.11.1995 – 2 AZR 521/95 NZA 1996, 603, 605; v. 07.01.1971 – 5 AZR 92/70 AP BGB § 315 Nr. 12.

Es stellt sich also insbesondere die Frage, ob auch bei tarifvertraglich vereinbarten Widerrufsvorbehalten bezüglich des Mehrurlaubs die Grenze von 25–30 Prozent beachtet werden muss. Diese Grenze hat die Rechtsprechung bei der Inhaltskontrolle von arbeitsvertraglichen Widerrufsvorbehalten entwickelt.[519] Danach seien Eingriffe in den Kernbereich des Arbeitsvertrags nach der Wertung des § 307 Abs. 2 BGB nicht zulässig. Daher sei die Vereinbarung eines Widerrufsvorbehalts zulässig, soweit der widerrufliche Anteil am Gesamtverdienst unter 25 bis 30 Prozent liege und der Tariflohn nicht unterschritten werde.[520]

Ein tariflicher Widerrufsvorbehalt ist jedenfalls wirksam, wenn er diese Grenze nicht überschreitet. In diesem Umfang ist schließlich auch die Vereinbarung eines Widerrufsvorbehalts in Form von Allgemeinen Geschäftsbedingungen zulässig, sodass erst recht ein solcher von den Tarifvertragsparteien vereinbarter Widerrufsvorbehalt wirksam ist.[521] Bei einem widerruflichen Anteil am Gesamtverdienst über 25 bis 30 Prozent ist aber auch davon auszugehen, dass wesentliche Elemente des Arbeitsvertrages einer einseitigen Änderung unterliegen und damit das Gleichgewicht zwischen Leistung und Gegenleistung grundlegend gestört wird, sodass ein solcher Widerrufsvorbehalt die autonome Regelungsbefugnis der Tarifvertragsparteien überschreitet und daher nach § 134 BGB nichtig ist. Die Grenze ist mithin auch bei tarifvertraglichen Widerrufsvorbehalten zu beachten. Wie bereits bei der Prüfung des arbeitsvertraglichen Widerrufsvorbehalts wird aber bei der Regelung des Mehrurlaubs diese Grenze in der Praxis in der Regel nicht überschritten werden, sodass die tarifvertragliche Regelung von Mehrurlaub in Form eines Widerrufsvorbehalts unproblematisch möglich ist.[522]

2. *Freiwilligkeitsvorbehalt*

Möchte der Arbeitgeber den Urlaubsanspruch gerade von bestimmten Faktoren abhängig machen, wie z. B. der wirtschaftlichen Lage des Unternehmens oder der Leistung des Arbeitnehmers, so besteht für ihn weiterhin die Möglichkeit, die Gewährung von Mehrurlaub unter einen Freiwilligkeitsvorbehalt zu stellen.[523] Ist eine solche Regelung bislang zwar in der Praxis noch unüblich, so kann diese

519 BAG v. 12.01.2005 – 5 AZR 364/04 NZA 2005, 465.

520 BAG v. 12.01.2005 – 5 AZR 364/04 NZA 2005, 465, 467.

521 Unentschieden blieb dies auch vom BAG v. 07.07.2011 – 6 AZR 151/10 NJOZ 2012, 413, 414 f. (Rn. 22 f.).

522 Zu einer Beispielsklausel kann auf die Beispielsklausel zum arbeitsvertraglichen Widerrufsvorbehalt verwiesen werden, siehe im zweiten Teil, A. I. 1. a) (Beispielsklausel 8, S. 107).

523 Diese Möglichkeit sieht nunmehr auch HK-BUrlG/*Oppermann*, § 7 BUrlG Rn. 41.

für den Arbeitgeber insbesondere in Übertragungsfällen von Interesse sein, die sich sonst nach § 7 Abs. 3 BUrlG richteten. Insoweit kann sich der Arbeitgeber durch die Vereinbarung eines Freiwilligkeitsvorbehalts vor der Ansammlung von Urlaubsansprüchen schützen.[524]

Hierbei deutet sich eine Rechtsprechungsänderung dahingehend ab, dass der Freiwilligkeitsvorbehalt künftig nicht nur im Arbeitsvertrag verankert sein muss, sondern darüber hinaus mit jeder Gewährung erneut bekräftigt werden muss.[525]

Freiwilligkeitsvorbehalte müssen insbesondere der Transparenzkontrolle nach § 307 Abs. 1 S. 2 BGB standhalten. Eine Klausel ist in sich widersprüchlich und damit intransparent, wenn sie einerseits eine Sonderzahlung ausdrücklich zusagt und eine andere Vertragsklausel im Widerspruch dazu bestimmt, dass der Arbeitnehmer keinen Rechtsanspruch auf die Sonderzahlung hat.[526] Auch eine Kombination aus Widerrufsvorbehalt und Freiwilligkeitsvorbehalt ist in sich widersprüchlich, da beim Widerrufsvorbehalt ein Anspruch auf die Sonderleistung besteht, der widerrufen werden kann und beim Freiwilligkeitsvorbehalt ein solcher gerade nicht besteht.[527] Überdies gestaltet sich die Ankündigung von Sonderleistungen, die an bestimmte Voraussetzungen geknüpft wird, hinsichtlich des Transparenzgebotes als schwierig. Hier muss der Arbeitgeber einerseits die Voraussetzungen aufstellen, unter denen die Leistung gewährt werden soll. Auf der anderen Seite muss er deutlich machen, dass noch nicht feststeht, ob die Sonderleistung überhaupt gewährt wird. Dies ist kaum möglich, sodass verhaltenssteuernde Vereinbarungen, die an bestimmte Voraussetzungen geknüpft werden, wie z. B. Anwesenheitsprämien, wohl nicht mehr unter einen Freiwilligkeitsvorbehalt gestellt werden können.[528]

Bei der Frage, ob die Inhaltskontrolle bei Regelungen in Freiwilligkeitsvorbehalten eröffnet ist, besteht Streit.[529] Früher sah das Bundesarbeitsgericht

524 HK-BUrlG/*Oppermann*, § 7 BUrlG Rn. 41.

525 Nach BAG v. 12.01.2000 – 10 AZR 840/98 NZA 2000, 944 reichte die Verankerung im Arbeitsvertrag, dem folgend die h. L. *Henssler/Moll*, AGB-Kontrolle vorformulierter Arbeitsbedingungen, S. 35; MünchArbR/*Krause*, § 56 Rn. 7; Schaub/*Linck*, § 35 Rn. 67; WLP/*Stoffels*, Anhang zu § 310 ArbR Rn. 143; die Rechtsprechungsänderung deutete nun das BAG v. 14.09.2011 – 10 AZR 526/10 NZA 2012, 81, 84 (Rn. 31) an.

526 BAG v. 30.07.2008 – 10 AZR 606/07 NZA 2008, 1173.

527 BAG v. 14.09.2011 – 10 AZR 526/10 NZA 2012, 81.

528 *Bayreuther*, BB 2009, 102, 103; *Thüsing*, AGB-Kontrolle im Arbeitsrecht, Rn. 270; sowie möglicherweise BAG v. 30.07.2008 – 10 AZR 606/07 NZA 2008, 1173, 1178 (Rn. 39).

529 Vgl. zu den unterschiedlichen Auffassungen *Bauer/von Medem*, NZA 2012, 894; *Preis/Sagan*, NZA 2012, 1077; *dies.*, NZA 2012, 697; zum aktuellen Stand der Rechtsprechung siehe WLP/*Stoffels*, Anhang zu § 310 ArbR Rn. 145.

Freiwilligkeitsvorbehalte für Sonderzuwendungen grundsätzlich als kontrollfrei an. Dies begründete es damit, dass der Anspruch erst mit der Gewährung der Leistung im Einzelfall entstehen sollte.[530] Nach dem neuen AGB-Recht sind sich nunmehr der 5. und der 10. Senat nicht einig, ob die Inhaltskontrolle eröffnet ist. Nach Auffassung des 5. Senats unterliegen Freiwilligkeitsvorbehalte der Inhaltskontrolle. Sie stellen eine von Rechtsvorschriften abweichende Regelung im Sinne des § 307 Abs. 3 S. 1 BGB dar, indem sie von § 611 BGB und dem Grundsatz „pacta sunt servanda" abweichen.[531] In der Entscheidung wird deutlich, dass der 5. Senat Freiwilligkeitsvorbehalten im Allgemeinen sehr kritisch gegenübersteht.[532] Dies sieht hingegen der 10. Senat anders[533] und bezweifelt das Vorliegen einer Vertragsbedingung im Sinne von § 305 BGB.[534] Er unterzieht die Klausel aber dennoch der Transparenzkontrolle nach § 307 Abs. 1 S. 2 BGB.[535] Ferner geht er davon aus, dass die Sonderzahlungen, die auf freiwilliger Basis gewährt werden, gerade kein Teil der laufenden Vergütung seien, sodass keine Abweichung von § 611 Abs. 1 BGB vorliege.[536] Diese weichen auch nicht von allgemein anerkannten Rechtsgrundsätzen ab, sondern entsprechen vielmehr den allgemein anerkannten Regeln zur Verhinderung des Entstehens einer betrieblichen Übung. [537] Hiervon ausgenommen werden aber Freiwilligkeitsvorbehalte, die sich auf laufendes Arbeitsentgelt beziehen.[538] Daher kommt ein

530 BAG v. 12.01.2000 – 10 AZR 840/98 NZA 2000, 944; v. 05.06.1996 – 10 AZR 883/95 NZA 1996, 1028; v. 06.12.1995 – 10 AZR 198/95 NZA 1996, 1027.

531 BAG v. 25.04.2007 – 5 AZR 627/06 NZA 2007, 853; Besprechung des Urteils *Singer*, RdA 2008, 246.

532 BAG v. 25.04.2007 – 5 AZR 627/06 NZA 2007, 853; erläuternd dazu WLP/*Stoffels*, Anhang zu § 310 ArbR Rn. 145; *Stoffels*, ZfA 2009, 861, 868 ff.

533 BAG v. 30.07.2008 – 10 AZR 606/07 NZA 2008, 1173; bestätigt durch BAG v. 10.12.2008 – 10 AZR 1/08 NZA-RR 2009, 576; v. 21.01.2009 – 10 AZR 219/08 NZA 2009, 310, 312 (Rn. 15 ff.); v. 18.03.2009- 10 AZR 289/08 NZA 2009, 535; v. 20.01.2010 – 10 AZR 914/08 NZA 2010, 445, 446 (Rn. 14 ff.); v. 08.12.2010 – 10 AZR 671/09 NZA 2011, 628, 630 (Rn. 16 ff.); v. 14.09.2011 – 10 AZR 526/10 NZA 2012, 81, 82 f. (Rn. 20 ff.).

534 BAG v. 30.07.2008 – 10 AZR 606/07 NZA 2008, 1173, 1174 (Rn. 16).

535 BAG v. 30.07.2008 – 10 AZR 606/07 NZA 2008, 1173, 1174 (Rn. 17 ff.); v. 20.01.2010 – 10 AZR 914/08 NZA 2010, 445.

536 BAG v. 18.03.2009 – 10 AZR 289/08 NZA 2009, 535, 536 (Rn. 23).

537 BAG v. 18.03.2009 – 10 AZR 289/08 NZA 2009, 535, 536 (Rn. 25).

538 BAG v. 21.01.2009 – 10 AZR 219/08 NZA 2009, 310, 311 f. (Rn. 14); folgerichtig daher BAG v. 14.09.2011 – 10 AZR 526/10 NZA 2012, 81, 84 f. (Rn. 36 ff.).

Freiwilligkeitsvorbehalt bei jährlichen genau bezeichneten Sonderzahlungen in Betracht, nicht aber bei laufendem Arbeitsentgelt.[539]

Problematisch an dieser Sichtweise erscheint, dass der Widerrufsvorbehalt und der Freiwilligkeitsvorbehalt einen ähnlichen Regelungsgehalt aufweisen. So wird die Differenzierung als „hauchdünn" und „rechtskonstruktiv" sowie als „Haarspalterei" bezeichnet,[540] woraus geschlossen wird, dass sie, um zu verhindern, dass der Arbeitgeber die Vorgaben an eine AGB-Kontrolle durch die Regelung in Form eines Freiwilligkeitsvorbehalts umgehen könne, rechtlich gleich zu behandeln seien.[541]

Bei einem Widerrufsvorbehalt besteht gerade ein Anspruch des Arbeitnehmers, den der Arbeitgeber einseitig unter bestimmten Voraussetzungen widerrufen kann. Dahingegen entscheidet sich der Arbeitgeber bei der Vereinbarung eines Freiwilligkeitsvorbehalts dafür, dem Arbeitnehmer erst gar keinen Anspruch zu gewähren. Dies mag eine „hauchdünne"[542] Differenzierung sein, rechtsdogmatisch und logisch gesehen ist aber die Frage der Begründung eines Anspruchs eine dem AGB-Recht vorgelagerte Frage, die sich nach den allgemeinen Grenzen des Bürgerlichen Gesetzbuchs richtet.[543] Ist diese zu verneinen, so ist nicht von einem einseitigen Leistungsbestimmungsrecht auszugehen, bei dem die Inhaltskontrolle eröffnet ist. Daher ist bei der Regelung von Freiwilligkeitsvorbehalten die Inhaltskontrolle nicht gemäß § 307 Abs. 3 S. 1 BGB eröffnet.[544]

Soweit der Mehrurlaubsanspruch nicht im unmittelbaren Gegenseitigkeitsverhältnis vereinbart wird,[545] ist nach der aktuellen Rechtsprechung des 10. Senats ein Freiwilligkeitsvorbehalt wohl zulässig.[546] Nach der hier vertretenen Auffassung ist dabei die Inhaltskontrolle nicht eröffnet. Hiergegen spricht auch nicht die Vorschrift des § 308 Nr. 4 BGB, da diese auf Freiwilligkeitsvorbehalte nicht

---

539 Kritisch WLP/*Stoffels*, Anhang zu § 310 ArbR Rn. 145; *Stoffels*, ZfA 2009, 861, 870.

540 *Strick*, NZA 2005, 723, 725; deutlicher *Deinert*, Anmerkung zu BAG v. 30.07.2008 – 10 AZR 606/07 AP BGB § 611 Gratifikation Nr. 274 unter II. 2. „Haarspalterei".

541 Däubler/Bonin/Deinert/*Bonin*, § 307 BGB Rn. 198; *Deinert*, Anmerkung zu BAG v. 30.07.2008 – 10 AZR 606/07 AP BGB § 611 Gratifikation Nr. 274.

542 *Strick*, NZA 2005, 723, 725.

543 So zutreffend *Bieder*, NZA 2007, 1135, 1137; WLP/*Stoffels*, Anhang zu § 310 ArbR Rn. 146; *Stoffels*, ZfA 2009, 861, 870.

544 Überzeugend hierzu WLP/*Stoffels*, Anhang zu § 310 ArbR Rn. 146; *Stoffels*, ZfA 2009, 861, 870.

545 Siehe dazu eingehend im ersten Teil, D. (S. 46 ff.).

546 Ebenso *Powietzka/Fallenstein*, NZA 2010, 673, 675 f.; Preis/*Stoffels*, Der Arbeitsvertrag, II U 20 Rn. 29.

anwendbar ist. Bei diesen fehlt es gerade an einer versprochenen Leistung.[547] Der Arbeitgeber hat hierbei keine Leistungspflicht, eine solche entsteht erst durch die freiwillige Gewährung des Mehrurlaubsanspruchs.[548] Es findet jedenfalls eine Transparenzkontrolle nach § 307 Abs. 1 S. 2 BGB statt.

Schließlich sind die Angabe von Gründen und eine Begrenzung in der Höhe bei der Gewährung von Sonderzahlungen unter Freiwilligkeitsvorbehalt nicht nötig.[549] Da es sich bei der Gewährung von Mehrurlaub bei entsprechender Vertragsgestaltung um Sonderzahlungen handelt, sind die zum Freiwilligkeitsvorbehalt entwickelten Grundsätze der Rechtsprechung auf den Mehrurlaub übertragbar.[550]

Ein vertraglich vorgesehener Freiwilligkeitsvorbehalt ist nach alledem, wenn sich die Rechtsprechung wie angedeutet weiterentwickelt,[551] wirkungslos[552] und daher nicht zu empfehlen. Es sollte daher stattdessen darauf geachtet werden, dass bei jeder Gewährung von Mehrurlaub auf die Freiwilligkeit hingewiesen und diese erneut bekräftigt wird.

II. Verfallregelungen

In Arbeits- und Tarifverträgen kann ferner vereinbart werden, dass unter bestimmten Voraussetzungen ein Anspruch auf Urlaub vollständig entfällt. Dies ist jeweils nur für den entstandenen noch nicht erfüllten Anspruch relevant. Wurde der Urlaubsanspruch bereits erfüllt, kann lediglich eine vereinbarte Rückzahlungsklausel helfen, auf die an anderer Stelle eingegangen wird.[553]

1. Dogmatische Betrachtung des Verfalls

Bevor die Regelungsmöglichkeiten des Verfalls hinsichtlich des Mindest- und des Mehrurlaubsanspruchs untersucht werden, stellt sich die Frage, wie sich der Verfall des Urlaubsanspruchs dogmatisch vollzieht. Dies wird einerseits für die

---

547 BAG v. 18.03.2009 – 10 AZR 289/08 NZA 2009, 535, 536; v. 30.07.2008 – 10 AZR 606/07 NZA 2008, 1173; v. 28.03.2007 – 10 AZR 261/06 NZA 2007, 687.

548 *Linck/Schütz* in FS Leinemann, 171, 175.

549 BAG v. 18.03.2009 – 10 AZR 289/08 NZA 2009, 535, 536 f.; v. 21.01.2009 – 10 AZR 221/08 – juris.

550 I. E., jedoch ohne Problematisierung des Sondervergütungsbegriffs, auch *Powietzka/Fallenstein*, NZA 2010, 673, 676.

551 Siehe dazu soeben und insbesondere BAG v. 14.09.2011 – 10 AZR 526/10 NZA 2012, 81, 84 f. (Rn. 36 ff.).

552 WLP/*Stoffels*, Anhang zu § 310 ArbR Rn. 143.

553 Siehe zur Rückzahlungsklausel im zweiten Teil, A. VII. (S. 186 ff.).

rechtzeitige Geltendmachung von Urlaubsansprüchen und auch insbesondere für die Berechnung des Urlaubsabgeltungsanspruchs relevant.[554]

Es bieten sich dogmatisch zwei Wege an. Zum einen kann davon ausgegangen werden, dass der Anspruch am Tag des Verfalls komplett erlischt. Andererseits erscheint der Verfall auch dergestalt denkbar, dass er sich schrittweise vollzieht, sodass der Anspruch also, je näher der Verfallstag rückt, peu à peu verfällt und damit am Verfallstag der „letzte Rest" des Anspruchs erlischt.

Besonders deutlich wird der Unterschied der beiden Ansätze anhand des folgenden Beispiels. Verfällt der Urlaub (der in diesem Beispiel 20 Urlaubstage betragen soll) des Vorjahres nach der vorliegenden Verfallsregelung am 31.03.2014 und möchte nun der Arbeitnehmer am 11.03.2014 seinen Urlaub vom Vorjahr geltend machen, so besteht nach dem ersten Ansatz in dem Moment noch der volle Urlaubsanspruch des Vorjahrs in Höhe von 20 Urlaubstagen. Erst am 31.03.2014 verfällt dieser Anspruch komplett. Nach dem zweitgenannten Ansatz hingegen besteht im Zeitpunkt der Geltendmachung lediglich noch ein Anspruch in Höhe von 15 Urlaubstagen. Der Verfall ist bereits in Höhe von fünf Urlaubstagen fortgeschritten. Auch und insbesondere, wenn es um Urlaubsabgeltungsansprüche nach § 7 Abs. 4 BUrlG geht, wird es daher relevant, welcher dogmatischen Betrachtungsweise man folgt. Endet das Arbeitsverhältnis und ist daher eine Inanspruchnahme des Urlaubs unmöglich, so wird der Urlaub lediglich in der Höhe des in diesem Zeitpunkt bestehenden Urlaubsanspruchs abgegolten.[555] Das Bundesarbeitsgericht hat sich, soweit ersichtlich, zu dieser Frage bisher noch nicht explizit geäußert.[556]

a) Eigene Betrachtung

aa) Begriffsbestimmung

Als Ausgangspunkt bietet sich zunächst eine Konkretisierung des Begriffs „Verfall" an. Hierbei ist festzustellen, dass es ganz allgemein an einem feststehenden Begriff fehlt.[557] Vielmehr werden die Begriffe „Verfallklauseln"[558], „Verfallfristen"[559],

554 Siehe zum Urlaubsabgeltungsanspruch im zweiten Teil, A. X. (S. 238 ff.).

555 Näher zum Urlaubsabgeltungsanspruch siehe im zweiten Teil, A. X. (S. 238 ff.).

556 In Richtung des zweitgenannten Ansatzes weist aber beispielsweise BAG v. 13.11.1986 – 8 AZR 212/84 NZA 1987, 390.

557 Eine Darstellung der vorhandenen Terminologie ist u. a. bei *Busse*, S. 3 f.; *Matthiessen*, S. 20; *Weber*, S. 14 f. zu finden.

558 *D. Gaul*, S. 40; *Weber*, S. 14.

559 LAG Nürnberg v. 13.02.2004 – 9 (6) Sa 651/02 NZA-RR 2005, 37 ff.

„Ausschlussklauseln und -fristen“[560] sowie „Präklusivfristen“[561] synonym verwendet. Vereinzelt wird hierfür auch der Begriff der „Verwirkungsklauseln“[562] verwendet. Die Verwendung dieses Begriffs ist wegen der Abweichungen des Instituts der Verwirkung und der Ausschlussklauseln nicht zu empfehlen.[563] Im Folgenden sollen die Begriffe „Verfallklausel“ und „Ausschlussklausel“ als Synonyme für die konkrete Vereinbarung verstanden werden, mit der die Frist festgelegt wird. „Verfallfrist“ sowie „Ausschlussfrist“ sollen als Synonyme für die Zeitspanne begriffen werden, innerhalb derer der Anspruch geltend gemacht werden muss.[564] Schließlich handelt es sich bei Verfallklauseln, die den Urlaubsanspruch betreffen, um solche, die sich auf einen bereits bestehenden Anspruch beziehen, nicht um solche, die sich auf künftige Ansprüche beziehen.

bb) Eigene Stellungnahme

Richtet man den Blick auf Verfallklauseln aus anderen Rechtsgebieten, so begegnet man dem hier behandelten Problem nicht. Dies lässt sich aus dem Unterschied zwischen dem Urlaubsanspruch an sich und dem Geldanspruch erklären. Geht es um den Verfall eines Geldanspruchs, so regelt die Verfallfrist den Zeitpunkt, bis zu dem der Anspruch spätestens geltend gemacht worden sein muss. Wird er bis zu diesem Zeitpunkt geltend gemacht, so besteht er in voller Höhe. Dies betrifft also beispielsweise den Anspruch auf Urlaubsgeld, auf Urlaubsentgelt sowie auf Urlaubsabgeltung.[565] Beim Urlaubsanspruch hingegen geht es dem Inhalt des Anspruchs nach um Freistellung.[566] Das bedeutet, dass die Verfallfrist beim Urlaubsanspruch gemäß § 7 Abs. 3 S. 1, 3 BUrlG grundsätzlich den Zeitpunkt bestimmt, bis zu dem der Urlaub gewährt und genommen werden muss. Verfällt also der Urlaubsanspruch in der Regel mit

---

560 *Fenski*, AuR 1989, 168; *D. Gaul*, ZTR 1988, 123; *Kiefer*, NZA 1988, 785.

561 So *D. Gaul*, S. 39; *Matthiessen*, S. 20.

562 So noch das RAG v. 11.12.1940 – RAG 117/40 AS 41, 122; v. 05.09.1936 – RAG 104/36 AS 28, 261; *Tamm*, RdA 1959, 450.

563 *D. Gaul*, S. 39; Wiedemann/*Wank*, § 4 TVG Rn. 713; *Weber*, S. 14 f.

564 Ebenso *Busse*, S. 3; *Matthiessen*, S. 20; *Weber*, S. 14.

565 Siehe zum Urlaubsgeld im zweiten Teil, A. XII. 5. (S. 291 f.); zum Urlaubsentgelt siehe im zweiten Teil, A. VIII. 3. (S. 206); zum Urlaubsabgeltungsanspruch siehe im zweiten Teil, A. X. 4. d) (S. 247 ff.).

566 Dies entspricht dem Verständnis des Bundesarbeitsgerichts, dem hier gefolgt wird. Zum unterschiedlichen Verständnis des Anspruchsinhalts des Bundesarbeitsgerichts und des Europäischen Gerichtshofs siehe bei der Sondervergütung im ersten Teil, D. II. (S. 48 ff.) sowie beim Urlaubsabgeltungsanspruch im zweiten Teil, A. X. 4. a) (S. 241 ff.).

Ablauf des Kalenderjahres, so muss der Jahresurlaub, um diesen Verfall zu vermeiden, bis zum 31.12. des Jahres nicht nur angetreten werden, sondern die vollständige Erfüllung muss bis zum 31.12. erfolgt sein.[567] Dies ergibt sich aus § 7 Abs. 3 S. 1, 3 BUrlG und leuchtet auch unter dem Gesichtspunkt der Rechtssicherheit und Rechtsklarheit ein, dem die Verfallfrist an sich dient.[568] Der Urlaubsanspruch soll durch sie auf einen Zeitpunkt begrenzt werden, zu dem der Urlaub „abgewickelt" ist, d. h., entweder ist er bis dahin gewährt und genommen worden oder er verfällt. Versteht man die Verfallfrist des Urlaubs in diesem Sinne, so unterscheidet sie sich also von Verfallfristen von Geldansprüchen. Bei diesem Verständnis leuchtet dogmatisch der zweite Ansatz ein. Beim Urlaub geht es um die Gewährung der Freistellung, die bis zur Verfallfrist erfüllt sein soll, sodass der Anspruch schrittweise verfällt, je näher der in der Verfallklausel festgelegte Zeitpunkt rückt.

Der erste Ansatz kann daher nur einleuchten, wenn man die Verfallfrist als eine Zeitspanne begreift, innerhalb der der Urlaubsanspruch geltend gemacht worden ist, wobei die Erfüllung auch über die Verfallfrist hinaus erfolgen kann. Dies kann aber gerade im Hinblick auf § 7 Abs. 3 S. 1, 3 BUrlG und die Funktion der Verfallfrist als Begrenzung nicht überzeugen.

b) Ergebnis

Dogmatisch überzeugt im Hinblick auf die Regelung des § 7 Abs. 3 S. 1, 3 BUrlG, auf den Anspruchsinhalt sowie auf die Funktion der Verfallfrist beim Urlaub der zweitgenannte Ansatz, nach dem der Urlaub schrittweise verfällt.

2. Verfall beim Mindesturlaub

Hinsichtlich des gesetzlichen Mindesturlaubs kann nach § 13 Abs. 1 S. 3 BUrlG nicht zuungunsten des Arbeitnehmers abgewichen werden. Daher bleibt hinsichtlich des Verfalls nur ein geringer Regelungsspielraum.

a) Gesetzliche Regelung zum Verfall

Gesetzlich geregelt ist der Verfall des Mindesturlaubs in § 7 Abs. 3 BUrlG. Nach Satz 1 der Regelung muss der Mindesturlaub grundsätzlich im laufenden Kalenderjahr gewährt und genommen werden. Das bedeutet, dass grundsätzlich der Mindesturlaub mit Ablauf des Kalenderjahres verfällt.

---

567 So auch BeckOKArbR/*Lampe*, § 7 BUrlG Rn. 19.

568 Zur Funktion von Verfall-/Ausschlussfristen siehe *Busse*, S. 25 ff.; *Langer*, S. 1 ff.; *Matthiessen*, S. 30 ff.; *Weber*, S. 16 ff.

Die Sätze 2–3 der Regelung eröffnen freilich die Möglichkeit einer Übertragung des Urlaubs auf das Folgejahr im Falle von dringenden betrieblichen oder in der Person des Arbeitnehmers liegenden Gründen. Dann muss der Urlaub aber innerhalb der ersten drei Monate gewährt und genommen werden. In diesen Fällen verfällt der Urlaub also weitere drei Monate später, da der Urlaubsanspruch mit Beginn des Jahres entsteht, also letztlich 15 Monate nach seinem Entstehen.

aa) Gesetzliche Regelung zum Verfall bei Langzeiterkrankung
Eine Besonderheit stellt die Konstellation des langzeiterkrankten Arbeitnehmers dar. Bei dieser geht das Bundesarbeitsgericht inzwischen nach Umsetzung des *KHS*-Urteils des Europäischen Gerichtshofs in modifizierter unionsrechtskonformer Rechtsfortbildung des § 7 Abs. 3 S. 3 BUrlG davon aus, dass der Urlaubsanspruch 15 Monate nach Ablauf des Kalenderjahres verfällt.[569]

bb) Gesetzlicher Zusatzurlaub
Im nächsten Schritt ist zu untersuchen, ob sich die europäische Rechtsprechung lediglich auf den gesetzlichen Mindesturlaub bezieht oder ob auch der gesetzliche Zusatzurlaub hiervon erfasst ist, der beispielsweise in § 125 SGB IX für Schwerbehinderte vorgesehen ist, sodass auch dieser spätestens nach § 7 Abs. 3 S. 3 BUrlG erst 15 Monate nach Ablauf des Kalenderjahres verfällt.

Hier bietet sich einerseits angesichts der gesetzlichen Gewährung die Vergleichbarkeit zum gesetzlichen Mindesturlaub an. Außerdem richtet sich der gesetzliche Zusatzurlaub ebenfalls nach dem Bundesurlaubsgesetz und wird vom Bundesarbeitsgericht wie der gesetzliche Mindesturlaub als unabdingbar angesehen, sodass diese Betrachtung dafür spricht, dass die Rechtsprechung des Europäischen Gerichtshofs auch für den gesetzlichen Zusatzurlaub gilt.[570]

---

569 BAG v. 11.06.2013 – 9 AZR 855/11 BeckRS 2013, 72914; v. 16.10.2012 – 9 AZR 63/11 NZA 2013, 326; v. 07.08.2012 – 9 AZR 353/10 NZA 2012, 1216, 1220 (Rn. 28); siehe ausführlich zur Entwicklung der Rechtsprechung im ersten Teil, A. II. 3. b) (S. 17 ff.).

570 BAG v. 23.03.2010 – 9 AZR 128/09 NZA 2010, 810, 816 (Rn. 63 ff.); LAG Düsseldorf v. 02.02.2009 – 12 Sa 486/06 NZA-RR 2009, 242, 247; ebenso jurisPK-SGB IX/*Griese*, § 125 Rn. 30 f.; *Kohte/Beetz*, jurisPR-ArbR 25/2009, Anm. 1 zu BAG v. 24.03.2009 – 9 AZR 983/07 (zu C 2); *Liebscher*, öAT 2010, 11, 14; *Mestwerdt*, Anm. 2 zu ArbG Berlin v. 22.04.2009 – 56 Ca 21280/08 (zu C) jurisPR-ArbR 27/2009; *Pulz*, Anm. 5 zu LAG Berlin-Brandenburg v. 02.10.2009 – 6 Sa 1215/09; 6 Sa 1536/09; 6 Sa 1215/09; 6 Sa 1536/09 (zu C) jurisPR-ArbR 12/2010; *Rummel*, AuR 2009, 160, 163; *ders.*, Anm. zu BAG v. 24.03.2009 – 9 AZR 983/07 AuR 2009, 217.

Andererseits gilt die Arbeitszeitrichtlinie ausdrücklich nur für die zu gewährenden vier Wochen Jahresurlaub, die bereits durch das Bundesurlaubsgesetz gesichert werden. Dass auf den gesetzlichen Zusatzurlaub die Vorschriften des Bundesurlaubsgesetzes entsprechend angewendet werden, zwingt daher dem LAG Berlin-Brandenburg zufolge nicht dazu, die europarechtlich bedingte Ausnahme über die Reichweite der europarechtlichen Regelung hinaus auf davon nicht erfasste Fälle des materiellen Rechts auszudehnen.[571] Dies wird dafür angeführt, dass die Rechtsprechung des Europäischen Gerichtshofs ebenso wenig wie auf den übergesetzlichen Mehrurlaub auf den gesetzlichen Zusatzurlaub Anwendung findet.[572] Somit verfiele dieser ohne europarechtskonforme Auslegung nach § 7 Abs. 3 S. 3 BUrlG grundsätzlich mit Ablauf des Kalenderjahres und bei Übertragbarkeit nach weiteren drei Monaten. Dies gälte in diesem Fall auch für langzeiterkrankte Arbeitnehmer. Hier könnte sodann nur die Vereinbarung einer für die Arbeitnehmer günstigeren Regelung des Zusatzurlaubs helfen.

Um eine Entscheidung treffen zu können, ist zunächst als Ausgangspunkt wichtig, ob auf den Zusatzurlaub grundsätzlich die Vorschriften über die Entstehung, Übertragung, Kürzung und Abgeltung des gesetzlichen Mindesturlaubs anzuwenden sind. Dies wird in stetiger Rechtsprechung des Bundesarbeitsgerichts[573] angenommen und überzeugt insbesondere im Hinblick auf den identischen gesundheitspolitischen Zweck, der den Ansprüchen jeweils innewohnt.[574] Hinsichtlich der gesetzlichen Ansprüche ist also von einer urlaubsrechtlichen Akzessorietät auszugehen. Ist dies der Fall, so drängt sich letztlich eine einheitliche Behandlung der gesetzlich gewährten Ansprüche auf. Dahingegen sind übergesetzliche Mehrurlaubsansprüche, seien sie arbeitsvertraglich oder tarifvertraglich gewährt, als verschieden anzusehen.[575] Ergänzend lässt sich hierfür

---

571 LAG Berlin-Brandenburg v. 02.10.2009 – 6 Sa 1215/09 ZTR 2010, 211 (zu 2.2) zu § 125 SGB IX.

572 LAG Berlin-Brandenburg v. 02.10.2009 – 6 Sa 1215/09 ZTR 2010, 211; *ArbG Berlin* v. 22.04.2009 – 56 Ca 21280/08 NZA-RR 2009, 411, 413 (zu I 3); *Arnold*, Anm. zu BAG v. 23.03.2010 – 9 AZR 128/09 FD-ArbR 2010, 301038; *Bauer/Arnold*, Anm. zu BAG v. 24.03.2009 – 9 AZR 983/07 AP BUrlG § 7 Nr. 39 (zu 4); *Sedlmeier*, EuZA 2010, 88, 97 f.; *Subatzus*, DB 2009, 510, 512.

573 Für die st. Rspr. *BAG v.* 21.02.1995 – 9 AZR 166/94 NZA 1995, 839; *v.* 25.06.1996 – 9 AZR 182/95 NZA 1996, 1153, 1154; *v.* 24.10.2006 – 9 AZR 669/05 NZA 2007, 330, 331 (Rn. 12).

574 JurisPK-SGB IX/*Griese*, § 125 SGB IX Rn. 30.

575 Ebenso jurisPK-SGB IX/*Griese*, § 125 SGB IX Rn. 30; *Höpfner*, RdA 2013, 65, 72, demzufolge es sich bei § 7 Abs. 3, 4 BUrlG um eine „Hybridnorm“ handelt, die im Zweifel einheitlich auszulegen ist.

anführen, dass auch nicht davon auszugehen ist, dass der Gesetzgeber den gesetzlichen Mindesturlaub und den gesetzlichen Zusatzurlaub unterschiedlich regeln wollte.[576]

b) Arbeitsvertragliche Regelungen zum Verfall von Mindesturlaub

Die gesetzlichen (Mindest- und Zusatz-) Urlaubsregelungen des Bundesurlaubsgesetzes stehen grundsätzlich nicht zur Disposition der Arbeitsvertragsparteien. Lediglich zugunsten des Arbeitnehmers darf von ihnen abgewichen werden, § 13 Abs. 1 S. 3 BUrlG.[577] Ein Spielraum für Regelungen bleibt nur hinsichtlich einer Konkretisierung des Rechtsmissbrauchseinwands, der den Vertragsparteien möglich bleiben muss.[578]

aa) Generelle Übertragungsmöglichkeit

Es bietet sich darüber hinaus die Möglichkeit, die Übertragung im Sinne von § 7 Abs. 3 S. 2, 3 BUrlG zum einen von den Übertragungsgründen abzukoppeln und generell zuzulassen. Eine solche Abkopplung von Gründen kann zunächst als ungünstig im Sinne von § 13 Abs. 1 S. 3 BUrlG anzusehen sein.[579] Hierfür spricht, dass der Urlaub nach dem Bundesurlaubsgesetz an das Kalenderjahr gebunden ist. Dies soll gerade den Arbeitnehmer schützen, die jährliche Inanspruchnahme von Urlaub sichern und die Anhäufung von Urlaubsansprüchen vermeiden.[580] Andererseits kann eine solche Vereinbarung auch als für den Arbeitnehmer günstiger angesehen werden. Dieser wird vor dem gesetzlich vorgesehenen Verlust des Anspruchs geschützt und hat die Möglichkeit, den Urlaub

---

576 *Rummel*, AuR 2009, 160, 163; *ders.*, Anm. zu BAG v. 24.03.2009 – 9 AZR 983/07 AuR 2009, 417; a. A. ohne Begründung *Bauer/Arnold*, NJW 2009, 631 (Fn. 27).

577 Indem nur zugunsten des Arbeitnehmers von den gesetzlichen Regelungen abgewichen werden kann, erübrigt sich an dieser Stelle die Darstellung der zulässigen Dauer von vertraglichen Ausschlussfristen. Es können ohnehin für den Normalfall lediglich Ausschlussfristen von über 12 Monaten ab Entstehung des Urlaubsanspruchs bzw. von über 15 Monaten ab Entstehung des Urlaubsanspruchs bei Vorliegen eines Übertragungsgrundes und für Langzeiterkrankte von über 15 Monaten nach Ablauf des Urlaubsjahres vereinbart werden. Diese sind unproblematisch zulässig. Zur zulässigen Dauer von Ausschlussfristen siehe beim Urlaubsabgeltungsanspruch im zweiten Teil, A. X. 4. d) (S. 247 ff.).

578 Hierzu vertiefend Preis/*Stoffels*, Der Arbeitsvertrag, II U 20 Rn. 74; *Stoffels*, Der Vertragsbruch des Arbeitnehmers, S. 280.

579 LAG München v. 17.02.1987 – 2(3) Sa 848/86 NZA 1988, 162; MünchArbR/*Leinemann*, 2. Aufl. 2000, § 91 Rn. 17.

580 Arnold/Tillmanns/*Arnold*, § 7 BUrlG Rn. 175.

auch im folgenden Jahr noch in Anspruch zu nehmen. Rein zeitlich betrachtet ist eine solche Vereinbarung daher als für den Arbeitnehmer günstiger anzusehen. Schließlich kann aber das in §§ 1, 7 Abs. 3 BUrlG festgelegte Gebot zeitnaher Erfüllung des Urlaubsanspruchs verletzt sein. Allerdings ist auch dieses nicht als so eng aufzufassen und hat zudem als Folge der geänderten Rechtsprechung zum Urlaubsanspruch Arbeitsunfähiger an Bedeutung verloren.[581] Abschließend ist es überzeugender, eine generelle Übertragungsmöglichkeit als für den Arbeitnehmer günstiger anzusehen. Diese ist daher arbeitsvertraglich auch im Hinblick auf § 13 Abs. 1 S. 3 BUrlG zulässig.[582]

bb) Verlängerung des Übertragungszeitraums

Zum anderen kann beiden Parteien lediglich an einer längeren Übertragungsmöglichkeit als den vorgesehenen drei Monaten gelegen sein. Sie können also eine Regelung vorsehen, dass bei persönlichen oder betrieblichen Gründen eine Übertragung des Urlaubs beispielsweise bis zum Ende des folgenden Kalenderjahres möglich ist. Bei einer solchen Vereinbarung spricht aber für eine Regelung zuungunsten des Arbeitnehmers im Sinne von § 13 Abs. 1 S. 3 BUrlG, dass der Urlaub bei betrieblichen Gründen durch den Arbeitgeber zeitlich länger verschoben werden kann.

Bei der gesetzlich vorgesehenen Übertragung des Urlaubs auf das Folgejahr nach § 7 Abs. 3 S. 3 BUrlG ist das Urlaubsverlangen des Arbeitnehmers im ersten Quartal nun für den Arbeitgeber verbindlich. Diesem kommt kein Leistungsverweigerungsrecht mehr zu, gleich aus welchem Grund.[583] Gewährt der Arbeitgeber den übertragenen Urlaub bis zum 31.03. des Folgejahres nicht, obwohl der Arbeitnehmer den Urlaub verlangt hat, entsteht ein Schadensersatzanspruch des Arbeitnehmers in Form von Ersatzurlaub als Naturalrestitution.[584] Insbesondere im Hinblick auf das Gebot zeitnaher Erfüllung des Urlaubsanspruchs nach §§ 1, 7 Abs. 3 BUrlG erscheint eine solche Regelung daher ungünstig im Sinne von § 13 Abs. 1 S. 3 BUrlG.

---

581 Arnold/Tillmanns/*Arnold*, § 7 BUrlG Rn. 175.

582 BAG v. 21.06.2005 – 9 AZR 200/04 NZA 2006, 232; v. 09.05.1995 – 9 AZR 552/93 NZA 1996, 149; HK-BUrlG/*Oppermann*, § 7 BUrlG Rn. 56; 75; Preis/*Stoffels*, Der Arbeitsvertrag, II U 20 Rn. 12.

583 BAG v. 10.02.2004 – 9 AZR 116/03 NZA 2004, 986; ebenso LAG Baden-Württemberg v. 03.06.2009 – 10 SaGa 1/09 NZA-RR 2010, 178; ErfK/*Gallner*, § 7 BUrlG Rn. 64; a. A. *Powietzka/Rolf*, § 7 BUrlG Rn. 32.

584 Vgl. dazu nur BAG v. 14.05.2013 – 9 AZR 760/11 NJOZ 2013, 1890; ErfK/*Gallner*, § 7 BUrlG Rn. 40; 64; *Powietzka/Rolf*, § 7 BUrlG Rn. 70.

Gegen einen solchen Verstoß wird § 7 Abs. 3 S. 4 BUrlG angeführt, nach dem das Gebot selbst bei einer Übertragung auf das gesamte folgende Kalenderjahr gewahrt bleibt.[585] Hierbei ist aber darauf hinzuweisen, dass die Übertragung nach § 7 Abs. 3 S. 4 BUrlG auf Verlangen des Arbeitnehmers geschieht, bei einer Verlängerung der Übertragungsmöglichkeit bei betrieblichen Gründen hingegen geschieht die Übertragung auf Veranlassung des Arbeitgebers.

Stellt man nur auf die Zeitspanne ab, so spricht § 7 Abs. 3 S. 4 BUrlG freilich für die Zulässigkeit einer solchen Regelung. Auch der Bedeutungsverlust des Gebotes, der durch die Rechtsprechungsänderung zu langzeiterkrankten Arbeitnehmern eingetreten ist, spricht hierfür.[586] Außerdem verfällt der Urlaubsanspruch letztlich später, bleibt damit länger bestehen, sodass die Regelung unter diesem Blickwinkel insgesamt als günstiger anzusehen ist.[587] Jedenfalls ist die bloße Verlängerung des Übertragungszeitraums ohne Übertragungsgründe als für den Arbeitnehmer günstiger anzusehen und daher möglich.[588]

Beispielsklausel 9: Teilklausel mit verlängertem Übertragungszeitraum für den Mindesturlaubsanspruch

> *[1]Der Arbeitnehmer hat Anspruch auf den gesetzlichen Mindesterholungsurlaub im Umfang von 20 Tagen pro Jahr, bezogen auf eine Fünf-Tage-Woche. [2]Der Mindesturlaub muss bis spätestens zum ... des folgenden Jahres gewährt und genommen werden. [3]Das Nähere bestimmt sich nach den Vorschriften des Bundesurlaubsgesetzes.*

cc) Anwendbarkeit von Ausschlussfristen

Schließlich sind tarif- oder arbeitsvertraglich vereinbarte Ausschlussfristen auf ihre Anwendbarkeit in Bezug auf den gesetzlichen Mindesturlaubsanspruch zu überprüfen. Jedoch besteht der Anspruch gerade nur befristet für den durch § 7 Abs. 3 BUrlG bestimmten Zeitraum.[589] Eine Anwendung von tarifvertraglichen Ausschlussfristen, die kürzer als der in § 7 Abs. 3 BUrlG vorgesehene Zeitraum sind, verstößt gegen § 13 Abs. 1 S. 1 BUrlG, indem sie der in

585 *Linck/Schütz* in FS Leinemann, 171, 185.

586 Siehe hierzu soeben sowie Arnold/Tillmanns/*Arnold*, § 7 BUrlG Rn. 175.

587 In diesem Sinne *Linck/Schütz* in FS Leinemann, 171, 185; a. A. *Heilmann*, § 7 BUrlG Rn. 25, der eine Verlängerung des Übertragungszeitraums über den 31.3. des Folgejahres hinaus nur bei in der Person des Arbeitnehmers liegenden Gründen als günstig erachtet.

588 I. E. ebenso *Linck/Schütz* in FS Leinemann, 171, 185; Preis/*Stoffels*, Der Arbeitsvertrag, II U 20 Rn. 12; *Powietzka/Rolf*, § 7 BUrlG Rn. 81 f.

589 BAG v. 24.11.1992 – 9 AZR 549/91 NZA 1993, 472, 473; *Boecken/Jacobsen*, ZTR 2011, 267, 274.

§ 1 BUrlG niedergelegte Bindung des Urlaubsanspruchs an das Kalenderjahr widerspricht.[590] Arbeitsvertragliche Ausschlussfristen sind gemäß § 13 Abs. 1 S. 3 BUrlG unwirksam.[591] Auch bei der Wiedererlangung der Arbeitsfähigkeit unterliegt der Urlaubsanspruch allein der Befristung nach § 7 Abs. 3 BUrlG, sodass auch in diesem Fall keine eigens auf den aus krankheitsbedingten Gründen übertragenen Urlaub bezogenen Ausschlussfristen vereinbart werden können.[592] Lediglich die Vereinbarung einer längeren Ausschlussfrist, innerhalb derer der Mindesturlaubsanspruch geltend gemacht werden muss, kann also nach den Vorschriften der §§ 13, 1 BUrlG vereinbart werden.[593] Eine solche Regelung stellt eine Abweichung zugunsten des Arbeitnehmers dar.

Problematisch ist insoweit jedoch, ob der Urlaubsanspruch seiner Art nach einer Ausschlussfrist faktisch überhaupt zugänglich ist. Hiergegen wird angeführt, dass die Ausschlussfrist mit der Fälligkeit des Anspruchs beginnt und diese beim Urlaubsanspruch erst in dem Zeitpunkt eintritt, in dem der Arbeitgeber den Urlaub erteilt, sodass die zeitliche Lage des Urlaubs festgelegt wird. Zwar entstehe der Urlaubsanspruch jeweils zu Beginn des Jahres, die Leistungszeit im Sinne von § 271 Abs. 1 BGB werde jedoch erst durch die konkrete Bestimmung des Urlaubstermins festgelegt.[594] Eine Ausschlussfrist habe daher insoweit keine Funktion. Darüber hinaus werde der Zweck einer Ausschlussfrist auch durch die gesetzliche Befristung auf andere, angemessene Weise erreicht.[595]

---

590 BAG v. 20.05.2008 – 9 AZR 219/07 NZA 2008, 1237; v. 23.04.1996 – 9 AZR 165/95 NZA 1997, 44; *Boecken/Jacobsen*, ZTR 2011, 267, 274; GKÖD/*Fieberg*, Bd. IV Teil 2, E § 37 TVöD/TV-L Rn. 46d; HK-BUrlG/*Hohmeister*, § 13 BUrlG Rn. 62 ff.; *Neumann/Fenski*, § 13 BUrlG Rn. 70.

591 BAG v. 05.04.1984 – 6 AZR 443/81 NZA 1984, 257.

592 BAG v. 18.11.2003 – 9 AZR 95/03 NZA 2004, 651, 653; v. 24.11.1992 – 9 AZR 549/91 NZA 1993, 472, 473; *Boecken/Jacobsen*, ZTR 2011, 267, 274; GKÖD/*Fieberg*, Bd. IV Teil 2, E § 37 TVöD/TV-L Rn. 46 ff.; *B. Gaul/Bonanni/ Ludwig*, DB 2009, 1013, 1015; *Geyer*, ZTR 2009, 346, 353; HWK/*Schinz*, § 7 BUrlG Rn. 74c; a. A. *B. Gaul/Josten/Strauf*, BB 2009, 497, 499; *C. Picker*, ZTR 2009, 230, 239; *Powietzka/Fallenstein*, NZA 2010, 673, 677; *Powietzka/Rolf*, § 7 BUrlG Rn. 108; § 13 BUrlG Rn. 19, die unzutreffend davon ausgehen, dass der wegen krankheitsbedingter Arbeitsunfähigkeit übertragene Urlaub keiner zeitlichen Begrenzung unterliegt.

593 HK-BUrlG/*Hohmeister*, § 13 BUrlG Rn. 61; *Neumann/Fenski*, § 7 BUrlG Rn. 72.

594 GKÖD/*Fieberg*, Bd. IV Teil 2, E § 37 TVöD/TV-L Rn. 46 ff.; a. A. ErfK/*Gallner*, § 1 BUrlG Rn. 21; *Leinemann/Linck*, § 1 BUrlG Rn. 77 ff., die den Urlaubsanspruch mit seinem Entstehen zu Beginn des Jahres als fällig ansehen.

595 GKÖD/*Fieberg*, Bd. IV Teil 2, E § 37 TVöD/TV-L Rn. 46b.

An dieser Betrachtungsweise ist bereits der Ausgangspunkt zweifelhaft. So wird die Ausschlussfrist als eine Frist definiert, die den zeitlichen Bestand eines Anspruchs mit dem Ziel alsbaldiger Klärung begrenzt, welche Ansprüche noch geltend gemacht werden (können). Sie beginne mit der Fälligkeit des Anspruchs.[596] Ist dem ersten Teil der Definition zuzustimmen, so stellt sich bei dem zweiten Teil sogleich die Frage, ob eine Ausschlussfrist in jedem Fall mit der Fälligkeit des Anspruchs beginnt. Mag auch ein Anknüpfen an die Fälligkeit verbreitet sein, so ist dies nicht zwingend der Fall.[597] Eine Ausschlussfrist wird vielmehr lediglich als eine Frist definiert, „nach deren Ablauf das Recht erlischt, es sei denn, dass der Anspruchsinhaber innerhalb der Frist das Recht in der richtigen Art und Weise gegenüber dem Schuldner geltend gemacht hat“[598] bzw. als „Zeitspanne, innerhalb derer der Anspruch geltend gemacht werden muss“[599]. An welchen Zeitpunkt der Beginn einer Ausschlussfrist anknüpft, ist eine Frage der konkreten vertraglichen Gestaltung und spricht nicht gegen die Anwendung von Ausschlussfristen auf den Urlaubsanspruch per se.[600] Auch das Argument, dass der Zweck einer zeitlichen Begrenzung durch die gesetzliche Befristung des Urlaubsanspruchs erreicht wird, spricht nicht dagegen, eine von der gesetzlichen Befristung abweichende (zusätzliche) Ausschlussfrist hinsichtlich des Urlaubsanspruchs zuzulassen. Mithin ist der Urlaubsanspruch auch seiner Art nach faktisch einer Ausschlussfrist zugänglich.

Wird also bezüglich des Urlaubsanspruchs eine Ausschlussfrist vereinbart, so ist ein Anknüpfen an einen anderen Zeitpunkt als die Fälligkeit für den Beginn der Frist möglich. Darüber hinaus ist bei einer solchen Regelung zu bedenken, dass nicht klar ist, innerhalb welches Zeitraums der Arbeitnehmer den Urlaub

---

596 GKÖD/*Fieberg*, Bd. IV Teil 2, E § 37 TVöD/TV-L Rn. 46.

597 Nipperdey/*Kortstock*, Lexikon des Arbeitsrechts, Fälligkeit; Nipperdey/*Kortstock*, Lexikon des Arbeitsrechts, Ausschlussfrist wonach eine Ausschlussfrist „oft“ bzw. „meist“ ab Fälligkeit des jeweiligen Anspruchs läuft. Siehe nur zu einer tariflichen Ausschlussfrist, die für den Beginn auf den Beginn eines Lohnabrechnungszeitraums abstellt BAG v. 09.12.2003 – 9 AZR 648/02 NJOZ 2004, 2050. Nach BAG v. 28.09.2005 – 5 AZR 52/05 NZA 2006, 149 „darf“ eine individualvertragliche Ausschlussfrist an die Fälligkeit anknüpfen. Daraus ergibt sich gleichermaßen, dass sie gerade nicht daran anknüpfen muss.

598 Rechtswörterbuch, http://www.rechtswoerterbuch.de/recht/a/ausschlussfrist/ (12.03.2014); vgl. auch *Creifelds*, Frist (1).

599 Ebenso *Busse*, S. 3; *Matthiessen*, S. 20; *Weber*, S. 14.

600 Zur Angemessenheit der Anknüpfung an andere Zeitpunkte siehe BAG v. 01.03.2006 – 5 AZR 511/05 NZA 2006, 783 sowie sogleich beim Verfall des Mehrurlaubs im zweiten Teil, A. II. 3. e) (S. 136 ff.).

gewährt und genommen haben muss. Empfehlenswert ist daher zusätzlich die Festsetzung einer solchen Frist.

Beispielsklausel 10: Ausschlussfrist bezüglich des Mindesturlaubsanspruchs

> *[1]Der Mindesturlaubsanspruch verfällt, wenn er nicht binnen drei Monaten nach Ablauf der gesetzlichen Befristung nach § 7 Abs. 3 BUrlG gegenüber der anderen Vertragspartei schriftlich geltend gemacht wird. [2]Er verfällt ferner, wenn er nicht spätestens binnen sechs Monaten nach Ablauf der gesetzlichen Befristung gewährt und genommen wird.*

c) Tarifvertragliche Regelungen zum Verfall von Mindesturlaub

Bei urlaubsrechtlichen Verfallsregelungen können die Tarifvertragsparteien unproblematisch hinsichtlich des Mindesturlaubs Abweichungen vom Gesetz zugunsten der Arbeitnehmer vorsehen. Hier ist es bisweilen üblich, beispielsweise den Übertragungszeitraum zu verlängern.[601]

Beispielsklausel 11: Tarifvertragliche Verfallsregelung bezüglich des Mindesturlaubs

> *[1]Der Arbeitnehmer hat Anspruch auf den gesetzlichen Mindesterholungsurlaub im Umfang von 20 Tagen pro Jahr, bezogen auf eine Fünf-Tage-Woche. [2]Der Mindesturlaub muss bis spätestens zum ... des folgenden Jahres angetreten werden. [3]Das Nähere bestimmt sich nach den Vorschriften des Bundesurlaubsgesetzes.*

Eine Abweichung zuungunsten des Arbeitnehmers ist auch in Tarifverträgen wegen Verstoßes gegen §§ 13 Abs. 1 S. 1, 1 BUrlG nicht möglich.

3. *Arbeitsvertragliche Regelungen zum Verfall bei Mehrurlaub*

Hinsichtlich der Regelung des Verfalls von Mehrurlaub sind die Vertragsparteien, sofern eine ausreichende Differenzierungsklausel vorhanden ist, frei. Im Folgenden sollen daher die Grenzen möglicher Regelungen, insbesondere AGB-rechtliche Grenzen bei der Verwendung von Allgemeinen Geschäftsbedingungen, untersucht werden. Bei diesen handelt es sich um leistungsausgestaltende Regelungen, sodass die Inhaltskontrolle nach § 307 Abs. 3 S. 1 BGB eröffnet ist.[602] Grundsätzlich stellt aber eine Verfallsregelung bezüglich des

---

601 BAG v. 22.05.2012 – 9 AZR 618/10 NZA 2012, 987 (Tarifvertrag für den öffentlichen Dienst der Länder); v. 23.03.2010 – 9 AZR 128/09 NZA 2010, 810 (Manteltarifvertrag für die Angestellten der BfA); v. 20.08.1996 – 9 AZR 22/95 NZA 1997, 839 (Metallindustrie Nordrhein-Westfalen).

602 Zur Eröffnung der Inhaltskontrolle bei der Gewährung von Mehrurlaub siehe im ersten Teil, A. V. 2. b) (S. 25 ff.).

Mehrurlaubsanspruchs keine unangemessene Benachteiligung im Sinne von § 307 Abs. 1 BGB dar.[603]

a) Verfallklausel zugunsten des Arbeitnehmers

Unproblematisch zulässig ist eine Verfallklausel, nach der der Mehrurlaub ohne das Vorliegen von Gründen auf einen Zeitpunkt nach dem 31.03. des Folgejahres übertragen werden kann, er also erst zu einem späteren Zeitpunkt verfällt.[604] Diese kann hinsichtlich des Mehrurlaubs auch an das Vorliegen bestimmter Gründe geknüpft werden, sodass die Übertragung beispielsweise nur bei betrieblichen Gründen möglich sein soll. Ferner kann beispielsweise auch vorgesehen werden, dass der Mehrurlaub nicht bis zur Verfallfrist gewährt und genommen worden sein muss, sondern lediglich angetreten sein muss.[605] Schließlich ist auch eine unbegrenzte Übertragung ohne Übertragungsgründe denkbar.[606] Hier verfügen also die Vertragsparteien über ein großes Maß an Gestaltungsfreiheit.

Beispielsklausel 12: Verfallklausel mit für den Arbeitnehmer günstigen Regelungen hinsichtlich des Mehrurlaubs

> *[1]Der Mehrurlaub kann bei dringenden betrieblichen Gründen bis zum ... des folgenden Kalenderjahres übertragen werden. [2]Im Fall der Übertragung muss der Urlaub bis zum ... des folgenden Kalenderjahres gewährt und angetreten werden.*

b) Verfallklausel bei Langzeiterkrankung

Zunächst ist von besonderem Interesse, eine Vereinbarung dahingehend zu treffen, dass Mehrurlaub auch im Falle der Langzeiterkrankung zu einem bestimmten Zeitpunkt verfällt, beispielsweise mit Ablauf des Kalenderjahres. Dadurch kann ein Ansammeln von Mehrurlaubsansprüchen vermieden werden.

aa) Anknüpfen an Langzeiterkrankung als Benachteiligung im Sinne des Allgemeinen Gleichbehandlungsgesetzes

Allerdings gilt es die Zulässigkeit einer solchen Vereinbarung in Bezug auf das Allgemeine Gleichbehandlungsgesetz zu untersuchen. Gemäß §§ 1, 7 Abs. 1 AGG ist ein Anknüpfen an die Behinderung unzulässig. Es ist also zu klären, inwieweit sich

---

603 *Oberthür*, ArbRB 2009, 278, 280; Preis/*Stoffels*, Der Arbeitsvertrag, II U 20 Rn. 77.

604 Siehe dazu beispielsweise BAG v. 12.03.2013 – 9 AZR 292/11 NZA 2014, 51.

605 Zu entsprechenden Regelungen in Tarifverträgen BAG v. 23.03.2010 – 9 AZR 128/09 NZA 2010, 810; v. 20.08.1996 – 9 AZR 22/95 NZA 1997, 839. Auch in Arbeitsverträgen sind solche Vereinbarungen aber unproblematisch zulässig; vgl. auch HK-BUrlG/*Oppermann*, § 7 BUrlG Rn. 56.

606 *Powietzka/Rolf*, § 7 BUrlG Rn. 82.

der Begriff der Erkrankung mit dem der Behinderung deckt und inwieweit in einer solchen Regelung eine Benachteiligung im Sinne von § 3 AGG bestehen kann.

(1) Abgrenzung der Behinderung von der Krankheit

Der Begriff der Behinderung im Sinne des Allgemeinen Gleichbehandlungsgesetzes entspricht den sozialrechtlich entwickelten gesetzlichen Definitionen nach den §§ 2 Abs. 1 SGB IX, 3 BGG.[607] Demnach sind Menschen behindert, „wenn ihre körperliche Funktion, geistige Fähigkeit oder seelische Gesundheit mit hoher Wahrscheinlichkeit länger als sechs Monate von dem für das Lebensalter typischen Zustand abweicht und daher ihre Teilhabe am Leben in der Gesellschaft beeinträchtigt ist“[608]. Bei der Betrachtung des arbeitsrechtlichen Benachteiligungsverbotes reicht nach unionsrechtlichem Verständnis indes eine Beeinträchtigung der Teilhabe am Arbeitsleben aus.[609] Der unionsrechtliche Begriff der Behinderung umfasst heilbare und unheilbare Krankheiten, wenn mit ihnen Einschränkungen einhergehen, die auf physische, geistige oder psychische Beeinträchtigungen zurückzuführen sind und die die Betroffenen in Wechselwirkung mit verschiedenen Barrieren für lange Dauer an der vollen Teilnahme am Berufsleben hindern können.[610] Er ist daher als dynamischer Begriff aufzufassen, der sich stetig weiterentwickelt.[611]

Aus den unterschiedlichen Definitionen in nationaler sowie in unionsrechtlicher Hinsicht ergeben sich Diskrepanzen im Begriffsverständnis, die sich für die vom Allgemeinen Gleichbehandlungsgesetz Erfassten teils als günstiger, teils als ungünstiger darstellen. Dabei ist davon auszugehen, dass der nationale Behindertenbegriff maßgeblich ist, soweit das nationale Recht ein weiteres Verständnis als das Unionsrecht zugrunde legt. Soweit hingegen das nationale Recht hinter

607 BT-Drs. 16/1780, 31; BAG v. 22.10.2009 – 8 AZR 642/08 NZA 2010, 280, 282 (Rn. 20).

608 BT-Drs. 16/1780, 31; BAG v. 22.10.2009 – 8 AZR 642/08 NZA 2010, 280, 282 (Rn. 20).

609 EuGH v. 11.04.2013 – C-335/11, C 337/11 NZA 2013, 553 (HK Danmark); v. 11.07.2006 – C-13/05 NZA 2006, 839 (Navas); *Bauer/Göpfert/Krieger*, § 1 AGG Rn. 41; ErfK/*Schlachter*, § 1 AGG Rn. 9; MüKoBGB/*Thüsing*, § 1 AGG Rn. 76.

610 EuGH v. 11.04.2013 – C-335/11, C 337/11 NZA 2013, 553 (HK Danmark); v. 11.07.2006 – C-13/05 NZA 2006, 839 (Navas).

611 EuGH v. 11.04.2013 – C-335/11, C 337/11 NZA 2013, 553, 555 (Rn. 37) (HK Danmark).

dem Unionsrecht zurückbleibt, muss der unionsrechtliche Behindertenbegriff herangezogen werden.[612]

Der Begriff der Behinderung und derjenige der Krankheit sind damit nicht gleichzusetzen.[613] Soll eine Abgrenzung zwischen einer Behinderung und einer bloßen Erkrankung vorgenommen werden, so geschieht diese anhand der konkreten Überprüfung der Beeinträchtigung, wobei das Gesamtbild entscheidet.[614] Zustände, die vorübergehender Natur sind, reichen nicht für eine Einstufung als Behinderung aus.[615] Für die Prognose der langen Dauer ist nach nationalem Recht eine hohe Wahrscheinlichkeit erforderlich,[616] während nach dem Unionsrecht die nationalen Gerichte im Einzelfall entscheiden müssen, wann eine langfristige Einschränkung vorliegt.[617]

Der Europäische Gerichtshof nahm bislang nicht abschließend Stellung zur Abgrenzung der Behinderung von der Krankheit. Er lehnte lediglich eine Gleichsetzung der Behinderung mit „irgendeiner Krankheit" ab,[618] sodass einige Krankheiten durchaus als Behinderung eingestuft werden können[619]. Jedenfalls bei chronischen Erkrankungen mit entsprechender Beeinträchtigungswirkung treten daher Überschneidungen auf, bei denen sowohl eine Behinderung als auch eine Erkrankung gegeben sind.[620] So geht das Bundesarbeitsgericht jüngst davon aus, dass auch eine symptomlose HIV-Erkrankung eine Behinderung im

612 BAG v. 19.12.2013 – 6 AZR 190/12 – juris (Rn. 63 ff.); *von Roetteken*, § 1 AGG Rn. 161 f.; zum Problem der verschiedenen Definitionen auch vertiefend *Stiebert/Pötters*, Anm. zu EuGH v. 11.04.2013 – C-335/11, C 337/11 EzA EG-Vertrag 1999 Richtlinie 2000/78 Nr. 31, 23, 27; *Thüsing/Pötters/Stiebert*, RdA 2012, 281, 282 ff.

613 EuGH v. 11.07.2006 – C-13/05 NZA 2006, 839 (Navas); *Bauer/Göpfert/Krieger*, § 1 AGG Rn. 41a; *Domröse*, NZA 2006, 1320, 1321.

614 BAG v. 19.12.2013 – 6 AZR 190/12 – juris; MüKoBGB/*Thüsing*, § 1 AGG Rn. 82.

615 MüKoBGB/*Thüsing*, § 1 AGG Rn. 82.

616 BT-Drs. 16/1780, 31.

617 BAG v. 19.12.2013 – 6 AZR 190/12 – juris (Rn. 61).

618 EuGH v. 11.07.2006 – C-13/05 NZA 2006, 839 (Navas).

619 MüKoBGB/*Thüsing*, § 1 AGG Rn. 83.

620 ErfK/*Schlachter*, § 1 AGG Rn. 9. Um eine „Entgrenzung" des Behindertenbegriffs zu vermeiden, fordern daher *Stiebert/Pötters* neben dem quantitativen Aspekt der langen Dauer ein qualitatives Kriterium in Form der Beeinträchtigung der Teilnahme an der Gesellschaft insgesamt, *Stiebert/Pötters*, Anm. zu EuGH v. 11.04.2013 – C-335/11, C 337/11 EzA EG-Vertrag 1999 Richtlinie 2000/78 Nr. 31, 23, 27; siehe auch *Thüsing/Pötters/Stiebert*, RdA 2012, 281, 282 ff. Zur Einschränkung einer solchen „Entgrenzung" des Behindertenbegriffs siehe aber BAG v. 19.12.2013 – 6 AZR 190/12 – juris (Rn. 67 ff.).

Sinne von § 1 AGG darstellt, solange das auf eine solche Infektion zurückzuführende soziale Vermeidungsverhalten und die darauf beruhenden Stigmatisierungen andauern und daher eine Beeinträchtigung vorliegt, die sich auf die Teilhabe sowohl im Leben in der Gemeinschaft als auch in dem Berufsfeld auswirkt.[621]

(2) Unmittelbare Benachteiligung

Eine Verfallklausel darf also für den Verfall des Mehrurlaubs nicht an das Merkmal der Behinderung anknüpfen.[622] Nur bei einem Anknüpfen an dem verbotenen Merkmal, das ausdrücklich oder sinngemäß stattfindet, liegt eine unmittelbare Benachteiligung im Sinne von § 3 Abs. 1 AGG vor.[623] Knüpft damit eine Verfallregelung an ein bestimmtes Datum oder an eine bestimmte Anzahl von Fehltagen für den Verfall des Mehrurlaubs an,[624] so ist dies eine neutrale Regelung, die keine unmittelbare Benachteiligung darstellt.

(3) Mittelbare Benachteiligung

Eine Benachteiligung kann überdies auch mittelbar erfolgen. Dies ist nach § 3 Abs. 2 AGG der Fall, wenn dem Anschein nach neutrale Vorschriften Personen wegen eines in § 1 AGG genannten Grundes gegenüber anderen Personen in besonderer Weise benachteiligen können. Zur Bestimmung der Benachteiligung sind also Vergleichsgruppen der schlechter gestellten Personengruppe sowie der begünstigten Gruppe zu bilden und zu betrachten, ob die durch § 1 AGG gekennzeichnete Personengruppe durch die Vorschrift zahlenmäßig stärker beeinträchtigt wird.[625] Sollte dies der Fall sein, so entsteht dadurch die Vermutung, dass gerade die Zugehörigkeit zu der Personengruppe die Ursache der Benachteiligung war. Diese Vermutung kann jedoch durch entsprechende Gründe gerechtfertigt werden.[626]

---

621 BAG v. 19.12.2013 – 6 AZR 190/12 – juris.

622 Handelt es sich bei der konkreten chronischen Erkrankung um eine Behinderung im Sinne des Allgemeinen Gleichbehandlungsgesetzes und knüpft die Benachteiligung an diese Erkrankung an, so kann daher darin eine unmittelbare Benachteiligung bestehen; siehe dazu BAG v. 19.12.2013 – 6 AZR 190/12 – juris.

623 EuGH v. 12.10.2010 – C-499/08 NZA 2010, 1341 (Andersen); BAG v. 13.10.2009 – 9 AZR 722/08 NZA 2010, 327; LAG Köln v. 15.02.2008 – 11 Sa 923/07 NZA-RR 2008, 622.

624 Zu einem Anknüpfen an eine bestimmte Anzahl an Fehltagen siehe auch LAG Köln v. 15.02.2008 – 11 Sa 923/07 NZA-RR 2008, 622.

625 *Bauer/Göpfert/Krieger*, § 3 AGG Rn. 25.

626 EuGH v. 07.06.2012 – C-132/11 NZA 2012, 742 (Tyrolean Airways); v. 27.10.1993 – C-127/92 NZA 1994, 797 (Enderby); BAG v. 28.01.2010 – 2 AZR 764/08 NZA 2010, 625;

Bei einem Anknüpfen der Verfallregelung an ein bestimmtes Datum für den Verfall von Mehrurlaub sind davon die Mehrurlaubsansprüche aller Arbeitnehmer erfasst, gleich ob diese behindert sind. In diesem Fall ist daher keine mittelbare Benachteiligung gegeben. Sieht nunmehr die Vereinbarung vor, dass der Mehrurlaubsanspruch zu einem bestimmten Datum verfällt, beispielsweise mit Ablauf des Kalenderjahres, und dass dies auch für den Mehrurlaub der langzeiterkrankten Arbeitnehmer gilt, so wird dabei lediglich an dem Merkmal des konkreten Datums angeknüpft. Der Hinweis, dass von dem Verfall auch die Mehrurlaubsansprüche langzeiterkrankter Arbeitnehmer erfasst sind, ist rein deklaratorisch. Es verfallen danach die Mehrurlaubsansprüche aller Arbeitnehmer, sodass Behinderte in keiner Weise nachteilig behandelt werden.

Knüpft die Verfallregelung an eine bestimmte Anzahl an Fehltagen an, so muss diese, um eine mittelbare Benachteiligung im Sinne von § 3 Abs. 2 AGG darzustellen, Behinderte erheblich häufiger betreffen als Nichtbehinderte. Ein solcher Zusammenhang ist aber nicht auszumachen. Es ist vielmehr nicht nachgewiesen, dass behinderte Arbeitnehmer höhere Fehlzeiten aufweisen als nicht behinderte. Daher ist auch in einer solchen Vereinbarung keine mittelbare Benachteiligung zu sehen.[627]

bb) Ergebnis

Damit ist es möglich, eine explizite Verfallklausel im Vertrag vorzusehen, die an ein bestimmtes Datum anknüpft, sodass mit Erreichen des Datums der Mehrurlaub auch bei einer Langzeiterkrankung des Arbeitnehmers verfällt.[628]

Beispielsklausel 13: Verfallklausel mit Ablauf des Kalenderjahres auch bei Langzeiterkrankung

> *„1Ein im laufenden Kalenderjahr noch nicht gewährter Mehrurlaubsanspruch verfällt spätestens mit Ablauf des Kalenderjahres. 2Das gilt auch, wenn der Arbeitnehmer den Urlaub aus von ihm nicht zu vertretenden Gründen nicht nehmen kann, z. B. weil er während des Urlaubsjahres arbeitsunfähig erkrankt ist.“*[629]

---

v. 18.05.2006 – 6 AZR 631/05 NZA 2007, 103; v. 08.06.2005 – 4 AZR 412/04 NZA 2006, 611.

627 LAG Köln v. 15.02.2008 – 11 Sa 923/07 NZA-RR 2008, 622, 624.

628 Clemenz/Kreft/Krause/*Klumpp*, § 307 BGB Rn. 250; Preis/*Stoffels*, Der Arbeitsvertrag, II U 20 Rn. 44 f.

629 *Powietzka/Fallenstein*, NZA 2010, 673, 675.

c) Verfallklausel als Sanktionsmittel

Weiter ist aber auch die Regelung des Verfalls des Mehrurlaubsanspruchs als Sanktionsmittel vonseiten des Arbeitgebers bei Pflichtverletzungen des Arbeitnehmers denkbar. Wird hierbei an entsprechend schwerwiegende Pflichtverletzungen angeknüpft, so überwiegt das Sanktionsinteresse des Arbeitgebers und der Arbeitnehmer wird nicht unzumutbar belastet, sodass den Grundsätzen der Rechtsprechung an vorformulierte Arbeitsverträge von Vertragsstrafen genügt wird. Schließlich handelt es sich hierbei um eine verhaltensbezogene Verfallsregelung, bei der es der Arbeitnehmer selbst in der Hand hat, seinen Mehrurlaubsanspruch nicht zu gefährden.[630]

Darüber hinaus kommen als weitere Grenze einer solchen Klausel die Regelungen über Vertragsstrafen in Betracht. Hiergegen spricht, dass bei einer Verfallklausel der Arbeitnehmer nicht zu einer Leistung an den Arbeitgeber verpflichtet wird, sondern nur eine noch nicht erbrachte zusätzliche Arbeitgeberleistung verliert.[631] Dabei stellt sich die Frage, ob eine Vertragsstrafe nur dann vorliegt, wenn der Arbeitnehmer zu einer Zahlung verpflichtet wird oder nicht auch in der Konstellation, in der er einen Anspruch verliert. Die gesetzlichen Regelungen von §§ 339–345 BGB sprechen für Ersteres. Allerdings kann eine solche Klausel, ohne Vertragsstrafe zu sein, ebenfalls Sanktionscharakter haben, sodass die Regelungen über Vertragsstrafen entsprechend anzuwenden sind. Hierfür hat sich der Bundesgerichtshof bereits in mehreren Entscheidungen ausgesprochen.[632] Eine entsprechende Anwendung der Vorschriften ist also möglich.[633]

Beispielsklausel 14: Verfallklausel als Sanktionsmittel

> *Ein im laufenden Kalenderjahr noch nicht gewährter Mehrurlaubsanspruch verfällt bei eigenmächtiger Urlaubsnahme, beharrlicher Arbeitsverweigerung, mehrfachem unentschuldigtem Fehlen oder Arbeitsvertragsbruch durch den Arbeitnehmer.*[634]

---

630 Siehe hierzu eingehend Preis/*Stoffels*, Der Arbeitsvertrag, II U 20 Rn. 77. Zu Vertragsstrafenversprechen und deren Regelbarkeit *Stoffels*, Der Vertragsbruch des Arbeitnehmers, S. 186 ff.

631 *Linck/Schütz* in FS Leinemann, 171, 186.

632 BGH v. 29.06.1972 – II ZR 101/70 NJW 1972, 1893; v. 22.05.1968 – VIII ZR 69/66 NJW 1968, 1625; v. 27.06.1960 – VII ZR 101/59 NJW 1960, 1568; ausführlich hierzu Preis/*Stoffels*, II V 30 Rn. 88 ff.

633 Preis/*Stoffels*, Der Arbeitsvertrag, II U 20 Rn. 77; siehe auch ausführlich Preis/*Stoffels*, Der Arbeitsvertrag, II V 30 Rn. 88 ff.; *Stoffels*, Der Vertragsbruch des Arbeitnehmers, S. 282; a. A. *Linck/Schütz* in FS Leinemann, 171, 186.

634 In Anlehnung an Preis/*Stoffels*, Der Arbeitsvertrag, II U 20 Rn. 77.

Hier wird vom Verfall auch der aus dem Vorjahr übertragene Mehrurlaub erfasst.[635] Soll die Verfallklausel als einziges Sanktionsmittel gegen arbeitnehmerseitigen Vertragsbruch verwendet werden, so kann die vorstehende Beispielsklausel hierfür verwendet werden. Wird sie allerdings als einziges Sanktionsmittel als nicht ausreichend erachtet, sind die Risiken einer Kombination mit darüber hinausgehenden Sanktionsvereinbarungen zu beachten.[636]

d) Verfallklausel für den Fall der Beendigung des Arbeitsverhältnisses

Schließlich ist die Regelung des Verfalls bei Urlaubsregelungen für den Fall der Beendigung des Arbeitsverhältnisses denkbar. Dies setzt wiederum voraus, dass der Mehrurlaub nicht bereits gewährt wurde. Es ist nach den verschiedenen Kündigungsarten zu unterscheiden.

aa) Verfall bei unwirksamer fristloser Kündigung durch den Arbeitnehmer und vom Arbeitnehmer schuldhaft verursachter Kündigung durch den Arbeitgeber

Von einer Angemessenheit im Sinne von § 307 Abs. 1 BGB ist zunächst bei einer Verfallklausel auszugehen, die den Verfall von Mehrurlaub vorsieht, wenn der Arbeitnehmer unbegründet das Arbeitsverhältnis ohne Einhaltung der Kündigungsfrist auflöst.[637] Auch eine Klausel, die den Verfall des Mehrurlaubs vorsieht, wenn der Arbeitnehmer die Kündigung des Arbeitgebers verschuldet hat, kann nach § 307 Abs. 1 BGB angemessen sein.[638] Bei einer solchen Klausel hat es zum einen der Arbeitnehmer selbst in der Hand, den Verfall durch vertragsgemäßes Verhalten zu verhindern. Problematisch erscheint einzig, ob bereits ein nur fahrlässiges Verhalten vonseiten des Arbeitnehmers ausreichen kann. Hier spricht zum einen die Möglichkeit der Steuerung durch den Arbeitnehmer für die Angemessenheit. Auch die Tatsache, dass die Pflichtverletzung schwerwiegend genug ist, um die Kündigung durch den Arbeitgeber zu rechtfertigen, kann angeführt werden. Schließlich spricht hierfür auch das Sanktionsinteresse, das auf Seiten des Arbeitgebers sicherlich überwiegt. Problematisch und zu beachten ist aber, dass das Bundesarbeitsgericht davon ausgeht, dass der Interessenausgleich bei einem schuldhaften vertragswidrigen Verhalten insbesondere durch die Möglichkeit einer fristlosen Kündigung des Arbeitgebers herbeigeführt wird. Daher

635 Preis/*Stoffels*, Der Arbeitsvertrag, II U 20 Rn. 77; BAG v. 10.02.2004 - 9 AZR 116/03 NZA 2004, 986 für eine entsprechende Vorschrift aus einem Tarifvertrag.

636 Preis/*Stoffels*, Der Arbeitsvertrag, II U 20 Rn. 79.

637 *Linck/Schütz* in FS Leinemann, 171, 185; BAG v. 10.02.2004 - 9 AZR 116/03 NZA 2004, 986 zu einer solchen tarifvertraglichen Regelung.

638 Hierfür *Linck/Schütz* in FS Leinemann, 171, 185.

bedürfe eine darüber hinausgehende Bestrafung des Arbeitnehmers weiterer schutzwürdiger Interessen des Arbeitgebers, beispielsweise durch Eigentums- oder Vermögensverletzungen des Arbeitnehmers.[639]

Bei der Vertragsgestaltung ist zudem ein besonderes Augenmerk auf die Transparenz der Klausel zu legen. So müssen für den Arbeitnehmer die konkreten Voraussetzungen, unter denen der Verfall eintritt, zu erkennen sein. Hinsichtlich Vertragsstrafenabreden ist dabei die Rechtsprechung sehr streng,[640] sodass diese Anforderungen auch bei Verfallsregelungen bezüglich des Mehrurlaubsanspruchs anzunehmen sind, denen Sanktionscharakter zukommt.

Beispielsklausel 15: Verfallklausel bei unwirksamer fristloser Kündigung durch den Arbeitnehmer

Ein im laufenden Kalenderjahr noch nicht gewährter Mehrurlaubsanspruch verfällt bei einer unbegründeten Auflösung des Arbeitsverhältnisses ohne Einhaltung der Kündigungsfrist durch den Arbeitnehmer.

Beispielsklausel 16: Verfallklausel bei Kündigung durch den Arbeitgeber wegen schwerwiegender Pflichtverletzung des Arbeitnehmers

Ein im laufenden Kalenderjahr noch nicht gewährter Mehrurlaubsanspruch verfällt in dem Fall, dass das Arbeitsverhältnis durch den Arbeitgeber wegen einer schwerwiegenden Pflichtverletzung des Arbeitnehmers in Form von gegenüber dem Arbeitgeber begangenen Diebstahls-, Betrugs- oder Untreuedelikten gekündigt wird.

bb) Verfall bei betriebs- und personenbedingter Arbeitgeberkündigung

Schließlich kommen Verfallsregelungen hinsichtlich des Mehrurlaubs auch für den Fall der betriebs- und der personenbedingten Kündigung vonseiten des Arbeitgebers in Betracht. Problematisch ist bei dem Verfall von Mehrurlaubsansprüchen im Falle von arbeitgeberseitigen Kündigungen, dass hier der Arbeitgeber einseitig beeinflussen kann, ob der Arbeitnehmer seinen Anspruch auf den Mehrurlaub verliert.

In diesem Fall geht es aber lediglich um die Konstellation, dass die Gewährung des Mehrurlaubs vom Bestand des Arbeitsverhältnisses abhängig gemacht wird. Durch eine solche Klausel wird ausschließlich die Betriebstreue belohnt, sodass eine reine Sonderleistung in Form einer Treueprämie vorliegt. Bei dieser

639 BAG v. 21.04.2005 – 8 AZR 425/04 NZA 2005, 1053, 1055 f.

640 Siehe dazu nur BAG v. 21.04.2005 – 8 AZR 425/04 NZA 2005, 1053; kritisch hierzu zu Recht Preis/*Stoffels*, Der Arbeitsvertrag, II V 30 Rn. 39; WLP/*Stoffels*, Anhang zu § 310 ArbR Rn. 206.

kann der Rechtsprechung zufolge der Anspruch unabhängig davon entfallen, wer das Arbeitsverhältnis kündigt.[641] Eine solche Klausel ist daher nach aktueller Rechtsprechung angemessen im Sinne von § 307 Abs. 1 S. 1 BGB,[642] auch wenn dies in Anbetracht der fehlenden Entscheidungsgewalt des Arbeitnehmers über seine Betriebstreue in diesen Fällen zweifelhaft ist.[643]

Hinsichtlich arbeitsleistungsbezogener Sondervergütungen und solcher mit Mischcharakter ist eine solche Vereinbarung richtigerweise nicht möglich, da hierbei auch im Falle einer betriebsbedingten Kündigung ohne eine Beeinflussungsmöglichkeit des Arbeitnehmers eine im Bezugszeitraum verdiente Leistung entfallen könnte.[644]

In der vorliegend zu überprüfenden Konstellation handelt es sich aber um eine reine Treueprämie. Dabei ist eine solche Vereinbarung, die den Mehrurlaubsanspruch vom Bestand des Arbeitsverhältnisses abhängig macht, nach der Rechtsprechung wirksam. Hält man die Wirksamkeit auch im Fall einer Treueprämie im Hinblick auf § 307 Abs. 1 S. 1 BGB für zweifelhaft, so empfiehlt es sich, betriebsbedingte Kündigungen sowie durch den Arbeitgeber veranlasste ordentliche Eigenkündigungen des Arbeitnehmers auszunehmen.[645]

Beispielsklausel 17: Verfallklausel: Belohnung der Betriebstreue – Abhängigkeit vom Bestand des Arbeitsverhältnisses

„(1) [1]Der Arbeitnehmer hat Anspruch auf den gesetzlichen Mindesterholungsurlaub im Umfang von 20 Tagen pro Jahr, bezogen auf eine Fünf-Tage-Woche. [2]Das Nähere bestimmt sich nach den Vorschriften des Bundesurlaubsgesetzes."[646]

(2) [1]Darüber hinaus erlangt der Arbeitnehmer als Anreiz zur Betriebstreue im laufenden Kalenderjahr einen zusätzlichen bezahlten Erholungsurlaub von weiteren [x] Tagen pro Jahr (Jahresmehrurlaub). [2]Dieser entsteht zu Beginn des Kalenderjahres. [3]Ein im laufenden Kalenderjahr noch nicht gewährter Mehrurlaubsanspruch verfällt für den Fall, dass das Arbeitsverhältnis zum Abschluss des Kalenderjahres nicht ungekündigt fortbesteht. [4]Dies gilt nicht für den Fall der betriebsbedingten Kündigung sowie für die durch den Arbeitgeber veranlasste Eigenkündigung des Arbeitnehmers. [5]Ist der

641 BAG v. 18.01.2012 – 10 AZR 612/10 NZA 2012, 561.

642 Wiederum ohne Differenzierung *Linck/Schütz* in FS Leinemann, 171, 186 f.; von einer möglichen Parallele zu sonstigen Gratifikationen geht auch *Stoffels* aus, Preis/*Stoffels*, II U 20 Rn. 78.

643 Siehe dazu bereits im ersten Teil, D. V. 1. b) (S. 63 ff.).

644 BAG v. 18.01.2012 – 10 AZR 667/10 NZA 2012, 620.

645 Siehe dazu bereits im ersten Teil, D. V. 1. b) (S. 63 ff.).

646 *Powietzka/Fallenstein*, NZA 2010, 673, 675.

Mehrurlaub im Kündigungszeitpunkt bereits gewährt und genommen worden, so ist der Arbeitnehmer insoweit zur Rückzahlung des Mehrurlaubsentgelts verpflichtet.[647]

„(3) *Urlaubsjahr ist das Kalenderjahr.*

(4) *Tilgungsbestimmung*"[648]

Beispielsklausel 18: Verfallklausel: Belohnung der Betriebstreue – Abhängigkeit vom Bestand des Arbeitsverhältnisses

„(1) *Der Arbeitnehmer hat Anspruch auf den gesetzlichen Mindesterholungsurlaub im Umfang von 20 Tagen pro Jahr, bezogen auf eine Fünf-Tage-Woche. Das Nähere bestimmt sich nach den Vorschriften des Bundesurlaubsgesetzes.*"[649]

(2) *Darüber hinaus erlangt der Arbeitnehmer zur Belohnung der Betriebstreue in Abhängigkeit vom Bestand des Arbeitsverhältnisses im gesamten laufenden Kalenderjahr nach Maßgabe der Absätze 3–5 einen zusätzlichen bezahlten Erholungsurlaub von weiteren [x] Tagen pro Jahr (Jahresmehrurlaub).*

(3) *Für das Urlaubsjahr, in dem das Arbeitsverhältnis beginnt, steht dem Arbeitnehmer der Mehrurlaubsanspruch noch nicht zu.*

(4) [1]*Ein im laufenden Kalenderjahr noch nicht gewährter Mehrurlaubsanspruch verfällt für den Fall, dass das Arbeitsverhältnis im laufenden Kalenderjahr endet.* [2]*Dies gilt nicht für aus der Sphäre des Arbeitgebers stammende Gründe, wie eine betriebsbedingte Kündigung oder eine durch den Arbeitgeber veranlasste ordentliche Eigenkündigung des Arbeitnehmers.*

(5) *Ist der Mehrurlaub im Austrittszeitpunkt bereits gewährt und genommen worden, so ist der Arbeitnehmer insoweit zur Rückzahlung des Mehrurlaubsentgelts verpflichtet.*[650]

„(6) *Urlaubsjahr ist das Kalenderjahr.*

(7) *Tilgungsbestimmung*"[651]

cc) Verfall bei ordentlicher Eigenkündigung des Arbeitnehmers

Ferner ist zu prüfen, wie es sich mit Klauseln verhält, die den Verfall des Urlaubsanspruchs im Falle der ordentlichen Eigenkündigung des Arbeitnehmers regeln.

---

647 Zur Zulässigkeit von Rückzahlungsklauseln siehe im zweiten Teil, A. VII. (S. 186 ff.). Zu einer solchen Rückzahlungsklausel, die sich auf Verfallklauseln bezieht, siehe im zweiten Teil, A. VII. 2. c) (Beispielsklausel 49, S. 196).

648 Zu einem Formulierungsvorschlag für eine Tilgungsbestimmung siehe Beispielsklausel 7, S. 102.

649 *Powietzka/Fallenstein,* NZA 2010, 673, 675.

650 Zur Zulässigkeit von Rückzahlungsklauseln siehe im zweiten Teil, A. VII. (S. 186 ff.). Zu einer solchen Rückzahlungsklausel, die sich auf Verfallklauseln bezieht, siehe im zweiten Teil, A. VII. 2. c) (Beispielsklausel 49, S. 196).

651 Zu einem Formulierungsvorschlag für eine Tilgungsbestimmung siehe Beispielsklausel 7, S. 102.

Hierbei ist wiederum nach der konkreten Regelung zu differenzieren. Wird der Mehrurlaub als reine Sondervergütung in Form einer Treueprämie gewährt und wird die auf Veranlassung des Arbeitgebers erfolgende Eigenkündigung ausgenommen,[652] so ist bei der Angemessenheitsprüfung nach § 307 Abs. 1 S. 1 BGB einer Verfallklausel für den Fall der ordentlichen Eigenkündigung des Arbeitnehmers anzuführen, dass es hierbei, im Unterschied z. B. zu einem Freiwilligkeitsvorbehalt oder zu einem Widerrufsvorbehalt, allein in der Entscheidungsgewalt des Arbeitnehmers liegt, ob er kündigt oder nicht. Er kann damit selbst beeinflussen, ob der Verfall eintritt oder nicht. Ein berechtigtes Interesse des Arbeitgebers kann insbesondere in der Förderung der Betriebstreue gesehen werden. Daher ist eine solche Verfallsregelung angemessen im Sinne von § 307 Abs. 1 S. 1 BGB.[653]

Allerdings ist auch ohne eine Herausnahme der vom Arbeitgeber veranlassten Eigenkündigung im Falle einer reinen Sonderleistung in Form einer Treueprämie nach der Rechtsprechung des Bundesarbeitsgerichts von einer Angemessenheit der Klausel auszugehen. In diesem Fall ist diesem zufolge sogar das Anknüpfen an den ungekündigten Bestand des Arbeitsverhältnisses möglich, gleich von welcher Seite die Kündigung erfolgt.[654] Daher ist erst recht ein Anknüpfen an eine ordentliche Kündigung vonseiten des Arbeitnehmers möglich. In dieser Konstellation nimmt der Verfall des Mehrurlaubs auch nicht die Gestalt eines Aufwendungserstattungsanspruchs an, sodass die für Rückzahlungsklauseln entwickelten Zulässigkeitskriterien hier nicht übertragbar sind.[655] Vielmehr handelt es sich um eine Treueprämie, sodass nach Anwendung der dazu von der Rechtsprechung entwickelten Kriterien eine solche Vereinbarung wirksam ist.[656]

Allerdings erscheint auch die Angemessenheit einer solchen Treueprämie im Hinblick darauf zweifelhaft, dass bei einer durch den Arbeitgeber veranlassten

---

652 Preis/*Stoffels*, Der Arbeitsvertrag, II U 20 Rn. 78.

653 Ebenso, allerdings ohne eine ausreichende Differenzierung nach der konkreten Art der Gestaltung, *Linck/Schütz* in FS Leinemann, 171, 186.

654 Siehe dazu soeben im zweiten Teil, A. II. 3. d) bb) (S. 131 f.).

655 Zur Übertragbarkeit der Zulässigkeitskriterien auf Vertragsstrafenabreden, die Züge eines Aufwendungserstattungsanspruchs tragen BAG v. 27.07.1977 – 5 AZR 337/76 AP BGB § 611 Entwicklungshelfer Nr. 2; Preis/*Stoffels*, Der Arbeitsvertrag, II V 30 Rn. 44. Zu den Zulässigkeitskriterien im Falle von Rückzahlungsklauseln siehe nur BAG v. 13.12.2011 – 3 AZR 791/09 NZA 2012, 738.

656 Siehe dazu auch BAG v. 18.01.2012 – 10 AZR 612/10 NZA 2012, 561; v. 18.01.2012 – 10 AZR 667/10 NZA 2012, 621; *Preis*, SR 2012, 101.

Eigenkündigung des Arbeitnehmers dieser alles seinerseits Mögliche getan hat, um betriebstreu zu bleiben. Vorzugswürdig erscheint daher abschließend, in dieser Konstellation insgesamt die durch den Arbeitgeber veranlasste Eigenkündigung ausdrücklich auszunehmen. Dann ist eine solche Klausel durch die alleinige Beeinflussungsmöglichkeit des Arbeitnehmers sowie durch das berechtigte Interesse des Arbeitgebers an der Betriebstreue des Arbeitnehmers angemessen im Sinne von § 307 Abs. 1 S. 1 BGB.[657] Die Vertragspartner können also grundsätzlich festlegen, dass ein im Bezugszeitraum durch Eigenkündigung des Arbeitnehmers nicht beendetes Arbeitsverhältnis als anspruchsbegründende Voraussetzung hinzutritt.[658]

Bei der Verfallsregelung für den Fall der ordentlichen Eigenkündigung kommt schließlich ein Verstoß gegen § 622 Abs. 5 BGB in Betracht. Bei diesem handelt es sich um den Schutz vor einer Unterschreitung der in § 622 Abs. 1 BGB vorgesehenen Kündigungsfrist. Diese wird bei einer Verfallsregelung aber nicht berührt, sodass kein Verstoß angenommen werden kann. Auch die Berufsausübungsfreiheit des Arbeitnehmers wird durch eine solche Klausel nicht unangemessen beeinträchtigt.[659] Mithin ist eine Verfallsregelung für den Fall der ordentlichen Eigenkündigung des Arbeitnehmers grundsätzlich wirksam.

Beispielsklausel 19: Verfallklausel für den Fall der ordentlichen Eigenkündigung des Arbeitnehmers bei der Gewährung des Mehrurlaubs als reine Treueprämie

> *[1]Ein im laufenden Kalenderjahr noch nicht gewährter Mehrurlaubsanspruch verfällt bei ordentlicher Eigenkündigung durch den Arbeitnehmer. [2]Dies gilt nicht für eine durch den Arbeitgeber veranlasste ordentliche Eigenkündigung des Arbeitnehmers.*

---

657 I. E. ebenso *Linck/Schütz* in FS Leinemann, 171, 186, allerdings ohne die Differenzierung zwischen der Gewährung von Mehrurlaub als Gegenleistung, als Sonderleistung mit Mischcharakter sowie als reine Treueprämie. Ihnen zufolge ist die Gewährung von Mehrurlaub generell als Sonderleistung anzusehen. Für eine Angemessenheit im Sinne von § 307 BGB spricht sich auch *Stoffels* aus, Preis/*Stoffels*, Der Arbeitsvertrag, II U 20 Rn. 78 aus.

658 BAG v. 10.01.1991 – 6 AZR 205/89 NZA 1991, 689; zur Unangemessenheit einer Klausel, die den Anspruch vom ungekündigten Bestand des Arbeitsverhältnisses zu einem Zeitpunkt außerhalb des Bezugszeitraums, in dem die Arbeitsleistung erbracht wurde, abhängig macht, BAG v. 18.01.2012 – 10 AZR 612/10 NZA 2012, 561.

659 In diesem Sinne auch *Linck/Schütz* in FS Leinemann, 171, 186.

e) Anwendbarkeit von Ausschlussfristen

Für den Mehrurlaubsanspruch können darüber hinaus auch Ausschlussfristen vertraglich vereinbart werden. Dies kann sowohl arbeitsvertraglich als auch tarifvertraglich geschehen.[660]

Eine arbeitsvertragliche Ausschlussklausel erfasst dabei aber wegen § 4 Abs. 4 S. 3 TVG tarifvertragliche Ansprüche auf Mehrurlaub nicht.[661] Zur Vermeidung einer Unwirksamkeit nach § 307 Abs. 1 S. 1 BGB ist bei der Verwendung von Allgemeinen Geschäftsbedingungen ein ausdrücklicher Hinweis auf die Geltung des § 4 Abs. 4 S. 3 TVG im Arbeitsvertrag zu empfehlen. Anderenfalls ist die Klausel in Anlehnung zur Rechtsprechung bei doppelten Schriftformklauseln[662] möglicherweise gemäß § 307 Abs. 1 S. 1 BGB unwirksam, wenn sie beim Arbeitnehmer den Eindruck erweckt, dass von der Ausschlussfrist auch die Geltendmachung tariflicher Ansprüche erfasst sein soll.

Eine unangemessene Benachteiligung im Sinne von § 307 Abs. 1 S. 1 BGB ist insbesondere dann anzunehmen, wenn von dem in § 199 Abs. 1 Nr. 2 BGB zum Ausdruck kommenden Grundgedanken abgewichen wird, wonach für den Beginn der Verjährungsfrist Voraussetzung ist, dass der Gläubiger von den den Anspruch begründenden Umständen Kenntnis erlangt oder ohne grobe Fahrlässigkeit erlangen müsste. Knüpft also eine Ausschlussfrist beispielsweise an die Beendigung des Arbeitsverhältnisses an, ist diese nach §§ 307 Abs. 2 Nr. 1, 307 Abs. 1 BGB unwirksam.[663]

Eine Ausschlussfrist, die an die Fälligkeit des Mehrurlaubsanspruchs anknüpft, ist hingegen nicht zu beanstanden.[664] Dabei ist von der Fälligkeit des Urlaubsanspruchs mit erfüllter Wartezeit bzw. zu Beginn jedes Jahres auszugehen.[665] Dass zu diesem Zeitpunkt kein konkreter Termin feststeht, zu dem der Urlaub zu bewirken ist, spielt für die Fälligkeit im Sinne von § 271 Abs. 1 BGB keine Rolle.[666] Nach

660 Zu einer tarifvertraglichen Regelung siehe BAG v. 25.08.1992 – 9 AZR 329/91 NZA 1993, 759.

661 HK-BUrlG/*Hohmeister*, § 13 BUrlG Rn. 61; *Neumann/Fenski*, § 13 BUrlG Rn. 67; *Powietzka/Fallenstein*, NZA 2010, 673, 677 (Fn. 31).

662 BAG v. 20.05.2008 – 9 AZR 382/07 NZA 2008, 1233; *Ulrici*, Anm. zu BAG v. 20.05.2008 – 9 AZR 382/07 AP BGB § 307 Nr. 35.

663 BAG v. 01.03.2006 – 5 AZR 511/05 NZA 2006, 783.

664 So auch *Linck/Schütz* in FS Leinemann, 171, 189; a. A. GKÖD/*Fieberg*, Bd. IV Teil 2, E § 37 TVöD/TV-L Rn. 46 ff.

665 MünchArbR/*Düwell*, § 78 Rn. 27 ff.; ErfK/*Gallner*, § 1 BUrlG Rn. 21; *Leinemann/Linck*, § 1 BUrlG Rn. 77 ff.

666 A. A. GKÖD/*Fieberg*, Bd. IV Teil 2, E § 37 TVöD/TV-L Rn. 46 ff.

dieser Vorschrift reicht es vielmehr aus, dass der Gläubiger die Leistung verlangen kann. Dies ist bei erfüllter Wartezeit mit dem Beginn des Jahres der Fall.

Andererseits kann hinsichtlich des Mehrurlaubsanspruchs für den Beginn der Ausschlussfrist auch auf den Ablauf des Kalenderjahres abgestellt werden. Ein solches Anknüpfen ist nicht unabhängig von der Fälligkeit des Anspruchs. Vielmehr entsteht der Urlaubsanspruch grundsätzlich zu Beginn des Jahres.[667] Wird also für den Beginn der Ausschlussfrist an das Ende des Kalenderjahres angeknüpft, so ist nach der Vereinbarung nicht unerheblich, ob die Ansprüche erkennbar und durchsetzbar sind. Vielmehr ähnelt eine solche Ausschlussfrist noch mehr der Verjährungsregelung des § 199 Abs. 1 BGB, wonach die regelmäßige Verjährungsfrist grundsätzlich mit dem Schluss des Jahres beginnt, in dem der Anspruch entstanden ist. Der Arbeitnehmer weiß auch, dass sein Urlaubsanspruch grundsätzlich zu Beginn jedes Kalenderjahres in vollem Umfang entsteht. Ein Verstoß gegen Grundgedanken des § 199 BGB ist darin nicht zu sehen. Daher ist ein Anknüpfen an das Ende des Kalenderjahres als angemessen im Sinne von § 307 Abs. 1 BGB anzusehen.

Beispielsklausel 20: Ausschlussfrist bezüglich des Mehrurlaubsanspruchs

„[1]Der Mehrurlaubsanspruch verfällt, wenn er nicht binnen drei Monaten nach Ablauf des Kalenderjahres[668] gegenüber der anderen Vertragspartei schriftlich geltend gemacht wird. [2]Lehnt die andere Vertragspartei den Mehrurlaubsanspruch ab oder erklärt sie sich nicht innerhalb von drei Wochen nach Geltendmachung des Anspruchs, verfällt dieser, wenn er nicht innerhalb von drei Monaten nach der Ablehnung oder dem Ablauf der Dreiwochenfrist gerichtlich geltend gemacht wird.“[669] [3] Von dieser Ausschlussfrist ist gemäß § 4 Abs. 4 S. 3 TVG nicht die Geltendmachung tariflicher Rechte umfasst.

4. *Tarifvertragliche Regelungen zum Verfall bei Mehrurlaub*

Hinsichtlich des tariflichen Mehrurlaubs können bei ausreichender Differenzierung zwischen Mindest- und Mehrurlaub[670] sodann auch Abweichungen vom Gesetz zuungunsten der Arbeitnehmer getroffen werden.[671]

---

667 St. Rspr., siehe nur BAG v. 18.03.2003 – 9 AZR 190/02 AP BUrlG § 3 Rechtsmißbrauch Nr. 17; v. 24.10.2006 – 9 AZR 669/05 NZA 2007, 330.

668 Auch das Anknüpfen an die Fälligkeit des Anspruchs ist in Bezug auf den Verfall von Mehrurlaubsansprüchen möglich. Der Urlaubsanspruch ist grds. zu Beginn des Jahres fällig.

669 In Anlehnung an Bauer/Lingemann/*Lingemann*, M 2.1a Ziff. 10 (S. 112).

670 Zur Auslegungsregel des Bundesarbeitsgerichts siehe im ersten Teil, F. I. (S. 70 ff.).

671 BAG v. 22.05.2012 – 9 AZR 618/10 NZA 2012, 987, wonach der Verfall auch für den Fall der Arbeitsunfähigkeit vor Ablauf der ansonsten notwendigen 15 Monaten

Beispielsklausel 21: Tarifvertragliche Verfallsregelung bezüglich des Mehrurlaubs

„[1]Im Falle der Übertragung muss der Erholungsurlaub in den ersten drei Monaten des folgenden Kalenderjahres angetreten werden. [2]Kann der [tarifliche Mehrurlaub] wegen Arbeitsunfähigkeit oder aus betrieblichen/dienstlichen Gründen nicht bis zum 31.03. angetreten werden, ist er bis zum 31.05. anzutreten."[672]

5. *Abschließende Beispielsklausel zum Verfall*

Beispielsklausel 22: Abschließende Beispielsklausel zum Verfall

„(1) [1]Der Arbeitnehmer hat Anspruch auf den gesetzlichen Mindesterholungsurlaub im Umfang von 20 Tagen pro Jahr, bezogen auf eine Fünf-Tage-Woche. [2]Das Nähere bestimmt sich nach den Vorschriften des Bundesurlaubsgesetzes."[673]

(2) Darüber hinaus erlangt der Arbeitnehmer als Belohnung für seine Betriebstreue einen Anspruch auf bezahlten Erholungsurlaub von weiteren [x] Tagen pro Jahr (Jahresmehrurlaub).

(3) [1]Ein im laufenden Kalenderjahr noch nicht gewährter Mehrurlaubsanspruch verfällt für den Fall, dass das Arbeitsverhältnis im laufenden Kalenderjahr durch eine Kündigung endet. „[2]Er verfällt ferner bei eigenmächtiger Urlaubsnahme, beharrlicher Arbeitsverweigerung, mehrfachem unentschuldigtem Fehlen oder Arbeitsvertragsbruch durch den Arbeitnehmer"[674]*sowie bei einer unbegründeten Auflösung des Arbeitsverhältnisses ohne Einhaltung der Kündigungsfrist durch den Arbeitnehmer.*

(4) Ist der Mehrurlaub im Austrittszeitpunkt bzw. im Zeitpunkt der Pflichtverletzung bereits gewährt und genommen worden, so ist der Arbeitnehmer insoweit zur Rückzahlung des Mehrurlaubsentgelts verpflichtet.[675]

(5) „[1]Der Mehrurlaubsanspruch verfällt, wenn er nicht binnen drei Monaten nach Ablauf des Kalenderjahres[676] *gegenüber der anderen Vertragspartei schriftlich geltend gemacht*

---

vereinbart werden kann. Zweifelhaft ist freilich hierbei die vorgenommene Auslegung. Obwohl die Regelung offensichtlich als Gesamtregelung für Mindest- und Mehrurlaub gedacht ist, wird dies wegen der Abweichung von den gesetzlichen Verfallfristen als Wille der Tarifvertragsparteien gedeutet, zwischen Mindest- und Mehrurlaub zu differenzieren. Zu dieser Kritik siehe bereits eingehend im ersten Teil, F. II. 4. (S. 76 ff.).

672 Siehe § 26 Abs. 2a) TV-L, vgl. auch BAG v. 22.05.2012 – 9 AZR 618/10 NZA 2012, 987.

673 *Powietzka/Fallenstein*, NZA 2010, 673, 675.

674 In Anlehnung an Preis/*Stoffels*, Der Arbeitsvertrag, II U 20 Rn. 77.

675 Zur Zulässigkeit von Rückzahlungsklauseln siehe im zweiten Teil, A. VII. (S. 186 ff.).

676 Auch das Anknüpfen an die Fälligkeit des Anspruchs ist in Bezug auf den Verfall von Mehrurlaubsansprüchen möglich. Der Urlaubsanspruch ist grds. zu Beginn des Jahres fällig.

wird. ²Lehnt die andere Vertragspartei den Mehrurlaubsanspruch ab oder erklärt sie sich nicht innerhalb von drei Wochen nach Geltendmachung des Anspruchs, verfällt dieser, wenn er nicht innerhalb von drei Monaten nach der Ablehnung oder dem Ablauf der Dreiwochenfrist gerichtlich geltend gemacht wird.“[677] *„³Das gilt auch dann, wenn der Arbeitnehmer den [Mehr]urlaub aus von ihm nicht zu vertretenden Gründen nicht nehmen kann, z. B. weil er während des Urlaubsjahres arbeitsunfähig erkrankt ist.“*[678]

„(6) Urlaubsjahr ist das Kalenderjahr.“

(7) Tilgungsbestimmung[679]

III. Anteilige Kürzungsregelungen

Als weitere flexible Gestaltungsmöglichkeit bietet es sich an, den Anspruch des Arbeitnehmers auf Mehrurlaub von bestimmten Faktoren abhängig zu machen. So kann dem Arbeitnehmer ein Anreiz zu einem bestimmten Verhalten gegeben werden, das dem Arbeitgeber besonders wichtig erscheint.

1. Arbeitsvertragliche Kürzungsregelungen

Dabei kann die Gewährung von verschiedenen Faktoren abhängig gemacht werden, wobei insbesondere die Grenze der Angemessenheit im Sinne von § 307 Abs. 1 S. 1 BGB zu beachten ist. Bei Regelungen zu einer anteiligen Kürzung handelt es sich um leistungsausgestaltende Klauseln, sodass die Inhaltskontrolle nach § 307 Abs. 3 S. 1 BGB eröffnet ist.[680] Die Regelung einer anteiligen Kürzung von Mehrurlaubsansprüchen kann freilich nur bei einer vorhandenen Differenzierung zwischen Mindest- und Mehrurlaubsansprüchen erfolgen.[681] In Bezug auf den Mindesturlaub können solche Quotelungsregelungen wegen § 13 Abs. 1 S. 1, 3 BUrlG nicht vereinbart werden. Bezüglich des Mehrurlaubs sind Kürzungsregelungen, wenn dieser als Teil der Vergütung gewährt wird, nicht ohne weiteres möglich.

a) Abhängigkeit vom Zeitpunkt des Eintritts oder Austritts im laufenden Kalenderjahr

Dabei kommen verschiedenste Faktoren in Betracht. Zum einen kann der Arbeitgeber den Anspruch auf Mehrurlaub davon abhängig machen, zu welchem

---

677 In Anlehnung an Bauer/Lingemann/*Lingemann*, M 2.1a Ziff. 10 (S. 112).

678 *Powietzka/Fallenstein*, NZA 2010, 673, 675.

679 Zu einem Formulierungsvorschlag für eine Tilgungsbestimmung siehe Beispielsklausel 7, S. 102.

680 Zur Eröffnung der Inhaltskontrolle bei der Gewährung von Mehrurlaub siehe im ersten Teil, A. V. 2. b) (S. 25 ff.).

681 Zur Differenzierung siehe ausführlich im ersten Teil, F. (S. 69 ff.).

Zeitpunkt der Arbeitnehmer im laufenden Kalenderjahr das Arbeitsverhältnis begonnen oder beendet hat, wobei zu prüfen ist, in welcher Höhe eine anteilige Kürzung noch angemessen ist.

aa) Angemessenheit gemäß § 307 Abs. 2 Nr. 1 BGB

Zunächst ist bei einer solchen Regelung zu fragen, ob es sich bei den Vorschriften der §§ 4, 5 Abs. 1c BUrlG um wesentliche Grundgedanken handelt, sodass ein Abweichen als unangemessen im Sinne von § 307 Abs. 2 Nr. 1 BGB anzusehen ist. Bei §§ 4, 5 BUrlG handelt es sich um die Regelung von Fällen, in denen der Arbeitnehmer nur Anspruch auf einen Teil des Jahresurlaubs hat. Dabei fasst der Gesetzgeber die gesetzliche Regelung als gerechte Lösung auf. Allerdings ist auch dem Verwender von Allgemeinen Geschäftsbedingungen nicht jede Abweichung vom Gesetz verwehrt, sondern nur eine grundlegende Veränderung der vom Gesetz als gerecht vorgegebenen Ausgleichsstruktur.[682] Vorliegend sind zum einen die Vertragsparteien bei der Regelung des Mehrurlaubs grundsätzlich frei und gerade nicht an die Vorschriften des Bundesurlaubsgesetzes gebunden. Darüber hinaus erscheinen die gesetzlichen Vorschriften nicht als so grundlegend, dass auch bei der Regelung von Mehrurlaub nicht wesentlich von diesen abgewichen werden dürfte. Schließlich handelt es sich bei den zu überprüfenden Vereinbarungen, nach denen der Umfang des Mehrurlaubsanspruchs davon abhängig gemacht wird, zu welchem Zeitpunkt der Arbeitnehmer im laufenden Kalenderjahr das Arbeitsverhältnis beginnt oder beendet, nicht um eine solch grundlegende Veränderung der §§ 4, 5 Abs. 1c BUrlG. Selbst, wenn man also von einem gesetzlichen Leitbild ausgeht, besteht vorliegend keine wesentliche Abweichung von diesem. Eine Unangemessenheit nach § 307 Abs. 2 Nr. 1 BGB liegt mithin nicht vor.

bb) Angemessenheit gemäß § 307 Abs. 1 S. 1 BGB

Bei der Angemessenheitsprüfung im Sinne von § 307 Abs. 1 S. 1 BGB ist eine umfassende Abwägung der beiderseitigen Interessen der Vertragspartner im Hinblick auf die fragliche Klausel vorzunehmen. Die wesentlichen Kriterien bei der Angemessenheitsprüfung sind dabei zum einen die Benachteiligung des Vertragspartners des Verwenders, etwa rechtfertigende Gegeninteressen des Verwenders, die daraus folgende Erforderlichkeit der Interessenbeeinträchtigung und deren mögliche Kompensation durch anderweitige Vorteile.[683] Die

---

682 Staudinger/*Coester*, § 307 BGB Rn. 230.

683 Staudinger/*Coester*, § 307 BGB Rn. 96 sowie zu den einzelnen Kriterien unter Rn. 90 ff.; 156 ff.; 98; 162; 125 ff.

Benachteiligung des Arbeitnehmers liegt, soweit man bei einer Sondervergütung von einer solchen überhaupt sprechen kann, darin, dass er lediglich einen Teil des Mehrurlaubs erlangt. Das rechtfertigende Gegeninteresse des Arbeitgebers besteht dabei in der Förderung der Betriebstreue. Durch eine solche Regelung möchte er den Arbeitnehmer für die Betriebstreue belohnen und diesen an den Betrieb binden. Indem der Arbeitnehmer insgesamt durch die Gewährung von Mehrurlaub einen Zuwachs an Rechten erlangt und die anteilige Kürzung bei Eintritt oder Austritt im laufenden Kalenderjahr im berechtigten Interesse des Arbeitgebers geschieht, ist eine solche Klausel gerade angemessen im Sinne von § 307 Abs. 1 S. 1 BGB.[684]

Besteht der einzige Zweck in der Betriebstreue, so kann dabei der Mehrurlaubsanspruch, der in diesem Fall als Sondervergütung in Form einer Treueprämie geleistet wird, auch komplett entfallen und ist noch angemessen im Sinne von § 307 Abs. 1 S. 1 BGB. Der Arbeitgeber bestimmt in diesem Fall, wie viel ihm die Betriebstreue wert ist. Auch wird in einem solchen Fall keine bereits erbrachte Arbeitsleistung entlohnt, sodass selbst bei einer Kürzung auf null keine Gründe für eine Unangemessenheit bestehen.[685]

(1) Kürzung des Mehrurlaubsanspruchs bei Austritt im laufenden Kalenderjahr

Zum einen kommt eine Regelung in Betracht, nach der dem Arbeitnehmer, wenn dieser den Betrieb im laufenden Kalenderjahr verlässt, nur noch ein gekürzter Mehrurlaubsanspruch zusteht.

Beispielsklausel 23: Kürzung bei Austritt im laufenden Kalenderjahr

> *„Für das Urlaubsjahr, in dem das Arbeitsverhältnis endet, steht dem Arbeitnehmer nach mehr als sechsmonatigem Bestehen des Arbeitsverhältnisses für jeden vollen Beschäftigungsmonat $^{1}/_{12}$ des Jahresmehrurlaubs zu.“*[686]

Durch die Regelung erlangt beispielsweise ein Arbeitnehmer, der im August aus dem Arbeitsverhältnis ausscheidet, für das Urlaubsjahr lediglich einen Urlaubsanspruch in Höhe von $^{7}/_{12}$ des Jahresmehrurlaubs statt des vollen Jahresmehrurlaubs, den er bekäme, wenn sich der Anspruch nach den §§ 4, 5 Abs. 1c BUrlG richtete.

---

684 I. E. so auch *Linck/Schütz* in FS Leinemann, 171, 180; Clemenz/Kreft/Krause/*Klumpp*, § 307 BGB Rn. 245.

685 BAG v. 18.01.2012 – 10 AZR 612/10 NZA 2012, 561; siehe dazu auch bereits beim Verfall im zweiten Teil, A. II. 3. d) bb) (S. 131 ff.).

686 Zu einer vergleichbaren Klausel, allerdings auf den gesetzlichen Mindesturlaub bezogen, siehe Preis/*Stoffels*, Der Arbeitsvertrag, II U 20 Rn. 19.

(2) Kürzung des Mehrurlaubsanspruchs bei Eintritt in das Arbeitsverhältnis im laufenden Kalenderjahr

Weiterhin kann der Arbeitgeber eine Klausel vorsehen, nach der der Mehrurlaubsanspruch vom Eintritt des Arbeitnehmers in das Arbeitsverhältnis im laufenden Kalenderjahr abhängig gemacht wird.

Beispielsklausel 24: Kürzung bei Eintritt in das Arbeitsverhältnis im laufenden Kalenderjahr

> *Für das Urlaubsjahr, in dem das Arbeitsverhältnis beginnt, steht dem Arbeitnehmer für jeden vollen Beschäftigungsmonat $^{1}/_{12}$ des Jahresmehrurlaubs zu.*

cc) Abschließende Beispielsklausel

Abschließend soll ein Beispiel für die anteilige Kürzung des Urlaubsanspruchs in Abhängigkeit vom Zeitpunkt des Eintritts oder Austritts des Arbeitnehmers im laufenden Kalenderjahr dargestellt werden.[687]

Beispielsklausel 25: Umfassende Urlaubsklausel mit anteiliger Kürzung des Anspruchs auf Mehrurlaub in Abhängigkeit vom Zeitpunkt des Ein- und Austritts im laufenden Kalenderjahr

> „*(1) [1]Der Arbeitnehmer hat Anspruch auf den gesetzlichen Mindesterholungsurlaub im Umfang von 20 Tagen pro Jahr, bezogen auf eine Fünf-Tage-Woche. [2]Das Nähere bestimmt sich nach den Vorschriften des Bundesurlaubsgesetzes.*“[688]
> *(2) Darüber hinaus erlangt der Arbeitnehmer grundsätzlich einen zusätzlichen bezahlten Erholungsurlaub von weiteren [x] Tagen pro Jahr (Jahresmehrurlaub).*[689]
> *(3) Für das Urlaubsjahr, in dem das Arbeitsverhältnis beginnt, steht dem Arbeitnehmer für jeden vollen Beschäftigungsmonat $^{1}/_{12}$ des Jahresmehrurlaubs zu.*
> *(4) „Für das Urlaubsjahr, in dem das Arbeitsverhältnis endet, steht dem Arbeitnehmer nach mehr als sechsmonatigem Bestehen des Arbeitsverhältnisses für jeden vollen Beschäftigungsmonat $^{1}/_{12}$ des Jahresmehrurlaubs zu.*“[690]
> *(5) Urlaubsjahr ist das Kalenderjahr.*
> *(6) Tilgungsbestimmung*[691]

---

687 In Anlehnung an *Powietzka/Fallenstein*, NZA 2010, 673, 675; Preis/*Stoffels*, Der Arbeitsvertrag, II U 20 Rn. 17.

688 *Powietzka/Fallenstein*, NZA 2010, 673, 675.

689 In Anlehnung an *Powietzka/Fallenstein*, NZA 2010, 673, 675.

690 Zu einer vergleichbaren Klausel, allerdings auf den gesetzlichen Mindesturlaub bezogen, siehe Preis/*Stoffels*, Der Arbeitsvertrag, II U 20 Rn. 19.

691 Zu einem Formulierungsvorschlag für eine Tilgungsbestimmung siehe Beispielsklausel 7, S. 102.

b) Abhängigkeit vom Alter

Weiter kommen Regelungen in Betracht, nach denen sich der Anspruch auf Mehrurlaub in Abhängigkeit vom Alter des Arbeitnehmers anteilig kürzt. Dabei wird in der Regel dem älteren Arbeitnehmer in Abhängigkeit zu seinem Alter mehr Urlaub zustehen. Diese Regelungen sind nicht arbeitsleistungsbezogen und damit nur in Form einer Sondervergütung ohne synallagmatische Verknüpfung zur Arbeitsleistung denkbar. Sie sind gerade im Hinblick auf das primär- und sekundärrechtlich verankerte Altersdiskriminierungsverbot problematisch.[692] Dieses hat im nationalen einfachen Gesetzesrecht insbesondere im Allgemeinen Gleichbehandlungsgesetz Niederschlag gefunden, sodass dessen Grenzen zu beachten sind.[693]

aa) Grenzen des Allgemeinen Gleichbehandlungsgesetzes bei der Anknüpfung von Urlaubsregelungen an das Alter

Bei einer unmittelbaren Anknüpfung an das Alter der Arbeitnehmer handelt es sich um eine unmittelbare Benachteiligung der jüngeren Arbeitnehmer gemäß §§ 3 Abs. 1, 1 AGG, sodass ein Verstoß gegen § 7 Abs. 1 AGG vorliegt. Dieser kann jedoch nach §§ 8 oder 10 AGG gerechtfertigt sein. § 8 Abs. 1 AGG kommt allerdings nur in Betracht, wenn die Regelung auf die Art der auszuübenden Tätigkeit abstellt. Ist dies nicht der Fall, so kommt lediglich eine Rechtfertigung nach § 10 AGG in Frage. Hierbei ist insbesondere ein legitimes Ziel im Sinne von § 10 S. 1 AGG vonnöten.[694] Ein solches muss nicht ausdrücklich genannt werden, damit es gerichtlich überprüfbar ist, muss es sich aber zumindest aus dem Kontext ergeben.[695] Bei der Anknüpfung an das Alter zur Gewährung von Mehrurlaub ist insbesondere an § 10 S. 3 Nr. 1 AGG zu denken. Danach ist der Schutz älterer Beschäftigter ein legitimes Ziel. Auf dieses sollten die Vertragsparteien allerdings zur Klarstellung auch ausdrücklich hinweisen.[696] Ansonsten droht eine Unwirksamkeit der Vereinbarung nach §§ 7 Abs. 1, 2 AGG, 134 BGB.

In diesem Sinne entschied auch das Bundesarbeitsgericht hinsichtlich der Regelung des § 26 Abs. 1 TVöD a. F. Diese sah vor, dass Arbeitnehmer bis zur Vollendung des 30. Lebensjahres 26 Urlaubstage pro Jahr gewährt wurden, von der Vollendung des 30. Lebensjahres bis zur Vollendung des 40. Lebensjahres

---

692 Allgemein dazu im ersten Teil, A. II. (S. 8 ff.); IV. (S. 22 ff.).

693 Allgemeine Ausführungen hierzu siehe im ersten Teil, A. IV. (S. 22 f.).

694 Siehe dazu ausführlich BAG v. 20.03.2012 – 9 AZR 529/10 NZA 2012, 803.

695 BAG v. 20.03.2012 – 9 AZR 529/10 NZA 2012, 803, 805 (Rn. 19 ff.).

696 Zu einem Formulierungsvorschlag siehe sogleich in Beispielsklausel 26 (S. 145).

wurden ihnen 29 Urlaubstage gewährt und ab dessen Vollendung standen ihnen 30 Urlaubstage pro Jahr zu.[697] Hierbei lag ohne Zweifel ein Verstoß gegen § 7 Abs. 1 AGG vor. Dieser konnte auch nicht nach § 10 S. 1 AGG gerechtfertigt werden. Das Ziel des Schutzes älterer Beschäftigter wurde weder ausdrücklich von den Tarifvertragsparteien verfolgt, noch ergab es sich aus dem Kontext. Vielmehr sprach auch gegen die Annahme eines solchen legitimen Ziels, dass die Anzahl der gewährten Urlaubstage mit Vollendung des 30. Lebensjahres stärker anstieg als mit Vollendung des 40. Lebensjahrs und dass danach keine zusätzlichen Urlaubstage mehr gewährt wurden. Indem mit Vollendung des 40. Lebensjahres lediglich ein Urlaubstag mehr gewährt wurde, wurde deutlich, dass hier nicht der Schutz älterer Beschäftigter gewollt war. Schließlich wurde auch § 10 S. 3 Nr. 2 AGG als legitimes Ziel abgelehnt[698] und die Tarifgeschichte zur Untermauerung herangezogen.[699] Daher war die Regelung im Ergebnis nach § 7 Abs. 1, 2 AGG i. V. m. § 134 BGB unwirksam.[700] Die Tarifvertragsparteien haben inzwischen aus dem Urteil Konsequenzen gezogen und sehen in der aktuellen Fassung des TVöD[701] eine Staffelung dergestalt vor, dass der Urlaubsanspruch künftig 29 Arbeitstage sowie nach dem vollendeten 55. Lebensjahr 30 Arbeitstage beträgt. Hierbei haben sie ausdrücklich in der Niederschriftserklärung zu § 26 Abs. 1 TVöD vorgesehen, dass Beschäftigte, die das 55. Lebensjahr vollendet haben, einen erhöhten Erholungsbedarf haben.[702] Diese Regelung ist nunmehr nach § 10 S. 1, 3 Nr. 1 AGG gerechtfertigt und damit zulässig.

bb) Ergebnis

Nach dem Allgemeinen Gleichbehandlungsgesetz ist also eine Regelung möglich, die dem Zweck des Schutzes älterer Beschäftigter dient.[703] Dazu muss aus der Regelung hervorgehen, dass von einem erhöhten Urlaubsbedarf älterer Beschäftigter ausgegangen wird. Dies kann sich beispielsweise durch eine

---

697 Zu § 26 TVöD in der damaligen Fassung siehe http://www.der-oeffentliche-sektor.de/infoundrat/infothek/1479 (12.03.2014).

698 BAG v. 20.03.2012 – 9 AZR 529/10 NZA 2012, 803, 805 (Rn. 21).

699 BAG v. 20.03.2012 – 9 AZR 529/10 NZA 2012, 803, 806 (Rn. 26).

700 BAG v. 20.03.2012 – 9 AZR 529/10 NZA 2012, 803, 806 (Rn. 27).

701 Fassung ab dem 01.03.2012; siehe dazu http://www.vka.de/site/home/vka/tarifvertraege__texte/tvoed/durchgeschriebene_fassungen/ (12.03.2014).

702 http://oeffentlicher-dienst.info/tvoed/tr/2012/tarifeinigung.html (12.03.2014).

703 BAG v. 20.03.2012 – 9 AZR 529/10 NZA 2012, 803, 804 f. (Rn. 18).

Staffelung ab dem 55. Lebensjahr[704] mit jeweils zwei Urlaubstagen mehr pro Jahr in Fünfjahresschritten äußern. Es ist allerdings darauf zu achten, dass selbst bei einem legitimen Ziel die Regelung gemäß § 10 S. 2 AGG noch erforderlich und angemessen sein muss. Bei einer ausschließlichen Anknüpfung an das Lebensalter kann auch nicht die Betriebstreue als Rechtfertigungselement herangezogen werden, da mit höherem Alter nicht notwendigerweise eine längere Betriebszugehörigkeit verbunden ist.[705] Schlussendlich ist bei einer Regelung, die den Grenzen des Allgemeinen Gleichbehandlungsgesetzes genügt, davon auszugehen, dass sie auch angemessen im Sinne von § 307 Abs. 1 S. 1 BGB ist.[706] Wollen die Vertragsparteien eine altersabhängige Gewährung von Mehrurlaub vereinbaren, so empfiehlt es sich, neben der ausdrücklichen Zielsetzung des Gesundheitsschutzes älterer Beschäftigter ferner, um die Erforderlichkeit und Angemessenheit sicherzustellen, an die Betriebstreue anzuknüpfen, die grundsätzlich zulässig ist.[707]

Beispielsklausel 26: Altersabhängige Gewährung von Mehrurlaub

(1) Zur Belohnung der besonderen Betriebstreue und zum Schutz der älteren Beschäftigten erlangen Beschäftigte, die seit mindestens 20 Jahren dem Betrieb angehören und das 55. Lebensjahr vollendet haben, pro Kalenderjahr [x] Urlaubstage zusätzlich.

(2) Mit Vollendung des 60. Lebensjahrs und bei mindestens 25jähriger Betriebszugehörigkeit erhalten Arbeitnehmer pro Kalenderjahr [y] Urlaubstage pro Jahr zusätzlich zum gesetzlichen Mindesturlaub.

c) Abhängigkeit von tatsächlicher Arbeitsleistung

Zur Motivation des Arbeitnehmers und um eine möglichst geringe Anzahl an Fehltagen der Arbeitnehmer zu erreichen, bietet sich weiterhin die Gewährung von Mehrurlaub als Anwesenheitsprämie an, d. h. in Abhängigkeit der tatsächlichen Arbeitsleistung in einem bestimmten Zeitraum.[708] Hierbei handelt es sich um eine arbeitsleistungsbezogene Sondervergütung, wobei genau abzugrenzen

---

704 Für einen hinreichenden sachlichen Grund bei einer Staffelung bei einem Lebensalter von über 50 Jahren *Linck/Schütz* in FS Leinemann, 171, 181.

705 *Linck/Schütz* in FS Leinemann, 171, 181 f.

706 I. E. ebenso *Linck/Schütz* in FS Leinemann, 171, 181 f.

707 Für die Zulässigkeit einer Urlaubsstaffelung nur nach Betriebszugehörigkeit auch *Bauer*, Anm. zu BAG v. 20.03.2012 – 9 AZR 529/10 FD-ArbR 2012, 330444; siehe zur zulässigen Anknüpfung an die Betriebszugehörigkeit bei der Gewährung betrieblicher Altersversorgung BAG v. 12.02.2013 – 3 AZR 100/11 NJW 2013, 2540.

708 Zum tariflichen Mehrurlaub BAG v. 10.02.1987 – 8 AZR 529/84 NZA 1987, 675; zu einer Jahressonderzahlung BAG v. 26.10.1994 – 10 AZR 482/93 NZA 1995, 266.

ist, ob die Leistung im unmittelbaren Synallagma zur erbrachten Arbeitsleistung steht.[709] Insbesondere die zeitanteilige Gewährung und die selbstständige Bezeichnung als Anwesenheitsprämie sprechen für einen Entgeltbestandteil und damit gegen das Vorliegen einer Sondervergütung.[710] Handelt es sich um einen Vergütungsbestandteil, so kann der Mehrurlaub nur anteilig zur tatsächlichen Fehlzeit gekürzt werden, ohne dass es einer Kürzungsvereinbarung bedarf.[711] Im Folgenden soll untersucht werden, wie es sich mit der anteiligen Kürzung von Mehrurlaub, der als Sondervergütung gewährt wird, verhält.[712]

aa) Grundsätze

Wird vereinbart, dass der Arbeitnehmer den Mehrurlaub unter der Voraussetzung gewährt bekommt, dass er in einem bestimmten Zeitraum in einem bestimmten zeitlichen Umfang tatsächlich gearbeitet hat, kann darin die Vereinbarung einer Wartezeit für das Entstehen des zusätzlichen Anspruchs sowie die Bestimmung der Höhe des Anspruchs in Abhängigkeit vom geleisteten Arbeitsumfang gesehen werden.[713] Dabei unterliegen die Dauer des Zeitraums, der betrachtet wird, und der Arbeitsumfang zunächst dem Transparenzgebot des § 307 Abs. 1 S. 2 BGB.[714] Es bleibt zu prüfen, welche Dauer des Bezugszeitraums, welcher Umfang der tatsächlichen Arbeitsleistung und welche Höhe des danach bestehenden Urlaubsanspruchs noch angemessen im Sinne von § 307 Abs. 1 S. 1 BGB ist. Dabei ist aber wegen der Vorschrift des § 4a EFZG danach zu unterscheiden, ob es sich um krankheitsbedingte Fehlzeiten handelt.

bb) Krankheitsbedingte Fehlzeiten

(1) Anwendung des § 4a EFZG auf den Mehrurlaub

Handelt es sich um krankheitsbedingte Fehlzeiten, so ist § 4a EFZG zu berücksichtigen. Nach Satz 1 der Vorschrift ist eine Vereinbarung über die Kürzung von Sondervergütungen auch für Zeiten der Arbeitsunfähigkeit infolge von Krankheit zulässig. Bei der Gewährung von Mehrurlaub durch den Arbeitgeber kann es sich je nach Vereinbarung um eine Sondervergütung (ggf. mit Mischcharakter)

---

709 ErfK/*Reinhard*, § 4a EFZG Rn. 8.

710 LAG Düsseldorf v. 10.05.2010 – 16 Sa 235/10 – juris; ErfK/*Dörner/Reinhard*, 13. Aufl. 2013, § 4a EFZG Rn. 8.

711 MünchArbR/*Krause*, § 59 Rn. 9 ff.

712 Da der Anspruch in der vorliegenden Konstellation von der tatsächlichen Arbeitsleistung abhängig gemacht wird, handelt es sich nicht um eine reine Treueprämie.

713 *Linck/Schütz* in FS Leinemann, 171, 182.

714 *Linck/Schütz* in FS Leinemann, 171, 182.

handeln.[715] Für diese Konstellation, sollen im Folgenden die durch § 4a EFZG gesetzten Grenzen überprüft werden.[716]

Nach § 4a S. 2 EFZG darf die Kürzung für jeden Tag der Arbeitsunfähigkeit infolge Krankheit ein Viertel des Arbeitsentgelts, das im Jahresdurchschnitt auf einen Arbeitstag entfällt, nicht überschreiten. Dies bedeutet für den Mehrurlaubsanspruch, dass je krankheitsbedingtem Fehltag maximal ein Viertel Urlaubstag des Mehrurlaubs, der wirtschaftlich dem Arbeitsentgelt eines Arbeitstages entspricht,[717] gekürzt werden darf. Es darf nach der Regelung also für je vier krankheitsbedingte Fehltage maximal ein Urlaubstag des Mehrurlaubs entfallen.[718]

Eine Kürzungsregelung kommt einerseits dergestalt in Betracht, dass bezogen auf das vorherige Kalenderjahr bestimmt wird, dass jeweils für vier krankheitsbedingte Fehltage ein Mehrurlaubstag für das kommende Kalenderjahr entfällt. Die Sondervergütung steht dann aber grundsätzlich auch den Arbeitnehmern zu, die im Gewährungszeitpunkt nicht mehr beim Arbeitgeber beschäftigt sind. Insofern erscheint eine Vereinbarung vorzugswürdig, wonach ein im laufenden Kalenderjahr bereits entstandener, aber noch nicht gewährter Mehrurlaubsanspruch bei krankheitsbedingten Fehltagen im laufenden Kalenderjahr gekürzt wird.[719] Um insoweit eine Unangemessenheit wegen ungerechtfertigter Ungleichbehandlung zu vermeiden, sollte eine solche Klausel mit einer Rückzahlungsklausel für den Fall versehen werden, dass der Mehrurlaub im laufenden Kalenderjahr bereits gewährt wurde.[720]

(2) Transparenzkontrolle, § 307 Abs. 1 S. 2 BGB

Zudem ist bei einer solchen Vereinbarung besonderer Wert auf die Transparenz zu legen. So muss zum einen klar werden, auf welche Tage sich genau die Kürzungsregelung bezieht. Dabei sollte der Begriff der „krankheitsbedingten Fehltage" verwendet werden, da beispielsweise „Krankheitstage" begrifflich alle

---

715 Siehe dazu ausführlich im ersten Teil, D. (S. 46 ff.).

716 Eine Sonderleistung mit Mischcharakter fällt auch unter § 4a EFZG, der lediglich die laufende Vergütung ausschließen möchte, vgl. dazu ErfK/*Reinhard*, § 4a EFZG Rn. 5 ff. Gegen eine Anwendung von § 4a EFZG auf den Mehrurlaub mangels einer Sondervergütungseigenschaft sprechen sich ohne Begründung *Hromadka/Schmitt-Rolfes* aus, Der unbefristete Arbeitsvertrag, S. 108.

717 Siehe dazu bereits im ersten Teil, D. III. 3. (S. 54 ff.).

718 Siehe dazu auch *Linck/Schütz* in FS Leinemann, 171, 182 f.

719 Zu letzterem Beispiel *Linck/Schütz* in FS Leinemann, 171, 183.

720 Zur Zulässigkeit von Rückzahlungsklauseln siehe im zweiten Teil, A. VII. (S. 186 ff.). Zu einer solchen Rückzahlungsklausel, die sich auf Kürzungsvereinbarungen bezieht siehe im zweiten Teil, A. VII. 2. c) (Beispielsklausel 50, S. 196).

Tage umfasst, an denen der Arbeitnehmer erkrankt ist, also auch Samstage, Sonntage und gesetzliche Feiertage erfasst wären.[721]

Überdies muss die Klausel zum Ausdruck bringen, ob sich die Berechnung des Kürzungsumfangs auf die „jährliche Gesamterkrankungsdauer" bezieht oder ob die Dauer der einzelnen Erkrankungen entscheidend sein soll.[722]

Beispielsklausel 27: Kürzung von Mehrurlaub bei krankheitsbedingten Fehlzeiten bezogen auf den Zeitraum des laufenden Kalenderjahres (inkl. Rückzahlungsklausel)

„(1) Der Arbeitnehmer hat Anspruch auf den gesetzlichen Mindesterholungsurlaub im Umfang von 20 Tagen pro Jahr, bezogen auf eine Fünf-Tage-Woche. Das Nähere bestimmt sich nach den Vorschriften des Bundesurlaubsgesetzes."[723]

(2) Darüber hinaus erlangt der Arbeitnehmer grundsätzlich einen zusätzlichen bezahlten Erholungsurlaub von weiteren [x] Tagen pro Jahr (Jahresmehrurlaub).[724]

(3) [1]Bezogen auf den Zeitraum des laufenden Kalenderjahres entfällt für jeweils vier krankheitsbedingte Fehltage des Arbeitnehmers ein Mehrurlaubstag des laufenden Jahresmehrurlaubsanspruchs. [2]Für die Berechnung des Kürzungsumfangs werden sämtliche krankheitsbedingte Fehltage summiert (jährliche Gesamterkankungsdauer).

(4) Ist der Mehrurlaub im laufenden Kalenderjahr bereits gewährt und genommen worden, so ist der Arbeitnehmer bei Eintritt der Kürzungsvoraussetzungen im Sinne von Absatz 3 zur Rückzahlung des Mehrurlaubsentgelts insoweit verpflichtet, als es, wäre der Mehrurlaub zu diesem Zeitpunkt noch nicht gewährt worden, dem durch die Kürzungsklausel erloschenen Mehrurlaub entspricht.[725]

(5) Urlaubsjahr ist das Kalenderjahr.

(6) Tilgungsbestimmung[726]

(3) Obergrenze bei mehreren Sondervergütungen

Bei der Gewährung mehrerer Sondervergütungen ist unklar, ob der Kürzungsbetrag insgesamt nicht die Grenze des § 4a EFZG überschreiten darf oder ob die

721 BAG v. 15.10.2013 – 9 AZR 374/12 – juris (Rn. 16 f.), wobei sich in der zugrunde liegenden Klausel bereits aus einer Auslegung nach §§ 133, 157 BGB die synonyme Verwendung der Begriffe „Krankheitstage" und „krankheitsbedingte Fehltage" hätte herleiten lassen.

722 BAG v. 15.10.2013 – 9 AZR 374/12 – juris (Rn. 18).

723 *Powietzka/Fallenstein,* NZA 2010, 673, 675.

724 In Anlehnung an *Powietzka/Fallenstein,* NZA 2010, 673, 675.

725 Zur Zulässigkeit von Rückzahlungsklauseln siehe im zweiten Teil, A. VII. (S. 186 ff.). Zu einer solchen Rückzahlungsklausel, die sich auf Kürzungsvereinbarungen bezieht siehe im zweiten Teil, A. XI. 2. c) (Beispielsklausel 50, S. 196).

726 Zu einem Formulierungsvorschlag für eine Tilgungsbestimmung siehe Beispielsklausel 7, S. 102.

Obergrenze des § 4a EFZG sich auf jede Sondervergütung einzeln bezieht. Dies wird beispielsweise relevant, wenn der Arbeitgeber Mehrurlaub und Urlaubsgeld gewährt. Diese stellen (gegebenenfalls) beide Sondervergütungen dar. Gewährt der Arbeitgeber noch zusätzlich eine weitere Sondervergütung in Geld, offenbart sich die Komplexität des Problems vollends.

Hierbei lässt sich einerseits argumentieren, dass der Kürzungsbetrag aller Sondervergütungen insgesamt nicht die Obergrenze des § 4a EFZG überschreiten darf.[727] Hierfür lassen sich Sinn und Zweck der Regelung anführen. Ansonsten könnte die Obergrenze durch eine Aufsplitterung einer Sondervergütung in mehrere Einzelleistungen allzu leicht erweitert werden.[728] Andererseits wird auch der Ansatz vertreten, dass die Obergrenze des § 4a EFZG für jede Sondervergütung einzeln berücksichtigt wird. Hierfür spricht, dass § 4a S. 2 EFZG gerade keine Summenbegrenzung für den Fall der Gewährung mehrerer Sondervergütungen vorsieht.[729] Schließlich bietet sich als vermittelnder Weg an, dass grundsätzlich die Obergrenze für jede Sondervergütung gesondert zu berücksichtigen ist, außer, wenn sich die verschiedenen Sondervergütungen als gesplittete gleichartige Leistungen darstellten.[730] Insbesondere im Hinblick auf den Wortlaut des Gesetzes erscheint es als überzeugend, die Grenze des § 4a S. 2 EFZG für jede Sondervergütung gesondert zu berücksichtigen. Um hierbei eine allzu leichte Umgehung der in § 4a S. 2 EFZG aufgezeigten Grenzen zu vermeiden, sollte für den Fall, dass sich die Sondervergütungen lediglich als gesplittete gleichartige Leistungen darstellen, eine Ausnahme angenommen werden. In diesem Fall müssen sie also insgesamt der Grenze des § 4a S. 2 EFZG genügen.[731]

Dabei stellt sich sogleich das Problem, ob sich die Gewährung von Urlaubsgeld und Mehrurlaub als derartige gleichartige Leistungen einordnen lassen. Diese stellen sich jedoch zunächst schon nicht als gleichartig dar. Während die Sondervergütung in Form des Mehrurlaubs auf Freistellung gerichtet ist, handelt es sich beim Urlaubsgeld um eine Geldleistung.[732] Zwar verfolgen die Leistungen in der Gewährleistung der Erholung des Arbeitnehmers denselben Zweck und

727 So ohne nähere Begründung LAG Rheinland-Pfalz v. 01.03.2012 – 11 Sa 647/11 – juris (Rn. 73); Kaiser/Dunkl/Hold/Kleinsorge/*Hold*, § 4a EFZG Rn. 21 f.; *Treber*, § 4a EFZG Rn. 22 sowie mit Begründung *Vogelsang*, Rn. 593.

728 *Vogelsang*, Rn. 593.

729 BeckOKArbR/*Ricken*, § 4a EFZG Rn. 13.

730 MüKoBGB/*Müller-Glöge*, § 4a EFZG Rn. 17.

731 MüKoBGB/*Müller-Glöge*, § 4a EFZG Rn. 17.

732 Siehe näher zu Urlaubsgeldregelungen im zweiten Teil, A. XII. (S. 282 ff.).

können darüber hinaus sogar aneinander geknüpft werden.[733] Letztlich stellen sie sich aber dennoch bereits ihrem Wesen nach nicht als gesplittete gleichartige Leistungen dar, sodass bei der Vereinbarung einer Kürzung für jede der beiden Sondervergütungen einzeln die Grenze des § 4a S. 2 EFZG gilt.

Anders kann sich dies beim Urlaubsgeld und einer weiteren vom Arbeitgeber gewährten Sondervergütung darstellen. Dies ist letztlich eine Sache des konkreten Einzelfalls. Wird das Urlaubsgeld beispielsweise akzessorisch zum Urlaub geregelt und handelt es sich bei der weiteren Sondervergütung lediglich um eine unabhängige Sondervergütung, so ist von einem deutlichen Unterschied zwischen den Sondervergütungen auszugehen, sodass keine Gleichartigkeit gegeben ist. Bei einer Regelung des Urlaubsgeldes, bei der dieses vom Urlaub getrennt gewährt wird, kann sich dies anders verhalten.

(4) Rechtsfolge eines Verstoßes gegen § 4a EFZG

Überschreitet die Regelung diesen Umfang, ist sie grundsätzlich nach §§ 134 BGB, 4a EFZG unwirksam. Bei Individualabreden und Tarifverträgen kann jedoch eine Anpassung auf das zulässige Maß im Wege der ergänzenden Vertragsauslegung erwogen werden.[734]

Der Zweck der ergänzenden Vertragsauslegung besteht darin, Lücken der betreffenden rechtsgeschäftlichen Regelung unter Anknüpfung an den im Rechtsgeschäft enthaltenen Regelungsplan zu schließen.[735] Der die Grenze des § 4a EFZG überschreitende Vertrag muss also eine Lücke aufweisen und es muss von dem Parteiwillen auszugehen sein, dass eigentlich die Grenze eingehalten werden sollte. Die Vertragslücke ergibt sich hierbei aus der Unwirksamkeit der Regelung nach §§ 134 BGB, 4a EFZG. Sodann ist der hypothetische Parteiwille zu ermitteln, wobei dieser freilich nicht dem feststellbaren tatsächlichen Parteiwillen widersprechen darf.[736] Der hypothetische Parteiwillen wird aber in diesem Fall in der Regel darauf gerichtet sein, den nach § 4a EFZG zulässigen Teil aufrechtzuerhalten, sodass dann eine Anpassung auf das zulässige Maß erfolgt.

---

733 Zur Vereinbarung einer Akzessorietät zwischen dem Anspruch auf Urlaubsgeld und dem Anspruch auf Urlaub siehe im zweiten Teil, A. XII. 1. (S. 283 ff.).

734 So auch BeckOKArbR/*Ricken*, § 4a EFZG Rn. 14.

735 St. Rspr. seit BGH v. 22.04.1953 – II ZR 143/52 NJW 1953, 937; v. 25.06.1980 – VIII ZR 260/79 NJW 1980, 2347; v. 11.05.2009 – VII ZR 11/08 NJW 2009, 2443; *Flume*, AT II, 321 ff.; Staudinger/*Roth*, § 157 BGB Rn. 4.

736 BGH v. 22.04.1953 – II ZR 143/52 NJW 1953, 937; LAG Berlin v. 11.01.1999 – 9 Sa 113/98 NZA-RR 1999, 262, 264; *Mayer-Mali* in FS Flume, Bd. I, 621, 626; Staudinger/*Roth*, § 157 BGB Rn. 4.

Hinsichtlich der vertraglichen Regelungen in Allgemeinen Geschäftsbedingungen hingegen ist zunächst eine ergänzende Vertragsauslegung auch hinsichtlich solcher Vertragslücken möglich, die sich aus der AGB-rechtlichen Unwirksamkeit ergeben.[737] Dass diese nicht in § 306 Abs. 2 BGB erwähnt wird, schadet nicht.[738] Allerdings führt nicht jede unwirksame vorformulierte Regelung zu einer regelungsbedürftigen Lücke. Vielmehr darf das Unterbleiben der Vervollständigung keine angemessene, den typischen Interessen des AGB-Verwenders und des Kunden entsprechende Lösung sein.[739] Eine ergänzende Vertragsauslegung ist daher in diesem Fall nur möglich, wenn ansonsten die Streichung der unwirksamen Klausel zu einer Unausgewogenheit der Vertragslage führt.[740] Vorliegend ergibt sich die Unwirksamkeit aus §§ 134 BGB, 4a EFZG sowie aus der Unangemessenheit der Klausel nach § 307 Abs. 2 Nr. 1 BGB.[741] Durch Streichung der Klausel fehlt es aber lediglich an einer Kürzungsmöglichkeit hinsichtlich des Mehrurlaubs im Fall von Krankheitstagen. Dadurch verschiebt sich zwar das Gewicht zulasten des Arbeitgebers. Allerdings kann dies zur Prävention der Inhaltskontrolle nur zu einer regelungsbedürftigen Lücke führen, wenn es sich um eine extreme Störung des Gleichgewichts handelt.[742] Eine solche kann aber bei

737 St. Rspr.; BGH v. 01.02.1984 - VIII ZR 54/83 NJW 1984, 1177; v. 01.02.1984 - VIII ZR 106/83 NJW 1984, 1180, 1181; v. 03.11.1999 - VIII ZR 269/98 NJW 2000, 1110, 1114; v. 04.07.2002 - VII ZR 502/99 NJW 2002, 3098, 3099; ebenso BAG v. 11.04.2006 - 9 AZR 610/05 NZA 2006, 1042, 1045; v. 19.12.2006 - 9 AZR 294/06 NZA 2007, 809, 811 f.; *Ulmer*, NJW 1981, 2025, 2031.

738 WLP/*Lindacher/Hau*, § 306 BGB Rn. 15; Ulmer/*Schmidt*, § 306 BGB Rn. 34; *Stoffels*, AGB-Recht, Rn. 613.

739 BGH v. 01.02.1984 - VIII ZR 54/83 NJW 1984, 1177, 1178; v. 07.03.1989 - KZR 15/87 NJW 1989, 3010, 3011; v. 03.11.1999 - VIII ZR 269/98 NJW 2000, 1110, 1114; v. 04.07.2002 - VII ZR 502/99 NJW 2002, 3098, 3099; ebenso BAG v. 07.12.2005 - 5 AZR 535/04 NZA 2006, 423, 428.

740 Palandt/*Grüneberg*, § 306 BGB Rn. 13 f.

741 So auch *Linck/Schütz* in FS Leinemann, 171, 182 f. Zur nach seiner Ansicht fehlenden Vergleichbarkeit der Voraussetzungen der Kürzung einer Anwesenheitsprämie mit der Verfallsregelung eines Mehrurlaubsanspruchs vgl. *Polzer*, S. 122 f. Die Vereinbarung einer Kürzungsregelung bezüglich des Mehrurlaubsanspruchs selbst und die Anwendbarkeit des § 4a EFZG auf den Mehrurlaub als Sondervergütung lässt dieser außer Acht. Allgemein zur Rechtsfolge eines Verstoßes gegen § 4a EFZG bei einer arbeitsvertraglichen Vereinbarung vgl. LAG Hamm v. 13.01.2011 - 16 Sa 1521/09 NZA-RR 2011, 289.

742 BAG v. 19.12.2006 - 9 AZR 294/06 NZA 2007, 809, 812; BGH v. 29.04.2008 - KZR 2/07 NJW 2008, 2172, 2175; *Stoffels*, AGB-Recht, Rn. 615.

einer fehlenden Kürzungsregelung im Fall von Krankheitstagen nicht angenommen werden. Daher bleibt es bei der Unwirksamkeit der Regelung.

cc) Sonstige Fehlzeiten

Schließlich ist auch die Vereinbarung einer anteiligen Kürzung bei nicht krankheitsbedingten, also sonstigen Fehlzeiten möglich.

(1) Vom Arbeitnehmer nicht beeinflussbare Fehlzeiten

Zunächst kann danach unterschieden werden, ob die Fehlzeiten vom Arbeitnehmer beeinflussbar oder unbeeinflussbar sind. Ist die Fehlzeit vom Arbeitnehmer unbeeinflussbar, wie beispielsweise bei unvorhersehbaren Witterungsereignissen oder bei einem unverschuldeten Verkehrsunfall,[743] ist jedenfalls § 307 Abs. 1 S. 1 BGB anwendbar, möglicherweise ist aber auch die Regelung des § 4a S. 2 EFZG entsprechend anwendbar, sodass wiederum deren Grenze beachtet werden muss.

Für eine entsprechende Anwendung der Norm müssen eine planwidrige Regelungslücke sowie eine vergleichbare Interessenlage vorliegen.[744] Zunächst lohnt es sich dabei, einen Blick auf den Zweck der Vorschrift des § 4a S. 2 EFZG zu werfen, um herauszufinden, wie sich die Interessenlage der Vertragsparteien hierbei darstellt. Die Norm sollte die bereits vorhandene Rechtsprechung zur Kürzung von Sondervergütungen im Krankheitsfall gesetzlich klarstellen.[745] Bezogen auf die Interessenlage der Vertragsparteien kann der Arbeitnehmer im Krankheitsfall seine Fehlzeit gerade nicht beeinflussen. Dies spricht für eine vergleichbare Interessenlage und damit für eine grundsätzliche Analogiefähigkeit der Norm.[746]

Darüber hinaus muss auch eine planwidrige Regelungslücke vorliegen. Gegen eine solche spricht aber, dass der Gesetzgeber bei der Schaffung von § 4a EFZG ausdrücklich nur den Fall der Kürzung von Sondervergütungen im Fall der krankheitsbedingten Fehlzeit regelte. Dass es auch andere, nicht vom Arbeitnehmer beeinflussbare Fehlzeiten geben kann, die von einer solchen Kürzungsregelung umfasst sein können, war dabei klar. Lediglich einen Einzelfall, zu dem

743 Siehe dazu *Linck/Schütz* in FS Leinemann, 171, 183.

744 BGH v. 14.12.2006 – IX ZR 92/05 NJW 2007, 992, 993; v. 13.03.2003 – I ZR 290/00 NJW 2003, 1932, 1933; BAG v. 13.02.2003 – 8 AZR 654/01 NJW 2003, 2473, 2474; *Larenz/Canaris*, S. 194 ff.; Palandt/*Sprau*, Einleitung Rn. 48, 55.

745 ErfK/*Reinhard*, § 4a EFZG Rn. 1; siehe dazu auch bereits ausführlich im ersten Teil, D. III. 3. (S. 54 ff.).

746 So *Linck/Schütz* in FS Leinemann, 171, 183.

bereits Rechtsprechung ergangen war, wollte der Gesetzgeber in Gesetzesform klarstellen.[747] Dies spricht grundsätzlich gegen eine entsprechende Anwendung der Norm auf vergleichbare Konstellationen.

Andererseits kann die Antwort auf die Frage einer möglichen entsprechenden Anwendung des § 4a S. 2 EFZG auf nicht beeinflussbare Fehlzeiten des Arbeitnehmers in der Rechtsprechung zu Kürzungsregelungen zu finden sein. Immerhin diente die Schaffung der Regelung nur der Klarstellung der Rechtsprechung. Allerdings stellt sich auch bei einem Blick in einschlägige Entscheidungen die Kürzung von Sondervergütungen wegen krankheitsbedingter Fehlzeiten als Sonderfall heraus.[748] Letztendlich überzeugt eine entsprechende Anwendung lediglich aus der Überlegung heraus, dass der Arbeitnehmer die Fehlzeit nicht beeinflussen kann, nicht. Der Gesetzgeber hat hier einen bestimmten Sonderfall gesetzlich geregelt. Dass er dieselbe Grenze in Höhe von einem Viertel des Arbeitsentgelts, das im Jahresdurchschnitt auf einen Arbeitstag entfällt, auch für die Kürzung von Sondervergütungen bei anderen nicht beeinflussbaren Fehlzeiten des Arbeitnehmers für erforderlich und angemessen hält, kann daraus gerade nicht geschlossen werden.

§ 4a S. 2 EFZG ist mithin mangels planwidriger Regelungslücke nicht entsprechend auf Kürzungsvereinbarungen bezüglich vom Arbeitnehmer nicht beeinflussbarer Fehlzeiten anwendbar.

(2) Angemessenheit der Kürzung bei sonstigen Fehlzeiten

Letztlich sind daher die Kürzungsregelungen, die sich auf die nicht krankheitsbedingten (beeinflussbaren und unbeeinflussbaren) Fehlzeiten des Arbeitnehmers beziehen, an § 307 Abs. 1 S. 1 BGB zu messen. Grundsätzlich sind diese, sofern keine anderen gesetzlichen Grenzen überschritten werden, wie Diskriminierungsvorschriften des Allgemeinen Gleichbehandlungsgesetzes oder gesetzliche Verbote im Sinne von § 134 BGB, angemessen im Sinne von § 307 Abs. 1 S. 1 BGB. Hier kann also gegebenenfalls auch eine Kürzung bis zum vollständigen Wegfall des Mehrurlaubsanspruchs erfolgen.[749] Da der Sinn einer solchen Anwesenheitsklausel aber darin besteht, den Arbeitnehmer dazu anzuspornen, möglichst selten zu fehlen, ist eine vollständige Kürzung des Mehrurlaubsanspruchs bei Erreichen einer bestimmten Anzahl an Fehltagen

---

747 BT-Drs. 13/4612, S. 11; ErfK/*Reinhard*, § 4a EFZG Rn. 1; siehe auch im ersten Teil, D. III. 3. (S. 64 ff.).

748 Siehe dazu BAG v. 15.12.1999 – 10 AZR 626/98 NZA 2000, 1062; v. 24.05.1995 – 10 AZR 619/94 NZA 1996, 31; v. 06.10.1993 – 10 AZR 547/92 BeckRS 1993, 30746364.

749 Lediglich für beeinflussbare, also rechtswidrige und schuldhafte Pflichtverletzungen sehen dies *Linck/Schütz* in FS Leinemann, 171, 183 f. so.

nicht zielführend. Vielmehr bietet sich hierbei eine anteilige Kürzung der Sonderleistung in Abhängigkeit von der tatsächlichen Anwesenheit an.

Handelt es sich bei der Gewährung des Mehrurlaubs um eine arbeitsleistungsbezogene Sonderleistung,[750] so können allerdings Fehlzeiten, für die der Arbeitnehmer einen Anspruch auf Entgeltfortzahlung hat, bei der Kürzung nicht berücksichtigt werden. Dies betrifft damit in Bezug auf sonstige Fehlzeiten insbesondere die Zeiten des Mindesturlaubs. In diesem Fall hat vielmehr der Arbeitnehmer einen Anspruch auf Entgeltfortzahlung, sodass auch arbeitsleistungsbezogene Sonderleistungen fortzuzahlen sind.[751] Auch die Einbeziehung der Fehlzeiten infolge von Beschäftigungsverboten nach §§ 3 Abs. 2, 6 Abs. 1 MuSchG ist problematisch. Sie wird sich als unzulässige Diskriminierung einstufen lassen, sodass auch in diesem Fall keine Einbeziehung als Fehlzeit vorgenommen werden kann.[752]

Handelt es sich hingegen um eine Sonderleistung, die nicht als Gegenleistung zur Arbeitsleistung erfolgt, können auch Fehlzeiten, für die der Arbeitnehmer einen Anspruch auf Entgeltfortzahlung hat, bei der Kürzung berücksichtigt werden. Hierbei handelt es sich gerade nicht um arbeitsleistungsbezogene Leistungen, sodass die Sonderleistungen in diesen Zeiträumen nicht ohne weiteres fortzuzahlen sind. Eine Benachteiligung tritt hierdurch nicht ein, vielmehr wird der Mindesturlaub bei allen Arbeitnehmern im selben Umfang in Anspruch genommen. Die Einbeziehung von Beschäftigungsverboten nach §§ 3 Abs. 2, 6 Abs. 1 MuSchG stellt aber auch in Bezug auf Sonderleistungen eine Diskriminierung dar und darf daher nicht erfolgen.

Wie es sich schließlich bei Sonderleistungen mit Mischcharakter verhält, die zumindest u. a. die erbrachte Arbeitsleistung entlohnen, daneben aber weitergehende Zwecke, wie die Belohnung der Betriebstreue verfolgen, ist nicht abschließend geklärt.[753] Diese fallen zwar auch unter den Sondervergütungsbegriff des § 4a EFZG. Jedoch sind sie, indem sie zumindest auch erbrachte Arbeitsleistung belohnen, arbeitsleistungsbezogen, sodass bei diesen richtigerweise Fehlzeiten, für die der Arbeitnehmer einen Anspruch auf Entgeltfortzahlung hat, nicht berücksichtigungsfähig sind.[754]

---

750 Die also im Gegenseitigkeitsverhältnis erfolgt; siehe dazu auch im ersten Teil, D. (S. 46 ff.).

751 Siehe dazu eingehend MünchArbR/*Krause*, § 59 Rn. 12.

752 Vertiefend und differenzierend MünchArbR/*Krause*, § 59 Rn. 12.

753 Für die Wirksamkeit einer Sonderleistung mit Mischcharakter, die die Fehlzeiten einbezieht BAG v. 15.02.1990 – 6 AZR 381/88 AP BGB § 611 Anwesenheitsprämie Nr. 15.

754 Vertiefend und differenzierend MünchArbR/*Krause*, § 59 Rn. 12. Zum Wandel von Praxis und Dogmatik der Sonderzahlungen *Preis*, SR 2012, 101, demzufolge Sonderleistungen mit Mischcharakter auch arbeitsleistungsbezogen sind.

dd) Abschließende Beispielsklausel

Eine abschließende Beispielsklausel soll verdeutlichen, wie die unterschiedlichen Fehlzeiten in die Kürzungsregelung aufgenommen werden können.

Beispielsklausel 28: Kürzungsregelung in Abhängigkeit von tatsächlicher Arbeitsleistung

„*(1) Der Arbeitnehmer hat Anspruch auf den gesetzlichen Mindesterholungsurlaub im Umfang von 20 Tagen pro Jahr, bezogen auf eine Fünf-Tage-Woche. Das Nähere bestimmt sich nach den Vorschriften des Bundesurlaubsgesetzes.*“[755]

(2) Darüber hinaus erlangt der Arbeitnehmer als Belohnung für seine Anwesenheit in Abhängigkeit zu seiner tatsächlichen Arbeitsleistung nach Maßgabe der Absätze 3–5 einen zusätzlichen bezahlten Erholungsurlaub von weiteren [x] Tagen pro Jahr (Jahresmehrurlaub).

(3) [1]Bezogen auf den Zeitraum des laufenden Kalenderjahres entfällt für jeweils vier krankheitsbedingte Fehltage des Arbeitnehmers ein Mehrurlaubstag des laufenden Jahresmehrurlaubsanspruchs. [2]Für die Berechnung des Kürzungsumfangs werden sämtliche krankheitsbedingte Fehltage summiert (jährliche Gesamterkankungsdauer).

(4) [1]Bezogen auf den Zeitraum des laufenden Kalenderjahres verkürzt sich der laufende Jahresmehrurlaubsanspruch um je einen Mehrurlaubstag für je drei Tage, an denen der Arbeitnehmer seiner Arbeitspflicht nicht nachgekommen ist, ohne dass dies krankheitsbedingt war.[756] *[2]Für die Berechnung des Kürzungsumfangs werden sämtliche nicht krankheitsbedingte Fehltage summiert (jährliche Gesamtdauer).*

(5) „Der Jahresmehrurlaubsanspruch mindert sich um $^1/_{12}$ für jeden vollen Monat *im laufenden Kalenderjahr, in dem der Arbeitnehmer keinen Anspruch auf Entgelt bzw. Entgeltfortzahlung hatte.*“[757]

(6) Ist der Mehrurlaub im laufenden Kalenderjahr bereits gewährt und genommen worden, so ist der Arbeitnehmer bei Eintritt der Kürzungsvoraussetzungen im Sinne der Absätze 3, 4 oder 5 zur Rückzahlung des Mehrurlaubsentgelts insoweit verpflichtet, als es, wäre der Mehrurlaub zu dem Zeitpunkt noch nicht gewährt worden, dem durch die Kürzungsklausel erloschenen Mehrurlaub entspricht.[758]

(7) Urlaubsjahr ist das Kalenderjahr.

(8) Tilgungsbestimmung[759]

---

755 *Powietzka/Fallenstein,* NZA 2010, 673, 675.

756 In Anlehnung an Preis/*Stoffels,* Der Arbeitsvertrag, II U 20 Klausel Typ 7, vor Rn. 26; *Hümmerich,* NZA 2003, 753, 760.

757 *Oberthür,* ArbRB 2009, 278, 279.

758 Zur Zulässigkeit von Rückzahlungsklauseln siehe im zweiten Teil, A. VII. (S. 186 ff.). Zu einer solchen Rückzahlungsklausel, die sich auf Kürzungsvereinbarungen bezieht siehe im zweiten Teil, A. VII. 2. c) (Beispielsklausel 50, S. 196).

759 Zu einem Formulierungsvorschlag für eine Tilgungsbestimmung siehe Beispielsklausel 7, S. 102.

d) Anrechnung von Fehlzeiten oder Kuren auf den Urlaubsanspruch

Schließlich sind verschiedene, abweichende Formulierungen denkbar, die ebenfalls als Folge eine Kürzungsvereinbarung hinsichtlich des Mehrurlaubsanspruchs darstellen und auf die daher die bereits erörterten Grenzen Anwendung finden.[760] Zu nennen sind hier beispielsweise Anrechnungsvereinbarungen, nach denen Fehlzeiten oder Kuren des Arbeitnehmers auf den Mehrurlaubsanspruch angerechnet werden.[761] Wird also in einer Klausel vorgesehen, dass die Fehlzeiten des Arbeitnehmers auf seinen Anspruch auf Mehrurlaub angerechnet werden, ist darin eine Kürzungsvereinbarung zu sehen, die an den bereits genannten Grenzen zu messen ist. Für die Abwesenheitszeit selbst, sei es wegen einer arbeitsunfähigen Erkrankung oder einer Befreiung von der Arbeitspflicht gemäß § 9 Abs. 1 EFZG, scheidet eine Gewährung von Urlaub bereits mangels Erfüllbarkeit aus.[762]

e) Abhängigkeit vom Verhalten des Arbeitnehmers im Urlaub – Keine anderweitige Erwerbstätigkeit

Für den Arbeitgeber kann des Weiteren das Verhalten seines Arbeitnehmers während des Urlaubs von Interesse sein. So kann er das Interesse verfolgen, dass seine Arbeitnehmer den Urlaub nicht als zusätzliche Einnahmequelle für Nebenverdienste verwenden und daher erschöpft aus ihrem Urlaub an die Arbeitsstelle zurückkehren, zumal der Urlaub gerade der Erholung des Arbeitnehmers dienen soll und damit letztlich dem Arbeitgeber mit einem leistungsfähigeren und ausgeglichenen Arbeitnehmer gedient wird. Dieser Zweck ist für den gesetzlichen Urlaub ausdrücklich in § 1 BUrlG geregelt.

Zum Erreichen dieses Ziels kommt zum einen eine Regelung dergestalt in Betracht, dass der Mehrurlaubsanspruch des Arbeitnehmers bei dem Nachgehen einer Erwerbstätigkeit während des gesetzlichen Mindesturlaubs gekürzt wird. Dadurch kann dem Arbeitnehmer der Anreiz gesetzt werden, selbst die im Rahmen von § 8 BUrlG mögliche Erwerbstätigkeit zu unterlassen und dafür den zusätzlichen Mehrurlaubsanspruch zu behalten oder der Erwerbstätigkeit nachzugehen und dafür eine Kürzung der übergesetzlichen Leistung in Kauf zu nehmen. Bei dieser Regelung wird es schließlich als wünschenswert erscheinen,

---

760 Zu den Grenzen siehe insbesondere den vorangegangenen Abschnitt, zweiter Teil, A. III. 1. c) (S. 145 ff.).

761 *Linck/Schütz* in FS Leinemann, 171, 187.

762 BAG v. 08.02.1994 – 9 AZR 332/92 NZA 1994, 853; v. 26.05.1992 – 9 AZR 172/91 NZA 1993, 29.

dass während des Mehrurlaubs gar keine anderweitige Erwerbstätigkeit für den Arbeitnehmer möglich ist.

Eine solche Regelung ist, indem sie die Leistung des Mehrurlaubs nicht von der Arbeitsleistung abhängig macht, eine nicht arbeitsleistungsbezogene Sondervergütung. Bei dieser ist das Anknüpfen an zusätzliche Voraussetzungen grundsätzlich möglich.[763] Da durch die Kürzungsregelung ein Anreiz geschaffen wird, auf ein gesetzliches Recht zu verzichten, erscheint es sinnvoll, zunächst die grundsätzliche Einschränkungsmöglichkeit anderweitiger Erwerbstätigkeiten des Arbeitnehmers während des Urlaubs zu betrachten. Aus dieser Betrachtung gewonnene Aspekte sind möglicherweise für die Rechtmäßigkeitsüberprüfung der Kürzungsregelung von Bedeutung.

aa) Einschränkungsmöglichkeiten anderweitiger Erwerbstätigkeiten

Bei der Einschränkung anderweitiger Erwerbstätigkeiten handelt es sich um Einschränkungen des Arbeitnehmers nicht nur in seiner in Art. 2 Abs. 1 GG verbürgten Handlungsfreiheit sowie in seinem allgemeinen Persönlichkeitsrecht (Art. 2 Abs. 1 i. V. m. Art. 1 Abs. 1 GG), sondern auch in der in Art. 12 GG manifestierten Berufsfreiheit.

(1) Gesetzlicher Mindesturlaub

Daher hat der Gesetzgeber für den gesetzlichen Mindesturlaub eine relativierende Regelung geschaffen. Gemäß § 8 BUrlG darf der Arbeitnehmer während des Urlaubs keine dem Urlaubszweck widersprechende Erwerbstätigkeit leisten. Von § 8 BUrlG nicht erfasst sind dabei auf Dauer angelegte Nebentätigkeiten, die der Arbeitnehmer neben der Haupttätigkeit zulässigerweise ausübt.[764]

In der Regelung enthalten ist zwar einerseits eine Pflicht des Arbeitnehmers, während des Urlaubs bestimmte Tätigkeiten zu unterlassen. Andererseits handelt es sich dabei aber gerade nicht um ein generelles Tätigkeitsverbot, sondern es werden nur solche Tätigkeiten verboten, die dem Urlaubszweck zuwiderlaufen.[765] Dies ist der Fall, wenn der normierte Zweck der Erholung durch die Erwerbstätigkeit konterkariert wird. Dabei ist die zeitliche Lage des Urlaubs ohne Belang, sodass auch Urlaub, nach dessen Ende das Arbeitsverhältnis beendet wird, von § 8 BUrlG erfasst wird.[766] Es kommt vielmehr auf Art und Dauer der

763 Vertiefend Schaub/*Linck*, § 78.

764 *Woerz/Klinkhammer*, ArbRAktuell 2012, 183.

765 Siehe dazu ausführlich Preis/*Stoffels*, Der Arbeitsvertrag, II U 20 Rn. 30 ff.

766 ErfK/*Gallner*, § 8 BUrlG Rn. 3; Preis/*Stoffels*, Der Arbeitsvertrag, II U 20 Rn. 31.

Tätigkeit im Einzelfall an.[767] Sogenannte Kontrast- und Ausgleichstätigkeiten, sei es die Arbeit auf einem Bauernhof, als Helfer bei der Ernte o. Ä., müssen nicht zweckwidrig sein.[768]

Bei einem Verstoß des Arbeitnehmers gegen das Verbot sieht das Gesetz keine besonderen Rechtsfolgen vor, wie das Wiederaufleben der Arbeitspflicht und das Entfallen der Urlaubszeit. Vielmehr bleiben dem Arbeitgeber allgemeine Ansprüche, wie ein Unterlassungsanspruch, gegebenenfalls ein Schadensersatzanspruch sowie bei dem Vorliegen der Voraussetzungen des Kündigungsschutzgesetzes oder des § 626 BGB eine Kündigung.[769]

Eine anderweitige Erwerbstätigkeit während des gesetzlichen Urlaubs kann der Arbeitgeber mithin wegen der in §§ 8, 13 Abs. 1 S. 3 BUrlG getroffenen gesetzgeberischen Entscheidung, die die Interessen beider Vertragsparteien widerspiegeln soll, nicht generell verbieten. Auch eine Kürzung kann er diesbezüglich nicht vorsehen.[770]

Die Vereinbarung eines Zustimmungsvorbehalts für die Ausübung einer Erwerbstätigkeit während des Mindesturlaubs verstößt ebenfalls gegen § 13 Abs. 1 S. 3 BUrlG.[771]

(2) Übergesetzlicher Mehrurlaub

Bei der Regelung eines generellen Verbots der Erwerbstätigkeit im Zeitraum des übergesetzlichen Mehrurlaubs handelt es sich um eine Ausgestaltung des Mehrurlaubsanspruchs, die nicht unmittelbar die Hauptleistungspflichten regelt, sodass nach § 307 Abs. 3 S. 1 BGB die Inhaltskontrolle eröffnet ist.[772] Bei der Überprüfung der Angemessenheit des Verbots nach § 307 Abs. 1 S. 1 BGB ist letztlich eine umfassende Interessen- und Güterabwägung unter Berücksichtigung aller Umstände des Einzelfalls vorzunehmen.[773]

---

767 GK-BUrlG/*Bachmann*, § 8 BUrlG Rn. 8; ErfK/*Gallner*, § 8 BUrlG Rn. 2; *Leinemann/Linck*, § 8 BUrlG Rn. 7; Preis/*Stoffels*, Der Arbeitsvertrag, II U 20 Rn. 31.

768 GK-BUrlG/*Bachmann*, § 8 BUrlG Rn. 8; Preis/*Stoffels*, Der Arbeitsvertrag, II U 20 Rn. 31; ErfK/*Gallner*, § 8 BUrlG Rn. 2; Schaub/*Linck*, § 104 Rn. 62; *Neumann/Fenski*, § 8 BUrlG Rn. 6; *Powietzka/Rolf*, § 8 BUrlG Rn. 9; Moll/*Reinfeld*, Münchener Anwaltshandbuch Arbeitsrecht, § 33 Rn. 75; *Woerz/Klinkhammer*, ArbRAktuell 2012, 183.

769 ErfK/*Gallner*, § 8 BUrlG Rn. 4.

770 Preis/*Stoffels*, Der Arbeitsvertrag, II U 20 Rn. 33.

771 Preis/*Stoffels*, Der Arbeitsvertrag, II U 20 Rn. 39.

772 Siehe dazu eingehend bereits im ersten Teil, A. V. 2. b) (S. 25 ff.).

773 Siehe zu den hierbei im Einzelnen zu beachtenden für Rückzahlungsklauseln für Fortbildungskosten BAG v. 15.09.2009 – 3 AZR 173/08 NZA 2010, 342; v. 05.12.2002 – 6 AZR 539/01 NZA 2003, 559; v. 15.12.1993 – 5 AZR 279/93 NZA 1994, 835.

Zunächst ist dabei zu beachten, dass ein generelles Verbot jeglicher Nebentätigkeit eine unangemessene Regelung und daher unwirksam ist.[774] Bei der Einschränkung anderweitiger Erwerbstätigkeiten während des Mehrurlaubs geht es nicht um ein so weitreichendes Verbot. Der Arbeitnehmer soll nur während einer kurzen Zeitspanne keine anderweitige Erwerbstätigkeit aufnehmen. Die auf Dauer angelegten und zulässigerweise neben der Haupttätigkeit ausgeübten Nebentätigkeiten sollen einer solchen Regelung nicht unterfallen.

Für eine Angemessenheit spricht zunächst, dass dem Arbeitnehmer durch den Mehrurlaub ein Zuwachs an Rechten eingeräumt wird und ein generelles Verbot anderweitiger Erwerbstätigkeiten während des Mehrurlaubs als keine weitgehende Einschränkung des Arbeitnehmers erscheint, da es nur die über den gesetzlichen Mindesturlaub hinausgehenden freien Tage betrifft. Diesem steht die Möglichkeit offen, während seines gesetzlichen Urlaubs einer Erwerbstätigkeit, die sich im Rahmen des § 8 BUrlG hält, nachzugehen.

Andererseits wird durch ein solches Verbot in die Berufsfreiheit, das allgemeine Persönlichkeitsrecht und die allgemeine Handlungsfreiheit des Arbeitnehmers eingegriffen. Zu beachten ist damit auf der einen Seite die Einschränkung des Arbeitnehmers und auf der anderen Seite der geldwerte Vorteil, den er durch den zusätzlichen Freistellungsanspruch unter Fortzahlung des Arbeitsentgelts erlangt. Darüber hinaus wird ihm durch das Verbot lediglich eine Handlungsmöglichkeit verwehrt, insgesamt erlangt er durch den Mehrurlaub aber zusätzliche Handlungsmöglichkeiten in seiner Freizeit. Die Erholung, auf die das Verbot abzielt, dient darüber hinaus beiden Vertragsparteien. Letztlich erscheint damit ein generelles Verbot anderweitiger Erwerbstätigkeiten während des Mehrurlaubs als angemessen.

Auch die Vereinbarung eines Zustimmungsvorbehalts ist daher möglich. Hierbei ist ebenfalls eine Angemessenheit im Sinne von § 307 Abs. 1 S. 1 BGB anzunehmen, da ein bloßer Zustimmungsvorbehalt ein milderes Mittel zum generellen Verbot darstellt. Ist ein solches schon angemessen, so trifft dies erst recht auf den Zustimmungsvorbehalt zu.

bb) Kürzungsregelung

Nachdem nunmehr die grundsätzliche Einschränkungsmöglichkeit anderweitiger Erwerbstätigkeiten des Arbeitnehmers während des Urlaubs betrachtet wurde, ist im nächsten Schritt eine Kürzungsregelung hinsichtlich des Mehrurlaubs zu überprüfen. Hierbei kommt einerseits eine Kürzungsregelung dergestalt in

774 BAG v. 18.11.1988 – 8 AZR 12/86 NZA 1989, 389.

Betracht, dass in Abhängigkeit vom Verhalten des Arbeitnehmers während des Mehrurlaubs des vergangenen Kalenderjahres Kürzungen für den Mehrurlaub des laufenden Kalenderjahres vorgesehen werden.

Andererseits kann für den Arbeitgeber auch von Interesse sein, das Verhalten des Arbeitnehmers während des Mindesturlaubs des laufenden Kalenderjahres zu beeinflussen, insbesondere in der Weise, dass der Arbeitnehmer möglichst keiner anderweitigen Erwerbstätigkeit nachgeht.

(1) Kürzung des Mehrurlaubs bei Ausübung anderweitiger Erwerbstätigkeit während des vergangenen Mehrurlaubs

Hinsichtlich der ersten Variante ist eine solche Regelung als angemessen anzusehen. Kann der Arbeitgeber dem Arbeitnehmer während des Mehrurlaubs eine anderweitige Erwerbstätigkeit generell verbieten, so kann er erst recht vorsehen, dass die Aufnahme einer solchen Erwerbstätigkeit eine Kürzung des Mehrurlaubs im folgenden Kalenderjahr zur Folge hat. Eine solche Vereinbarung ist mithin als angemessen im Sinne von § 307 Abs. 1 S. 1 BGB anzusehen.

(2) Kürzung des Mehrurlaubs bei Ausübung anderweitiger Erwerbstätigkeit während des Mindesturlaubs

Auch denkbar ist die anteilige Kürzung des Mehrurlaubsanspruchs in Abhängigkeit vom Verhalten des Arbeitnehmers während des gesetzlichen Urlaubs, sodass dieser weniger Mehrurlaub gewährt bekommt, wenn er in seinem Urlaub einer anderweitigen Erwerbstätigkeit nachgeht. Dazu muss zunächst im Arbeitsvertrag mithilfe einer Tilgungsbestimmung genau festgelegt werden, dass zuerst der gesetzliche und erst danach der als Sonderleistung gewährte Mehrurlaub geleistet wird.[775]

Die Rechtmäßigkeit ist im Hinblick auf das dadurch geschaffene Anreizsystem zweifelhaft, das den Arbeitnehmer vor die Wahl stellt: Entweder er nimmt seine gesetzlichen Rechte, die ihm nach § 8 BUrlG zukommen, wahr und bekommt damit weniger Mehrurlaub oder er verzichtet auf die gesetzlichen Rechte und erlangt damit einen zusätzlichen Urlaubsanspruch.

Entscheidend zu beachten ist dabei aber die Vorschrift des § 13 Abs. 1 S. 3 BUrlG, nach der von den Vorschriften des Bundesurlaubsgesetzes gerade nicht zuungunsten des Arbeitnehmers abgewichen werden kann, selbst wenn der Arbeitnehmer einer solchen Vereinbarung zustimmt. Damit ist die gesetzliche

775 Siehe dazu ausführlich im ersten Teil, G. (S. 85 ff.).

Regelung des § 8 BUrlG, anders als andere gesetzliche Rechte wie die gesetzlichen Pfandrechte, gerade grundsätzlich nicht abdingbar.

Andererseits lässt sich anführen, dass letztlich nicht zuungunsten des Arbeitnehmers von den Vorschriften des Bundesurlaubsgesetzes abgewichen wird, sondern dieser bei einer Gesamtschau einen Zuwachs an Rechten in Form des Mehrurlaubsanspruchs erhält. Allerdings ließe eine solche Betrachtungsweise außer Acht, dass von den Vorschriften des Bundesurlaubsgesetzes zuungunsten des Arbeitnehmers abgewichen wird und dies nur über einen Kompensationsgedanken in der Gesamtschau mit der Sonderleistung Mehrurlaub, die der Arbeitnehmer dafür erhält, aufgewogen wird. Damit würden die Vertragsparteien und schließlich auch die Gerichte dazu gezwungen, eine Gesamtschau der Vor- und Nachteile einer Regelung zu überprüfen, um herauszufinden, ob zuungunsten des Arbeitnehmers von den Vorschriften des Bundesurlaubsgesetzes abgewichen wird. Wird hiergegen eingewendet, dass dies schließlich beim Günstigkeitsvergleich nach § 4 Abs. 3 TVG auch möglich sei, bleibt abschließend noch der Hinweis auf den Wortlaut des § 13 Abs. 1 S. 3 BUrlG. Dieser bestimmt, dass von den Vorschriften des Bundesurlaubsgesetzes nicht zuungunsten des Arbeitnehmers abgewichen werden darf. Ein Kompensationsgedanke ist hier nicht enthalten, es ist darin gerade kein Vergleich wie in der Regelung des § 4 Abs. 3 TVG angelegt. Vielmehr soll der Mindeststandard für den Arbeitnehmer festgelegt werden, von dem die Arbeitsvertragsparteien nicht abweichen können. Dies muss auch gelten, wenn an anderer Stelle eine Kompensation erfolgt. Mithin ist das Vorliegen einer ungünstigeren Abweichung im Sinne von § 13 Abs. 1 S. 3 BUrlG durch einen Einzelvergleich zu bestimmen.[776]

Damit kommt es letztlich nicht auf die Einschränkung des Arbeitnehmers in seinen Grundrechten durch eine solche Regelung an. Vielmehr spricht schon die Unabdingbarkeitsregelung des § 13 Abs. 1 S. 3 BUrlG gegen die Wirksamkeit einer Regelung, die auf einen Verzicht des Arbeitnehmers auf seine gesetzlich vorgesehenen Rechte hinwirkt, unabhängig davon, ob er ersatzweise einen Mehrurlaubsanspruch erlangt.

cc) Zwischenergebnis

Eine Kürzungsregelung, die auf einen Verzicht der durch §§ 8, 13 BUrlG geschützten Rechte des Arbeitnehmers hinwirkt, ist also nach §§ 13 Abs. 1 S. 3 BUrlG

---

776 I. E. ebenso Preis/*Stoffels*, Der Arbeitsvertrag, II U 20 Rn. 39; zum Günstigkeitsvergleich im Rahmen von § 13 Abs. 1 BUrlG siehe auch bereits im ersten Teil, B. II. 1. (S. 36).

unwirksam und im Übrigen nach § 307 Abs. 2 Nr. 1 BGB unangemessen.[777] Dem Arbeitgeber bleibt nur die Möglichkeit, für den Zeitraum des Mehrurlaubs ein generelles Verbot anderweitiger Erwerbstätigkeiten zu vereinbaren.

dd) Abschließende Beispielsklauseln

Die abschließenden Beispielsklauseln sollen veranschaulichen, wie eine solche Einschränkung anderweitiger Erwerbstätigkeiten im Zeitraum des Mehrurlaubs aussehen kann. Hierbei werden die (zulässigen) Varianten abgebildet, zwischen denen sich die Vertragsparteien entscheiden müssen. Entweder wird ein generelles Verbot der anderweitigen Erwerbstätigkeit während des Jahresmehrurlaubs oder ein Zustimmungsvorbehalt vereinbart, sodass der Arbeitnehmer vor Aufnahme einer solchen Erwerbstätigkeit die schriftliche Zustimmung des Arbeitgebers einholen muss. Schließlich können die Vertragsparteien auch eine Kürzungsvereinbarung vorsehen, nach welcher der Mehrurlaub des laufenden Kalenderjahres gekürzt wird, wenn der Arbeitnehmer während des Mehrurlaubs des vergangenen Kalenderjahres eine anderweitige Erwerbstätigkeit ausgeübt hat.

Beispielsklausel 29: Einschränkung anderweitiger Erwerbstätigkeit im Mehrurlaub

> *Der Arbeitnehmer darf während seines Jahresmehrurlaubs keiner Erwerbstätigkeit nachgehen, es sei denn, es handelt sich um eine auf Dauer angelegte Nebentätigkeit, die der Arbeitnehmer zulässigerweise neben der Haupttätigkeit ausübt.*

Beispielsklausel 30: Zustimmungsvorbehalt für die Ausübung einer anderweitigen Erwerbstätigkeit während des Mehrurlaubs

> *Während des Jahresmehrurlaubs darf der Arbeitnehmer nur mit schriftlicher Zustimmung des Arbeitgebers einer Erwerbstätigkeit nachgehen.*[778]

Beispielsklausel 31: Kürzungsvereinbarung für den Mehrurlaub für die Ausübung einer anderweitigen Erwerbstätigkeit des Arbeitnehmers während des Mehrurlaubs im vergangenen Kalenderjahr

> *Der Mehrurlaub des laufenden Kalenderjahres wird in dem Umfang gekürzt, in dem der Arbeitnehmer im vergangenen Kalenderjahr während des Mehrurlaubs einer anderweitigen Erwerbstätigkeit nachgegangen ist.*

---

777 Zur Zulässigkeit einer solchen Regelung in einem Tarifvertrag siehe im zweiten Teil, A. III. 2. b) (S. 143 ff.).

778 In Anlehnung an das Klauselbeispiel bei Preis/*Stoffels*, Der Arbeitsvertrag, II U 20 Rn. 39, bei dem dies allerdings zum gesetzlichen Mindesturlaub abgebildet wird und daher richtigerweise wegen § 13 Abs. 1 S. 3 BUrlG als unzulässig erachtet wird.

2. *Tarifvertragliche Kürzungsregelungen*

Hinsichtlich der anteiligen Kürzung des Mehrurlaubsanspruchs stellt sich insbesondere die Frage nach der Rechtmäßigkeit solcher tarifvertraglicher Vereinbarungen, die zwischen den Arbeitsvertragsparteien wegen Unangemessenheit unwirksam sind.

a) Krankheitsbedingte Fehlzeiten

Zunächst ist dies bei der Kürzung von Mehrurlaubsansprüchen wegen krankheitsbedingter Fehlzeiten zu überprüfen. Bei der tarifvertraglichen Regelung von Mehrurlaub als Sondervergütung ist § 4a EFZG ebenfalls anwendbar. Es stellt sich also einzig die Frage, welche Rechtsfolge in diesem Fall ein Überschreiten der im Gesetz vorgesehenen Grenze hat. Bei § 4a EFZG handelt es sich nicht um tarifdispositives Recht, sondern um einseitig zwingendes Recht, sodass erwogen werden kann, im Wege der ergänzenden Vertragsauslegung die Kürzungsvereinbarung auf das zulässige Maß anzupassen.[779] Die hierfür erforderliche Vertragslücke ergibt sich aus der Unwirksamkeit der Regelung nach §§ 134 BGB, 4a EFZG. Der zu ermittelnde hypothetische Parteiwillen wird aber in diesem Fall in der Regel darauf gerichtet sein, den nach § 4a EFZG zulässigen Teil aufrechtzuerhalten, sodass dann eine Anpassung auf das zulässige Maß erfolgt.[780]

b) Verbot der Erwerbstätigkeit

Durch Tarifvertrag kann hinsichtlich des Mindesturlaubs wegen § 13 Abs. 1 S. 1 BUrlG nicht von §§ 1, 2, 3 Abs. 1 BUrlG abgewichen werden. Daher kann durch Tarifvertrag weder jegliche Erwerbstätigkeit während des Urlaubs erlaubt noch untersagt werden. Würde dem Arbeitnehmer gestattet, jeglicher Erwerbstätigkeit im Urlaub nachzugehen, so widerspräche dies dem in § 1 BUrlG festgelegten Erholungszweck des Urlaubs.[781] Auch das Untersagen jeglicher Erwerbstätigkeit verstößt letztlich gegen § 1 BUrlG, indem dadurch ein selbstbestimmter Urlaub

---

779 BeckOKArbR/*Ricken*, § 4a EFZG Rn. 14, der eine solche Auslegung in der Regel vornehmen möchte. Zur ergänzenden Vertragsauslegung siehe bereits allgemein im ersten Teil, A. V. 6. (S. 29 f.).

780 Siehe dazu bereits soeben im zweiten Teil, A. III. 1. c) bb) (4) (S. 150 ff.).

781 *Boldt/Röhsler*, § 8 BUrlG Rn. 31; ErfK/*Gallner*, § 13 BUrlG Rn. 15; *Natzel*, § 8 BUrlG Rn. 48; *Neumann/Fenski*, § 8 BUrlG Rn. 1; a. A. *Leinemann/Linck*, § 13 BUrlG Rn. 92; *Powietzka/Rolf*, § 8 BUrlG Rn. 16.

unterbunden wird. Dies ist damit hinsichtlich des Mindesturlaubs nicht tarifvertraglich regelbar, § 13 Abs. 1 S. 1 BUrlG.[782]

Hinsichtlich des tariflichen Mehrurlaubs können aber beispielsweise die Rechtsfolgen durch die Tarifvertragsparteien geändert werden. So kann bezüglich des tariflichen Mehrurlaubs als Rechtsfolge für einen Verstoß gegen § 8 BUrlG eine Rückzahlungsverpflichtung bezüglich des Mehrurlaubsentgelts vereinbart werden.[783] Auch kann im Gegensatz zum Mindesturlaub hinsichtlich des Mehrurlaubs die Möglichkeit der Untersagung jeglicher Erwerbstätigkeit vorgesehen werden.[784]

Bei der anteiligen Kürzung von Mehrurlaubsansprüchen wurde für arbeitsvertragliche Regelungen das Ergebnis gefunden, dass eine Kürzungsvereinbarung, nach welcher der Mehrurlaubsanspruch vom Verhalten des Arbeitnehmers während seines gesetzlichen Urlaubs abhängig gemacht wird, nach § 307 Abs. 1 S. 1 BGB unangemessen ist, weil dem Arbeitnehmer der Anreiz gesetzt wird, auf seine durch §§ 8, 13 Abs. 1 S. 3 BUrlG garantierten Rechte zu verzichten.[785]

Bei tarifvertraglichen Kürzungsvereinbarungen, nach denen der Mehrurlaubsanspruch vom Verhalten des Arbeitnehmers während seines gesetzlichen Urlaubs abhängig gemacht wird, ist zum einen zu beachten, dass die Tarifparteien bezüglich des Mindesturlaubs nach § 13 Abs. 1 S. 1 BUrlG von § 8 BUrlG auch zulasten der Arbeitnehmer abweichen dürfen. Allerdings muss hierbei bedacht werden, dass kein Verstoß gegen § 1 BUrlG vorliegen darf. Der Verstoß läge hier darin, dass für den Arbeitnehmer ein Anreiz geschaffen wird, während seines gesetzlichen Urlaubs jegliche Erwerbstätigkeit zu unterlassen und dadurch einen zusätzlichen Anspruch auf Mehrurlaub zu erlangen.[786] Ein Verstoß gegen § 1 BUrlG kann hierin nur gesehen werden, wenn hierdurch ein selbstbestimmter Urlaub des Arbeitnehmers unterbunden wird. Letztlich wird dem Arbeitnehmer aber nur eine weitere Handlungsmöglichkeit eröffnet. Möchte er während seines gesetzlichen Urlaubs einer Erwerbstätigkeit im Rahmen des § 8 BUrlG

---

782 ErfK/*Gallner*, § 13 BUrlG Rn. 15; *Neumann/Fenski*, § 8 BUrlG Rn. 1; *Powietzka/Rolf*, § 8 BUrlG Rn. 16.

783 BAG v. 25.02.1988 – 8 AZR 596/85 NZA 1988, 607.

784 Siehe zur arbeitsvertraglichen Regelungsmöglichkeit bereits im zweiten Teil, A. III. 1. e) aa) (2) (S. 158 ff.). Wenn schon die arbeitsvertragliche Regelung des Mehrurlaubs angemessen im Sinne von § 307 Abs. 1 BGB ist, dann ist eine solche tarifvertragliche Regelung erst recht wirksam.

785 Siehe dazu im zweiten Teil, A. III. 1. e) bb) (S. 159 ff.).

786 Während dieses Mehrurlaubs kann die Erwerbstätigkeit dann auch gänzlich verboten werden, siehe dazu soeben.

nachgehen, so bleibt ihm diese Möglichkeit offen. Möchte er diese ohnehin nicht wahrnehmen oder ist ihm die zusätzliche Freizeit lieber, so kann er die Erwerbstätigkeit unterlassen und erhält einen zusätzlichen Anspruch auf Mehrurlaub. Weil damit letztlich nur ein Anreiz gesetzt wird, auf die gesetzlichen Rechte zu verzichten, kann noch nicht davon ausgegangen werden, dass ein selbstbestimmter Urlaub unterbunden wird. Eine solche Regelung ist daher noch keine Abweichung zulasten des Arbeitnehmers von § 1 BUrlG und damit nach § 13 Abs. 1 S. 1 BUrlG wirksam.

Beispielsklausel 32: Tarifvertragliche Regelung: Abhängigkeit des Erwerbs eines Mehrurlaubsanspruchs von dem Verhalten des Arbeitnehmers während seines Mindesturlaubs

> [1]Übt der Arbeitnehmer während seines Jahresmindesturlaubs keine anderw*eitige Erwerbstätigkeit aus, so erlangt er weitere [x] Tage bezahlten Mehrurlaub pro Urlaubsjahr.* [2]*Anderweitige Erwerbstätigkeiten sind dabei nicht auf Dauer angelegte und zulässigerweise neben der Haupttätigkeit ausgeübte Nebentätigkeiten.*

Beispielsklausel 33: Tarifvertragliche Kürzungsregelung des Mehrurlaubsanspruchs bei Ausübung einer Erwerbstätigkeit während des Mindesturlaubs

> [1]*Darüber hinaus steht dem Arbeitnehmer zusätzlich bezahlter Mehrurlaub von weiteren [x] Tagen pro Jahr zu (Jahresmehrurlaub).* [2]Übt er während des Jahresmindesturlaubs eine anderweitige Erwerbstätigkeit aus, so wird sein Anspruch auf den Jahresmehrurlaub *um den Anteil gekürzt, den der Zeitraum der Erwerbstätigkeit im Verhältnis zum Jahresmindesturlaub ausmachte.* [3]*Anderweitige Erwerbstätigkeiten sind dabei nicht auf Dauer angelegte und zulässigerweise neben der Haupttätigkeit ausgeübte Nebentätigkeiten.*

IV. Vertragliche Veränderung der Wartezeit

Weiterhin bietet sich in Urlaubsregelungen die vertragliche Änderung der Wartezeit an. Diese beträgt hinsichtlich des Mindesturlaubs nach § 4 BUrlG sechs Monate. Erst nach dem sechsmonatigen Bestehen des Arbeitsverhältnisses erwirbt der Arbeitnehmer den vollen Urlaubsanspruch. Der Urlaubsanspruch soll also erst nach einer Stärkung der Vertragsbeziehungen entstehen.[787]

1. Verkürzung der Wartezeit

Eine Veränderung der Wartezeit bietet sich zunächst zugunsten des Arbeitnehmers durch eine Verkürzung an. Eine solche Vereinbarung ist hinsichtlich § 13

787 Preis/*Stoffels*, Der Arbeitsvertrag, II U 20 Rn. 10 f.

Abs. 1 S. 3 BUrlG in Bezug auf den Mindesturlaub ohne Zweifel möglich. Auch in Bezug auf den Mehrurlaub lässt sich diese regeln. Eine solche tarifvertragliche Vereinbarung ist erst recht möglich.

Beispielsklausel 34: Verkürzung der Wartezeit bezüglich des Mindest- und Mehrurlaubs

> *Jeglicher Urlaubsanspruch entsteht erstmalig nach dreimonatigem Bestehen des Arbeitsverhältnisses.*

Beispielsklausel 35: Verkürzung der Wartezeit bezüglich des Mindest- und Mehrurlaubs (Anknüpfung an die Betriebszugehörigkeit)

> *„[1]Jeglicher Urlaubsanspruch entsteht erstmalig nach mehr als dreimonatiger ununterbrochener Betriebszugehörigkeit. [2]Die Betriebszugehörigkeit wird nicht unterbrochen, wenn der Mitarbeiter durch Krankheit oder einen sonstigen in seiner Person liegenden Grund ohne sein Verschulden oder durch Betriebsstörungen an der Arbeitsleistung verhindert wird."*[788]

Bei der Beispielsklausel 34 wird zum einen klargestellt, dass unverschuldete Fehlzeiten des Arbeitnehmers keinen Einfluss auf seine Betriebszugehörigkeit haben.[789] Auch kürzere Unterbrechungen sind hierbei richtigerweise unerheblich, solange sich die Vertragszeiten noch als einheitliches Arbeitsverhältnis darstellen. Diesbezüglich kann daher ebenfalls eine Klarstellung in die Klausel aufgenommen werden.[790] Soweit hierbei die Gegenansicht unter Berufung auf den Wortlaut von § 4 BUrlG meint, die Wartezeit beginne in diesem Fall von Neuem zu laufen,[791] missachtet sie die Entstehungsgeschichte und kann auch im Hinblick auf Sinn und Zweck der Vorschrift nicht überzeugen.[792] So sollte nach dem Willen des Gesetzgebers auch ohne ausdrückliche Regelung das Fortdauern der

---

788 Preis/*Stoffels*, Der Arbeitsvertrag, II U 20 Rn. 10 (Typ 3).

789 GK-BUrlG/*Bleistein*, § 4 BUrlG Rn. 19 ff.; *Natzel*, § 4 BUrlG Rn. 30; *Neumann/Fenski*, § 4 BUrlG Rn. 30 f.; Preis/*Stoffels*, Der Arbeitsvertrag, II U 20 Rn. 11.

790 *Heilmann*, § 4 BUrlG Rn. 7; HK-BUrlG/*Hohmeister*, § 4 BUrlG Rn. 33 ff.; *Natzel*, § 4 BUrlG Rn. 31; *Neumann/Fenski*, § 4 BUrlG Rn. 43; Preis/*Stoffels*, Der Arbeitsvertrag, II U 20 Rn. 11; a. A. *Friese*, Rn. 59 f.; GK-BUrlG/*Bleistein*, § 4 BUrlG Rn. 38 ff.; ErfK/*Gallner*, § 4 BUrlG Rn. 4; *Leinemann/Linck*, § 4 BUrlG Rn. 10; MünchArbR/*Leinemann*, 2. Aufl. 2000, § 89 Rn. 41; Schaub/*Linck*, § 104 Rn. 22.

791 *Friese*, Rn. 59 f.; GK-BUrlG/*Bleistein*, § 4 BUrlG Rn. 38 ff.; ErfK/*Gallner*, § 4 BUrlG Rn. 4; *Leinemann/Linck*, § 4 BUrlG Rn. 10; MünchArbR/*Leinemann*, 2. Aufl. 2000, § 89 Rn. 41; Schaub/*Linck*, § 104 Rn. 22.

792 Siehe hierzu vertiefend und überzeugend HK-BUrlG/*Hohmeister*, § 4 BUrlG Rn. 36 ff.; *Neumann/Fenski*, § 4 BUrlG Rn. 41 ff.

Wartezeit bei rechtlicher Unterbrechung normiert sein.[793] Dies entspricht auch dem Sinn und Zweck der Vorschrift. Nach § 4 BUrlG soll bei einer nur kurzen rechtlichen Bindung des Arbeitnehmers an den Arbeitgeber noch kein Erfordernis für einen vollen Erholungsurlaub bestehen. Wird aber das Arbeitsverhältnis rechtlich nur kurzfristig unterbrochen, so erscheint es in einer Gesamtschau dennoch als fortbestehend.[794] Wann eine kurzfristige Unterbrechung vorliegt, ist dabei eine Entscheidung des Einzelfalls.[795]

2. *Verlängerung der Wartezeit*

Eine weitere Möglichkeit des Arbeitgebers, einen besonderen Anreiz zum Verbleib der Arbeitnehmer im Betrieb zu schaffen, stellt die Verlängerung der Wartezeit dar. Der Arbeitnehmer erwirbt dann den Urlaubsanspruch erst nach einer längeren Zeitspanne als dies gesetzlich in § 4 BUrlG vorgesehen ist.

Arbeitsvertraglich ist eine solche Regelung wegen § 13 Abs. 1 S. 3 BUrlG freilich in Bezug auf den Mindesturlaubsanspruch nicht möglich. Tarifvertraglich ist die Vereinbarung einer längeren Wartezeit grundsätzlich mit § 13 Abs. 1 S. 1 BUrlG vereinbar. Allerdings darf die Wartezeit nicht derart verlängert werden, dass der Arbeitnehmer keinen Vollurlaubsanspruch erlangt. Eine Verlängerung der Wartezeit auf 12 Monate wäre daher wegen Verstoßes gegen § 1 BUrlG nach § 13 Abs. 1 S. 1 BUrlG unwirksam.[796]

Bei der Regelung des Mehrurlaubs kommt aber insbesondere eine Koppelung der Wartezeit an die Dauer der Betriebszugehörigkeit in Betracht.[797] Damit kann die Betriebstreue honoriert werden. Eine solche Vereinbarung ist tarifvertraglich ohne Zweifel möglich. Bei einer solchen arbeitsvertraglichen Regelung handelt es sich um ausgestaltende Vereinbarungen, sodass bei der Verwendung von Allgemeinen Geschäftsbedingungen die Inhaltskontrolle nach § 307 Abs. 3 S. 1 BGB eröffnet ist. Beachtet hierbei der Arbeitgeber ausreichend das Transparenzgebot nach § 307 Abs. 1 S. 2 BGB, sodass für den Arbeitnehmer klar ersichtlich ist, unter welchen Voraussetzungen

---

793 BT-Drs. 4/785, S. 3; *Neumann/Fenski*, § 4 BUrlG Rn. 41 ff.

794 HK-BUrlG/*Hohmeister*, § 4 BUrlG Rn. 36 ff.; *Neumann/Fenski*, § 4 BUrlG Rn. 41 ff.

795 Siehe dazu *Neumann/Fenski*, § 4 BUrlG Rn. 43.

796 ErfK/*Gallner*, § 13 BUrlG Rn. 10; *Powietzka/Rolf*, § 13 BUrlG Rn. 11.

797 Zu solchen Treueurlaubsregelungen siehe BAG v. 19.04.1994 – 9 AZR 478/92 NZA 1995, 86; v. 26.05.1992 – 9 AZR 174/91 NZA 1993, 67; v. 05.09.1985 – 6 AZR 216/81 NZA 1986, 472.

der Mehrurlaubsanspruch entsteht, so ist eine solche Regelung grundsätzlich zulässig. Der Arbeitnehmer erlangt bei Erfüllung der Voraussetzungen einen zusätzlichen Anspruch auf Urlaub, während der Arbeitgeber ein berechtigtes Interesse daran hat, für seine Arbeitnehmer Anreize zur Betriebstreue zu setzen und diese zu fördern. Mithin ist eine solche Regelung angemessen im Sinne von § 307 Abs. 1 S. 1 BGB.[798]

Beispielsklausel 36: Verlängerung der Wartezeit – Abhängigkeit des Mehrurlaubsanspruchs von der Dauer der Betriebszugehörigkeit

(1) *„[1]Der Arbeitnehmer hat Anspruch auf den gesetzlichen Mindesterholungsurlaub von 20 Tagen jährlich, bezogen auf eine Fünf-Tage-Woche. [2]Im Übrigen gelten die Vorschriften des Bundesurlaubsgesetzes in seiner jeweils geltenden Fassung.“*[799]

(2) *[1]Darüber hinaus steht dem Arbeitnehmer zusätzlich bezahlter Mehrurlaub von*

(a) *weiteren drei Tagen nach ununterbrochener 5jähriger Betriebszugehörigkeit*
(b) *weiteren sechs Tagen nach ununterbrochener 10jähriger Betriebszugehörigkeit*
(c) *weiteren neun Tagen nach ununterbrochener 15jähriger Betriebszugehörigkeit*

pro Jahr zu (Jahresmehrurlaub). [2]Bei Arbeitnehmern, die spätestens am 30.09. eines laufenden Jahres ihr Jubiläum feiern, entsteht der Mehrurlaubsanspruch für das betreffende Jahr bereits in voller Höhe. *[3]Für Jubiläen nach diesem Stichtag entsteht der Mehrurlaubsanspruch erst mit Beginn des folgenden Urlaubsjahres.*[800] *„[4]Die Betriebszugehörigkeit wird nicht unterbrochen, wenn der Mitarbeiter durch Krankheit oder einen sonstigen in seiner Person liegenden Grund ohne sein Verschulden oder durch Betriebsstörungen an der Arbeitsleistung verhindert wird.“*[801]

(3) *Urlaubsjahr ist das Kalenderjahr.*
(4) *Tilgungsbestimmung*[802]

Auch die bloße Verlängerung der Wartezeit für das Entstehen des Mehrurlaubs ist tarifvertraglich möglich und arbeitsvertraglich angemessen im Sinne von § 307 Abs. 1 S. 1 BGB. Der Arbeitnehmer erlangt hier einen zusätzlichen

---

798 In diesem Sinne auch Clemenz/Kreft/Krause/*Klumpp*, § 307 BGB Rn. 246; *Linck/Schütz* in FS Leinemann, 171, 181; Preis/*Stoffels*, Der Arbeitsvertrag, II U 20 Rn. 43.

799 *Powietzka/Fallenstein*, NZA 2010, 673, 675.

800 In Anlehnung an die Betriebsordnung, die Gegenstand von BAG v. 19.04.1994 – 9 AZR 478/92 NZA 1995, 86 ist. Möchte der Arbeitgeber zusätzlich hierzu einen Mehrur-laubsanspruch gewähren, kann dieser Absatz auch mit zusätzlichen Mehrurlaubsteilklauseln kombiniert werden, so z. B. mit solchen zur anteiligen Kürzung des Mehrurlaubsanspruchs o. Ä.

801 Preis/*Stoffels*, Der Arbeitsvertrag, II U 20 Rn. 10 (Typ 3).

802 Zu einem Formulierungsvorschlag für eine Tilgungsbestimmung siehe Beispielsklausel 7, S. 102.

Anspruch auf Urlaub, während der Arbeitgeber ein berechtigtes Interesse daran hat, dem Arbeitnehmer einen Anreiz zu geben, dem Betrieb treu zu bleiben.

Beispielsklausel 37: Verlängerung der Wartezeit bezüglich des Mehrurlaubs

> *[1]Darüber hinaus steht dem Arbeitnehmer zusätzlich bezahlter Mehrurlaub von [x] Tagen pro Jahr zu (Jahresmehrurlaub). [2]Der Anspruch auf Mehrurlaub wird erstmalig nach zweijährigem Bestehen des Arbeitsverhältnisses erworben.*

Schließlich ist die Verlängerung der Wartezeit bezüglich des Mehrurlaubs auch dergestalt denkbar, dass die Wartezeit jährlich neu erfüllt werden muss oder dass die Wartezeit bei tatsächlicher Nichtarbeit oder kurzen rechtlichen Unterbrechungen neu zu laufen beginnt.[803] Ein Anknüpfen an die tatsächliche Arbeitsleistung ist hinsichtlich des Mehrurlaubs möglich.[804] Durch die erstgenannte Regelung soll die Betriebstreue gefördert werden, durch die letztgenannte Regelung wird die Anwesenheit des Arbeitnehmers belohnt. Diesen berechtigten Interessen des Arbeitgebers stehen auch keine überwiegenden Belange des Arbeitnehmers entgegen. Dieser erlangt vielmehr bei Erfüllung der Voraussetzungen eine zusätzliche Leistung. Auch bei diesen Regelungen ist daher von der Angemessenheit nach § 307 Abs. 1 S. 1 BGB auszugehen. Tarifvertraglich sind Regelungen in diesem Sinne erst recht zulässig.

Beispielsklausel 38: Jährliche Neuerfüllung der Wartezeit

> *[1]Darüber hinaus steht dem Arbeitnehmer zusätzlich bezahlter Mehrurlaub von [x] Tagen pro Jahr zu (Jahresmehrurlaub). [2]Der Anspruch auf Mehrurlaub wird jährlich bei Neuerfüllung der Wartezeit in Höhe von sechs Monaten erworben.*

Beispielsklausel 39: Neubeginn der Wartezeit bei Fehlzeiten und rechtlicher Unterbrechung des Arbeitsverhältnisses

> *[1]Darüber hinaus steht dem Arbeitnehmer zusätzlich bezahlter Mehrurlaub von [x] Tagen pro Jahr zu (Jahresmehrurlaub). [2]Der Anspruch auf Mehrurlaub wird erstmalig nach sechsmonatigem Bestehen des Arbeitsverhältnisses erworben. [3]Bei tatsächlicher Nichtarbeit oder kurzen rechtlichen Unterbrechungen beginnt diese Wartezeit erneut zu laufen.*

---

803 In Bezug auf den Mindesturlaubsanspruch, für den solche Regelungen freilich nicht getroffen werden können, Preis/*Stoffels*, Der Arbeitsvertrag, II U 20 Rn. 42.

804 Vgl. dazu bereits die Regelungen zum Verfall und der anteiligen Kürzung, zweiter Teil, A. II. 3. b) (S. 124 f.); zweiter Teil, A. III. 1. c) (S. 145 ff.).

V. Urlaubsregelungen für den Fall der Beendigung des Arbeitsverhältnisses

Ein Zeitraum, in dem sich besondere Regelungen hinsichtlich des Urlaubs anbieten, ist derjenige der Beendigung des Arbeitsverhältnisses.

1. Arbeitsvertragliche Regelungen

a) Urlaubsgewährung während der Kündigungsfrist

Hierbei ist zunächst insbesondere für den Arbeitgeber von Interesse, den noch nicht gewährten Urlaub in die Zeitspanne der Kündigungsfrist zu legen.

aa) Mindesturlaub

Wurde der Urlaub bereits auf einen Zeitraum nach Ablauf der Kündigungsfrist festgelegt, so ist diese Festlegung mit der Kündigung nicht mehr wirksam. Vielmehr steht die Festlegung des Urlaubs unter dem Vorbehalt, dass das Arbeitsverhältnis zum Zeitpunkt der Urlaubsgewährung noch besteht.[805] Daher muss der Urlaub gemäß §§ 7 Abs. 1 BUrlG, 315 Abs. 1 BGB vom Arbeitgeber neu festgesetzt werden. Einigen sich, wie im Regelfall, die Vertragsparteien darauf, dass der restliche Urlaub noch innerhalb der Kündigungsfrist gewährt und genommen wird, so entspricht dies dem Grundsatz des Vorrangs der Urlaubsgewährung in natura vor der Urlaubsabgeltung.[806]

Erteilt der Arbeitgeber ohne Berücksichtigung der Wünsche des Arbeitnehmers Urlaub während der Kündigungsfrist, so steht dem Arbeitnehmer nach § 7 Abs. 1 BUrlG ein Annahmeverweigerungsrecht zu, das dieser aber unverzüglich ausüben muss.[807] Zudem muss der Arbeitnehmer bei der Verweigerung seine Urlaubswünsche äußern. Der Arbeitgeber kann in diesem Fall den Urlaub nur durch eine Neuerteilung des Urlaubs erfüllen. Reagiert aber der Arbeitnehmer auf die Festsetzung des Urlaubs durch den Arbeitgeber nicht, so erlischt dieser. Nach der Rechtsprechung des Bundesarbeitsgerichts kann nämlich der Arbeitgeber den Zeitraum des Urlaubs einseitig festlegen und dieser gilt als erteilt, wenn der Arbeitnehmer auf diese Festlegung keine anderen Urlaubswünsche äußert.[808]

---

805 BAG v. 10.01.1974 – 5 AZR 208/73 AP BUrlG § 7 Nr. 6; *Leinemann/Linck*, § 7 BUrlG Rn. 61; *Neumann/Fenski*, § 7 BUrlG Rn. 45; HK-BUrlG/*Oppermann*, § 7 BUrlG Rn. 25.

806 *Lepke*, DB Beilage Nr. 10/88, S. 7; *Siara*, DB 1979, 2276; *Weiler/Rath*, NZA 1987, 337; GK-BUrlG/*Bachmann*, § 7 BUrlG Rn. 25 m. w. N.

807 BAG v. 06.09.2006 – 5 AZR 703/05 NZA 2007, 36, 38 (Rn. 19).

808 BAG v. 24.03.2009 – 9 AZR 983/07 NZA 2009, 538, 540 (Rn. 23); v. 23.01.2001 – 9 AZR 26/00 NZA 2001, 597; *v.* 22.09.1992 – 9 AZR 483/91 NZA 1993, 406.

Verlangt der Arbeitnehmer die Urlaubsgewährung in natura, möchte der Arbeitgeber diesen aber lieber abgelten, so ist dies lediglich möglich, wenn dringende betriebliche Belange oder vorrangige Urlaubswünsche anderer Arbeitnehmer vorliegen, sodass eine Urlaubsgewährung nicht möglich ist und sodann das Arbeitsverhältnis beendet wird, also § 7 Abs. 4 BUrlG einschlägig ist.[809] Die umgekehrte Konstellation, in der dem Arbeitnehmer eine Abgeltung lieber wäre, der Arbeitgeber aber den Urlaub in natura innerhalb der Kündigungsfrist gewähren möchte, ist wegen des Vorrangs der Urlaubsgewährung in natura für den Arbeitgeber unproblematisch möglich. § 7 Abs. 1 S. 1 BUrlG ist in diesem Fall, in dem der Arbeitnehmer keinen Urlaubsanspruch äußert, sondern die Abgeltung vorzieht, nicht einschlägig.[810] Darüber hinaus folgt auch aus § 7 Abs. 4 BUrlG, dass die Abgeltung des Urlaubsanspruchs lediglich erfolgen kann, wenn der Urlaub wegen Beendigung des Arbeitsverhältnisses nicht mehr gewährt werden kann. Ist aber eine Urlaubsgewährung in natura während der Kündigungsfrist möglich, so kann der entgegenstehende Wille des Arbeitnehmers hieran nichts ändern.

Ist der Urlaubsanspruch höher, als die bis zum Ablauf der Kündigungsfrist verbleibende Zeit, so ist es möglich, den Urlaub so weit wie möglich in natura zu gewähren und ihn nur im Übrigen abzugelten. Hiergegen ist der Einwand des § 7 Abs. 2 BUrlG, der die Möglichkeit des ungeteilten Urlaubs während des Arbeitsverhältnisses voraussetzt, nicht möglich.[811] Allerdings ist auf eine etwaige Unzumutbarkeit zu achten, die sich aus einer Urlaubsgewährung während der Kündigungsfrist im Einzelfall ergeben kann. Eine solche wurde beispielsweise angenommen, wenn der Arbeitnehmer bereits eine Urlaubsreise für eine bestimmte Zeit nach Beendigung des Arbeitsverhältnisses fest gebucht hat[812] oder wenn er die Zeit der kurzen Kündigungsfrist zur Stellensuche benötigt[813].

Vertraglich kann also hinsichtlich des Mindesturlaubs vorgesehen werden, dass dieser im Fall der Beendigung des Arbeitsverhältnisses während der Kündigungsfrist gewährt und genommen wird. Gegebenenfalls muss im konkreten Fall nach Ausspruch der Kündigung der Zeitraum der Urlaubsgewährung durch

---

809 *D. Gaul*, NZA 1987, 473 f.; Preis/*Stoffels*, Der Arbeitsvertrag, II U 20 Rn. 49.

810 BAG v. 22.09.1992 – 9 AZR 483/91 NZA 1993, 406; v. 10.01.1974 – 5 AZR 208/73 AP BUrlG § 7 Nr. 6; GK-BUrlG/*Bachmann*, § 7 BUrlG Rn. 26.

811 GK-BUrlG/*Bachmann*, § 7 BUrlG Rn. 31; *Neumann/Fenski*, § 7 BUrlG Rn. 48; *Weiler/Rath*, NZA 1987, 337, 339.

812 BAG v. 10.01.1974 – 5 AZR 208/73 AP BUrlG § 7 Nr. 6; GK-BUrlG/*Bachmann*, § 7 BUrlG Rn. 28 f.; Preis/*Stoffels*, Der Arbeitsvertrag, II U 20 Rn. 50; *Neumann/Fenski*, § 7 BUrlG Rn. 46 halten das Kriterium der Unzumutbarkeit für zu streng.

813 BAG v. 26.10.1956 – 1 AZR 248/55 AP BGB § 611 Urlaubsrecht Nr. 14.

den Arbeitgeber konkretisiert werden. Im Übrigen muss eine solche Klausel insbesondere den von der Rechtsprechung angenommenen Fall der Unzumutbarkeit als Grenze des arbeitgeberseitigen Bestimmungsrechts beinhalten. Fehlt dieser, ist ein Verstoß gegen §§ 7 Abs. 1, 13 Abs. 1 S. 3 BUrlG gegeben und darüber hinaus eine Unangemessenheit wegen inhaltlicher Unausgewogenheit nach § 307Abs. 1 S. 1 BGB anzunehmen.[814]

Beispielsklausel 40: Mindesturlaubsgewährung während der Kündigungsfrist

> *[1]Ist im Zeitpunkt der Kündigung des Arbeitsverhältnisses der Jahresurlaubsanspruch noch nicht erfüllt, ist der Mindesturlaub, soweit dies dem Arbeitnehmer zumutbar ist und keine dringenden betrieblichen Belange oder Urlaubswünsche anderer Arbeitnehmer entgegenstehen, während der Kündigungsfrist zu gewähren und zu nehmen. [2]Soweit der Urlaub nicht gewährt werden kann oder die Kündigungsfrist nicht ausreicht, ist der Urlaub abzugelten.*[815]

bb) Mehrurlaub

Hinsichtlich des Mehrurlaubs kommt den Vertragsparteien ein größerer Gestaltungsspielraum zu. So ist eine individualvertragliche Klausel, in welcher der Mehrurlaub ohne Berücksichtigung anderweitiger Wünsche des Arbeitnehmers in die Kündigungsfrist gelegt wird, rechtlich unbedenklich.[816]

Bei einer solchen Regelung in Form von Allgemeinen Geschäftsbedingungen handelt es sich um ausgestaltende Regelungen, sodass die Inhaltskontrolle nach § 307 Abs. 3 S. 1 BGB eröffnet ist. Es stellt sich hierbei die Frage, ob eine solche Regelung auch in Form von Allgemeinen Geschäftsbedingungen rechtlich unbedenklich ist. Sieht man die inhaltliche Unausgewogenheit bei der Klausel, die den Mindesturlaub betrifft, darin, dass sie mangels Berücksichtigung der Interessen des Arbeitnehmers in diesem Punkt einseitig auf die Interessenwahrung des Arbeitgebers ausgerichtet ist,[817] so ist zu untersuchen, ob sich daran etwas bei der Gewährung von Mehrurlaub ändert.

Einerseits ändert sich an der Verteilung der Interessen nichts dadurch, dass es sich gegenständlich um übergesetzlichen Urlaub handelt. Andererseits handelt es sich, wenn der Arbeitgeber den Mehrurlaub als Sondervergütung regelt, um eine zusätzliche Leistung des Arbeitgebers, die dieser grundsätzlich an zusätzliche

---

814 Preis/*Stoffels*, Der Arbeitsvertrag, II U 20 Rn. 51. Einen Überblick zur Rechtsprechung beim Urlaub in der Kündigungsfrist gewährt *Reinecke*, AuR 2013, 19.

815 In Anlehnung an die Klausel aus BAG v. 22.09.1992 – 9 AZR 483/91 – juris.

816 BAG v. 22.09.1992 – 9 AZR 483/91 NZA 1993, 406.

817 So Preis/*Stoffels*, Der Arbeitsvertrag, II U 20 Rn. 51; siehe dazu auch soeben im zweiten Teil, A. V. 1. a) aa) (S. 170 ff.).

Voraussetzungen knüpfen kann.[818] Jedoch unterliegen auch diese der Grenze der Angemessenheit nach § 307 BGB. Dabei ist eine umfassende Abwägung der beiderseitigen Interessen der Vertragspartner im Hinblick auf die fragliche Klausel vorzunehmen.[819]

In der vorliegend zu überprüfenden Klausel wird dem Arbeitgeber einseitig das Recht gegeben, den Mehrurlaub des Arbeitnehmers in die Kündigungsfrist zu legen, selbst wenn es für diesen unzumutbar ist. Damit wird ohne die Einbeziehung der Interessen des Arbeitnehmers nur auf die Interessenwahrung des Arbeitgebers abgestellt. Das Gegeninteresse des Arbeitgebers besteht dabei darin, den Urlaub möglichst in seiner Gesamtheit bis zur Beendigung des Arbeitsverhältnisses in natura zu gewähren. Dahinter können zum einen finanzielle Interessen stehen, indem er damit einer Abgeltung des Urlaubs nach § 7 Abs. 4 BUrlG entgeht. In der häufig konfliktreichen Beendigungsphase des Arbeitsverhältnisses können ebenso persönliche Interessen hinzutreten, die es dem Arbeitgeber vorzugswürdig erscheinen lassen, den Arbeitnehmer während der Kündigungsfrist nicht an dessen Arbeitsplatz zu beschäftigen.

Eine mögliche Kompensation der Nachteile des Arbeitnehmers durch anderweitige Vorteile ist indes fraglich. Diese kann, wenn überhaupt, lediglich in der Gewährung des Mehrurlaubs als Sonderleistung gesehen werden. Allerdings besteht in der Festlegung, also in dem „Ob“ der Gewährung, keine Kompensation für die Ausgestaltung, also für das „Wie“ der Gewährung. Daher ändert die Gewährung von Mehrurlaub, selbst wenn diese als Sondervergütung erfolgt, nichts an der Unausgewogenheit der Interessen der Klausel. Diese ist vielmehr nach § 307 Abs. 1 S. 1 BGB unangemessen.[820]

Zulässig bleibt aber, ebenso wie beim Mindesturlaub, die Festlegung, dass der noch nicht gewährte Mehrurlaub bei Beendigung des Arbeitsverhältnisses grundsätzlich während der Kündigungsfrist zu gewähren und zu nehmen ist,

---

818 Zum Fall der zusätzlichen anspruchsbegründenden Voraussetzungen bei Sonderleistungen siehe BAG v. 18.01.2012 – 10 AZR 612/10 NZA 2012, 561; v. 10.01.1991 – 6 AZR 205/89 NZA 1991, 689.

819 Staudinger/*Coester*, § 307 BGB Rn. 96 sowie zu den einzelnen Kriterien unter Rn. 90 ff.; 156 ff.; 98; 162; 125 ff. Siehe dazu bereits im zweiten Teil, A. III. 1. a) bb) (S. 140 ff.).

820 Das BAG v. 22.09.1992 – 9 AZR 483/91 NZA 1993, 406 äußert sich im vorliegenden Fall ausdrücklich nur zur Unbedenklichkeit der Klausel in Hinsicht auf § 13 Abs. 1 BUrlG. Es geht aber wohl von der Wirksamkeit im Übrigen aus. Zur Wirksamkeit einer solchen tarifvertraglichen Regelung siehe im zweiten Teil, A. V. 2. (S. 180 f.).

soweit dies für den Arbeitnehmer zumutbar ist und keine dringenden betrieblichen Interessen entgegenstehen.[821]

Andersherum ist es hinsichtlich des Mehrurlaubs auch möglich, diesen im laufenden Arbeitsverhältnis abzugelten, sodass sich die Vertragsparteien darauf einigen können, dass im Falle der Beendigung des Arbeitsverhältnisses der noch nicht gewährte Mehrurlaub grundsätzlich abgegolten wird und nicht in natura gewährt wird. Den für den gesetzlichen Mindesturlaub vorgesehenen Vorrang der Urlaubsgewährung in natura können also die Vertragsparteien für den übergesetzlichen Mehrurlaub abbedingen.[822]

Beispielsklausel 41: Mehrurlaubsgewährung während der Kündigungsfrist

> [1]*Darüber hinaus erlangt der Arbeitnehmer einen zusätzlichen bezahlten Erholungsurlaub von weiteren [x] Tagen pro Jahr (Jahresmehrurlaub).* [2]*Ist im Zeitpunkt der Kündigung des Arbeitsverhältnisses der Jahresmehrurlaubsanspruch noch nicht erfüllt, ist er, soweit dies dem Arbeitnehmer zumutbar ist und keine dringenden betrieblichen Belange oder Urlaubswünsche anderer Arbeitnehmer entgegenstehen, während der Kündigungsfrist zu gewähren und zu nehmen.* [3]*Soweit der Mehrurlaub nicht gewährt werden kann oder die Kündigungsfrist nicht ausreicht, ist er abzugelten.*

Beispielsklausel 42: Ausschluss der Mehrurlaubsgewährung während der Kündigungsfrist in natura – stattdessen Abgeltung

> [1]*Darüber hinaus erlangt der Arbeitnehmer einen zusätzlichen bezahlten Erholungsurlaub von weiteren [x] Tagen pro Jahr (Jahresmehrurlaub).* [2]*Ist im Zeitpunkt der Kündigung des Arbeitsverhältnisses der Jahresmehrurlaubsanspruch noch nicht erfüllt, wird er nicht mehr in natura gewährt, sondern mit Beendigung des Arbeitsverhältnisses abgegolten.*

b) Freistellung unter Anrechnung restlicher Urlaubsansprüche

Des Weiteren soll der Arbeitnehmer des gekündigten Arbeitsverhältnisses häufig unter Anrechnung der restlichen Urlaubsansprüche von der Arbeit freigestellt werden. Eine Freistellung ist nicht gleichbedeutend mit der Urlaubserteilung, sodass es im Fall einer solchen Abrede wichtig ist, eine ausdrückliche Anrechnung auf etwaige noch offene Urlaubsansprüche vorzusehen.[823] Anderenfalls ist nicht klar, ob der Arbeitgeber als Schuldner des Urlaubsanspruchs die geschuldete Leistung nach § 362 Abs. 1 BGB bewirken will, als Gläubiger der Arbeitsleistung

---

821 Siehe dazu sogleich die Beispielsklausel 41 (S. 174) sowie zum Mindesturlaub bereits Beispielsklausel 40 (S. 172).

822 Zum Urlaubsabgeltungsanspruch und seiner Regelbarkeit in Bezug auf den Mehrurlaub siehe eingehend im zweiten Teil, A. X. 4. i) (S. 264 ff.).

823 Preis/*Stoffels*, Der Arbeitsvertrag, II U 20 Rn. 52.

auf deren Annahme nach § 615 S. 1 BGB verzichtet oder ob er dem Arbeitnehmer nach § 397 Abs. 1 BGB anbietet, die Arbeitspflicht vertraglich zu erlassen.[824]

Eine Freistellungsbefugnis des Arbeitgebers kann auf verschiedene Weisen dogmatisch konstruiert werden. So kann sie im Rahmen eines Aufhebungsvertrags begründet werden oder auch von vornherein im Arbeitsvertrag vorgesehen werden.[825]

aa) Angemessenheit einer Freistellungsklausel

Wird sie im Arbeitsvertrag im Rahmen der Verwendung von Allgemeinen Geschäftsbedingungen begründet, muss sie angemessen im Sinne von § 307 Abs. 1 S. 1 BGB sein. Dabei ist insbesondere problematisch, dass diese Klauseln den (Weiter-)Beschäftigungsanspruch beeinträchtigen, den das Bundesarbeitsgericht aus §§ 611, 613 i. V. m. 242 BGB, Art. 2, 1 GG herleitet.[826] Nach Ausspruch der Kündigung nimmt zwar das Interesse des Arbeitgebers an einer Freistellung zu. Jedoch ist auch zu diesem Zeitpunkt dieses Interesse nicht generell vorrangig. Dies wird durch die Vorschrift des § 102 Abs. 5 BetrVG und die Rechtsprechung zum allgemeinen Weiterbeschäftigungsanspruch deutlich.[827] Gegen diese gesetzlich vorgesehene Interessenbewertung darf in Allgemeinen Geschäftsbedingungen nicht verstoßen werden.

Bei der Angemessenheitsprüfung eines pauschalen Freistellungsanspruchs nach § 307 BGB wird nun einerseits davon ausgegangen, dass dem richterrechtlich anerkannten Weiterbeschäftigungsanspruch Leitbildfunktion im Sinne von § 307 Abs. 2 Nr. 1 BGB zukommt, sodass pauschale Freistellungsansprüche mit Rücksicht auf die Wertung der §§ 611, 613, 242 BGB, Art. 1, 2 GG unwirksam sind.[828] Danach seien auch generelle, einschränkungslose Freistellungsklauseln

824 BAG v. 17.05.2011 – 9 AZR 189/10 NZA 2011, 1032; v. 20.01.2009 – 9 AZR 650/07 AP BUrlG § 7 Abgeltung Nr. 91; v. 14.08.2007 – 9 AZR 934/06 NZA 2008, 473; v. 14.03.2006 – 9 AZR 11/05 NJOZ 2006, 3100.

825 Zur Freistellung siehe ausführlich Preis/*ders.*, Der Arbeitsvertrag, II F 10; BAG v. 19.05.2009 – 9 AZR 433/08 NZA 2009, 1211.

826 BAG v. 27.02.1985 – GS 1/84 NZA 1985, 702; v. 10.11.1955 – 2 AZR 591/54 NJW 1956, 359; ErfK/*Preis*, § 611 BGB Rn. 568 ff.

827 Preis/*ders.*, Der Arbeitsvertrag, II F 10 Rn. 19 ff.; ErfK/*Preis*, § 611 BGB Rn. 568 ff.; *Fischer*, NZA 2004, 233, 235 f.

828 LAG München v. 07.05.2003 – 5 Sa 297/03 LAGE § 307 BGB 2002 Nr. 2; LAG Hessen v. 14.03.2011 – 16 Sa 1677/10 NZA-RR 2011, 419; *Fischer*, NZA 2004, 233, 235 f.; Küttner/*Kania*, Personalbuch 2013, Beschäftigungsanspruch Rn. 5; Schaub/*Koch*, § 109 Rn. 9a; Preis/*ders.*, Der Arbeitsvertrag, II F 10 Rn. 9; ErfK/*Preis*, § 611 BGB Rn. 570.

für den Fall der Kündigung des Arbeitsverhältnisses oder einer sonstigen Vertragsbeendigung unwirksam.[829]

Andererseits werden pauschale Freistellungsklauseln als nach § 307 Abs. 1 S. 1 BGB wirksam angesehen.[830] Hierfür wird angeführt, dass es sich bei der bei berechtigter Freistellung gleichzeitig erklärten Anrechnung auf den Urlaubsanspruch um eine verbreitete und von der Rechtsprechung anerkannte Praxis handle.[831]

Auch bei richterrechtlich anerkannten Grundsätzen, die sich zu ständiger Rechtsprechung entwickelt haben, handelt es sich um gesetzliche Regelungen im Sinne von § 307 Abs. 2 Nr. 1 BGB.[832] Bei dem sich aus Grundrechten ergebenden und richterrechtlich anerkannten Weiterbeschäftigungsanspruch handelt es sich nicht nur um bloße Zweckmäßigkeitserwägungen, sondern um eine Ausprägung des Gerechtigkeitsgebotes, sodass er ein gesetzliches Leitbild im Sinne von § 307 Abs. 2 Nr. 1 BGB darstellt. Eine pauschale Freistellungsklausel, die nicht an Gründe anknüpft, verstößt mithin gegen § 307 Abs. 2 Nr. 1 BGB und ist daher auch für den Fall der Kündigung unangemessen und unwirksam.[833] Sieht die Klausel hingegen Freistellungsgründe vor, die hinreichend konkret gefasst sind, so ist diese auch für den Fall der Kündigung mit § 307 Abs. 2 BGB vereinbar und genügt darüber hinaus dem Transparenzgebot.[834]

829 Preis/*ders.*, Der Arbeitsvertrag, II F 10 Rn. 21; LAG München v. 07.05.2003 – 5 Sa 297/03 LAGE § 307 BGB 2002 Nr. 2; LAG Hessen v. 14.03.2011 – 16 Sa 1677/10 NZA-RR 2011, 419; a. A. Küttner/*Kania*, Personalbuch 2013, Beschäftigungsanspruch Rn. 6.

830 LAG Köln v. 20.02.2006 – 14 (10) Sa 1394/05 NZA-RR 2006, 342; LAG Hamburg v. 10.06.1994 – 6 Sa 42/94 – juris.

831 LAG Köln v. 20.02.2006 – 14 (10) Sa 1394/05 NZA-RR 2006, 342.

832 Staudinger/*Coester*, § 307 BGB Rn. 237; zum Prüfungsmaßstab bei § 307 Abs. 2 Nr. 1 BGB im Allgemeinen siehe bereits im ersten Teil, A. V. 3. (S. 27).

833 LAG München v. 07.05.2003 – 5 Sa 297/03 LAGE § 307 BGB 2002 Nr. 2; LAG Hessen v. 14.03.2011 – 16 Sa 1677/10 NZA-RR 2011, 419; ArbG Berlin v. 04.02.2005 – 9 Ga 1155/05 – juris (Rn. 27 ff.; Rn. 30 ff.); *Bauer*, NZA 2007, 409, 412; Clemenz/Kreft/Krause/*Klumpp*, § 307 BGB Rn. 184; Schaub/*Koch*, § 109 Rn. 9a; Staudinger/*Krause*, Anhang zu § 310 BGB Rn. 209; *Meyer*, NZA 2011, 1249, 1253; Preis/*ders.*, Der Arbeitsvertrag, II F 10 Rn. 9; Graf von Westphalen/*Thüsing*, Vertragsrecht und AGB-Klauselwerke, Teil „Klauselwerke", Arbeitsverträge, Freistellungsklauseln Rn. 306 ff.; *ders.*, AGB-Kontrolle im Arbeitsrecht, Rn. 307; *Richter/Lange*, NZA-RR 2012, 57, 58; Suckow/Striegel/Niemann/*Striegel*, Rn. 530; a. A. Küttner/*Kania*, Personalbuch 2013, Beschäftigungsanspruch Rn. 6.

834 Schaub/*Koch*, § 109 Rn. 9a; Preis/*ders.*, Der Arbeitsvertrag, II F 10 Rn. 10 ff.; für den Fall der Kündigung Clemenz/Kreft/Krause/*Klumpp*, § 307 BGB Rn. 184; Graf von

Handelt es sich bei der Kündigungsfrist um eine jahresübergreifende, ist darauf zu achten, dass die Freistellungserklärung so eindeutig sein muss, dass der Arbeitnehmer erkennen kann, ob lediglich der anteilige oder der volle Urlaubsanspruch des Folgejahres erfüllt werden soll. Zweifel gehen hierbei nämlich zulasten des Erklärenden.[835]

Beispielsklausel 43: Freistellungsklausel für den Fall der Kündigung unter Anrechnung von Urlaubsansprüchen

> *[1]Mit Ausspruch einer Kündigung – gleichgültig von welcher Seite – ist der Arbeitgeber berechtigt, den Arbeitnehmer unwiderruflich unter Fortzahlung der Bezüge von der Arbeitsleistung freizustellen, wenn ein sachlicher Grund vorliegt, insbesondere ein grober Vertragsverstoß, der die Vertrauensgrundlage beeinträchtigt (z. B. Geheimnisverrat, Konkurrenztätigkeit). [2]Die Freistellung erfolgt unter Anrechnung auf den Erholungsurlaub, soweit dem nicht die Arbeitsunfähigkeit (§ 9 BUrlG) oder sonstige schutzwürdige Belange des Arbeitnehmers entgegenstehen. [3]Die Freistellung beträgt höchstens [x] Monate. [4]Während der Dauer der Freistellung hat der Arbeitnehmer Tätigkeiten für und als Wettbewerber zu unterlassen. [5]Handelt es sich bei der Kündigungsfrist um eine jahresübergreifende, so soll neben dem Resturlaub aus dem vergangenen Jahr der Anspruch auf den Vollurlaub des Folgejahres erfüllt werden.*[836]

Haben die Vertragsparteien wirksam eine Freistellungsmöglichkeit vorgesehen, bei welcher der restliche Urlaubsanspruch angerechnet wird, so muss die konkrete Anordnung im Übrigen § 106 S. 1 GewO genügen.[837]

Zu beachten ist schließlich, dass das Landesarbeitsgericht Hamm für eine wirksame Erfüllung des Urlaubsanspruchs in diesem Fall fordert, dass das Urlaubsentgelt nach § 11 Abs. 2 BUrlG vor Antritt des Urlaubs gezahlt wird und dass die Freistellung konkret zur Urlaubsgewährung geschieht.[838] Ersteres folgert es aus dem europäisch geforderten Einheitsanspruch. Hier bietet sich also für

---

Westphalen/*Thüsing*, Vertragsrecht und AGB-Klauselwerke, Teil „Klauselwerke", Arbeitsverträge, Freistellungsklauseln Rn. 306 ff.; kritisch hierzu *Fischer*, NZA 2004, 233, 235 f., der aber die Möglichkeit einer wirksamen Vereinbarung für den Fall einräumt, dass es sich um Gründe handelt, die unabhängig vom Kündigungsgrund sind; Däubler/Bonin/Deinert/*Däubler*, Anhang zu § 307 BGB Rn. 45.

835 BAG v. 17.05.2011 – 9 AZR 189/10 NZA 2011, 1032, 1034 (Rn. 27).

836 In Anlehnung an Preis/*ders.*, Der Arbeitsvertrag, II F 10 Rn. 29a; *Thüsing*, AGB-Kontrolle im Arbeitsrecht, Rn. 307. Zu weiteren Formulierungsbeispielen siehe auch *Fuhlrott/Balupuri-Beckmann*, ArbRAktuell 2011, 393; *Suttner/Deeg*, ArbRAktuell 2011, 630.

837 Schaub/*Koch*, § 109 Rn. 9a.

838 LAG Hamm v. 14.03.2013 – 16 Sa 763/12 LAGE § 11 BUrlG Nr 14 (Rn. 34 ff.).

das Bundesarbeitsgericht in nächster Zeit die Möglichkeit, vor dem Hintergrund der europäischen Rechtsprechung erneut über den Inhalt des Urlaubsanspruchs zu entscheiden.[839] Versteht man aber mit der aktuellen Rechtsprechung des Bundesarbeitsgerichts den Urlaubsanspruch als bloße Freistellung unter Fortzahlung der Vergütung, so genügt zur Erfüllung des Urlaubsanspruchs die Freistellung des Arbeitnehmers, die im Rahmen einer Freistellungsabrede auf die noch offenen Urlaubsansprüche angerechnet wird.[840] Auch eine Festlegung von Beginn und Ende des Urlaubs ist dabei nicht erforderlich. Vielmehr kann der Arbeitnehmer einer Freistellungserklärung in der Regel entnehmen, dass der Arbeitgeber es ihm überlässt, die zeitliche Lage seines Urlaubs innerhalb des Freistellungszeitraums festzulegen. Lediglich in Ausnahmefällen ist daher die Festlegung des Urlaubszeitraums notwendig.[841]

bb) Wirksamkeit einer individualvertraglich vereinbarten Freistellungsklausel

Daneben stellt sich die Frage, ob eine individualvertraglich vereinbarte pauschale Freistellungsklausel für den Fall der Kündigung unter Anrechnung von Urlaubsansprüchen möglich ist. Zwar unterliegt die individualvertragliche Vereinbarung keiner Angemessenheitskontrolle. Allerdings wird der (Weiter-)Beschäftigungsanspruch des Arbeitnehmers aus §§ 611, 613, 242 BGB, Art. 1, 2 GG hergeleitet. Die Abdingbarkeit richterrechtlicher Grundsätze ist umstritten.[842] Der Anspruch auf Beschäftigung ist aber dispositiv.[843] Daher können die Individualvertragsparteien auch wirksam eine pauschale Freistellungsklausel vereinbaren.[844]

---

839 Die Revision ist aktuell beim Bundesarbeitsgericht unter dem Aktenzeichen 9 AZR 455/13 anhängig. Zum umstrittenen Inhalt des Urlaubsanspruchs siehe bereits im ersten Teil, D. II. (S. 48 ff.) sowie im Folgenden, im zweiten Teil, A. X. 4. a) (S. 241 ff.).

840 So schätzt auch das LAG Hamm die aktuelle Rechtsprechung des Bundesarbeitsgerichts ein, LAG Hamm v. 14.03.2013 – 16 Sa 763/12 LAGE § 11 BUrlG Nr 14 (Rn. 34 ff.).

841 BAG v. 16.07.2013 – 9 AZR 50/12 NZA 2013, 1285, 1287 (Rn. 14 ff.) zur unwiderruflichen einseitigen Freistellungserklärung. Dies wird aber erst recht für eine vereinbarte Freistellungsklausel gelten, *Lingemann*, Anm. zu BAG v. 16.07.2013 – 9 AZR 50/12 ArbRAktuell 2013, 520.

842 Siehe dazu ErfK/*Preis*, § 611 BGB Rn. 234. Zur Geltung des Richterrechts siehe Staudinger/*Honsell*, Einleitung zum BGB Rn. 224 ff.

843 Schaub/*Koch*, § 109 Rn. 9a; ErfK/*Preis*, § 611 BGB Rn. 566; Preis/*ders.*, Der Arbeitsvertrag, II F 10 Rn. 7; MünchArbR/*Reichold*, § 84 Rn. 10.

844 LAG Sachsen v. 12.06.2003 – 2 Sa 715/02 – juris; LAG Hamburg v. 10.06.1994 – 6 Sa 42/94 BeckRS 2009, 68150.

cc) Möglichkeit der hilfsweisen Urlaubsgewährung im Kündigungsschutzprozess

Erhebt der Arbeitnehmer eine Kündigungsschutzklage, so ist bis zum Ende des Verfahrens unklar, ob das Arbeitsverhältnis beendet wurde. Reicht hierbei die verbleibende Kündigungsfrist nicht zur Gewährung der noch offenen Urlaubsansprüche bzw. erfolgte die Kündigung außerordentlich, so stellt sich die Frage, ob der Arbeitgeber aufgrund der Kündigung die Annahme der Arbeitsleistung verweigern und zugleich für den Fall der Unwirksamkeit der Kündigung hilfsweise Urlaub gewähren kann.[845] Hiergegen wird angeführt, dass eine solche Vorgehensweise mit der Rechtsnatur der zeitlichen Festlegung des Urlaubs nach § 7 Abs. 1 BUrlG als Ausübung eines Gestaltungsrechts unvereinbar ist. Auch der Inhalt des Urlaubsanspruchs nach § 1 BUrlG auf Urlaubsgewährung im Sinne der Freistellung von der Arbeitspflicht durch eine entsprechende Willenserklärung des Arbeitgebers spreche gegen eine solche Möglichkeit.[846] Darüber hinaus könne der Arbeitgeber nicht nach der Kündigungserklärung als Gläubiger die Annahme der vom Arbeitnehmer angebotenen Arbeitsleistung verweigern und gleichzeitig als Schuldner Urlaub gewähren.[847] Schließlich sei in dieser Konstellation eine uneingeschränkte Nutzung der dem Arbeitnehmer zustehenden Freizeit nicht gewährleistet. Dieser wisse nicht, ob er sich sofort um eine neue Arbeit kümmern oder lieber die Freizeit selbstbestimmt für beispielsweise eine Urlaubsreise nutzen solle.[848]

Im Fall der Unwirksamkeit der Kündigung hat das Arbeitsverhältnis samt Arbeitspflicht fortbestanden. Von dieser Arbeitspflicht kann der Arbeitgeber den Arbeitnehmer auch vorsorglich befreien, ebenso wie er während des Kündigungsschutzprozesses dem Arbeitnehmer vorsorglich erneut kündigen kann.[849] Bei beiden Erklärungen handelt es sich um Gestaltungsrechte, die unter eine Rechtsbedingung gestellt werden können.[850] Schließlich ist die Unsicherheit im Hinblick auf den Ausgang des Rechtsstreits dem Wesen eines Rechtsstreits immanent. Der Arbeitnehmer hat aber dennoch mit der hilfsweisen Erteilung des Urlaubs die Möglichkeit, über seine Freizeit zu verfügen und diese

845 BAG v. 14.08.2007 – 9 AZR 934/06 NZA 2008, 473, 474; *Leinemann/Linck*, § 1 BUrlG Rn. 75; *Powietzka/Rolf*, § 1 BUrlG Rn. 47; a. A. LAG Berlin v. 07.03.2002 – 7 Sa 1648/01 NZA-RR 2003, 130; GK-BUrlG/*Bachmann*, § 7 BUrlG Rn. 38; ErfK/*Gallner*, § 7 BUrlG Rn. 6; *Neumann/Fenski*, § 7 BUrlG Rn. 45.

846 GK-BUrlG/*Bachmann*, § 7 BUrlG Rn. 38.

847 ErfK/*Gallner*, § 7 BUrlG Rn. 6.

848 LAG Berlin v. 07.03.2002 – 7 Sa 1648/01 NZA-RR 2003, 130, 131.

849 *Leinemann/Linck*, § 1 BUrlG Rn. 75.

850 BAG v. 14.08.2007 – 9 AZR 934/06 NZA 2008, 473, 475.

selbstbestimmt zur Erholung zu nutzen. Dass er sich möglicherweise auf Stellensuche begeben muss, ist nicht mit einer Rückrufvereinbarung vergleichbar, bei welcher der Arbeitnehmer trotz der Freistellung ständig damit rechnen muss, zur Arbeit abgerufen zu werden und die daher wegen Verstoßes gegen §§ 1, 13 BUrlG nicht möglich ist.[851] Vielmehr ist eine selbstbestimmte Freizeitgestaltung und Erholung auch neben einer etwaigen Stellensuche möglich. Außerdem soll die Möglichkeit der vorsorglichen Urlaubserteilung die Kumulation von Annahmeverzugs- und Urlaubsabgeltungsansprüchen verhindern. Sie ist daher überzeugenderweise möglich.[852]

c) Übrige Regelungsmöglichkeiten des Urlaubs für den Fall der Kündigung

Weitere Regelungsmöglichkeiten des Urlaubs, die den Fall der Kündigung betreffen, sind an den verschiedenen Standorten angeführt, an denen es um bestimmte Arten der Urlaubsgewährung geht, so beispielsweise beim Verfall, bei der anteiligen Kürzung von Urlaub, bei den Rückzahlungsvereinbarungen sowie beim Urlaubsabgeltungsanspruch.[853]

2. *Tarifvertragliche Regelungen*

a) Urlaubsgewährung während der Kündigungsfrist

Hinsichtlich des tarifvertraglich vereinbarten Mindesturlaubs liegt bei Regelungen, die vorsehen, dass der Mindesturlaub während der Kündigungsfrist zu nehmen ist, zunächst kein Verstoß gegen § 13 Abs. 1 S. 1 BUrlG vor. Eine Abweichung von § 7 Abs. 1 BUrlG zulasten der Arbeitnehmer kann vielmehr tarifvertraglich gerade vorgesehen werden. Ein Gesetzesverstoß ist hier nicht zu erkennen und die tarifvertragliche Regelung unterliegt gerade keiner Angemessenheitskontrolle.

---

851 BAG v. 20.06.2000 – 9 AZR 405/99 NZA 2001, 100; siehe zu diesem Vergleich LAG Berlin v. 07.03.2002 – 7 Sa 1648/01 NZA-RR 2003, 130, 131; zur Vereinbarung des Rückrufs während des Urlaubs siehe im zweiten Teil, A. VI. (S. 181 ff.).

852 BAG v. 14.08.2007 – 9 AZR 934/06 NZA 2008, 473.

853 Siehe Regelungen zum Verfall des Mehrurlaubs bei der Beendigung des Arbeitsverhältnisses im zweiten Teil, A. II. 3. d) (S. 130 ff.); zur anteiligen Kürzungsmöglichkeit des Mehrurlaubs beim Austritt des Arbeitnehmers im laufenden Kalenderjahr im zweiten Teil, A. III. 1. (S. 139 ff.); zu Rückzahlungsvereinbarungen siehe im zweiten Teil, A. VII. (S. 186 ff.); zum Urlaubsabgeltungsanspruch siehe im zweiten Teil, A. X. (S. 238 ff.) sowie zu Rückzahlungsvereinbarungen bezüglich des Urlaubsgeldes siehe im zweiten Teil, A. XII. 6. (S. 292 ff.). Zu tarifvertraglichen Regelungen für den Fall der Beendigung des Arbeitsverhältnisses siehe im zweiten Teil, A. V. 2. (S. 180 f.).

Daher ist eine solche Regelung tarifvertraglich möglich. Dies gilt ebenso für eine tarifvertragliche Regelung, die sich auf den Mehrurlaub bezieht.

Beispielsklausel 44: Tarifvertragliche Regelung: Gewährung von Urlaub im Fall der Beendigung des Arbeitsverhältnisses

„(1) [1]*Der Arbeitnehmer hat Anspruch auf den gesetzlichen Mindesterholungsurlaub im Umfang von 20 Tagen pro Jahr, bezogen auf eine Fünf-Tage-Woche.* [2]*Das Nähere bestimmt sich nach den Vorschriften des Bundesurlaubsgesetzes.*“[854]

(2) *Darüber hinaus erlangt der Arbeitnehmer einen zusätzlichen bezahlten Erholungsurlaub von weiteren [x] Tagen pro Jahr (Jahresmehrurlaub).*

(3) *Ist im Zeitpunkt der Kündigung des Arbeitsverhältnisses der Jahresurlaubsanspruch noch nicht erfüllt, ist der Urlaub während der Kündigungsfrist zu gewähren und zu nehmen.*

b) Freistellung unter Anrechnung restlicher Urlaubsansprüche

Eine tarifvertragliche pauschale Freistellungsklausel für den Fall der Kündigung unter Anrechnung von Urlaubsansprüchen unterliegt zwar keiner Angemessenheitskontrolle. Allerdings wird der (Weiter-)Be-schäftigungsanspruch des Arbeitnehmers aus §§ 611, 613, 242 BGB, Art. 1, 2 GG hergeleitet.[855] Dieser Anspruch ist aber beschränkt dispositiv, sodass die Tarifvertragsparteien auch auf ihn verzichten können. Lediglich bei einer Verletzung des Persönlichkeitsrechts des Arbeitnehmers kann es insoweit zu einer Unwirksamkeit der Klausel kommen. In diesem Fall ist aber an eine ergänzende Vertragsauslegung zu denken, sodass eine zu weitgehende Tarifklausel in der Regel auf das zulässige Maß beschränkt werden kann.[856] Eine pauschale Freistellungsvereinbarung ist daher in der Regel in einem Tarifvertrag wirksam.

VI. Rückrufvereinbarung

Ein spezielles und spannendes Problem stellt die Frage dar, ob der Arbeitgeber mit dem Arbeitnehmer vereinbaren kann, dass er den Arbeitnehmer während des Urlaubs zurück in den Betrieb rufen kann.

---

854 *Powietzka/Fallenstein*, NZA 2010, 673, 675.

855 BAG v. 27.02.1985 – GS 1/84 NZA 1985, 702; v. 10.11.1955 – 2 AZR 591/54 NJW 1956, 359; ErfK/*Preis*, § 611 BGB Rn. 568 ff.

856 Schaub/*Koch*, § 109 Rn. 9a.

1. *Arbeitsvertragliche Rückrufvereinbarungen*

a) Vereinbarung eines Rückrufs bezüglich des Mindesturlaubs

Hinsichtlich des Mindesturlaubs stellt die Vereinbarung eines Rückrufs einen Verstoß gegen § 1 BUrlG dar, der die unbedingte Freistellung von der Arbeitspflicht vorsieht. Eine solche Vereinbarung ist daher nach § 13 Abs. 1 S. 3 BUrlG unwirksam.[857]

Allenfalls die Anwendung allgemeiner rechtsgeschäftlicher Grundsätze auf die Freistellungserklärung des Arbeitgebers ist möglich, wie beispielsweise die Anfechtung oder der Wegfall der Geschäftsgrundlage.[858] Eine Anwendung des § 313 BGB, die zur Wiederherstellung der Arbeitspflicht führt, kommt dabei gegebenenfalls in Betracht, wenn die Arbeitskraft eines bestimmten Arbeitnehmers für einen bestimmten Zeitraum zwingend benötigt wird, beispielsweise zur Verhinderung des Zusammenbruchs eines Unternehmens, und es für den Arbeitgeber dabei unzumutbar wäre, an der Urlaubsgewährung festzuhalten.[859] Rechtsfolge eines Anspruchs aus § 313 BGB ist grundsätzlich eine Vertragsanpassung. Es muss also eine einvernehmliche Vereinbarung zwischen Arbeitnehmer und Arbeitgeber getroffen werden. Lediglich bei einer Weigerung des Arbeitnehmers kommt eine Zustimmung durch gerichtliche Entscheidung im Wege einer einstweiligen Verfügung in Betracht.[860] Jedenfalls ist eine antizipierte Vereinbarung in Allgemeinen Geschäftsbedingungen nicht möglich, nach der sich der Arbeitgeber im Falle eines dringenden betrieblichen Bedarfs vorbehält, den Arbeitnehmer aus

---

857 BAG v. 20.06.2000 – 9 AZR 405/99 NZA 2001, 100, 101 f. Zur Zulässigkeit einer solchen tarifvertraglichen Klausel siehe im zweiten Teil, A. VI. 2. (S. 185 ff.).

858 BeckOKArbR/*Lampe*, § 7 BUrlG Rn. 15.

859 Zum ausnahmsweise möglichen Widerruf der Freistellungserklärung BAG v. 19.12.1991 – 2 AZR 367/91 RzK I 6a Nr. 82; v. 09.02.1982 – 1 AZR 567/79 AP BUrlG § 11 Nr. 16; offen gelassen in BAG v. 20.06.2000 – 9 AZR 405/99 NZA 2001, 100, 101 f. sowie zum ausnahmsweise möglichen Rückruf bei Anwendung des § 313 BGB ArbG Frankfurt v. 17.05.2006 – 22 Ca 4283/05 – juris (Rn. 69); ErfK/*Gallner*, § 7 BUrlG Rn. 27; kritisch hierzu *Stoffels*, Anm. zu BAG v. 20.06.2000 – 9 AZR 405/99 SAE 2001, 331, 333.

860 MüKoBGB/*Finkenauer*, § 313 BGB Rn. 85 ff.; 124 ff.; BeckOKArbR/*Lampe*, § 7 BUrlG Rn. 15; kritisch hierzu *Stoffels*, Anm. zu BAG v. 20.06.2000 – 9 AZR 405/99 SAE 2001, 331, 333.

dem Urlaub zurückzurufen.[861] Die vertragliche Vereinbarung, die dem Arbeitgeber die Verschiebung des bereits erteilten Urlaubs bei dringenden betrieblichen Gründen ermöglicht, kann selbst dann nicht wirksam getroffen werden, wenn der Arbeitgeber zugleich die durch die Verschiebung entstehenden Mehrkosten tragen soll.[862]

Der Widerruf eines bereits erteilten Urlaubs soll aber ausnahmsweise möglich und daher auch wirksam zu vereinbaren sein, wenn die Urlaubsverlegung erhebliche, existenzgefährdende und nicht durch andere Maßnahmen abwendbare Nachteile auf Arbeitgeberseite zu verhindern vermag.[863] Hierfür müsse es sich um einen Notfall handeln, es müssen also ganz unvorhergesehene Ereignisse vorliegen, die einen Ausweg nicht zulassen.[864] Allerdings ist es im Hinblick auf die Vorschrift des § 13 Abs. 1 S. 3 BUrlG mangels einer den Rückruf erlaubenden Vorschrift im Bundesurlaubsgesetz abzulehnen, dass selbst unter diesen hohen Voraussetzungen der Widerruf der Freistellungserklärung und die Wiederherstellung der Arbeitspflicht und folglich auch eine dahingehende Vereinbarung möglich ist.[865] Eine solche stellt vielmehr eine Abweichung zulasten des Arbeitnehmers von den Vorschriften des Bundesurlaubsgesetzes dar, namentlich von § 1 BUrlG. In Bezug auf den Mindesturlaub ist also die Vereinbarung eines Rückrufs insgesamt nicht möglich.

---

861 BAG v. 20.06.2000 – 9 AZR 405/99 NZA 2001, 100, 101 f.; BeckOKArbR/*Lampe*, § 7 BUrlG Rn. 15.

862 ArbG Frankfurt (Oder) v. 19.10.2006 – 2 Ca 1092/06 – juris (I. 2. b. bb.).

863 BAG v. 19.12.1991 – 2 AZR 367/91 RzK I 6a Nr. 82; v. 09.02.1982 – 1 AZR 567/79 AP BUrlG § 11 Nr. 16; ArbG Frankfurt v. 17.05.2006 – 22 Ca 4283/05 – juris (Rn. 69); offen gelassen in BAG v. 20.06.2000 – 9 AZR 405/99 NZA 2001, 100, 101 f.; ArbG Frankfurt (Oder) v. 19.10.2006 – 2 Ca 1092/06 – juris (I. 2. b. bb. (2)); BeckOKArbR/*Lampe*, § 7 BUrlG Rn. 15a; kritisch hierzu *Stoffels*, Anm. zu BAG v. 20.06.2000 – 9 AZR 405/99 SAE 2001, 331, 333.

864 BAG v. 19.12.1991 – 2 AZR 367/91 RzK I 6a Nr. 82 (bei 4.); v. 29.01.1960 – 1 AZR 200/58 NJW 1960, 1734 zur Widerruflichkeit der Urlaubserteilung bei ganz unvorhergesehenen Ereignissen; *Lampe* folgert daraus, dass in einem solchen Ausnahmefall folglich auch von vornherein eine solche Vereinbarung getroffen werden kann, BeckOKArbR/*Lampe*, § 7 BUrlG Rn. 15a.

865 Ebenso ErfK/*Gallner*, § 7 BUrlG Rn. 27; ebenfalls kritisch zur Möglichkeit eines Rückrufs *Stoffels*, Anm. zu BAG v. 20.06.2000 – 9 AZR 405/99 SAE 2001, 331, 333.

b) Vereinbarung eines Rückrufs bezüglich des Mehrurlaubs

Der Vereinbarung eines Rückrufs bezüglich des Mehrurlaubs steht zunächst einmal § 13 Abs. 1 BUrlG nicht entgegen. Mangels anderer entgegenstehender gesetzlicher Regelungen sind daher die Vertragsparteien in Individualabreden grundsätzlich frei, eine Rückrufvereinbarung hinsichtlich des Mehrurlaubs zu treffen.[866] Bei einer solchen Vereinbarung in Allgemeinen Geschäftsbedingungen handelt es sich um eine Ausgestaltung der Mehrurlaubsgewährung, sodass nach § 307 Abs. 3 S. 1 BGB die Inhaltskontrolle eröffnet ist.[867] Die Regelung muss also insbesondere den Grenzen des § 307 BGB genügen.

Vereinbaren der Arbeitgeber und der Arbeitnehmer, dass der Arbeitnehmer unter bestimmten Voraussetzungen, wie beispielsweise aus dringenden betrieblichen Gründen, aus dem Mehrurlaub zurück in den Betrieb gerufen werden kann, stellt sich zunächst das Problem, ob einer solchen Vereinbarung der widerruflichen Urlaubserteilung oder der Urlaubsgewährung unter Vorbehalt die Vorschrift des § 307 Abs. 2 Nr. 1 BGB entgegensteht. Dazu muss in § 1 BUrlG und in der Erfüllbarkeit des Anspruchs durch eine unwiderrufliche Urlaubserteilung ein wesentlicher Grundgedanke der gesetzlichen Regelung zu sehen sein. Zunächst kann in dem sich bereits aus § 1 BUrlG ergebenden Zweck der Erholung ein wesentlicher Grundgedanke der Urlaubsgewährung an sich im Sinne von § 307 Abs. 2 Nr. 1 BGB gesehen werden. Dieser steht sowohl hinter dem Mindest- als auch hinter dem Mehrurlaub. Wird aber eine Rückrufmöglichkeit vereinbart, so kann der Arbeitnehmer, der stets mit dem Rückruf zur Arbeit rechnen muss, nicht selbstbestimmt über seine Freizeit verfügen und kann sich damit auch nicht von der Arbeit erholen.[868] Der Zweck der Erholung kann also nicht erreicht werden. Dieser kann vielmehr gerade nur durch eine unwiderrufliche Urlaubserteilung erreicht werden. Die Vereinbarung eines Rückrufs in Bezug auf den Mehrurlaub in Form von Allgemeinen Geschäftsbedingungen ist mithin unangemessen im Sinne von § 307 Abs. 2 Nr. 1 BGB.

Auch eine Verbindung einer Rückrufklausel mit der Nachgewährung des durch den Rückruf vereitelten Mehrurlaubs ändert nichts an der Unangemessenheit

---

866 *Hohmeister*, Anm. zu BAG v. 20.06.2000 – 9 AZR 405/99 AP BUrlG § 7 Nr. 28 (III.); *Stoffels*, Anm. zu BAG v. 20.06.2000 – 9 AZR 405/99 SAE 2001, 331, 333; siehe zur Zulässigkeit einer solchen tarifvertraglichen Klausel im zweiten Teil, A. VI. 2. (S. 185 ff.).

867 Siehe dazu im Allgemeinen im ersten Teil, A. V. 2. b) (S. 25 ff.).

868 Auf den Mindesturlaub bezogen *Falder*, NZA 2010, 1150, 1155; HWK/*Schinz*, § 7 BUrlG Rn. 44; zum Erholungszweck des Mindesturlaubs auch BAG v. 08.03.1984 NZA 1984, 197, 199.

der Klausel. In einer solchen Klausel bleibt der Rückruf des Arbeitnehmers möglich, sodass dieser, der stets mit einem Rückruf rechnen muss, seinen Mehrurlaub nicht frei und selbstbestimmt gestalten kann.

2. Tarifvertragliche Rückrufvereinbarungen

Bei tarifvertraglichen Regelungen ist zunächst hinsichtlich des Mindesturlaubs wegen einer Abweichung von § 1 BUrlG zulasten der Arbeitnehmer ebenfalls eine Unwirksamkeit nach § 13 Abs. 1 S. 1 BUrlG anzunehmen. Bei der Vereinbarung einer Rückrufmöglichkeit während des Mehrurlaubs ist zunächst gerade davon auszugehen, dass die von gleichberechtigten Partnern ausgehandelte Vereinbarung bei einer Gesamtbetrachtung ausgewogen ist.[869] Daher ist bei diesen nach § 310 Abs. 4 BGB keine Angemessenheitsprüfung vorzunehmen, sondern diese sind nur daraufhin zu untersuchen, ob sie gegen die Verfassung, zwingendes Gesetzesrecht oder gegen die guten Sitten verstoßen.[870] Bei der im Tarifvertrag vorgesehenen Möglichkeit eines Rückrufs während des Mehrurlaubs ist ein solcher Verstoß aber nicht zu erblicken. Das bedeutet, die gegenüber den Arbeitsvertragsparteien ausgeweitete Vertragsgestaltungsfreiheit wirkt sich hier aus. In Tarifverträgen können die Vertragsparteien bezüglich des Mehrurlaubanspruchs eine Rückrufmöglichkeit vorsehen.

Beispielsklausel 45: Tarifvertragliche Regelung: Rückrufmöglichkeit des Arbeitgebers während des Mehrurlaubs

„(1) [1]Der Arbeitnehmer hat Anspruch auf den gesetzlichen Mindesterholungsurlaub im Umfang von 20 Tagen pro Jahr, bezogen auf eine Fünf-Tage-Woche. [2]Das Nähere bestimmt sich nach den Vorschriften des Bundesurlaubsgesetzes.“[871]

(2) [1]Darüber hinaus erlangt der Arbeitnehmer einen zusätzlichen bezahlten Erholungsurlaub von weiteren [x] Tagen pro Jahr (Jahresmehrurlaub). [2]In dringenden betrieblichen Fällen kann der Arbeitgeber die Mehrurlaubserteilung widerrufen und den Arbeitnehmer auch während des Mehrurlaubs zurück zur Arbeit rufen. [3]Tritt dieser Fall ein, so ist dem Arbeitnehmer die betroffene Zeit als Mehrurlaub nachzugewähren. [4]Der Arbeitgeber trägt die für die Verschiebung des Mehrurlaubs anfallenden Mehrkosten.

---

869 Staudinger/*Krause*, Anhang zu § 310 BGB Rn. 88; ErfK/*Preis*, §§ 305–310 BGB Rn. 8.

870 BAG v. 06.09.1995 – 5 AZR 174/94 NZA 1996, 437, 439; v. 04.09.1985 – 5 AZR 655/84 NZA 1986, 225, 226.

871 *Powietzka/Fallenstein*, NZA 2010, 673, 675.

VII. Rückzahlungsvereinbarungen

Rückzahlungsvereinbarungen, die eine Rückzahlung von zu viel bezahltem Urlaubsentgelt vorsehen, sind insbesondere bei Kürzungs- und Verfallklauseln hinsichtlich des Mehrurlaubs von Interesse. So ist der Mehrurlaub bei Vorliegen der Tatbestandsvoraussetzungen der Verfall- oder Kürzungsklausel möglicherweise bereits gewährt und genommen worden. Haben die Parteien für diesen Fall keine Rückzahlungsvereinbarung getroffen, gestaltet sich eine Rückforderung insbesondere im Hinblick auf §§ 818 Abs. 3, 814 BGB schwierig. Auch hinsichtlich des Mindesturlaubs ist zu klären, inwieweit Rückzahlungsvereinbarungen für zu viel bezahltes Urlaubsentgelt vereinbart werden können.

Folgt man dem Einheitsanspruch,[872] so wird eine solche Rückforderung von Gesetzes wegen für den Fall, dass der Arbeitnehmer den Urlaubsanspruch bereits erworben hat, für ganz ausgeschlossen gehalten. Schließlich könne, wenn man den Urlaubs- und den Urlaubsentgeltanspruch als untrennbare Teile eines Anspruchs ansehe, die bezahlte Freizeit nicht nachträglich in unbezahlte Freizeit umgewandelt werden.[873]

1. Vertragliche Rückzahlungsvereinbarungen bezüglich des Mindesturlaubs

Zunächst sind vertragliche Rückzahlungsvereinbarungen hinsichtlich des gesetzlichen Mindesturlaubs zu überprüfen.

a) Arbeitsvertragliche Rückzahlungsvereinbarungen bezüglich des Mindesturlaubs

aa) Rückforderungsverbot, § 5 Abs. 3 BUrlG

Diese unterliegen insbesondere den Grenzen des Bundesurlaubsgesetzes, sodass sogleich das in § 5 Abs. 3 BUrlG geregelte Rückforderungsverbot hervorsticht. Danach kann, wenn der Arbeitnehmer im Fall des § 5 Abs. 1c) BUrlG bereits Urlaub über den ihm zustehenden Umfang hinaus erhalten hat, das dafür gezahlte Urlaubsentgelt nicht zurückgefordert werden. Scheidet also der Arbeitnehmer

---

872 Zum Einheitsanspruch und seinen Auswirkungen siehe bereits im ersten Teil, D. II. (S. 48 ff.) sowie im zweiten Teil, A. X. 4. a) (S. 241 ff.).

873 *D. Gaul*, BB 1965, 869, 871; *Fenski*, DB 2007, 686, 690, der damit dem Bundesarbeitsgericht entgegentreten möchte, BAG v. 23.01.1996 – 9 AZR 554/93 NZA 1996, 1101. Das BAG v. 27.11.1959 – 1 AZR 355/57 NJW 1960, 596 sieht eine Rückforderung von Gesetzes wegen nach § 812 BGB auch unter Berücksichtigung des Einheitsgedanken als möglich an. Bei nachträglicher Kürzung wäre danach § 812 Abs. 1 S. 2 Var. 1 BGB anzuwenden.

nach erfüllter Wartezeit in der ersten Hälfte eines Kalenderjahres aus dem Arbeitsverhältnis aus, besteht grundsätzlich sein Mindesturlaubsanspruch nur gekürzt. Wenn er dennoch vom Arbeitgeber den ungekürzten Urlaubsanspruch gewährt bekommen und in Anspruch genommen hat, so ist die Rückforderung des zu viel gezahlten Urlaubsentgelts nach § 5 Abs. 3 BUrlG ausgeschlossen.

bb) Regelungsmöglichkeiten hinsichtlich des Mindesturlaubs

Hinsichtlich des Mindesturlaubs stellt sich sodann die Frage, ob in den nicht von § 5 Abs. 3 BUrlG erfassten Fällen Rückzahlungsvereinbarungen wirksam getroffen werden können. Wird die Rückzahlung unter bestimmten Voraussetzungen in Allgemeinen Geschäftsbedingungen vereinbart, so stellt dies eine Ausgestaltung des Hauptleistungsversprechens dar, sodass nach § 307 Abs. 3 S. 1 BGB die Inhaltskontrolle eröffnet ist.[874] Es ist daher insbesondere die Angemessenheit nach § 307 BGB zu untersuchen.[875] Dabei steht die Anwendung des § 307 Abs. 2 Nr. 1 BGB in Frage. Dies ist der Fall, falls in § 5 Abs. 3 BUrlG ein gesetzliches Leitbild gesehen werden kann, von dem eine solche Rückzahlungsvereinbarung abweichen würde. Zur Beantwortung dieser Frage ist zunächst der der Regelung zugrunde liegende Telos zu untersuchen. Entscheidend ist, ob sich dieser allgemein auf Rückforderungen von überzahltem Urlaubsentgelt bezieht[876] oder ob es sich bei § 5 Abs. 3 BUrlG um einen auf den Inhalt der Norm beschränkten Ausnahmefall handelt, der sich demnach gerade nicht verallgemeinern lässt[877].

Sinn und Zweck von § 5 Abs. 3 BUrlG kann im Vertrauensschutz des Arbeitnehmers im Falle des § 5 Abs. 1c) BUrlG gesehen werden. Der Arbeitnehmer, der vor dem Entstehen des gesamten Urlaubsanspruchs mit Erfüllung der Wartezeit diesen bereits vom Arbeitgeber gewährt bekommt, soll darauf vertrauen können, dass er diesen behalten darf.[878] Geht man von der Entstehungsgeschichte der Norm aus, so betonte das Reichsarbeitsgericht vor der Schaffung der Norm, dass aus der Einheitlichkeit des Urlaubsanspruchs auch die (generelle)

---

874 So bspw. zu Rückzahlungsklauseln bezüglich der Aus- und Fortbildungskosten BAG v. 19.01.2011 – 3 AZR 621/08 NZA 2012, 85, 88 (Rn. 22).

875 Zum abstrakten Prüfungsmaßstab bei § 307 BGB siehe bereits die Ausführungen im zweiten Teil, A. III. 1. a) bb) (S. 140 ff.).

876 So *Linck/Schütz* in FS Leinemann, 171, 184, die den zugrundeliegenden Gedanken im Vertrauensschutz des Arbeitnehmers sehen.

877 So Preis/*Stoffels*, Der Arbeitsvertrag, II U 20 Rn. 65; *Powietzka/Rolf*, § 5 BUrlG Rn. 18 ff.

878 So *Linck/Schütz* in FS Leinemann, 171, 184.

Unmöglichkeit einer Rückforderungsmöglichkeit folgt.[879] Dieser Ansicht folgten große Teile der Literatur und der Rechtsprechung.[880] Zum Teil sah das Bundesarbeitsgericht dies aber in der Folge anders.[881] In Urlaubsgesetzen mancher Länder gab es darüber hinaus generelle Rückforderungsverbote.[882] Trotz dieser unklaren Rechtslage und der Forderung sowohl der CDU/CSU in § 12 Abs. 4 ihres Entwurfs als auch der SPD in § 5 Abs. 5 ihres Entwurfs eines Bundesurlaubsgesetzes nach einem generellen Rückforderungsverbot schuf der Gesetzgeber 1963 den bis heute unverändert gebliebenen § 5 Abs. 3 BUrlG.[883] Er äußerte sich auch in den Gesetzgebungsmaterialien nicht zu einem generellen Rückforderungsverbot.[884] Daher kann die Schaffung des § 5 Abs. 3 BUrlG in der aktuellen Fassung als Stellungnahme des Gesetzgebers gegen ein generelles Rückforderungsverbot gesehen werden.[885]

Das Verbot des § 5 Abs. 3 BUrlG soll mithin gerade nur den in der Norm auch vorgesehenen Spezialfall erfassen. Das bedeutet, dass sich aus dem Telos der Norm unter Heranziehung der Gesetzgebungsgeschichte ergibt, dass dem Grundsatz nach eine Rückforderung von zu viel bezahltem Urlaubsentgelt nicht verboten sein soll. Nur in dem in § 5 Abs. 3 BUrlG beschriebenen Fall soll dieses Verbot durchgreifen. Damit ergibt sich aus einem Umkehrschluss aus § 5 Abs. 3 BUrlG, dass es sich bei dem der Norm zugrunde liegenden Vertrauensschutz des Arbeitnehmers um kein gesetzliches Leitbild im Sinne von § 307 Abs. 2 Nr. 1 BGB handelt.[886]

---

879 RAG v. 18.10.1939 – RAG 52/39 AS 38, 40; v. 31.08.1938 – RAG 45/38 AS 34, 21.

880 LAG Düsseldorf v. 01.03.1955 – 2 a Sa 410/54 BB 1955, 609; v. 10.12.1954 – 2 a Sa 322/54 BB 1955, 67; LAG Hamm v. 30.03.1954 – 2 Sa 613/53 AP BGB § 611 Urlaubsrecht Nr. 1; ArbG Lörrach v. 24.09.1957 – I Ca 686/57 AP BGB § 611 Urlaubsrecht Nr. 31; *Dersch*, Rn. 637a; *Nikisch*, BB 1959, 119, 120; *Schnorr von Carolsfeld*, S. 251 f.

881 BAG v. 09.07.1964 – 5 AZR 463/63 NJW 1964, 2033; v. 09.02.1956 – 1 AZR 329/55 NJW 1956, 926.

882 Z. B. Art. 9 Abs. 2 S. 2 Urlaubsgesetze Bayern mit Erläuterung von *Thumser*, S. 55 ff.; § 3 Abs. 3 Urlaubsgesetze Niedersachsen mit Erläuterung von *Maus*, § 3 Rn. 47 (S. 141 ff.).

883 Siehe dazu BT-Drs. 4/785 sowie die Entwürfe in BT-Drs. 4/142; BT-Drs. 4/207 und eingehend hierzu *D. Gaul*, BB 1965, 869, 871.

884 BT-Drs. 4/785, S. 3.

885 *D. Gaul*, BB 1965, 869, 871.

886 Ebenso i. E. Preis/*Stoffels*, Der Arbeitsvertrag, II U 20 Rn. 65; a. A. *Linck/Schütz* in FS Leinemann, 171, 184 in Bezug auf Mehrurlaub. Die allgemeine Feststellung von *Linck/Schütz*, dass eine Rückforderung von zu viel gewährtem Urlaubsentgelt bei gesetzlichem Urlaub nach § 5 Abs. 3 BUrlG ausgeschlossen ist, stimmt daher so nicht.

Vom Gesetz ausgehend bestätigt sich dieses Ergebnis. Liegt § 5 Abs. 3 BUrlG nicht vor und hat der Arbeitgeber den vollen Urlaubsanspruch bereits als „Vorschuss“ gewährt, ist dieser aber noch nicht entstanden, so ist, freilich unter Berücksichtigung der §§ 814, 818 Abs. 3 BGB, eine Rückforderung nach § 812 Abs. 1 S. 1 Var. 1 BGB möglich.[887] Ist aber in vom Rückforderungsverbot des § 5 Abs. 3 BUrlG nicht erfassten Fällen eine Rückforderung bereits von Gesetzes wegen nach § 812 BGB möglich, so muss erst recht eine Vereinbarung zwischen den Vertragsparteien über eine Rückforderung in diesen Fällen zulässig sein.

Zu überprüfen bleibt im Übrigen die Angemessenheit von Rückzahlungsvereinbarungen in nicht von § 5 Abs. 3 BUrlG erfassten Fällen nach § 307 Abs. 1 S. 1 BGB. Die Benachteiligung des Arbeitnehmers resultiert bei einer Rückzahlungsvereinbarung daraus, dass er bei Eintritt der Tatbestandsvoraussetzungen das zu viel bezahlte Urlaubsentgelt zurückzahlen muss. Das rechtfertigende Gegeninteresse des Arbeitgebers besteht im Falle des Mindesturlaubs im Vertrauen des Arbeitgebers auf das Fortbestehen des Arbeitsverhältnisses. Er leistet den Urlaub nur in diesem Vertrauen vor. Daher hat er im Falle der vorzeitigen Beendigung des Arbeitsverhältnisses grundsätzlich ein wirtschaftliches Interesse daran, den Gegenwert für die zu viel gewährte Freizeit zurückzuerhalten. Schließlich ist zu beachten, dass der Arbeitnehmer, der einer Rückzahlungsvereinbarung zugestimmt hat, bei der Inanspruchnahme des Urlaubs gerade nicht darauf vertraut, dass er das Urlaubsentgelt in jedem Falle behalten kann. Er weiß vielmehr, dass er einen „Vorschuss“ erhält und bei Eintritt der Tatbestandsvoraussetzungen das zu viel gezahlte Urlaubsentgelt zurückzahlen muss.[888]

Mithin erscheint eine Rückzahlungsvereinbarung, die für Fälle außerhalb des § 5 Abs. 3 BUrlG zwischen den Vertragsparteien getroffen wird, als grundsätzlich angemessen im Sinne von § 307 Abs. 1 S. 1 BGB.[889] In Allgemeinen

---

887 HWK/*Schinz*, § 5 BUrlG Rn. 43; zu den übrigen vom Rückforderungsverbot nicht erfassten Fällen siehe HWK/*Schinz*, § 5 BUrlG Rn. 44 ff.

888 Auch nach Preis/*Stoffels*, Der Arbeitsvertrag, II U 20 Rn. 65 greifen in diesem Fall bei einer transparenten Klausel keine Vetrauensschutzgesichtspunkte ein.

889 I. E. ebenso Preis/*Stoffels*, Der Arbeitsvertrag, II U 20 Rn. 65. Dass überhaupt eine Regelungsmöglichkeit und eine Möglichkeit der Rückforderung von Gesetzes wegen in nicht von § 5 Abs. 3 BUrlG erfassten Fällen besteht, scheint auch der Praxis nicht vollständig bekannt zu sein. So verneint *Grimm* grundsätzlich eine Rückforderungsmöglichkeit von zu viel gewährtem Urlaubsentgelt, siehe dazu *Gsellensetter*, Handelsblatt online v. 03.08.2012, S. 3.

Geschäftsbedingungen vereinbarte überschießende Rückzahlungsklauseln sind insgesamt unwirksam, eine geltungserhaltende Reduktion kann nicht vorgenommen werden.[890]

cc) Stillschweigender Rückforderungsverzicht

Vereinbaren die Vertragsparteien hingegen die Rückzahlung nicht ausdrücklich, so ist eine Rückforderung in den nicht von § 5 Abs. 3 BUrlG erfassten Fällen grundsätzlich nach dem Bereicherungsrecht möglich.[891] Allerdings stellt sich in diesen Fällen die Frage nach einem stillschweigenden Rückforderungsverzicht. Ein solcher kann sich bei vorbehaltloser Gewährung von Urlaub, auf den noch kein Anspruch besteht, nach § 133, 157 BGB ergeben. Das Interesse des Arbeitnehmers daran, das Urlaubsentgelt auch bei einem vorzeitigen Ausscheiden behalten zu dürfen, ist dabei augenscheinlich vorhanden. Dem Bundesarbeitsgericht folgend geht ein Arbeitgeber, der den Urlaubsanspruch vor seinem vollständigen Entstehen gewährt, im Zweifel ein bewusstes und tragbares Risiko ein. Er müsse mit der Möglichkeit des vorzeitigen Ausscheidens des Arbeitnehmers und mit dem Verbrauch des Urlaubsentgelts in diesem Fall rechnen.[892] Darüber hinaus wird hierfür das begrenzte wirtschaftliche Risiko des Arbeitgebers angeführt.[893] Gewährt der Arbeitgeber dem Arbeitnehmer den Urlaubsanspruch bereits vor dem vollständigen Entstehen, so geschieht dies in dem Wissen, dass der Anspruch noch nicht vollständig besteht und dass daher bei einem Ausscheiden des Arbeitnehmers zu viel an diesen geleistet wurde und dass der Arbeitnehmer in diesem Fall das Urlaubsentgelt verbraucht hat. Legt man daher die Urlaubserteilung des Arbeitgebers nach §§ 133, 157 BGB aus, so ist bei fehlenden anderen Anhaltspunkten die Annahme eines solchen stillschweigenden Verzichts überzeugend.[894] Mithin ist, wenn die Vertragsparteien eine Rückzahlung von Urlaubsentgelt vorsehen möchten, eine ausdrückliche Vereinbarung empfehlenswert.[895]

---

890 So auch Preis/*Stoffels*, Der Arbeitsvertrag, II U 20 Rn. 90; a. A. noch BAG v. 12.12.1962 – 5 AZR 324/62 AP BGB § 611 Gratifikation Nr. 25.

891 Siehe dazu ausführlich HWK/*Schinz*, § 5 BUrlG Rn. 43 ff.

892 BAG v. 27.11.1959 – 1 AZR 355/57 NJW 1960, 596, 596 f.

893 GK-BUrlG/*Bachmann*, § 5 BUrlG Rn. 50; *D. Gaul*, BB 1965, 869, 874.

894 I. E. ebenso Preis/*Stoffels*, Der Arbeitsvertrag, II U 20 Rn. 61.

895 BAG v. 27.11.1959 – 1 AZR 355/57 NJW 1960, 596; GK-BUrlG/*Bachmann*, § 5 BUrlG Rn. 51; Preis/*Stoffels*, Der Arbeitsvertrag, II U 20 Rn. 62.

dd) Rückzahlungsklausel auch bezüglich des Mindesturlaubs unter Berücksichtigung des § 5 Abs. 3 BUrlG

Beispielsklausel 46: Rückzahlungsklausel auch bezüglich des Mindesturlaubs

> *„[1]Hat der [Arbeitnehmer] im Zeitpunkt seines Ausscheidens aus dem Betrieb mehr Urlaub erhalten als ihm zusteht, so hat er den Mehrbetrag zurückzuzahlen. [2]Dies gilt nicht hinsichtlich des gesetzlichen Mindesturlaubs, wenn die Überzahlung darauf beruht, dass der [Arbeitnehmer] nach erfüllter Wartezeit in der ersten Hälfte des Kalenderjahres ausscheidet.“*[896]

b) Tarifvertragliche Rückzahlungsvereinbarungen bezüglich des Mindesturlaubs

Tarifvertraglich kann zunächst eine Abbedingung des § 5 Abs. 3 BUrlG vereinbart werden, wobei § 5 Abs. 1c) BUrlG zu beachten ist. Eine Abweichung von § 5 Abs. 1c) BUrlG zulasten des Arbeitnehmers ist wegen eines Verstoßes gegen § 1 BUrlG gemäß § 13 Abs. 1 S. 1 BUrlG nicht möglich. Die Tarifvertragsparteien können also vereinbaren, dass zu viel gewährtes Mindesturlaubsentgelt auch im Fall des § 5 Abs. 1c) BUrlG zurückgezahlt werden muss. Dadurch wird nämlich nicht der durch die Norm gewährleistete Umfang des Mindesturlaubsanspruchs tangiert.[897] Für die von § 5 Abs. 3 BUrlG nicht erfassten Fälle können sie erst recht eine Rückzahlungsvereinbarung für zu viel gewährtes Urlaubsentgelt treffen.

Beispielsklausel 47: Tarifvertragliche Abbedingung des § 5 Abs. 3 BUrlG

> *„[1]Hat der [Arbeitnehmer] im Zeitpunkt seines Ausscheidens aus dem Betrieb mehr Urlaub erhalten als ihm zusteht, so hat er den Mehrbetrag zurückzuzahlen.“*[898] *[2]Dies gilt auch hinsichtlich des zu viel gewährten gesetzlichen Mindesturlaubs im Falle des § 5 Abs. 3 BUrlG.*

2. Vertragliche Rückzahlungsvereinbarungen bezüglich des Mehrurlaubs

Hinsichtlich des Mehrurlaubs ist eine Rückforderungsvereinbarung, soweit es sich um eine Sondervergütung handelt, die nicht im Gegenseitigkeitsverhältnis zur Arbeitsleistung steht, grundsätzlich möglich.[899] Handelt es sich um eine arbeitsleistungsbezogene Sondervergütung oder eine solche mit Mischcharakter,

---

896 Preis/*Stoffels*, Der Arbeitsvertrag, II U 20 Rn. 64 (Typ 13 a)).

897 BAG v. 23.01.1996 – 9 AZR 554/93 NZA 1996, 1101, 1102; ErfK/*Gallner*, § 13 BUrlG Rn. 11; a. A. *Neumann/Fenski*, § 5 BUrlG Rn. 49.

898 Preis/*Stoffels*, Der Arbeitsvertrag, II U 20 Rn. 64 (Typ 13 a)).

899 Zur grundsätzlichen Zulässigkeit von Rückzahlungsklauseln bei reinen Treueprämien siehe bereits im ersten Teil, D. V. (S. 60 ff.).

so kann eine Rückzahlung, die die Bindung des Arbeitnehmers bis zum folgenden Kalenderjahr an den Arbeitgeber bezweckt, nicht vereinbart werden. In diesem Fall hat der Arbeitnehmer vielmehr die Arbeitsleistung bereits erbracht und kann daher nicht zur Rückzahlung der u. a. hierfür gewährten Leistung verpflichtet werden.[900] Lediglich, wenn der Mehrurlaub dem Arbeitnehmer in diesem Fall als „Vorschuss" gewährt wird und sodann die Kürzungsvoraussetzungen einschlägig sind, kann eine Rückzahlung vereinbart werden.[901] Wird eine solche Vereinbarung nicht getroffen, leistet der Arbeitgeber aber im Voraus zu viel Urlaub, so ist eine Rückforderung nach § 812 Abs. 1 BGB von Gesetzes wegen möglich, die sich, wenn es sich bei der Klausel beispielsweise um eine Verfallklausel bezüglich des Mehrurlaubsanspruchs handelt, nach Satz 2 Var. 1 der Vorschrift richtet. Dazu muss aber zum einen auch der bereits gewährte Mehrurlaub von der Klausel erfasst sein. Zum anderen werden sich hier häufig Probleme aus §§ 814, 818 Abs. 3 BGB sowie aus der Annahme eines stillschweigenden Rückforderungsverzichts ergeben.[902]

a) Arbeitsvertragliche Rückzahlungsvereinbarungen bezüglich des Mehrurlaubs

Für die Rückzahlung von bereits gewährtem Mehrurlaub (in Form des gewährten Urlaubsentgelts) werden deshalb im Folgenden Regelungsmöglichkeiten auf deren Rechtmäßigkeit hin überprüft. Werden diese in Form von Allgemeinen Geschäftsbedingungen vereinbart, so handelt es sich, ebenso wie beim Mindesturlaub, um das Hauptleistungsversprechen ausgestaltende Regelungen, sodass nach § 307 Abs. 3 S. 1 BGB die Inhaltskontrolle eröffnet ist.[903]

aa) Übertragbarkeit der Rechtsprechung zu Rückzahlungsvereinbarungen bei Gratifikationen auf Rückzahlungsvereinbarungen bei Mehrurlaub

Dabei stellt sich sogleich die Frage nach einer Übertragbarkeit der vorhandenen Rechtsprechung zu Rückzahlungsklauseln bei Sondervergütungen und bei Aus- und Fortbildungskosten. Rückzahlungsklauseln werden in diesen Konstellationen bei einer angemessenen Bindungsdauer vom Bundesarbeitsgericht für grundsätzlich zulässig und angemessen im Sinne von § 307 Abs. 1 BGB erachtet.[904]

---

900 Siehe dazu bereits im ersten Teil, D. V. 1. b) (S. 63 ff.).

901 Siehe dazu bereits im zweiten Teil, A. III. 1. c) dd) (S. 155 ff.).

902 Siehe dazu bereits beim Mindesturlaub, zweiter Teil, A. VII. 1. a) cc) (S. 190 f.).

903 Siehe dazu bereits im ersten Teil, A. V. 2. a) (S. 24 ff.).

904 BAG v. 21.05.2003 – 10 AZR 390/02 NZA 2003, 1032 m. w. N.; Schaub/*Linck* § 78 Rn. 60 ff.; ErfK/*Preis*, § 611 BGB Rn. 547 ff.; zu Rückzahlungsklauseln bezüglich der

Das Bundesarbeitsgericht nimmt hierbei in ständiger Rechtsprechung eine Staffelung vor. Danach ist eine Bindung des Arbeitnehmers bis zum 31.03. des Folgejahres bei einer Sondervergütung in Höhe von über 100 Euro, aber weniger als einem Bruttomonatsgehalt, zulässig. Sobald die Gratifikation mindestens ein Bruttomonatsgehalt beträgt, kann die Bindung des Arbeitnehmers über diesen Termin hinaus vereinbart werden.[905] Es nimmt eine Interessenabwägung nach Maßgabe des Verhältnismäßigkeitsgrundsatzes vor. Die dabei zugrunde gelegten Überlegungen bestehen zum einen in der Prüfung eines ungerechtfertigten Eingriffs in die Berufsfreiheit des Arbeitnehmers nach Art. 12 Abs. 1 GG durch eine zu lange Bindung. Andererseits erlangt der Arbeitnehmer eine zusätzliche Leistung, die in seinem Vermögen verbleibt. Geschieht diese Leistung durch den Arbeitgeber im Vertrauen (zumindest auch) auf die Betriebstreue des Arbeitnehmers[906] und scheidet dieser nunmehr wider Erwarten vorzeitig aus dem Arbeitsverhältnis aus, so erscheint es bei einer nicht zu langen Bindung des Arbeitnehmers an den Betrieb als angemessen und zulässig, eine Vereinbarung zu treffen, dass die erhaltene Gratifikation zurückzuzahlen ist.[907]

Daneben gilt es, die Rechtsprechung zu Rückzahlungsklauseln bei vom Arbeitgeber übernommenen Aus- und Fortbildungskosten zu beachten. Auch hier prüft das Bundesarbeitsgericht die Zulässigkeit solcher Klauseln anhand einer Interessenabwägung nach Maßgabe des Verhältnismäßigkeitsgrundsatzes unter Heranziehung aller Umstände des Einzelfalls. Es berücksichtigt dabei insbesondere den geldwerten Vorteil, den der Arbeitnehmer durch die Fortbildung erlangt, die Dauer der Bindung, den Umfang der Fortbildungsmaßnahme sowie die Höhe des Rückzahlungsbetrags.[908] Dabei wird wiederum eine Staffelung vorgenommen. Nach ständiger Rechtsprechung ist eine Bindung des Arbeitnehmers von höchstens einem Jahr bei einer Lehrgangsdauer von bis zu zwei

Aus- und Fortbildungskosten siehe BAG v. 19.01.2011 – 3 AZR 621/08 NZA 2012, 85, 89 (Rn. 33 ff.); v. 14.01.2009 – 3 AZR 900/07 NZA 2009, 666; v. 16.03.1994 – 5 AZR 339/92 NZA 1994, 937, 938.

905 BAG v. 21.05.2003 – 10 AZR 390/02 NZA 2003, 1032, 1033; v. 09.06.1993 – 10 AZR 529/92 NZA 1993, 935.

906 Dies kann bei einer Sondervergütung geregelt werden; siehe dazu ausführlich im ersten Teil, D. (S. 46 ff.).

907 BAG v. 21.05.2003 – 10 AZR 390/02 NZA 2003, 1032.

908 BAG v. 19.01.2011 – 3 AZR 621/08 NZA 2012, 85, 89 (Rn. 33 ff.); v. 14.01.2009 – 3 AZR 900/07 NZA 2009, 666; v. 16.03.1994 – 5 AZR 339/92 NZA 1994, 937, 938; zur strengen Transparenzkontrolle siehe BAG v. 21.08.2012 – 3 AZR 698/10 NJW 2013, 410; kritisch hierzu *Natzel*, SAE 2013, 86.

Monaten ohne Verpflichtung zur Arbeitsleistung zulässig. Dauert der Lehrgang drei bis fünf Monate ohne Arbeitsverpflichtung, so ist die Bindung für zwei Jahre rechtmäßig, bei einer Dauer von sechs Monaten bis zu einem Jahr ohne Arbeitsverpflichtung ist die Bindung an den Arbeitgeber für bis zu drei Jahre zulässig und bei einer mehr als zweijährigen Dauer der Fortbildungsmaßnahme ohne Arbeitsleistung ist eine Bindungsdauer von bis zu fünf Jahren angemessen.[909]

Hinsichtlich der Übertragbarkeit dieser Rechtsprechung auf die Gewährung von Mehrurlaub ist zunächst zu bemerken, dass der Arbeitnehmer bei der Gewährung als Treueprämie ebenfalls eine zusätzliche Leistung in Form von Freizeit erhält. Wird aber eine „Rückzahlung des Mehrurlaubs" vereinbart, so stellt sich das Problem, dass der Mehrurlaub, sobald er gewährt und genommen wurde, vom Arbeitnehmer nicht mehr in natura zurückgewährt werden kann. Das bedeutet, es kommt lediglich die Leistung von Wertersatz in Betracht. Die Freizeit hat gerade den wirtschaftlichen Wert des währenddessen gezahlten Urlaubsentgelts.[910] Im Unterschied zu sonstigen Sonderleistungen hat aber der Arbeitnehmer die Freizeit bereits „verbraucht". Wird ihm nun auferlegt, das Urlaubsentgelt zurückzuzahlen, so stellt dies einen deutlichen Unterschied zu Rückzahlungsklauseln sonstiger Gratifikationen und von Aus- und Fortbildungskosten dar. Bei diesen betrachtet das Bundesarbeitsgericht gerade den geldwerten Vorteil bzw. die Gratifikationen, die noch im Vermögen des Arbeitnehmers vorhanden sind. Das Entgelt in Höhe des Urlaubsentgelts hätte der Arbeitnehmer aber auch ohne die Leistung des Mehrurlaubs als Sonderleistung in seinem Vermögen, nämlich in Form des Arbeitsentgelts – freilich als Gegenleistung für seine erbrachte Arbeitsleistung. Das bedeutet, dass der Arbeitnehmer bei einer solchen Rückzahlungsklausel letztlich zur Rückzahlung der laufenden Vergütung verpflichtet wird, die der Arbeitgeber während des Urlaubs fortbezahlt hat.[911] Dies ist aber bei sonstigen Gratifikationen und bei Aus- und Fortbildungskosten gerade nicht der Fall. Hier wird der Arbeitnehmer vielmehr zur Rückzahlung der Gratifikation selbst, also beispielsweise des Urlaubsgeldes, verpflichtet. Sein Arbeitsentgelt bleibt als Existenzgrundlage weiterhin im Vermögen des Arbeitnehmers. Bei einer solchen Betrachtung erscheint daher die Rechtsprechung zu Rückzahlungsklauseln bei Gratifikationen und Aus- und Fortbildungskosten als nicht auf den Mehrurlaub übertragbar.[912]

---

909 BAG v. 16.03.1994 – 5 AZR 339/92 NZA 1994, 937, 940.

910 *Linck/Schütz* in FS Leinemann, 171, 179; siehe dazu auch bereits im ersten Teil, D. III. 3. (S. 54 ff.).

911 *Linck/Schütz* in FS Leinemann, 171, 184.

912 I. E. ebenso *Linck/Schütz* in FS Leinemann, 171, 184.

bb) Angemessenheit nach § 307 BGB im Übrigen

Zu überprüfen bleibt nunmehr die Angemessenheit von Rückzahlungsklauseln in Bezug auf den Mehrurlaub im Übrigen, bezogen auf das Bezugsjahr. Diese richtet sich nach § 307 Abs. 1 BGB. Wie bereits hinsichtlich des Mindesturlaubs hergeleitet, besteht kein gesetzliches Leitbild im Sinne von § 307 Abs. 2 Nr. 1 BGB, das sich aus § 5 Abs. 3 BUrlG ergibt, wonach eine Rückforderungsvereinbarung generell unzulässig ist. Vielmehr sind Rückforderungsvereinbarungen in den nicht von § 5 Abs. 3 BUrlG erfassten Fällen auch hinsichtlich des Mindesturlaubs grundsätzlich zulässig.[913] Dies gilt daher ebenso für Rückzahlungsvereinbarungen hinsichtlich des Mehrurlaubs.

Bei diesen resultiert die Benachteiligung des Arbeitnehmers wiederum daraus, dass er beim Vorliegen der Tatbestandsvoraussetzungen das zu viel bezahlte Urlaubsentgelt zurückzahlen muss. Als rechtfertigende Gegeninteressen des Arbeitgebers kommen bei den Vereinbarungen in Bezug auf den Mehrurlaub neben den bereits in Bezug auf den Mindesturlaub erörterten Interessen das jeweilige Interesse des Arbeitgebers an der konkreten Klausel hinzu. Das heißt, bei Kürzungsvereinbarungen können als rechtfertigende Interessen des Arbeitgebers die Betriebstreue des Arbeitnehmers,[914] die Anwesenheit des Arbeitnehmers,[915] ein bestimmtes Verhalten des Arbeitnehmers[916] usw. hinzutreten. Ist aber bereits beim Mindesturlaub eine Angemessenheit im Sinne von § 307 Abs. 1 S. 1 BGB anzunehmen, so ist diese beim Hinzutreten rechtfertigender Interessen vonseiten des Arbeitgebers hinsichtlich des Mehrurlaubs erst recht anzunehmen.[917]

b) Tarifvertragliche Rückzahlungsvereinbarungen bezüglich des Mehrurlaubs

Auch tarifvertraglich sind Rückzahlungsvereinbarungen hinsichtlich des Mehrurlaubs zulässig, sodass sich die folgenden Klauselbeispiele sowohl arbeitsvertraglich als auch tarifvertraglich vereinbaren lassen.

---

913 Siehe soeben im zweiten Teil, A. VII. 1. a) bb) (S. 187 ff.).

914 So u. a. bei der anteiligen Kürzung bei Eintritt bzw. Austritt des Arbeitnehmers im laufenden Kalenderjahr, bei Verfallklauseln im Falle der Beendigung des Arbeitsverhältnisses, siehe im zweiten Teil, A. II. 3. d) (S. 130 ff.); III. 1. a) (S. 139 ff.).

915 Siehe dazu im zweiten Teil, A. III. 1. c) (S. 145 ff.); d) (S. 156).

916 Siehe dazu im zweiten Teil, A. III. 1. e) (S. 156 ff.).

917 I. E. geht auch *Stoffels* von der Angemessenheit solcher Rückzahlungsklauseln aus, Preis/*Stoffels*, Der Arbeitsvertrag, II U 20 Rn. 65; a. A. *Linck/Schütz* in FS Leinemann, 171, 184.

c) Rückzahlungsklauseln bezüglich des Mehrurlaubs

Beispielsklausel 48: Rückzahlungsklausel bezüglich des Mehrurlaubs

> *„Hat der Arbeitnehmer mehr Urlaub erhalten als ihm vertraglich zusteht, so hat er das auf die überzähligen Urlaubstage erhaltene Urlaubsentgelt zu erstatten, soweit die überzähligen Urlaubstage den gesetzlichen Mindesturlaub überschritten haben."*[918]

Beispielsklausel 49: Rückzahlungsklausel bezüglich des Mehrurlaubsentgelts bei Verfallsklausel[919]

> *Ist der Urlaub bereits gewährt und genommen worden, so ist der Arbeitnehmer bei Eintritt der Verfallsvoraussetzungen zur Rückzahlung des Mehrurlaubsentgelts insoweit verpflichtet, als es, wäre der Mehrurlaub zu dem Zeitpunkt noch nicht gewährt worden, dem verfallenden Mehrurlaub entspricht.*

Beispielsklausel 50: Rückzahlungsklausel bezüglich Mehrurlaubs bei Kürzungsklausel[920]

> *Ist der Urlaub bereits gewährt und genommen worden, so ist der Arbeitnehmer bei Eintritt der Kürzungsvoraussetzungen zur Rückzahlung des Mehrurlaubsentgelts insoweit verpflichtet, als es, wäre der Mehrurlaub zu dem Zeitpunkt noch nicht gewährt worden, dem durch die Kürzungsklausel erloschenen Mehrurlaub entspricht.*

3. Durchsetzung der Rückforderung

Problematisch ist schließlich die Durchsetzung der Rückforderung. Grundsätzlich liegt in dem Zeitpunkt, in dem der Rückforderungsanspruch des Arbeitgebers entsteht, eine Aufrechnungslage nach § 387 BGB hinsichtlich der Lohnforderung des Arbeitnehmers und der Rückzahlungsforderung des Arbeitgebers vor.

An dieser Stelle wird von einigen Stimmen angeführt, dass individual- und kollektivrechtlich für diesen Fall auch eine Verrechnungsvereinbarung getroffen werden kann, sodass das zu viel bezahlte Urlaubsentgelt als vorschussweise Erfüllung bestimmter anderer Forderungen des Arbeitnehmers vereinbart wird und damit § 394 BGB mangels Aufrechnung gar nicht zur Anwendung kommt; das

---

918 *Oberthür*, ArbRB 2009, 278, 280.

919 Der vorliegende Teil einer Beispielsklausel eignet sich zur Einfügung in eine Verfallsklausel, beispielsweise als Absatz 5 bei Beispielsklausel 19.

920 Zu einer Rückzahlungsklausel siehe bereits bei der Kürzung von Mehrurlaub bei krankheitsbedingten Fehlzeiten bezogen auf den Zeitraum des laufenden Kalenderjahres im zweiten Teil, A. III. 1. c) bb) (2) (Beispielsklausel 27, S. 147 f.).

Vorliegen einer solchen Vereinbarung soll durch Auslegung bestimmt werden.[921] Ob aber eine solche Vereinbarung, die zum Ausschluss von § 394 BGB führt, im Hinblick auf die Schutzfunktion der Norm möglich ist, ist zweifelhaft. Zum einen kann man in diesem Zusammenhang erwägen, ob die Umgestaltung des Urlaubsentgelts in einen Lohnvorschuss nicht bereits, zumindest soweit sie den Mindesturlaub betrifft, gegen das Bundesurlaubsgesetz verstößt.[922] Jedenfalls muss aber aus §§ 394, 400, 1274 Abs. 2 BGB eine allgemeine Schutznorm gefolgert werden, die insbesondere hinsichtlich einer etwaigen rechtlichen Umgehung unabdingbar ist.[923]

VIII. Vereinbarungen hinsichtlich des Urlaubsentgelts

Weiterhin kann für die Vertragsparteien von Interesse sein, hinsichtlich des Urlaubsentgelts eine vom Gesetz abweichende Regelung zu treffen.

1. Arbeitsvertragliche Urlaubsentgeltvereinbarungen

a) Berechnungsvereinbarungen bezüglich des Mindesturlaubs

Hinsichtlich des Mindesturlaubs richtet sich die Berechnung des Urlaubsentgelts grundsätzlich nach § 11 Abs. 1 S. 1 BUrlG. Danach bemisst es sich nach dem durchschnittlichen Arbeitsverdienst, den der Arbeitnehmer in den letzten dreizehn Wochen vor dem Beginn des Urlaubs erhalten hat. Der Grundgedanke der Norm besteht also darin, den Anspruch auf Vergütung für den Zeitraum des Urlaubs aufrechtzuerhalten.[924] Dabei ist in der Vorschrift gerade keine Anspruchsgrundlage zu sehen. Der Anspruch auf Arbeitsvergütung während des Urlaubs ergibt sich nämlich weiterhin aus § 611 BGB i. V. m. dem Arbeitsvertrag.[925] § 11 Abs. 1 S. 1 BUrlG ist daher lediglich als Bemessungsgrundlage für den nach § 13 Abs. 1 S. 1 BUrlG unabdingbaren Anspruch auf bezahlten Mindesturlaub anzusehen.[926]

---

921 BAG v. 22.02.1962 – 5 AZR 126/61 AP UrlaubsG Berlin § 8 Nr. 1; v. 03.10.1958 – 1 AZR 183/58 AP BGB § 394 Nr. 3; GK-BUrlG/*Bachmann*, § 5 BUrlG Rn. 68; anders dann aber BAG v. 09.07.1964 – 5 AZR 463/63 NJW 1964, 2033.

922 *Matthes*, Rn. 488; Hümmerich/Reufels/*Schiefer*, 1/60 Rn. 3207 in Bezug auf § 6 BUrlG.

923 Schaub/*Linck*, § 73 Rn. 23; vertiefend zum Problem der Durchsetzung Preis/*Stoffels*, II U 20 Rn. 63.

924 Siehe auch Preis/*Stoffels*, Der Arbeitsvertrag, II U 20 Rn. 40.

925 Zu den unterschiedlichen Standpunkten siehe bereits im ersten Teil, D. II. (S. 48 ff.).

926 BAG v. 21.09.2010 – 9 AZR 510/09 NZA 2011, 805; ErfK/*Gallner*, § 11 BUrlG Rn. 1; *Leinemann/Linck*, § 11 BUrlG Rn. 1.

Den Mindesturlaub betreffend kann also die Bemessungsgrundlage zur Berechnung des Urlaubsentgelts nach § 13 Abs. 1 S. 3 BUrlG lediglich zugunsten des Arbeitnehmers abweichend von § 11 Abs. 1 S. 1 BUrlG vereinbart werden. Die Vertragsparteien können beispielsweise vereinbaren, dass auch das zusätzlich für Überstunden gezahlte Arbeitsentgelt bei der Bemessung berücksichtigt wird. Eine solche Vereinbarung ist bei der Verwendung von Allgemeinen Geschäftsbedingungen auch angemessen im Sinne von § 307 BGB.

Beispielsklausel 51: Abweichende Berechnung des Urlaubsentgelts bezüglich des Mindesturlaubs

Bei der Bemessung des Urlaubsentgelts wird zum durchschnittlichen Arbeitsverdienst des Arbeitnehmers auch der zusätzlich für Überstunden gezahlte Arbeitsverdienst eingerechnet.

Auch möglich und bisweilen üblich ist die vertragliche Gestaltung von Arbeitszeit über ein Arbeitszeitkonto. Dabei sind wegen §§ 1, 11 BUrlG die in Folge der Freistellung ausgefallenen Soll-Arbeitsstunden als Ist-Stunden in das Arbeitszeitkonto einzustellen. Urlaubstage und -stunden sind Teil der effektiven Jahresarbeitszeit, sodass eine Regelung über die Gutschrift oder die zu unterbleibende Gutschrift von Ausfallzeiten letztlich eine Regelung über die dem Arbeitnehmer für diese Zeiten zustehende Urlaubsvergütung bedeutet.[927] Für diese gelten daher bezüglich des Mindesturlaubs die bereits dargelegten Grundsätze. Das Verweigern einer Gutschrift bedeutet nichts anderes, als dass dem Arbeitnehmer die ihm zustehende Urlaubsvergütung vorenthalten wird. Dies ist aber wegen § 13 Abs. 1 S. 1, 3 BUrlG weder für die Arbeitsvertrags- noch für die Tarifvertragsparteien möglich.[928] Den Mindesturlaub betreffend kann daher auch, wenn sich die Vertragsparteien für die Gestaltung von Arbeitszeit über ein Arbeitszeitkonto geeinigt haben, das Urlaubsentgelt nach § 13 Abs. 1 S. 3 BUrlG nur zugunsten des Arbeitnehmers abweichend von § 11 Abs. 1 S. 1 BUrlG vereinbart werden. So kann auch hier beispielsweise das für Überstunden gezahlte Arbeitsentgelt bei der Bemessung berücksichtigt werden. Bei solchen Regelungen ist insbesondere das Transparenzgebot nach § 307 Abs. 1 S. 2 BGB zu beachten.[929]

---

927 BAG v. 19.06.2012 – 9 AZR 712/10 NZA 2012, 1227, 1228; v. 05.09.2002 – 9 AZR 244/01 NZA 2003, 726; v. 25.07.1989 – 1 ABR 46/88 NZA 1989, 979.

928 BAG v. 19.06.2012 – 9 AZR 712/10 NZA 2012, 1227, 1228 f.

929 BAG v. 19.06.2012 – 9 AZR 712/10 NZA 2012, 1227, 1228.

Beispielsklausel 52: Abweichende Berechnung des Urlaubsentgelts bezüglich des Mindesturlaubs bei Arbeitszeitkontoregelungen – Einbeziehung der Überstunden

> *[1]Pro Kalendertag des Urlaubs geht ein Zeitäquivalent in das Zeitkonto des Arbeitnehmers ein, das der durchschnittlichen Arbeitszeit, die der Arbeitnehmer in den letzten dreizehn Wochen vor dem Beginn des Urlaubs geleistet hat, entspricht. [2]Hierbei werden auch in diesem Zeitraum angefallene Überstunden berücksichtigt.*

Beispielsklausel 53: Abweichende Berechnung des Urlaubsentgelts bezüglich des Mindesturlaubs bei Arbeitszeitkontoregelungen

> *[1]Pro Kalendertag des Urlaubs geht ein Zeitäquivalent in das Zeitkonto des Arbeitnehmers ein, das der durchschnittlichen vereinbarten Arbeitszeit pro Kalendertag innerhalb eines Kalenderjahres entspricht; das bedeutet, bei einer durchschnittlichen vereinbarten Arbeitszeit von 40 Stunden pro Woche werden dem Arbeitnehmer für den Mindesturlaub insgesamt 160 Stunden auf dem Arbeitszeitkonto gutgeschrieben.*[930]

b) Berechnungsvereinbarungen bezüglich des Mehrurlaubs

§ 11 BUrlG gilt grundsätzlich nur für den Mindesturlaub. Das bedeutet, dass die Vertragsparteien hinsichtlich des Mehrurlaubs eine abweichende Berechnung des Urlaubsentgelts vereinbaren können.[931] Im Folgenden sollen die Grenzen solcher Vereinbarungen überprüft werden. Treffen die Vertragsparteien Berechnungsvereinbarungen, so gestalten sie damit den Anspruch auf Urlaubsentgelt aus, sodass bei der Verwendung von Allgemeinen Geschäftsbedingungen die Inhaltskontrolle nach § 307 Abs. 3 S. 1 BGB eröffnet ist.[932]

aa) § 11 BUrlG als gesetzliches Leitbild im Sinne von § 307 Abs. 2 Nr. 1 BGB

Bei dieser Überprüfung stellt sich sogleich die Frage, ob in der Vorschrift des § 11 BUrlG ein gesetzliches Leitbild im Sinne von § 307 Abs. 2 Nr. 1 BGB gesehen werden kann. Dies hätte zur Folge, dass nicht wesentlich von ihr abgewichen werden darf, um eine Unangemessenheit im Sinne von § 307 BGB zu vermeiden. Der Normzweck des § 11 BUrlG ist in der Aufrechterhaltung des Vergütungsanspruchs zu sehen. Dahinter steckt also der Gedanke, dass der Arbeitnehmer während der Freistellung nicht wesentlich schlechter gestellt

---

930 Diese Formulierung soll einer Intransparenz vorbeugen, siehe dazu BAG v. 19.06.2012 – 9 AZR 712/10 NZA 2012, 1227, 1228. Bei der Verwendung einer solchen Klausel sollte darauf geachtet werden, dass die konkrete Anzahl der Stunden, die für die Urlaubszeit dem Zeitkonto gutgeschrieben wird, benannt wird.

931 BAG v. 22.01.2002 – 9 AZR 601/00 NZA 2002, 1041.

932 Siehe dazu auch im ersten Teil, A. V. 2. (S. 24 ff.).

werden soll als er gestellt wäre, hätte er gearbeitet.[933] Dieser Grundgedanke erstreckt sich aber nicht nur auf den Mindesturlaub, sondern auf die Urlaubsgewährung an sich. Daher kann darin ein gesetzliches Leitbild gesehen werden.[934] Das bedeutet, dass bei der Vereinbarung einer abweichenden Berechnung des Mehrurlaubsentgelts gem. § 307 Abs. 2 Nr. 1 BGB nicht wesentlich weniger Urlaubsentgelt vereinbart werden kann, als die laufende Arbeitsvergütung beträgt. Die Vertragsparteien sollten sich also von vornherein entscheiden, ob ein Teil des Mehrurlaubs unbezahlt erfolgen soll. Entscheiden sie sich für bezahlten Mehrurlaub, darf bei diesem das Urlaubsentgelt nicht erheblich unter der laufenden Vergütung liegen.[935]

bb) Arbeitszeitkontoregelungen bei der Gewährung von Mehrurlaub

Werden zwischen den Vertragsparteien Arbeitszeitkontoregelungen vereinbart, so können solche auch für Zeiten des Mehrurlaubs getroffen werden. Für diese gelten bezüglich des Mehrurlaubs die gerade dargelegten Grundsätze. Bei solchen Regelungen sollte wiederum insbesondere auf eine klare Gestaltung geachtet werden, um einer Intransparenz nach § 307 Abs. 1 S. 2 BGB vorzubeugen.

cc) Einzelne Beispielsklauseln

Zunächst erscheinen Regelungen als zulässig, nach denen auch für den Zeitfaktor die Berechnung nach dem Durchschnitt des Referenzzeitraums vorgesehen wird.[936]

Beispielsklausel 54: Abweichende Berechnung des Urlaubsentgelts bezüglich des Mehrurlaubs – Berechnung des Zeitfaktors nach dem Referenzzeitraum

> *[1]Das Mehrurlaubsentgelt bemisst sich nach dem durchschnittlichen Arbeitsverdienst, den der Arbeitnehmer in den letzten dreizehn Wochen vor dem Beginn des Urlaubs erhalten hat, mit Ausnahme des zusätzlich für Überstunden gezahlten Arbeitsverdienstes. [2]Die hierbei zugrunde zu legende Arbeitszeit bemisst sich nach der durchschnittlichen Arbeitszeit, die der Arbeitnehmer in den letzten dreizehn Wochen vor dem Beginn des Urlaubs abgeleistet hat, mit Ausnahme der abgeleisteten Überstunden.*

---

933 ErfK/*Gallner*, § 11 BUrlG Rn. 1; BeckOK-ArbR/*Lampe*, § 11 BUrlG Rn. 1.

934 *Linck/Schütz* in FS Leinemann, 171, 188; Preis/*Stoffels*, Der Arbeitsvertrag, II U 20 Rn. 41.

935 *Linck/Schütz* in FS Leinemann, 171, 188 f.; Preis/*Stoffels*, Der Arbeitsvertrag, II U 20 Rn. 41; i. E. auch MaSiG/*Viethen/Viethen*, Urlaub Rn. 77.

936 *Linck/Schütz* in FS Leinemann, 171, 188.

Beispielsklausel 55: Abweichende Berechnung des Urlaubsentgelts bezüglich des Mehrurlaubs bei Arbeitszeitkontoregelungen – Berechnung des Zeitfaktors nach dem Referenzzeitraum

Pro Kalendertag des Mehrurlaubs geht ein Zeitäquivalent in das Zeitkonto des Arbeitnehmers ein, das der durchschnittlichen Arbeitszeit entspricht, die der Arbeitnehmer in den letzten dreizehn Wochen vor dem Beginn des Urlaubs abgeleistet hat, mit Ausnahme der abgeleisteten Überstunden.

Umgekehrt ist auch eine Regelung denkbar, nach welcher der Geldfaktor nach dem Lohnausfallprinzip bestimmt wird.[937] Bei diesen Vereinbarungen werden zwar von § 11 BUrlG abweichende Berechnungsarten vorgesehen, jedoch weichen diese nicht bedeutend von dem Grundgedanken ab, dass der Arbeitnehmer während der Freistellungszeit nicht wesentlich schlechter stehen soll, als er stünde, wenn er gearbeitet hätte und sind daher angemessen im Sinne von § 307 BGB.[938]

Beispielsklausel 56: Abweichende Berechnung des Urlaubsentgelts bezüglich des Mehrurlaubs – Berechnung des Geldfaktors nach dem Lohnausfallprinzip

Das Mehrurlaubsentgelt bemisst sich nach dem Arbeitsverdienst, den der Arbeitnehmer bei einer Arbeitsleistung im Freistellungszeitraum erhalten hätte.

Beispielsklausel 57: Abweichende Berechnung des Urlaubsentgelts bezüglich des Mehrurlaubs bei Arbeitszeitkontoregelungen – Berechnung des Geldfaktors nach dem Lohnausfallprinzip

Pro Kalendertag des Mehrurlaubs geht ein Zeitäquivalent in das Zeitkonto des Arbeitnehmers ein, das der Arbeitszeit entspricht, die im Freistellungszeitraum vom Arbeitnehmer abgeleistet worden wäre.

Als Klauselbeispiel bietet sich des Weiteren die Vereinbarung eines längeren Referenzzeitraums als die gesetzlich vorgesehenen 13 Wochen an. Eine solche Vereinbarung ist angemessen im Sinne von § 307 BGB.[939]

---

937 *Linck/Schütz* in FS Leinemann, 171, 188.

938 I. E. ebenso *Linck/Schütz* in FS Leinemann, 171, 188.

939 *Linck/Schütz* in FS Leinemann, 171, 188; Preis/*Stoffels*, Der Arbeitsvertrag, II U 20 Rn. 41.

Beispielsklausel 58: Abweichende Berechnung des Urlaubsentgelts bezüglich des Mehrurlaubs – Ausdehnung des Referenzzeitraums

Das Mehrurlaubsentgelt bemisst sich nach dem durchschnittlichen Arbeitsverdienst, den der Arbeitnehmer in den letzten zwölf Monaten vor dem Beginn des Urlaubs erhalten hat, mit Ausnahme des zusätzlich für Überstunden gezahlten Arbeitsverdienstes.

Beispielsklausel 59: Abweichende Berechnung des Urlaubsentgelts bezüglich des Mehrurlaubs bei Arbeitszeitkontoregelungen – Ausdehnung des Referenzzeitraums

Pro Kalendertag des Mehrurlaubs geht ein Zeitäquivalent in das Zeitkonto des Arbeitnehmers ein, das der durchschnittlichen Arbeitszeit pro Kalendertag entspricht, die der Arbeitnehmer in den letzten zwölf Monaten vor dem Beginn des Mehrurlaubs abgeleistet hat, mit Ausnahme der zusätzlich angefallenen Überstunden.

Auch ein kürzerer als der vorgesehene Referenzzeitraum kann vereinbart werden. Geht man vom gesetzlichen Leitbild des § 11 BUrlG aus, so soll dieser nämlich nur sicherstellen, dass der Arbeitnehmer auch während der Freistellung eine Vergütung erhält, die annähernd der laufenden Arbeitsvergütung entspricht. Dies ist aber letztlich auch dann sichergestellt, wenn als Referenzzeitraum beispielsweise der Verdienst der vergangenen vier Wochen zugrunde gelegt wird. Es ist daher grundsätzlich auch bei einer Verkürzung des Referenzzeitraums von einer Angemessenheit der Vereinbarung nach § 307 BGB auszugehen.

Beispielsklausel 60: Abweichende Berechnung des Urlaubsentgelts bezüglich des Mehrurlaubs – Verkürzung des Referenzzeitraums

Das Mehrurlaubsentgelt bemisst sich nach dem durchschnittlichen Arbeitsverdienst, den der Arbeitnehmer in den letzten vier Wochen vor dem Beginn des Urlaubs erhalten hat, mit Ausnahme des zusätzlich für Überstunden gezahlten Arbeitsverdienstes.

Beispielsklausel 61: Abweichende Berechnung des Urlaubsentgelts bezüglich des Mehrurlaubs bei Arbeitszeitkontoregelungen – Verkürzung des Referenzzeitraums

Pro Kalendertag des Mehrurlaubs geht ein Zeitäquivalent in das Zeitkonto des Arbeitnehmers ein, das der durchschnittlichen Arbeitszeit pro Kalendertag entspricht, die der Arbeitnehmer in den letzten vier Wochen vor dem Beginn des Mehrurlaubs abgeleistet hat, mit Ausnahme der zusätzlich angefallenen Überstunden.

Weiterhin kann der Geldfaktor abweichend vereinbart werden. Allerdings muss hier bei der Verwendung von Allgemeinen Geschäftsbedingungen wegen der Grenze des § 307 Abs. 2 Nr. 1 BGB darauf geachtet werden, dass das Urlaubsentgelt nicht wesentlich weniger als die laufende Arbeitsvergütung beträgt. Lässt man daher bei der Berechnung beispielsweise bestimmte Zuschläge, wie variable Zuschläge wegen der ungünstigen Lage der Arbeitszeit, außen vor, so kann dies bereits einen Verstoß gegen § 307 Abs. 2 Nr. 1 BGB darstellen.[940] Letztlich sollte daher entweder ein Teil des Mehrurlaubs von vornherein unbezahlt gewährt werden oder der Geldfaktor lediglich zugunsten des Arbeitnehmers verändert werden, beispielsweise durch Berücksichtigung des zusätzlich für Überstunden gezahlten Arbeitsentgelts bei der Bemessung des Mehrurlaubsentgelts.[941]

Zudem kommt die Vereinbarung einer konkreten Vergütung während des Mehrurlaubs in Betracht. Auch hierbei muss beachtet werden, dass die Höhe dieser Vergütung nicht wesentlich unter der regelmäßigen Arbeitsvergütung liegen darf. Die Bestimmung einer konkreten Grenze erscheint aber als problematisch. Jedenfalls bei einem Urlaubsentgelt, das lediglich noch zwei Drittel der laufenden Arbeitsvergütung beträgt, ist von einer Unangemessenheit auszugehen.[942] Zur Vermeidung dieser Unsicherheiten ist es vorzugswürdig, von vornherein einen Teil des Mehrurlaubs als unbezahlt zu vereinbaren.[943] Zu beachten bleibt, dass bei Individualabreden bezüglich des Mehrurlaubsentgelts mangels Anwendbarkeit von §§ 307 Abs. 2 Nr. 1 BGB, 13 BUrlG auch Abreden zulasten des Arbeitnehmers möglich sind. Hier können also beispielsweise bei der Berechnung des Mehrurlaubsentgelts Prämienlohn, Zuschläge und Zulagen ausgenommen werden.[944] Bei der Festsetzung einer konkreten Grenze ist dabei lediglich die Wuchergrenze nach § 138 Abs. 2 BGB zu beachten.

2. *Tarifvertragliche Urlaubsentgeltvereinbarungen*

a) Berechnungsvereinbarungen bezüglich des Mindesturlaubs

In Bezug auf das den Mindesturlaub betreffende Urlaubsentgelt sind die Tarifvertragsparteien nach § 13 Abs. 1 S. 1 BUrlG grundsätzlich frei, von § 11 BUrlG auch zulasten des Arbeitnehmers abzuweichen. Allerdings ist hier wiederum die Schranke des § 1 BUrlG zu beachten, von der sie nicht negativ abweichen dürfen. Daher dürfen die Tarifvertragsparteien zwar eine ihnen angemessen

---

940 A. A. *Linck/Schütz* in FS Leinemann, 171, 188 für „bestimmte Zulagen", die dies regelmäßig für unbedenklich halten.

941 Siehe zu einer solchen Beispielsklausel bereits beim Mindesturlaub im zweiten Teil, A. VIII. 1. a) (Beispielsklausel 51, S. 198).

942 So auch *Linck/Schütz* in FS Leinemann, 171, 188.

943 I. E. ebenso *Linck/Schütz* in FS Leinemann, 171, 189; Preis/*Stoffels*, Der Arbeitsvertrag, II U 20 Rn. 41.

944 BAG v. 24.11.1992 – 9 AZR 564/91 NZA 1993, 750, 751; v. 21.03.1985 – 6 AZR 565/82 NZA 1986, 25.

erscheinende andere Berechnungsmethode für das während des Mindesturlaubs fortzuzahlende Entgelt vereinbaren. Diese Methode muss jedoch dazu geeignet sein, für den gesetzlichen Mindesturlaub ein Urlaubsentgelt sicherzustellen, wie es der Arbeitnehmer bei Weiterarbeit ohne eine Freistellung voraussichtlich hätte erwarten können.[945] Die Tarifvertragsparteien können damit hinsichtlich des Mindesturlaubsentgelts beispielsweise den Geldfaktor nach dem Lohnausfallprinzip berechnen,[946] den Referenzzeitraum ausdehnen, verkürzen oder einen anderen Referenzzeitraum wählen.[947]

Einer Überprüfung bedarf, ob sie auch festlegen können, was bei der Bemessung des Mindesturlaubsentgelts Verdienst ist, ob sie also insbesondere einzelne Bestandteile, wie Zeitzuschläge, von der Bemessung ausnehmen können. Einerseits sind die Verdienstbestandteile in § 11 Abs. 1 S. 2–4 BUrlG geregelt, von dem die Tarifvertragsparteien grundsätzlich auch zulasten der Arbeitnehmer abweichen können. Stellt dies aber zugleich einen Verstoß gegen § 1 BUrlG dar, so ist die Vereinbarung nach § 13 Abs. 1 S. 1 BUrlG unwirksam. Hierbei lässt sich anführen, dass § 1 BUrlG nur regelt, dass der Urlaub zu bezahlen ist und nicht etwa, dass der Arbeitnehmer Urlaubsentgelt in der Höhe verlangen kann, die er ohne die Urlaubsgewährung erhalten hätte.[948] Allerdings betrifft die Frage, aus welchen Bestandteilen sich der Verdienst zusammensetzt, letztlich nicht die Art der Berechnung, sondern die Art des Verdienstes und ist daher systematisch § 1 BUrlG zuzuordnen, sodass die Tarifvertragsparteien hinsichtlich des Mindesturlaubsentgelts nicht wirksam einzelne Bestandteile des Verdienstes wie bestimmte Zuschläge bei der Bemessung ausnehmen können.[949] Auch Abweichungen vom Zeitfaktor, der aus § 1 BUrlG folgt, sind für die Tarifvertragsparteien nicht möglich.[950]

---

945 BAG v. 15.01.2013 – 9 AZR 465/11 NZA 2013, 585, 588 (Rn. 20); v. 21.09.2010 – 9 AZR 510/09 NZA 2011, 805; v. 15.12.2009 – 9 AZR 887/08 NJOZ 2011, 178; v. 22.01.2002 – 9 AZR 601/00 NZA 2002, 1041, 1044 f.

946 Zu einer solchen Beispielsklausel siehe im zweiten Teil, A. VIII. 1. b) cc) (Beispielsklausel 56, S. 201).

947 BAG v. 16.03.1999 – 9 AZR 315/98 NZA 2000, 178; v. 26.06.1986 – 8 AZR 589/83 AP BUrlG § 11 Nr. 17; zu Beispielsklauseln siehe bereits im zweiten Teil, A. VIII. 1. b) cc) (Beispielsklauseln 54–61, S. 200 ff.).

948 *Friese*, Rn. 409.

949 BAG v. 15.12.2009 – 9 AZR 887/08 NJOZ 2011, 178; v. 22.01.2002 – 9 AZR 601/00 NZA 2002, 1041, 1044 f.; v. 12.01.1989 – 8 AZR 404/87 NZA 1989, 758; ErfK/*Gallner*, § 13 BUrlG Rn. 18; HK-BUrlG/*Hohmeister*, § 13 BUrlG Rn. 158; *Leinemann/Linck*, § 13 BUrlG Rn. 103; a. A. *Friese*, Rn. 409.

950 BAG v. 22.02.2000 – 9 AZR 107/99 NZA 2001, 268.

Dies entspricht auch der Rechtsprechung des Europäischen Gerichtshofs, der für den Arbeitnehmer das für die Ruhezeit gewöhnliche Arbeitsentgelt fordert.[951] Andererseits stimmt hier die europäische Rechtsprechung nicht völlig mit der deutschen Norm des § 13 Abs. 1 S. 1 BUrlG in ihrer aktuellen Interpretation überein. So ist von § 13 Abs. 1 S. 1 BUrlG beispielsweise ein vermindertes Urlaubsentgelt im Fall der Kurzarbeit erfasst, da der Arbeitnehmer in diesem Falle auch bei Weiterarbeit weniger Arbeitsentgelt hätte erwarten können. Ob ein solches Verständnis von der Arbeitszeitrichtlinie gedeckt ist, ist nicht völlig klar. Wendet man strikt die Rechtsprechung des Europäischen Gerichtshofs an, nach der das gewöhnliche Arbeitsentgelt zu zahlen ist, erscheint dies als problematisch.[952] Betrachtet man hinsichtlich dieser Frage aber die Rechtsprechung des Europäischen Gerichtshofs im Fall *Heimann/Toltschin*, so befand diese hier für den Fall der Kurzarbeit, die durch eine Betriebsvereinbarung eingeführt wurde, sogar eine Anpassung des Urlaubsanspruchs auf null als unionsrechtskonform.[953] In diesem Fall aber besteht gar kein Anspruch des Arbeitnehmers auf Urlaubsentgelt. Daher dürfte sich auch in diesem Fall im Ergebnis keine Divergenz zwischen der Arbeitszeitrichtlinie und § 13 Abs. 1 S. 1 BUrlG ergeben.

b) Berechnungsvereinbarungen bezüglich des Mehrurlaubs

Für den Mehrurlaub können die Tarifvertragsparteien abweichende Berechnungsregelungen hinsichtlich des Urlaubsentgelts vereinbaren.[954] Hier steht ihnen mangels einer Angemessenheitsprüfung auch nicht § 307 Abs. 2 Nr. 1 BGB entgegen. Den Tarifvertragsparteien kommt hier also ein weitergehender Regelungsspielraum als den Arbeitsvertragsparteien bei der Verwendung von Allgemeinen Geschäftsbedingungen zu. Was diese regeln können, können die Vertragsparteien aber in Tarifverträgen erst recht regeln. Sie können also insbesondere vom Zeitfaktor, der sich aus § 1 BUrlG ergibt, abweichen,[955] den

---

951 Siehe dazu ausführlich *Powietzka/Rolf*, § 11 BUrlG Rn. 46; zur Rechtsprechung des Europäischen Gerichtshofs siehe EuGH v. 16.03.2006 – C-131/04, C-257/04 NZA 2006, 481, 483 (Robinson-Steele). Freilich können sich zwischen dem nationalen und dem europäischen Recht hier Unterschiede ergeben.

952 Siehe dazu *Powietzka/Rolf*, § 11 BUrlG Rn. 47; zu den Folgen eines möglichen Verstoßes gegen die Richtlinie und das Problem der Unanwendbarkeit der nationalen (Tarif)Norm, falls gleichzeitig ein Verstoß gegen Art. 31 Abs. 2 GRC gesehen wird, siehe im ersten Teil, A. II. (S. 8 ff.); B. I. (S. 34 ff.).

953 EuGH v. 08.11.2012 – C-229/11, C-230/11 NZA 2012, 1273 (Heimann/Toltschin).

954 BAG v. 15.12.2009 – 9 AZR 887/08 NJOZ 2011, 178.

955 BAG v. 22.02.2000 – 9 AZR 107/99 NZA 2001, 268.

Geldfaktor ändern und den zu betrachtenden Referenzzeitraum ausdehnen oder einengen.[956] Darüber hinaus können sie hinsichtlich des Mehrurlaubs auch ein die regelmäßige Arbeitsvergütung unterschreitendes Urlaubsentgelt vereinbaren. Sie können also einzelne Bestandteile des Verdienstes bei der Bemessung ausnehmen, beispielsweise bestimmte Zuschläge unberücksichtigt lassen[957] oder eine konkrete Mehrurlaubsvergütung vorsehen, die auch wirksam ist, wenn sie nur zwei Drittel der regelmäßigen Arbeitsvergütung beträgt. Hier gelten lediglich die allgemeinen gesetzlichen Grenzen, sodass die Wuchergrenze nach § 138 Abs. 2 BGB beachtet werden muss.[958]

Beispielsklausel 62: Tarifvertragliche Berechnungsvereinbarung bezüglich des Mehrurlaubs – Ausnahme von Zuschlägen bei der Bemessung des Mehrurlaubsentgelts

> *Das Mehrurlaubsentgelt bemisst sich nach dem durchschnittlichen Arbeitsverdienst, den der Arbeitnehmer in den letzten dreizehn Wochen vor dem Beginn des Urlaubs erhalten hat, mit Ausnahme des zusätzlich für Überstunden gezahlten Arbeitsverdienstes und sonstiger Zuschläge.*

Beispielsklausel 63: Tarifvertragliche Berechnungsvereinbarung bezüglich des Mehrurlaubs – Festsetzung eines konkreten Mehrurlaubsentgelts

> *Das Mehrurlaubsentgelt beträgt x % eines Monatsgehalts.*

3. *Anwendbarkeit von Ausschlussfristen auf den Urlaubsentgeltanspruch*

Schließlich ist zu beachten, dass der Anspruch auf Urlaubsentgelt sowohl hinsichtlich des gesetzlichen als auch hinsichtlich des übergesetzlichen Anteils arbeits- und tarifvertraglichen Ausschlussfristen unterliegt.[959] Anders als der gesetzliche Urlaubsanspruch besteht der Anspruch auf Urlaubsentgelt nicht befristet,

---

956 Siehe daher zu den einzelnen Beispielsklauseln, die sich auch in Tarifverträgen regeln lassen, bereits im zweiten Teil, A. VIII. 1. b) cc) (S. 200 ff.).

957 BAG v. 15.12.2009 – 9 AZR 887/08 NJOZ 2011, 178, 181 (Rn. 36 ff.).

958 Folgt man der Auffassung, dass die Tarifvertragsparteien nicht an zivilrechtliche Generalklauseln gebunden sind, so ergibt sich diese Grenze aus den Grundrechten. Das Bundesarbeitsgericht ließ diese Frage dahinstehen und folgerte aus Art. 2 Abs. 1, Art. 20 Abs. 1 GG, dass das tarifliche Arbeitsentgelt nicht dem Anstandsgefühl aller billig und gerecht Denkenden widersprechen dürfe, BAG v. 24.03.2004 – 5 AZR 303/03 NZA 2004, 971.

959 BAG v. 22.01.2002 – 9 AZR 601/00 NZA 2002, 1041; zur zulässigen Dauer von Ausschlussfristen siehe im zweiten Teil, A. X. 4. d) (S. 247 ff.).

sodass er beschränkt werden kann.[960] Beim Anspruch auf Urlaubsentgelt handelt es sich außerdem um den weiterbestehenden Anspruch auf Arbeitsentgelt nach § 611 BGB, sodass er sich hinsichtlich der Anwendbarkeit von Ausschlussfristen nicht von sonstigen Entgeltansprüchen nach § 611 BGB unterscheidet. Obwohl es sich um einen gesetzlich geregelten unabdingbaren Anspruch handelt, kann er daher verfallen.[961] Somit ist der Anspruch auf Urlaubsentgelt von allgemeinen Ausschlussfristen erfasst.[962]

4. *Verjährung des Urlaubsentgeltanspruchs*

Der Anspruch auf Urlaubsentgelt unterliegt grundsätzlich der regelmäßigen Verjährungsfrist nach §§ 195, 199 Abs. 1 BGB.[963]

IX. Vereinbarungen bezüglich ruhender Arbeitsverhältnisse

Höchst umstritten und bislang weder nationalrechtlich, noch europarechtlich abschließend geklärt ist die Frage des Entstehens von Urlaubsansprüchen im ruhenden Arbeitsverhältnis. Infolgedessen stellt sich hier die Betrachtung der Grenzen einer möglichen Vertragsgestaltung als schwierig dar. Eine allgemeingültige Definition für das Ruhen eines Arbeitsverhältnisses existiert nicht. Jedoch wird darunter, soweit keine abweichenden Vereinbarungen getroffen werden, im allgemein anerkannten Sinne ein Arbeitsverhältnis verstanden, bei dem die wechselseitigen Hauptpflichten aus dem Arbeitsvertrag, die Pflicht des Arbeitnehmers zur Arbeitsleistung und die Pflicht des Arbeitgebers zur Zahlung der vereinbarten Vergütung, suspendiert sind und somit der jeweilige Gläubiger von seinem Schuldner die Erbringung der Leistung nicht mehr verlangen und durchsetzen kann.[964]

Dies kann unmittelbar kraft Gesetzes, aufgrund Gesetzes durch Erklärung oder Vereinbarung, unmittelbar kraft Tarifvertrags oder auch ohne gesetzliche Grundlage durch Vereinbarung erfolgen, wobei sich bei einzelnen Konstellationen die Frage stellt, ob es sich bei diesen um ruhende Arbeitsverhältnisse

---

960 ErfK/*Gallner*, § 11 BUrlG Rn. 35.

961 BAG v. 22.01.2002 – 9 AZR 601/00 NZA 2002, 1041, 1046.

962 Zu deren Grenzen siehe beim Urlaubsabgeltungsanspruch im zweiten Teil, A. X. 4. d) (S. 247 ff.).

963 ErfK/*Gallner*, § 11 BUrlG Rn. 35.

964 St. Rspr.; vgl. nur BAG v. 10.05.1989 – 6 AZR 660/87 NZA 1989, 759; v. 09.08.1995 – 10 AZR 539/94 NZA 1996, 154.

handelt.[965] Es gilt zu untersuchen, ob während des ruhenden Arbeitsverhältnisses ein Urlaubsanspruch entsteht. Erst im Anschluss an die Beantwortung dieser Frage können die Konsequenzen für die Vertragsgestaltung überprüft werden und zwar einerseits in Bezug auf den Mindesturlaub sowie andererseits in Bezug auf den Mehrurlaub.

1. Problematische Konstellationen

Als Ausgangspunkt der zu betrachtenden Fragen muss zunächst geklärt werden, in welchen Fällen ruhende Arbeitsverhältnisse vorliegen. Dabei lassen sich die typischen Konstellationen, in denen die Parteien vereinbaren oder das Gesetz anordnet, dass die Hauptleistungspflichten für eine bestimmte Zeit suspendiert sein sollen,[966] wie beispielsweise im Fall der Elternzeit nach § 15 BEEG, ohne Schwierigkeiten als ruhende Arbeitsverhältnisse einordnen.[967]

a) Ruhendes Arbeitsverhältnis im Fall der arbeitsunfähigen Erkrankung

Mehr Schwierigkeiten zeigen sich hingegen, möchte man eine solche Einordnung im Fall der arbeitsunfähigen Erkrankung des Arbeitnehmers vornehmen. Ausgerechnet an dieser Konstellation entspinnt sich aber der Streit um ein Entstehen des Urlaubsanspruchs während des ruhenden Arbeitsverhältnisses.[968]

Erkrankt ein Arbeitnehmer, so kann er die geschuldete Arbeitsleistung nicht erbringen. Es liegt also ein Fall der Unmöglichkeit nach § 275 Abs. 1 BGB oder der Unzumutbarkeit nach § 275 Abs. 3 BGB vor. Grundsätzlich schuldet der Arbeitgeber daher nach § 326 Abs. 1 S. 1 BGB auch den Arbeitslohn nicht, soweit hiervon das Entgeltfortzahlungsgesetz oder vertragliche Vereinbarungen keine Ausnahme machen. Bei der Konstellation des arbeitsunfähig erkrankten Arbeitnehmers handelt es sich also um einen Fall der Leistungsstörung und grundsätzlich nicht um einen Fall der suspendierten Hauptleistungspflichten.[969]

965 Siehe zu dieser Differenzierung eingehend *Fieberg*, NZA 2009, 929, 931 ff.; zur Einordnung der einzelnen Konstellationen siehe sogleich im zweiten Teil, A. IX. 1. (S. 208 ff.).

966 Gegebenenfalls auch nur auf Antrag des Arbeitnehmers, so z. B. § 33 Abs. 6 S. 2 TVöD.

967 Zum Fall der Elternzeit siehe BAG v. 10.05.1989 – 6 AZR 660/87 NZA 1989, 759, 760.

968 Freilich erschöpft sich dieser Streit nicht in dieser Konstellation, differenziert stellen dies *Fieberg*, NZA 2009, 929; *Powietzka/Christ*, NZA 2013, 18; *Wicht*, BB 2012, 1349 dar.

969 *Fieberg*, NZA 2009, 929, 934; *Wicht*, BB 2012, 1349, 1350 f.

Jedoch ist zu beachten, dass vertraglich ein Ruhen des Arbeitsverhältnisses in bestimmten Fällen vorgesehen werden kann. So wird beispielsweise in § 33 Abs. 2 S. 6 TVöD geregelt, dass im Falle des Bezugs von Erwerbsminderungsrente auf Zeit das Arbeitsverhältnis ruht. Darüber hinaus können die Vertragsparteien auch arbeitsvertraglich ein solches Ruhen vereinbaren. Dies kann auch konkludent geschehen. Auf eine solche Vereinbarung kann aber nicht schon aus der tatsächlichen Einstellung der wechselseitigen Hauptpflichten geschlossen werden. Diese kann bei gleichzeitiger Erwerbs- und Arbeitsunfähigkeit des Arbeitnehmers auch darauf beruhen, dass der gesetzliche Fortzahlungszeitraum für das Entgelt im Krankheitsfall abgelaufen ist.[970] Auf eine stillschweigende Ruhensvereinbarung kann allenfalls nach §§ 133, 157 BGB geschlossen werden, wenn der Arbeitnehmer bei fortbestehender Arbeitsunfähigkeit auf seinen Antrag hin nach Aussteuerung durch die Krankenkasse Arbeitslosengeld bezieht.[971] Bezieht der Arbeitnehmer eine Erwerbsminderungsrente und wird aus diesem Anlass das Arbeitsverhältnis nicht beendet, so wird sich nach §§ 133, 157 BGB ebenfalls eine konkludente Ruhensvereinbarung aus dem Arbeitsvertrag ergeben.

b) Kurzarbeit Null

Eine weitere für die folgenden Fragen bedeutende Konstellation ist diejenige, in der Kurzarbeit Null angeordnet wird. In diesem Fall werden ebenfalls die Hauptleistungspflichten (zumindest teilweise) suspendiert. Dies geschieht in der Regel durch einen Tarifvertrag oder eine Betriebsvereinbarung, kann allerdings auch arbeitsvertraglich geregelt werden.[972] In dieser Konstellation liegt also ein (teilweise) ruhendes Arbeitsverhältnis vor.

c) Altersteilzeit im Blockmodell

Schließlich gibt es die Altersteilzeit im Blockmodell, bei welcher der Arbeitnehmer in zwei gleich langen Beschäftigungsphasen zunächst bei ungekürzter

---

970 BAG v. 07.06.1990 - 6 AZR 52/89 NZA 1990, 943; LAG Düsseldorf v. 23.02.2012 - 5 Sa 1370/11 - juris (1.3.1.1.).

971 BAG v. 14.03.2006 - 9 AZR 312/05 NZA 2006, 1232; v. 25.02.1998 - 10 AZR 298/97 BeckRS 1998, 30368873; v. 11.10.1995 - 10 AZR 985/94 NZA 1996, 542, 545; v. 09.08.1995 - 10 AZR 539/94 NZA 1996, 154; LAG Düsseldorf v. 23.02.2012 - 5 Sa 1370/11 - juris (1.3.1.1.); v. 07.07.2011 - 5 Sa 416/11 ZTR 2011, 730 (2. ff.).

972 Durch Betriebsvereinbarung geschah dies beispielsweise in dem der Entscheidung *Heimann/Toltschin* zugrundeliegenden Sachverhalt, ArbG Passau v. 13.04.2011 - 1 Ca 63/11, 1 Ca 64/11 BB 2012, 1162; EuGH v. 08.11.2012 - C-229/11, C-230/11 NZA 2012, 1273 (Heimann/Toltschin); zu den Regelungsmöglichkeiten siehe auch *Walker*, SAE 2010, 70.

Arbeitszeit für gekürzten Arbeitslohn arbeitet. In der zweiten Phase, der Freistellungsphase, wird der Arbeitnehmer unter Fortzahlung des Arbeitslohns von der Arbeitsleistung freigestellt.[973] Bei der Altersteilzeit im Blockmodell werden also die beiderseitigen Hauptleistungspflichten nicht suspendiert, es handelt sich damit nicht um ein ruhendes Arbeitsverhältnis.[974] Allerdings wird auch hier in einem bestimmten Zeitraum vom Arbeitnehmer keine Arbeitsleistung erbracht, sodass ebenfalls zu klären ist, ob in dieser Phase Urlaubsansprüche entstehen und ob hier Parallelen zum ruhenden Arbeitsverhältnis gezogen werden können.[975]

2. Entstehen eines Urlaubsanspruchs bei ruhendem Arbeitsverhältnis

a) Urlaubsanspruch entsteht

Für ein Entstehen des Urlaubsanspruchs im ruhenden Arbeitsverhältnis wird einerseits angeführt, dass bei einem Ruhen lediglich die Hauptleistungspflichten suspendiert werden, dass es sich beim Urlaubsanspruch aber um eine Nebenpflicht handelt, die damit weiterhin besteht.[976] Weiterhin werden die gesetzlichen Regelungen der §§ 17 Abs. 1 S. 1 BEEG, 4 Abs. 1 S. 1 ArbPlSchG herangezogen. Aus einem Umkehrschluss ergebe sich, dass der Gesetzgeber grundsätzlich von einem Entstehen eines Urlaubsanspruchs ausgehe. Nur ein entstandener Anspruch könne schließlich gekürzt werden.[977] Auch die *Schultz-Hoff*-Rechtsprechung wird fruchtbar gemacht. Wenn der Urlaubsanspruch bei andauernder krankheitsbedingter Arbeitsunfähigkeit nicht erlöschen dürfe, stehe dies einer Auslegung des nationalen Rechts entgegen, die Arbeitnehmern keine Urlaubsansprüche zubillige, deren Arbeitsverhältnis während der Krankheit ruht.[978]

---

973 MüKoBGB/*Müller-Glöge*, § 611 BGB Rn. 1287; vgl. zur Konstruktion z. B. § 3 Abs. 1 TV ATZ.

974 BAG v. 15.03.2005 – 9 AZR 143/04 NZA 2005, 994; *Fieberg*, NZA 2009, 929, 932.

975 Hierfür spricht sich insbesondere *Fieberg*, NZA 2009, 929, 932 aus.

976 LAG Baden-Württemberg v. 21.12.2011 – 10 Sa 19/11 BB 2012, 1353; LAG Köln v. 10.08.2011 – 9 Sa 394/11 – juris (Rn. 41 ff.); LAG Hessen v. 29.03.2011 – 15 Sa 191/10 – juris (Rn. 50); LAG Schleswig-Holstein v. 16.12.2010 – 4 Sa 209/10 – juris (Rn. 33); LAG Baden-Württemberg v. 29.04.2010 – 11 Sa 64/09 LAGE § 7 BUrlG Abgeltung Nr. 28 (1. b) (2)).

977 LAG Schleswig-Holstein v. 16.12.2010 – 4 Sa 209/10 – juris (Rn. 34).

978 LAG Baden-Württemberg v. 21.12.2011 – 10 Sa 19/11 BB 2012, 1353, 1354; v. 29.04.2010 – 11 Sa 64/09 LAGE § 7 BUrlG Abgeltung Nr. 28 (1. b) (2)); LAG Schleswig-Holstein v. 16.12.2010 – 4 Sa 209/10 – juris (Rn. 42 ff.); LAG Hessen v. 29.03.2011 – 15 Sa 191/10 – juris (Rn. 60).

b) Urlaubsanspruch entsteht nicht bzw. verringert sich

Allerdings lassen sich auch gewichtige Argumente gegen ein solches Entstehen von Urlaubsansprüchen im ruhenden Arbeitsverhältnis anführen.[979] Zum einen bestehe keine Arbeitspflicht, von welcher der Arbeitnehmer durch Urlaubserteilung befreit werden könne. Der Arbeitgeber könne aber nicht zu einer unmöglichen Erteilung des Urlaubs verpflichtet sein.[980] Darüber hinaus können die gesetzlichen Regelungen auch derart interpretiert werden, dass nur in den dort genannten Fällen ein Urlaubsanspruch entstehe, der dann gekürzt werden könne.[981] Schließlich wird für einen Urlaubsanspruch in Höhe von null Urlaubstagen die Vergleichbarkeit zu den Fällen der Teilzeitbeschäftigten angeführt, bei denen der Urlaubsanspruch pro rata temporis an die geleistete Arbeit angepasst wird.[982] Eine Formel, wonach die Entstehung und der Bestand des Urlaubsanspruchs unabhängig von jeder Arbeitsleistung seien, sei daher lediglich auf das aktive Arbeitsverhältnis anwendbar.[983] Das Ruhen beruhe letztlich auf einem Willensakt des Arbeitnehmers, sodass die Konstellation sowohl dogmatisch betrachtet als auch durch die bewusste Veranlassung nicht mit der eines krankheitsbedingt arbeitsunfähigen Arbeitnehmers vergleichbar sei.[984]

c) Rechtsprechung zur Entstehung von Urlaub im ruhenden Arbeitsverhältnis

aa) Rechtsprechung des Bundesarbeitsgerichts

Das Bundesarbeitsgericht äußerte sich bereits im Jahr 1986 zum Verhältnis von Urlaubsansprüchen zum ruhenden Arbeitsverhältnis.[985] In dem zugrunde liegenden Sachverhalt ging es um einen Arbeitnehmer, der mit seinem Arbeitgeber das Ruhen seines Arbeitsverhältnisses für die Dauer von zwei Monaten vereinbarte. Es stellte sich die Frage, ob in diesem Fall für die Zeit des Ruhens Urlaub entstanden war und ob der Arbeitgeber den Urlaub für diesen Zeitraum kürzen

---

979 LAG Düsseldorf v. 19.01.2012 – 15 Sa 380/11 ZTR 2012, 283, 285 (2. a) bb)); LAG Baden-Württemberg v. 09.06.2011 – 6 Sa 109/10 – juris (Rn. 55); LAG Düsseldorf v. 05.05.2010 – 7 Sa 1571/09 NZA-RR 2010, 568, 570 ff.; LAG Köln v. 29.04.2010 – 6 Sa 103/10 ZTR 2010, 589, 590 (4.); *Fieberg*, NZA 2009, 929, 934; *Wicht*, BB 2012, 1349, 1350 ff.

980 *Wicht*, BB 2012, 1349, 1351.

981 *Wicht*, BB 2012, 1349, 1351; Arnold/Tillmanns/*Zimmermann*, § 1 BUrlG Rn. 34.

982 LAG Düsseldorf v. 19.01.2012 – 15 Sa 380/11 ZTR 2012, 283, 285 (2. a) cc)); v. 01.10.2010 – 9 Sa 1541/09 – juris (Rn. 100); *Wicht*, BB 2012, 1349, 1352.

983 *Wicht*, BB 2012, 1349, 1351.

984 *Fieberg*, NZA 2009, 929, 934; *Wicht*, BB 2012, 1349, 1350 f.

985 BAG v. 30.07.1986 – 8 AZR 475/84 NZA 1987, 13.

konnte. Es ging hier nur auf eine Kürzungsmöglichkeit eines entstandenen Urlaubsanspruchs[986] ein, die es verneinte.[987] Eine solche Kürzungsmöglichkeit könne, indem es sich bei den §§ 4 Abs. 1 ArbPlSchG, 8d MuSchG, 17 Abs. 1 BErzGG um Ausnahmetatbestände handele, weder auf allgemeine Grundsätze gestützt werden noch ergebe sie sich aus § 5 Abs. 1 BUrlG.[988] Auch aus der Fürsorgepflicht des Arbeitgebers könne eine solche Kürzungsmöglichkeit nicht hergeleitet werden.[989] Im Jahr 2011 entschied das Bundesarbeitsgericht, dass zumindest im Fall der Elternzeit auch im ruhenden Arbeitsverhältnis Urlaub entsteht, der nach § 17 BEEG gekürzt werden kann.[990]

In seinen jüngsten Urteilen geht das Bundesarbeitsgericht auf die Frage des Entstehens von Urlaub im krankheitsbedingt ruhenden Arbeitsverhältnis ein. Für das Entstehen des Urlaubsanspruchs sei allein das Bestehen eines Arbeitsverhältnisses Voraussetzung, nicht aber, dass der Arbeitnehmer arbeite. Daher sei für das Entstehen der Urlaubsansprüche ohne Bedeutung, dass das Arbeitsverhältnis auf Grund des Bezugs der befristeten Erwerbsminderungsrente nach § 33 Abs. 2 S. 6 TVöD geruht habe. Ein grundsätzliches Entstehen des Urlaubsanspruchs unabhängig vom Ruhen ergebe sich auch aus dem systematischen Zusammenhang der §§ 17 BEEG, 4 ArbPlSchG sowie der Einführung des Pflegezeitgesetzes. Die Kürzungsvorschrift des § 26 Abs. 2c TVöD sei daher jedenfalls insoweit unwirksam, als sie auch die Verminderung gesetzlicher Urlaubsansprüche von Arbeitnehmern erfasse, die aus gesundheitlichen Gründen nicht die ihnen nach dem Arbeitsvertrag obliegende Leistung erbracht haben. Eine solche Verminderung gesetzlicher Urlaubsansprüche lasse § 13 Abs. 1 S. 1 BUrlG nicht zu, demzufolge es gerade nicht auf ein willensgesteuertes Element ankomme.[991] Schließlich könne auch der Vergleich zu der aus § 3 Abs. 1 BUrlG abgeleiteten Umrechnungsformel für den Urlaubsanspruch Teilzeitbeschäftigter, die das Bestehen eines Urlaubsanspruchs voraussetzt, eine Kürzung auf null nicht begründen. Vielmehr könne ein arbeitsunfähiger Arbeitnehmer, dessen Arbeitsverhältnis ruht, ebenso wie ein solcher, dessen Arbeitsverhältnis nicht ruht, seine Verpflichtung zur Arbeitsleistung nicht erfüllen. Diese Arbeitsleistung werde „an sich" geschuldet,

986 Dass dieser entstanden war, war dem Bundesarbeitsgericht zufolge wegen der zeitlichen Lage unzweifelhaft.

987 BAG v. 30.07.1986 – 8 AZR 475/84 NZA 1987, 13.

988 BAG v. 30.07.1986 – 8 AZR 475/84 NZA 1987, 13 f.

989 BAG v. 30.07.1986 – 8 AZR 475/84 NZA 1987, 14.

990 BAG v. 17.05.2011 – 9 AZR 197/10 BAGE 138, 58.

991 BAG v. 07.08.2012 – 9 AZR 353/10 NZA 2012, 1216, 1217 (Rn. 15 ff.); das Urteil bestätigend BAG v. 18.09.2012 – 9 AZR 623/10 AP BUrlG § 7 Nr. 62.

die Pflicht ruhe lediglich.[992] Das Bundesarbeitsgericht bejaht also jedenfalls für den Fall des arbeitsunfähig erkrankten Arbeitnehmers, dessen Arbeitsverhältnis ruht, ein Entstehen von Urlaubsansprüchen im ruhenden Arbeitsverhältnis.

bb) Rechtsprechung des Europäischen Gerichtshofs

Der Europäische Gerichtshof hatte sich wenig später in der Entscheidung *Heimann/Toltschin* zu der Frage des Arbeitsgerichts Passau[993] zu äußern, ob Art. 31 Abs. 2 GRC bzw. Art. 7 Abs. 1 der Arbeitszeitrichtlinie nationalen Rechtsvorschriften oder Gepflogenheiten entgegenstehen, nach denen im Falle der Verringerung der zu leistenden Arbeitstage pro Woche in Folge rechtmäßiger Anordnung von Kurzarbeit der Anspruch des Kurzarbeiters auf bezahlten Jahresurlaub pro rata temporis im Verhältnis der Anzahl der Wochenarbeitstage während der Kurzarbeit zu der Anzahl der Wochenarbeitstage eines Vollzeitbeschäftigten angepasst wird und der Kurzarbeiter damit während der Kurzarbeit nur einen dementsprechend geringen Urlaubsanspruch erwirbt.[994] Diese Frage verneinte der Europäische Gerichtshof. Eine Regelung in einem Sozialplan, nach der sich der Anspruch eines Arbeitnehmers auf bezahlten Jahresurlaub im Verhältnis zur Arbeitszeitverkürzung verringere, sei mit europäischem Unionsrecht vereinbar. Die Situation eines Arbeitnehmers, der wegen einer Erkrankung seine Arbeitsverpflichtung nicht erfüllen könne, sei grundlegend verschieden. Zum einen seien nach der Sozialplanvereinbarung die Leistungspflichten suspendiert.[995] Außerdem könne sich der von Kurzarbeit betroffene Arbeitnehmer im Unterschied zum arbeitsunfähig erkrankten nach eigenem Belieben ausruhen und Freizeittätigkeiten nachgehen.[996] Daher erscheine der von Kurzarbeit betroffene Arbeitnehmer vielmehr dem teilzeitbeschäftigten Arbeitnehmer vergleichbar, bei denen sich der Europäische Gerichtshof wiederholt zur Zulässigkeit der Anwendung des pro rata temporis-Grundsatzes geäußert hat.[997]

---

992 BAG v. 07.08.2012 – 9 AZR 353/10 NZA 2012, 1216, 1218 (Rn. 17).

993 ArbG Passau v. 13.04.2011 – C 1 Ca 62/11, C 1 Ca 63/11 BB 2012, 1162.

994 EuGH v. 08.11.2012 – C-229/11, C-230/11 NZA 2012, 1273 (Heimann/Toltschin).

995 EuGH v. 08.11.2012 – C-229/11, C-230/11 NZA 2012, 1273, 1274 (Rn. 28) (Heimann/Toltschin).

996 EuGH v. 08.11.2012 – C-229/11, C-230/11 NZA 2012, 1273, 1274 (Rn. 29) (Heimann/Toltschin).

997 EuGH v. 08.11.2012 – C-229/11, C-230/11 NZA 2012, 1273, 1274 (Rn. 31 ff.) (Heimann/Toltschin); v. 22.04.2010 – C-486/08 Slg. 2010, I-3527 (Rn. 33) (Zentralbetriebsrat der Landeskrankenhäuser Tirols).

d) Lösungsansätze

Als Lösungsansatz bietet sich zunächst eine Differenzierung nach dem Grund des Ruhens an.[998] Sei das Ruhen des Arbeitsverhältnisses auf eine bewusste Veranlassung seitens des Arbeitnehmers zurückzuführen, so erfolge eine Umgestaltung des Vertrags. Es liege gerade keine Störung des vertraglichen Leistungsgefüges vor. Daher sei jedenfalls eine (tarifliche) Vereinbarung zulässig, die eine Zwölftelung vorsieht und die die vom Bundesarbeitsgericht angewendete „Formel", derzufolge der Urlaubsanspruch nicht von einer Arbeitsleistung abhängt, für ruhende Arbeitsverhältnisse umsetzt. Diese erfasse auch den gesetzlichen Urlaubsanspruch.[999] Hierfür spreche darüber hinaus die Vergleichbarkeit des ruhenden Arbeitsverhältnisses zum Arbeitsverhältnis von Teilzeitbeschäftigten.[1000] Schließlich liege auch in den Fällen der „Block-Freistellungen" ein Tatbestand vor, nach dem der Arbeitsvertrag dahingehend umgestaltet wurde, dass in dieser Zeit keine Arbeit zu leisten sei. Daher seien solche Regelungen, obwohl in diesen Fällen kein ruhendes Arbeitsverhältnis vorliegt, ebenfalls zulässig.[1001] Nach diesem Lösungsansatz ist danach zu unterscheiden, ob das Ruhen bzw. der Ausschluss der Arbeitsverpflichtung auf einem bewussten Willensakt des Arbeitnehmers beruht. In diesem Fall ist eine Kürzung des Urlaubsanspruchs möglich. Lediglich, wenn kein solcher bewusster Willensakt des Arbeitnehmers vorliegt, wie im Fall der Erkrankung,[1002] ist keine Urlaubskürzung während des Ruhens möglich.[1003]

e) Eigene Stellungnahme

Eine Stellungnahme zu dieser Streitfrage kann nur in zwei Schritten erfolgen. Die einzelnen Argumente der Rechtsprechung sowie der Literatur beziehen sich nämlich auf verschiedene Überlegungen. Zum einen geht es um die Frage, ob

---

998 So *Fieberg*, NZA 2009, 929, 934 f.; *Wicht*, BB 2012, 1349, 1351.

999 *Fieberg*, NZA 2009, 929, 934 f., der die Formel des Bundesarbeitsgerichts „Entstehung und Bestand des Urlaubsanspruchs sind von Arbeitsleistung unabhängig" nur als auf die „aus dem Arbeitsvertrag an sich geschuldete Arbeitsleistung" bezieht, sodass diese Formel dem Ergebnis „ein ruhendes Arbeitsverhältnis generiert keinen Urlaub" nicht entgegenstehe.

1000 *Wicht*, BB 2012, 1349, 1351 f.

1001 *Fieberg*, NZA 2009, 929, 935.

1002 Allerdings nur, wenn der Arbeitnehmer keinen Antrag auf Erwerbsminderungsrente stellt. Die Stellung des Antrags ist nach *Fieberg* und *Wicht* ebenfalls ein solcher bewusster Willensakt, *Fieberg*, NZA 2009, 929, 934 f.; *Wicht*, BB 2012, 1349, 1352; kritisch hierzu *Boecken/Jacobsen*, ZTR 2011, 267, 270.

1003 *Fieberg*, NZA 2009, 929, 934 f.; *Wicht*, BB 2012, 1349, 1351 f.

überhaupt ein Urlaubsanspruch im ruhenden Arbeitsverhältnis entsteht. Nur bei Bejahung dieser Frage stellt sich das Folgeproblem, ob eine Kürzung des entstandenen Urlaubsanspruchs vorgenommen werden kann und hierbei, ob sich diese Kürzung von Gesetzes wegen ergibt und ob sie sich vereinbaren lässt.

aa) Urlaubsanspruch entsteht nicht

(1) Wortlaut des Gesetzes und Funktion des Urlaubsanspruchs

Vom Wortlaut des Gesetzes ausgehend ist im Bundesurlaubsgesetz keine Regelung zum Entstehen von Urlaubsansprüchen im ruhenden Arbeitsverhältnis zu finden. Jedoch wird eingewendet, dass eine Urlaubsgewährung im ruhenden Arbeitsverhältnis schon von seiner Funktion her und dem Wortlaut des § 1 BUrlG folgend nicht möglich erscheint.[1004] Der Arbeitgeber werde zu einer unmöglichen Leistung verpflichtet.[1005] Nach § 1 BUrlG setzen jedoch die Gewährung und die Inanspruchnahme von Urlaub nicht voraus, dass sich der Arbeitnehmer bei vorangegangener Arbeit verausgabt hat. Eine Arbeitsleistung ist nicht als anspruchsbegründende Voraussetzung des Urlaubsanspruchs im Gesetz vorgesehen. Auch aus den Gesetzesmaterialien ergibt sich nichts anderes.[1006]

Möglicherweise ergibt sich aber aus der Funktion des Urlaubsanspruchs, welcher der Erholung des Arbeitnehmers dient, dass der Arbeitnehmer sich, während er keine Arbeitsleistung erbringt, auch nicht von einer solchen erholen kann.[1007] Dass diese zunächst logisch klingende Argumentation so nicht gelten kann, zeigt bereits der Fall der vertraglichen Leistungsstörung, insbesondere der arbeitsunfähigen Erkrankung des Arbeitnehmers. Auch hier entsteht der Urlaubsanspruch des Arbeitnehmers, obwohl dieser keine Arbeitsleistung erbringt und sich daher nicht erholen kann.[1008] Und auch hier wird der Arbeitgeber damit zu einer unmöglichen Leistung verpflichtet.[1009] Die mögliche Erfüllung des Erholungszwecks ist also nicht Voraussetzung für die Entstehung des

1004 LAG München v. 17.11.2011 – 3 Sa 594/11 – juris (Rn. 39).

1005 *Wicht*, BB 2012, 1349, 1351.

1006 BT-Drs. 4/207; 4/785; ErfK/*Gallner*, § 1 BUrlG Rn. 6.

1007 In diesem Sinne auf das ruhende Arbeitsverhältnis bezogen LAG München v. 17.11.2011 – 3 Sa 594/11 – juris (Rn. 39).

1008 EuGH v. 24.01.2012 – C-282/10 EuZW 2012, 342 (Rn. 20) (Dominguez); v. 20.01.2009 – C-350/06, C-520/06 Slg. 2009, I-179 (Rn. 41) (Schultz-Hoff).

1009 Freilich besteht zwischen der vertraglichen Leistungsstörung und dem ruhenden Arbeitsverhältnis ein Unterschied in der rechtlichen Konstruktion. Dies wird im Folgenden näher untersucht. Allein die Tatsache, dass der Erholungszweck nicht erreicht werden kann, kann aber demnach nicht gegen das Entstehen eines Urlaubsanspruchs sprechen.

Urlaubsanspruchs. Ist es dem Arbeitnehmer nicht möglich, sich zu erholen, kann dies vielmehr nur dazu führen, dass der (dennoch entstehende) Anspruch nicht untergeht.[1010] Damit sprechen der Wortlaut des Gesetzes sowie die Funktion der Urlaubsgewährung nicht gegen das Entstehen eines Urlaubsanspruchs im ruhenden Arbeitsverhältnis.

(2) Systematik und daraus erkennbarer Wille des Gesetzgebers

Aus den Vorschriften der §§ 17 Abs. 1 S. 1 BEEG, 4 Abs. 1 S. 1 ArbPlSchG wird abgeleitet, dass der Gesetzgeber von einem grundsätzlichen Entstehen von Urlaubsansprüchen im ruhenden Arbeitsverhältnis ausgeht. Nur ein bestehender Anspruch könne schließlich gekürzt werden.[1011] Insbesondere die Einführung des Pflegezeitgesetzes am 01.07.2008, in dem der Gesetzgeber keinen solchen Kürzungstatbestand vorsieht, zeige den Ausnahmecharakter der anderen Vorschriften.[1012] Die Systematik scheint damit klar in die Richtung zu weisen, dass der Urlaubsanspruch auch im ruhenden Arbeitsverhältnis entsteht.

Möglicherweise kann man diese aber auch anders interpretieren. So kann aus den Vorschriften geschlossen werden, dass in den beschriebenen Fällen ausnahmsweise Urlaubsansprüche entstehen, die gekürzt werden können.[1013] Die Gesetzesregelungen wären damit lediglich Ausdruck der bestehenden Rechtslage, die es gebietet, dass im ruhenden Arbeitsverhältnis per se kein Urlaub entsteht.[1014] Jedoch erscheint eine Interpretation, nach welcher der Gesetzgeber eine Norm einführt, mit der er einen Anspruch schafft, der eigentlich nicht besteht, und bei diesem sogleich eine Kürzungsmöglichkeit zulässt, von der der Arbeitgeber in aller Regel Gebrauch machen wird, als wenig sinnvoll.

Insbesondere vom Wortlaut der Vorschriften, nach denen dem Arbeitnehmer der Erholungsurlaub „zusteht“, nach denen der Anspruch also gerade

---

1010 So zumindest im Fall der arbeitsunfähigen Erkrankung in den neu gezogenen Grenzen des § 7 Abs. 3 S. 3 BUrlG.

1011 BAG v. 07.08.2012 – 9 AZR 353/10 NZA 2012, 1216, 1219 (Rn. 18 ff.); v. 17.05.2011 – 9 AZR 197/10 BAGE 138, 58; LAG Schleswig-Holstein v. 16.12.2010 – 4 Sa 209/10 – juris (Rn. 34); *Schubert*, NZA 2013, 1105, 1107 f.

1012 BAG v. 07.08.2012 – 9 AZR 353/10 NZA 2012, 1216, 1219 (Rn. 19).

1013 *Wicht*, BB 2012, 1349, 1351; in diese Richtung argumentierend auch *Powietzka/ Christ*, NZA 2013, 18, 21 f.

1014 LAG Köln v. 19.08.2011 – 12 Sa 110/11 – juris (Rn. 43); LAG München v. 26.05.2011 – 4 Sa 66/11 – juris (Rn. 23); LAG Köln v. 29.04.2010 – 6 Sa 103/10 ZTR 2010, 589, 590 (4.); ArbG Bonn v. 18.01.2012 – 5 Ca 2499/11 – juris (Rn. 54); ArbG Würzburg v. 12.07.2011 – 10 Ca 201/11 – juris (Rn. 71); *Fieberg*, NZA 2009, 929, 934; *Wicht*, BB 2012, 1349, 1351.

nicht erst „entsteht“, dürfte eine solche Interpretation nur schwerlich erfasst sein.[1015] Dies spricht auch gegen das Argument, dass die Verwendung des Wortes „Kürzung“ nicht gegen einen von vornherein nicht bestehenden Urlaubsanspruch im ruhenden Arbeitsverhältnis angeführt werden könne, weil die Urlaubsberechnung immer von der „Urlaubstabelle“ des § 3 Abs. 1 BUrlG ausgehe, sodass sich jede Verminderung des Urlaubsanspruchs als Kürzung darstelle, unabhängig davon, ob der Urlaubsanspruch zuvor entstanden war oder nicht.[1016] Selbst, wenn man eine Kürzung als jede Verminderung des Urlaubsanspruchs auffasst, kann ein Urlaubsanspruch nur jemandem zustehen, wenn er bereits entstanden ist.

Die Feststellung, dass die Kürzung und das Nichtentstehen des Urlaubsanspruchs von der Wirkung her gleich sind und der „urlaubsdogmatischen Differenzierung“ daher keine praktische Relevanz zukommt,[1017] hilft nicht bei der – freilich dogmatischen – Betrachtung der gesetzlichen Regelung.

Schließlich bleibt der Einwand, dass weder insgesamt noch im Detail von „einer geschlossenen, kohärenten Systematik arbeitsgesetzlicher Regelungen mit entsprechendem Sprachgebrauch“ durch den Gesetzgeber ausgegangen werden könne.[1018] Zwar ist dieser Ansicht zuzugestehen, dass einige Rechtsbegriffe im Arbeitsrecht uneinheitlich verwendet werden.[1019] Jedoch ist zu bemerken, dass § 4 Abs. 1 ArbPlSchG und § 17 Abs. 1 BEEG nahezu identische Regelungen für den Fall des Erholungsurlaubs während des ruhenden Arbeitsverhältnisses enthalten. Daher kann davon ausgegangen werden, dass der Gesetzgeber auch bei der Schaffung des Pflegezeitgesetzes von einer solchen Regelung bewusst abgesehen hat. Dem Gesetzgeber hier zu unterstellen, dass er angesichts seines Vorgehens in anderen arbeitsrechtlichen Bereichen, wie dem Befristungsrecht,[1020] im Urlaubsrecht kein einheitliches

---

1015 Arnold/Tillmanns/*Zimmermann*, § 1 BUrlG Rn. 34, wobei deren Lösungsansatz ausdrücklich nur ein Versuch ist, die unbefriedigende Situation einer interessengerechten Verteilung finanzieller Belastungen zuzuführen. Dass der Wortlaut eine andere Interpretation suggeriert und diese Interpretation gewagt ist, erkennt sie ebenfalls.

1016 *Fieberg*, ZESAR 2013, 258, 263.

1017 *Fieberg*, ZESAR 2013, 258, 263.

1018 *Fieberg*, ZESAR 2013, 258, 263.

1019 So ist beispielsweise der Begriff des Arbeitsentgelts im Rahmen des § 4 EFZG anders zu verstehen als im Rahmen von § 87 Nr. 4 BetrVG, vgl. ErfK/*Reinhard*, § 4 EFZG Rn. 1 ff.; ErfK/*Kania*, § 87 BetrVG Rn. 39 ff.

1020 Siehe hierzu *Persch*, NZA 2012, 1079.

System mit entsprechendem Sprachgebrauch geschaffen habe,[1021] entbehrt für das Urlaubsrecht jeglichen Nachweises. Vielmehr spricht gerade der nahezu identische Wortlaut der genannten Regelungen und das unterlassene Einfügen einer vergleichbaren Regelung bei der Schaffung des Pflegezeitgesetzes für einen einheitlichen Sprachgebrauch und für eine kohärente Systematik in diesem Bereich. Die Systematik spricht nach alledem für ein Entstehen des Urlaubsanspruchs.

(3) *Sinn und Zweck und Betrachtung der dogmatischen Konstruktion eines ruhenden Arbeitsverhältnisses*

Im nächsten Schritt lohnen sich die Untersuchung von Sinn und Zweck sowie die genauere Betrachtung der dogmatischen Konstruktion des ruhenden Arbeitsverhältnisses. Das zentrale Argument der Ansicht, derzufolge im ruhenden Arbeitsverhältnis ein Urlaubsanspruch gar nicht erst entsteht, besteht darin, dass das Arbeitsverhältnis hierbei inhaltlich umgestaltet wird und folglich nur noch als „leere Hülle"[1022] fortbesteht. Wenn also schon keine Arbeitsleistung geschuldet sei, könne auch kein Urlaub generiert werden.[1023]

Gegen dieses Argument lässt sich zunächst einwenden, dass zwischen einem ruhenden und einem beendeten Arbeitsverhältnis gerade der dogmatische Unterschied besteht, dass im ersteren Fall das Arbeitsverhältnis fortbesteht, die Arbeitsleistung „an sich" also geschuldet bleibt. Sie ruht lediglich.[1024] Daher kann das Argument der inhaltlichen Umgestaltung und des Arbeitsverhältnisses als „leerer Hülle" nicht überzeugen. Richtigerweise handelt es sich beim Urlaubsanspruch um eine Nebenpflicht des Arbeitgebers. Dieser steht nicht im synallagmatischen Verhältnis, er ist vielmehr gerade nicht von einer Gegenleistung abhängig, sondern entsteht, unabhängig von der erbrachten Arbeitsleistung, zu Beginn eines jeden Kalenderjahres.[1025] Daher kann der Anspruch gerade trotz

1021 *Fieberg*, ZESAR 2013, 258, 263.

1022 LAG München v. 17.11.2011 – 3 Sa 594/11 – juris (Rn. 23); *Fieberg*, NZA 2009, 929, 934; als „rechtliche Hülle" bezeichnend *Breier/Dassau/Kiefer*, § 26 TV-L Rn. 43.

1023 LAG Köln v. 29.04.2010 – 6 Sa 103/10 ZTR 2010, 589, 590 (4.); LAG München v. 17.11.2011 – 3 Sa 594/11 – juris (Rn. 36).

1024 BAG v. 07.08.2012 – 9 AZR 353/10 NZA 2012, 1216, 1218; *Boecken/Jacobsen*, ZTR 2011, 267, 269; a. A. *Breier/Dassau/Kiefer*, § 26 TV-L Rn. 43; *Dassau/Wulfers*, ZTR 2013, 3, 4.

1025 BAG v. 19.03.1992 – 8 AZR 353/91 BeckRS 1992, 30740562 (Rn. 17); v. 28.11.1990 – 8 AZR 570/89 NZA 1991, 423, 424; v. 24.11.1987 – 8 AZR 140/87 NZA 1988, 243, 244; MünchArbR/*Düwell*, § 78 Rn. 43 f.; a. A. *Wicht*, BB 2012, 1349, 1351.

ruhender Hauptleistungspflichten bestehen bleiben.[1026] Schließlich überzeugt auch der in den Vordergrund gestellte Unterschied zwischen der krankheitsbedingten Arbeitsunfähigkeit als Fall der Leistungsstörung und dem ruhenden Arbeitsverhältnis nicht.[1027] In beiden Konstellationen wird die Arbeitsleistung „an sich" geschuldet. Lediglich die Rechtsgrundlagen des Wegfalls bzw. der Suspendierung der Pflicht zur Erbringung der Arbeitsleistung unterscheiden sich.[1028] Insbesondere an dem Wiederaufleben der Pflicht zur Erbringung der Arbeitsleistung, das in beiden Konstellationen ohne weiteres nach der Beseitigung der Unmöglichkeit bzw. nach dem Ende des Ruhenszeitraums eintritt, wird die Vergleichbarkeit der Konstellationen deutlich.[1029] Hiergegen wird eingewendet, dass das Wiederaufleben bei dem vertraglich vereinbarten Ruhen vereinbart werden muss, sodass hieraus der Unterschied zwischen einer Leistungsstörung und einem ruhenden Arbeitsverhältnis deutlich werde.[1030] Allerdings verhält sich das gesetzlich verursachte Ruhen parallel zur Leistungsstörung. Diesem Argument folgend müsste nunmehr zwischen der Leistungsstörung und dem gesetzlich angeordneten Ruhen einerseits sowie dem vertraglich vereinbarten Ruhen andererseits unterschieden werden. Das Ende der Suspendierung und das Wiederaufleben der Arbeitspflicht ergeben sich bei dem vereinbarten Ruhen, wie der Ruhensgrund selbst, aus der Vereinbarung. Dies spricht jedoch nicht für den in den Vordergrund gerückten Unterschied. Vielmehr unterscheiden sich hier lediglich die Rechtsgrundlagen der Suspendierung und daher auch die Voraussetzungen ihrer Beendigung.

Des Weiteren wird das Argument angeführt, dass die Umgestaltung des Arbeitsverhältnisses stets auf bewusster Veranlassung seitens des Arbeitnehmers beruht, sodass das Ruhen nicht mit dem Fall der Störung des vertraglichen Leistungsgefüges vergleichbar ist. Auch im Falle der Erwerbsminderungsrente stelle der Arbeitnehmer schließlich den Antrag, der zum Ruhen führt, selbst und bewusst.[1031] Hiergegen wendet das Bundesarbeitsgericht ein, dass nach § 13 Abs. 1

1026 LAG Baden-Württemberg v. 21.12.2011 – 10 Sa 19/11 BB 2012, 1353; LAG Köln v. 10.08.2011 – 9 Sa 394/11 – juris (Rn. 41 ff.); LAG Baden-Württemberg v. 29.04.2010 – 11 Sa 64/09 ZTR 2010, 415 (1. b) (2)); LAG Schleswig-Holstein v. 16.12.2010 – 4 Sa 209/10 – juris (Rn. 33); LAG Hessen v. 29.03.2011 – 15 Sa 191/10 – juris (Rn. 50).

1027 Zu dieser Unterscheidung siehe *Fieberg*, NZA 2009, 929, 934; *Wicht*, BB 2012, 1349, 1350.

1028 *Boecken/Jacobsen*, ZTR 2011, 267, 269.

1029 *Boecken/Jacobsen*, ZTR 2011, 267, 269; a. A. *Breier/Dassau/Kiefer*, § 26 TV-L Rn. 43.

1030 *Fieberg*, ZESAR 2013, 258, 262.

1031 *Fieberg*, ZESAR 2013, 258, 262; *ders.*, NZA 2009, 929, 934.

S. 1 BUrlG die Urlaubsansprüche nicht abdingbar sind, sodass es auf eine bewusste Veranlassung nicht ankommen kann.[1032] Dieses Argument trägt jedoch nicht zur Klärung der Frage bei, ob ein Urlaubsanspruch im ruhenden Arbeitsverhältnis entsteht. Entsteht nämlich ein solcher Anspruch gar nicht erst, so liegt auch in dem Antrag,[1033] der zum Ruhen des Arbeitsverhältnisses führt, keine Abbedingung eines Urlaubsanspruchs.[1034] Lediglich, wenn man von einem Entstehen des Urlaubsanspruchs ausgeht, kann dieses Argument bei der Frage nach einer Kürzungsmöglichkeit helfen.[1035]

Weiterhin wird als Ergebnis einer teleologischen Reduktion[1036] bzw. durch Auslegung der Norm nach Sinn und Zweck[1037] angeführt, dass das bloße Bestehen des Arbeitsverhältnisses nicht für das Entstehen eines Urlaubsanspruchs ausreicht, sondern vielmehr eine Arbeitspflicht in dem Urlaubsjahr nicht ausgeschlossen sein darf.[1038] Hierfür bringt *Fieberg*[1039] zunächst die vom Bundesarbeitsgericht jüngst herangezogene Formulierung aus den Ausschussberatungen zum Bundesurlaubsgesetz an, nach der es unerheblich ist, ob der Arbeitnehmer die ihm obliegende Beschäftigung tatsächlich ausgeübt hat. Diese Formulierung kann sich ebenso gut nur auf den Bestand des Arbeitsverhältnisses beziehen. Im an sich bestehenden Arbeitsverhältnis obliegt dem Arbeitnehmer gerade an sich die vereinbarte Beschäftigung.[1040] Darüber hinaus tätigt nicht das Bundesarbeitsgericht selbst diese Aussage, sondern zitiert lediglich den Gesetzgeber, der diese Formulierung in Bezug auf die nach § 4 BUrlG zu erfüllende Wartezeit wählte.[1041] *Fieberg*[1042] bezieht sich darüber hinaus auf das Bundesarbeitsgericht, nach dem „kein Verhältnis zwischen geleisteter Arbeit und Urlaub, sondern allenfalls zwischen zu leistender Arbeit und Urlaubsanspruch“[1043] besteht. Auch diese Aussage kann aber dahingehend verstanden werden, dass an sich ein

---

1032 BAG v. 07.08.2012 – 9 AZR 353/10 NZA 2012, 1216, 1218 (Rn. 16).

1033 Oder einer sonstigen vertraglichen Vereinbarung des Ruhens.

1034 I. E. auch *Powietzka/Christ*, NZA 2013, 18, 22.

1035 Siehe dazu sogleich im zweiten Teil, A. IX. 2. e) bb) (S. 223 ff.).

1036 Dafür *Düwell*, DB 2012, 1749.

1037 Hierfür spricht sich *Fieberg*, ZESAR 2013, 258, 262 aus.

1038 *Düwell*, DB 2012, 1749; *Fieberg*, ZESAR 2013, 258, 262.

1039 *Fieberg*, ZESAR 2013, 258, 262.

1040 In diesem Sinne auch *Boecken/Jacobsen*, ZTR 2011, 267, 269.

1041 BAG v. 07.08.2012 – 9 AZR 353/10 NZA 2012, 1216, 1217 (Rn. 8) unter Berufung auf BT-Drs. 4/785, S. 3.

1042 *Fieberg*, ZESAR 2013, 258, 262, der richtigerweise wohl die Entscheidung des BAG v. 08.03.1984 – 6 AZR 600/82 meint.

1043 BAG v. 08.03.1984 – 6 AZR 600/82 NZA 1984, 197.

Arbeitsverhältnis bestehen muss, also an sich eine zu leistende Arbeit existieren muss. Zudem entwertet bereits das vorausgesetzte „allenfalls“ *Fiebergs* Interpretation, das Bundesarbeitsgericht deute ebenfalls die Forderung nach einer bestehenden Arbeitspflicht im Urlaubsjahr an. *Düwell* bemerkt schließlich zu Recht, dass diese Interpretation des § 1 BUrlG, unabhängig von ihrer methodischen Herleitung, nicht der geltenden Rechtslage entspricht.[1044]

Überdies wird der Wille der Parteien angeführt, die den Arbeitgeber von allen Leistungspflichten entbinden wollen, sodass es nicht darauf ankommt, ob es sich bei der Leistung um eine Haupt- oder Nebenpflicht handelt.[1045] Dieses Argument kann aber bei einer dogmatischen Betrachtung nicht überzeugen. Vielmehr spricht die Vergleichbarkeit der Konstellationen für ein Entstehen des Urlaubsanspruchs auch in ruhenden Arbeitsverhältnissen. Dass in der einen Konstellation eine bewusste Veranlassung zum Ruhen führt, in der anderen Konstellation die Leistungsstörung hingegen ohne Veranlassung eintritt, kann keinen Einfluss auf das Entstehen der Urlaubsansprüche haben. Dadurch sind vielmehr nur die unterschiedlichen Voraussetzungen gekennzeichnet. An der Vergleichbarkeit der dogmatischen Konstellation ändert dies jedoch nichts.

Schließlich wird die Konstellation genannt, in welcher der Arbeitnehmer sein Arbeitsverhältnis ruhend stellt, um währenddessen bei einem anderen Arbeitgeber zu arbeiten. Dies trifft beispielsweise auf Auslandseinsätze zu. Gewährt nun der Arbeitgeber des aktiven Arbeitsverhältnisses dem Arbeitnehmer seinen Jahresurlaub, so sei eine Entstehung von weiteren Urlaubsansprüchen im ruhenden Arbeitsverhältnis sinnlos und von § 1 BUrlG nicht gefordert.[1046] In der Tat entstünden, wenn man der Ansicht ist, dass im ruhenden Arbeitsverhältnis Urlaubsansprüche entstehen, in dieser Konstellation in beiden Arbeitsverhältnissen Urlaubsansprüche. Soweit die Urlaubsansprüche aus dem ruhenden Arbeitsverhältnis noch nicht verfallen sind, wenn der Arbeitnehmer diese geltend macht,[1047] hilft hierbei aber die Norm des § 6 BUrlG, die, zumindest in entsprechender Anwendung, gerade das Wahrnehmen von Doppelansprüchen

---

1044 *Düwell*, DB 2012, 1749. Zu den Argumenten siehe bereits bei der Systematik und dem daraus erkennbaren Willen des Gesetzgebers im zweiten Teil, A. IX. 2. e) aa) (2) (S. 216 ff.).

1045 *Powietzka/Rolf*, § 1 BUrlG Rn. 25.

1046 *Powietzka/Rolf*, § 1 BUrlG Rn. 26 f.

1047 Zum Verfall der im ruhenden Arbeitsverhältnis entstandenen Urlaubsansprüche siehe im zweiten Teil, A. IX. 3. (S. 230 ff.).

durch den Arbeitnehmer verhindern soll.[1048] Diese Folgeprobleme sind zwar im Bundesurlaubsgesetz nicht direkt geregelt, lassen sich aber methodisch lösen. Sie sprechen hingegen nicht gegen ein Entstehen von Urlaubsansprüchen im ruhenden Arbeitsverhältnis.[1049]

Dem Sinn und Zweck sowie der dogmatischen Konstruktion des ruhenden Arbeitsverhältnisses folgend kann die Ansicht, derzufolge keine Urlaubsansprüche im ruhenden Arbeitsverhältnis entstehen, nicht überzeugen. Fasst man den Urlaubsanspruch als Nebenpflicht des Arbeitgebers auf, spricht die Betrachtung vielmehr für ein Entstehen des Urlaubsanspruchs.

(4) Unionsrechtliche Betrachtung

Schließlich ist auch die neueste Rechtsprechung des Europäischen Gerichtshofs zur Klärung der Streitfrage heranzuziehen. Durch die Entscheidung *Heimann/Toltschin* ist geklärt, dass unionsrechtlich zumindest in Fällen, in denen das Ruhen nicht auf krankheitsbedingten Gründen beruht, wie im Fall der Kurzarbeit, eine Kürzung von Urlaubsansprüchen gerechtfertigt sein kann.[1050] Allerdings äußert sich der Europäische Gerichtshof hier gerade nicht zu der Frage, ob im ruhenden Arbeitsverhältnis Urlaubsansprüche entstehen. Er geht vielmehr gleich der Frage nach, ob ein (bestehender) Urlaubsanspruch unionsrechtlich betrachtet nach dem pro rata temporis-Grundsatz gekürzt werden kann.[1051] Daher ist zur Klärung der denklogisch vorab zu beantwortenden Frage das Unionsrecht nicht zielführend. Diese ist also allein nationalrechtlich zu klären.

(5) Ergebnis

Nach der Untersuchung des Wortlauts und der Funktion des Urlaubsanspruchs, der Systematik, der Gesetzgebungsgeschichte, der Teleologie sowie der dogmatischen Konstruktion des ruhenden Arbeitsverhältnisses erscheint die Ansicht,

---

1048 ErfK/*Gallner*, § 6 BUrlG Rn. 1 ff.; BeckOKArbR/*Lampe*, § 6 BUrlG Rn. 1 ff. Siehe zur Anrechnungsmöglichkeit im Falle einer unwirksamen Kündigung und eines bereits gewährten Urlaubsanspruchs beim neuen Arbeitgeber BAG v. 21.02.2012 – 9 AZR 487/10 NZA 2012, 793, das in dieser Konstellation eine Analogie zu §§ 11 Nr. 1 KSchG, 615 S. 2 BGB annimmt.

1049 Ebenso verhält es sich mit den „nicht einsichtigen" Ergebnissen, die *Fieberg*, ZESAR 2013, 258, 261 f. darstellt. Diese können lediglich Handlungsbedarf für den Gesetzgeber aufzeigen.

1050 EuGH v. 08.11.2012 – C-229/11, C-230/11 NZA 2012, 1273 (Heimann/Toltschin).

1051 EuGH v. 08.11.2012 – C-229/11, C-230/11 NZA 2012, 1273 (Heimann/Toltschin); in diesem Sinne verstehen den Europäischen Gerichtshof auch *Powietzka/Christ*, NZA 2013, 18, 21; nicht überzeugend daher *Conze*, öAT 2013, 29, 31.

nach der im ruhenden Arbeitsverhältnis kein Urlaubsanspruch entsteht, nicht überzeugend. Vielmehr deutet die Systematik deutlich darauf hin, dass nach dem bestehenden Rechtssystem der Gesetzgeber davon ausgeht, dass grundsätzlich Urlaubsansprüche auch im ruhenden Arbeitsverhältnis entstehen und nur in den vorgesehenen Ausnahmetatbeständen von Gesetzes wegen gekürzt werden können.[1052]

bb) Kürzungsmöglichkeit bei entstandenem Urlaubsanspruch

Es gilt nunmehr das Problem zu klären, ob für einen im ruhenden Arbeitsverhältnis entstandenen Urlaubsanspruch eine Kürzungsmöglichkeit besteht.

(1) Unionsrechtliche Betrachtung

Hierbei ist zunächst zu untersuchen, ob sich aus der Entscheidung *Heimann/Toltschin* unionsrechtliche Vorgaben zur Beantwortung dieser Frage ergeben. Allerdings entscheidet hier der Europäische Gerichtshof letztlich einzig, dass nationale Regelungen oder Gepflogenheiten, im konkreten Fall ein auf einer Betriebsvereinbarung beruhender Sozialplan, nach denen eine Kürzung von Urlaubsansprüchen nach dem pro rata temporis-Grundsatz für ein wegen Kurzarbeit ruhendes Arbeitsverhältnis vorgesehen ist, Unionsrecht nicht entgegensteht. Ob dies auch für die Fälle des krankheitsbedingt ruhenden Arbeitsverhältnisses gilt, wird aus der Entscheidung des Europäischen Gerichtshofs nicht deutlich. Er weist einerseits auf den Unterschied zwischen den von Kurzarbeit betroffenen Arbeitnehmern und den krankheitsbedingt arbeitsunfähigen Arbeitnehmern hin. Dabei begreift er die Suspendierung der Hauptleistungspflichten als eine grundlegend andere Situation als diejenige der Erkrankung.[1053] Damit ist vom Europäischen Gerichtshof weder der Fall des krankheitsbedingten Ruhens geklärt, bei dem der Arbeitnehmer durch

---

1052 BAG v. 30.07.1986 – 8 AZR 475/84 NZA 1987, 13 bezieht ausdrücklich zur Frage des Entstehens keine Stellung. „Jedenfalls" für den Fall des krankheitsbedingten Ruhens so auch BAG v. 07.08.2012 – 9 AZR 353/10 NZA 2012, 1216.

1053 EuGH v. 08.11.2012 – C-229/11, C-230/11 NZA 2012, 1273, 1274 (Rn. 31) (Heimann/Toltschin); *Powietzka/Christ*, NZA 2013, 18, 21, die sich dafür aussprechen, die *Schultz-Hoff*-Rechtsprechung nicht auf Fälle krankheitsbedingt ruhender Arbeitsverhältnisse zu übertragen. Hierfür kann insbesondere angeführt werden, dass der Arbeitnehmer auch in diesem Fall das Ruhen selbst herbeiführt, sodass eine gänzlich andere Situation als bei der krankheitsbedingten Arbeitsunfähigkeit an sich vorliegt. Indes erscheint fraglich, ob der Europäische Gerichtshof diese Ansicht teilen wird. Er stellt insbesondere auf die faktische Möglichkeit des Arbeitnehmers zur Erholung ab. Eine solche hat dieser während der Krankheit nicht und dies unabhängig davon, ob währenddessen das Arbeitsverhältnis ruht oder nicht.

seinen Antrag das Ruhen des Arbeitsverhältnisses herbeiführt, noch ist die Frage nach einem Entstehen des Urlaubsanspruchs im ruhenden Arbeitsverhältnis geklärt.[1054] Klar ist aber, dass jedenfalls dem Grundsatz nach Unionsrecht einer Kürzungsmöglichkeit von Urlaubsansprüchen im ruhenden Arbeitsverhältnis nicht entgegensteht. Dies gilt zumindest im Fall der Kurzarbeit, in dem der Arbeitnehmer während des Ruhens in der Lage ist, sich zu erholen, also die Funktion des Urlaubs erfüllt werden kann.[1055] Für diesen Fall nimmt der Europäische Gerichtshof vielmehr eine faktische Vergleichbarkeit zur Situation von Teilzeitbeschäftigten an, bei der die Minderung des Anspruchs auf Jahresurlaub gegenüber dem bei Vollzeitbeschäftigung bestehenden Anspruch aus sachlichen Gründen gerechtfertigt ist.[1056] Damit ist die Möglichkeit einer Kürzung im ruhenden Arbeitsverhältnis letztlich nationalrechtlich zu bestimmen.[1057]

(2) Systematik

Im nationalen Recht lohnt sich zunächst wiederum ein Blick auf die Systematik. In den Fällen der §§ 17 Abs. 1 S. 1 BEEG, 4 Abs. 1 S. 1 ArbPlSchG hat der Gesetzgeber ausdrücklich die Kürzungsmöglichkeit der Urlaubsansprüche im ruhenden Arbeitsverhältnis vorgesehen. Gerade aus dem Ausnahmecharakter dieser Vorschriften, der insbesondere durch Einführung des Pflegezeitgesetzes deutlich wird, ergibt sich aber, dass es kein allgemeines Prinzip gibt, aus dem sich eine solche Kürzungsmöglichkeit ergibt.[1058] Ebenso wenig lässt sich eine Kürzungsmöglichkeit aus § 5 Abs. 1c BUrlG oder aus der Fürsorgepflicht des Arbeitgebers gegenüber dem Arbeitnehmer herleiten.[1059]

Schließlich kann eine analoge Anwendung des § 5 Abs. 1a und c BUrlG in Betracht gezogen werden.[1060] Dazu müssen zunächst eine planwidrige

1054 So auch *Powietzka/Christ*, NZA 2013, 18, 21 f.; nicht überzeugend *Conze*, öAT 2013, 29, 31.

1055 EuGH v. 08.11.2012 – C-229/11, C-230/11 NZA 2012, 1273, 1274 (Rn. 29) (Heimann/Toltschin).

1056 EuGH v. 08.11.2012 – C-229/11, C-230/11 NZA 2012, 1273, 1274 (Rn. 32 ff.) (Heimann/Toltschin).

1057 Ebenso *Powietzka/Christ*, NZA 2013, 18, 21 f.

1058 So bereits vor Einführung des Pflegezeitgesetzes BAG v. 30.07.1986 – 8 AZR 475/84 NZA 1987, 13; a. A. *C. Picker*, ZTR 2009, 230, 236 ff., der ein grundsätzliches Recht zur Kürzung des Arbeitgebers im Falle des Ruhens annimmt.

1059 So bereits BAG v. 30.07.1986 – 8 AZR 475/84 NZA 1987, 13, 14.

1060 So unter Hinweis auf eine entsprechende Empfehlung des Arbeitgeberkreises der BAT-Kommission v. 08.10.1996 (unter TOP 13) *Sponer/Steinherr*, TVöD, § 26 Rn. 170.

Regelungslücke sowie eine vergleichbare Interessenlage vorliegen.[1061] Bereits Erstere lässt sich nach Herleitung der Systematik und dem daraus abgeleiteten gesetzgeberischen Willen, nach dem den einzeln geregelten Kürzungstatbeständen Ausnahmecharakter zukommt, bezweifeln. Vielmehr unterstellte man dem Gesetzgeber bei Bejahung einer planwidrigen Regelungslücke, dass er eigentlich für alle ruhenden Arbeitsverhältnisse den §§ 17 BEEG, 4 ArbPlSchG vergleichbare Kürzungsmöglichkeiten vorsehen wollte, dies aber beispielsweise bei Einführung des Pflegezeitgesetzes übersehen hat. Selbst bei Annahme einer planwidrigen Regelungslücke ist überdies eine vergleichbare Interessenlage erforderlich. Bei § 5 Abs. 1a und c BUrlG sieht der Gesetzgeber für das Jahr, in dem das Arbeitsverhältnis des Arbeitnehmers beginnt bzw. endet, eine Zwölftelung des Urlaubsanspruchs vor. Dass die Konstruktion des ruhenden nicht mit der des beendeten Arbeitsverhältnisses vergleichbar ist, wurde bereits aufgezeigt.[1062] Darüber hinaus machte dann das übrige gesetzliche Urlaubssystem keinen Sinn mehr, wie beispielsweise die Anknüpfung an die Wartezeit zeigt, die bezogen auf das ruhende Arbeitsverhältnis kein Kriterium darstellen könnte, weil sie auch während des Ruhens erfüllt würde.[1063] Letztlich scheitert damit die Annahme einer Analogie an beiden zu erfüllenden Voraussetzungen.[1064]

Ist man bei logischer Betrachtung im ersten Schritt davon ausgegangen, dass im ruhenden Arbeitsverhältnis Urlaubsansprüche grundsätzlich entstehen, so ist ein Scheitern einer Abbedingung des Anspruchs durch Tarifvertrag an § 13 Abs. 1 S. 1 BUrlG im zweiten Schritt die logische Konsequenz.[1065] Dasselbe gilt für arbeitsvertragliche Regelungen wegen § 13 Abs. 1 S. 3 BUrlG.[1066] § 13 Abs. 1 BUrlG soll den Mindesturlaubsanspruch gerade in der Weise schützen,

---

1061 BGH v. 14.12.2006 – IX ZR 92/05 NJW 2007, 992, 993; v. 13.03.2003 – I ZR 290/00 NJW 2003, 1932, 1933; BAG v. 13.02.2003 – 8 AZR 654/01 NJW 2003, 2473, 2474; *Larenz/Canaris*, S. 194 ff.; Palandt/*Sprau*, Einleitung Rn. 48, 55.

1062 Siehe dazu soeben im zweiten Teil, A. IX. 2. e) aa) (3) (S. 218 ff.).

1063 *Fieberg*, NZA 2009, 929, 933; ErfK/*Gallner*, § 4 BUrlG Rn. 4.

1064 So i. E. auch BAG v. 30.07.1986 – 8 AZR 475/84 NZA 1987, 13, 14; *Fieberg*, NZA 2009, 929, 933; Arnold/Tillmanns/*Zimmermann*, § 1 BUrlG Rn. 33.

1065 BAG v. 07.08.2012 – 9 AZR 353/10 NZA 2012, 1216, 1218 (Rn. 16), das dies freilich ausdrücklich nur für den Fall des krankheitsbedingten Ruhens des Arbeitsverhältnisses annimmt und sich nicht zum ruhenden Arbeitsverhältnis im Allgemeinen äußert. Allerdings kann dieses Argument nicht nur für den Krankheitsfall gelten, in dem der Arbeitnehmer auch selbst das Ruhen herbeigeführt hat, sondern gilt rein logisch insgesamt für den Fall des Ruhens.

1066 So auch *Boecken/Jacobsen*, ZTR 2011, 267, 270 f., die jedoch ebenfalls nur den Fall des krankheitsbedingten Ruhens des Arbeitsverhältnisses untersuchen.

dass über ihn auch nicht durch bewusste Veranlassung der Vertragsparteien verfügt werden kann.[1067] Damit ist nach nationalem Recht eine anteilige Kürzung von Urlaubsansprüchen im ruhenden Arbeitsverhältnis nicht möglich. Eine solche Vereinbarung scheitert an § 13 Abs. 1 BUrlG.

(3) Umrechnung des Urlaubsanspruchs bei Kurzarbeit

In Bezug auf die Kurzarbeit sind nun vielerorts, insbesondere im Schrifttum, die Forderungen zu vernehmen, dass diese der Teilzeitbeschäftigung vergleichbar sei und daher die Urlaubsansprüche umzurechnen seien.[1068] Bei dieser Diskussion geht es letztlich um die Berechnung von Urlaubstagen, die sich nach § 3 BUrlG richtet. Diese Frage ist also unabhängig von der Frage eines Entstehens des Urlaubsanspruchs im ruhenden Arbeitsverhältnis. Ein solcher entsteht und kann auch grundsätzlich nicht gekürzt werden. Es stellt sich einzig das Problem, wie der Urlaubsanspruch im Fall der Kurzarbeit im Sinne von § 3 Abs. 1 BUrlG berechnet wird. Die Berechnung setzt dabei einen bereits entstandenen Urlaubsanspruch voraus.[1069]

Nach § 3 Abs. 1 BUrlG stehen dem Arbeitnehmer 24 Urlaubstage pro Jahr zu, wobei nach Absatz 2 eine Sechs-Tage-Woche zugrunde gelegt wird. Arbeitet der Arbeitnehmer aber, wie üblicherweise, nur an fünf Tagen der Woche, wird nach § 3 BUrlG eine Umrechnung der Urlaubstage vorgenommen, sodass also dem Arbeitnehmer 20 Urlaubstage zustehen.[1070] Genauso verhält es sich, wenn der Arbeitnehmer nur zur Arbeit an vier Tagen der Woche verpflichtet ist.[1071] Das bedeutet, das Bundesarbeitsgericht stellt bei der Berechnung des Jahresurlaubsanspruchs auf die Arbeitspflicht bezogen auf das Kalenderjahr ab.[1072]

Nach dem soeben hergeleiteten Ergebnis besteht aber im ruhenden Arbeitsverhältnis gerade „an sich" eine Arbeitspflicht, sodass daher grundsätzlich auch der volle Urlaubsanspruch besteht. Dies gilt grundsätzlich auch im Fall der Kurzarbeit, in dem die Vertragsparteien das Arbeitsverhältnis ebenfalls (zumindest

1067 ErfK/*Gallner*, § 13 BUrlG Rn. 1, 3 ff.

1068 *Eckstein*, Anm. zu ArbG Passau v. 13.04.2011 – C 1 Ca 62/11, C 1 Ca 63/11 BB 2012, 1164; *Rudkowski*, NZA 2012, 74; *Wicht*, BB 2012, 1349, 1352.

1069 BAG v. 07.08.2012 – 9 AZR 353/10 NZA 2012, 1216, 1218 f. (Rn. 17).

1070 BAG v. 08.05.2001 – 9 AZR 240/00 NZA 2001, 1254; v. 08.09.1998 – 9 AZR 161/97 NZA 1999, 665; v. 18.02.1997 – 9 AZR 738/95 NZA 1997, 1123; v. 27.01.1987 – 8 AZR 579/84 NZA 1987, 462.

1071 BAG v. 20.06.2000 – 9 AZR 309/99 NZA 2001, 622; v. 14.02.1991 – 8 AZR 97/90 NZA 1991, 777.

1072 BAG v. 22.10.1991 – 9 AZR 621/90 AP BUrlG § 3 Nr. 6.

teilweise) ruhend stellen. Auch hier besteht die Arbeitspflicht des Arbeitnehmers fort, im ruhenden Teil des Arbeitsverhältnisses „an sich" und in dem sich in Vollzug befindlichen Teil ohnehin. Daher kann sich die Diskussion um die Umrechnung des Urlaubsumfangs im Fall der Kurzarbeit nach dem hier vertretenen Lösungsansatz lediglich darum drehen, eine Ausnahme hinsichtlich der Berechnung in Anlehnung zu den Teilzeitbeschäftigten anzunehmen oder eine Kürzungsmöglichkeit in dieser Konstellation vorzunehmen. Diese müssen durch den Gesetzgeber gesetzlich festgesetzt werden.

Für eine Ausnahme hinsichtlich der Berechnung lassen sich ohne Zweifel die auch vom Europäischen Gerichtshof im Fall *Heimann/Toltschin* angeführten Argumente anbringen. Zum einen ist die Vergleichbarkeit der Kurzarbeit zur Teilzeitbeschäftigung zu sehen.[1073] Zudem kann sich der Arbeitnehmer, der nicht erkrankt ist, während des Zeitraums der Kurzarbeit, in dem er nicht arbeiten muss, erholen und Freizeitaktivitäten nachgehen. Schließlich ist insbesondere der Hintergrund der Einführung der Kurzarbeit zu sehen. Durch den Sozialplan sollen Nachteile für den Arbeitnehmer vermieden werden.[1074] Nach der gesetzlichen Regelung einer solchen Ausnahme, für die insbesondere in praktischer Hinsicht einiges sprechen mag,[1075] ließe sich der Urlaubsanspruch des Arbeitnehmers in der Kurzarbeit entsprechend dem Teilzeitbeschäftigten nach § 3 BUrlG berechnen, wobei die Arbeitspflicht ausnahmsweise außer Betracht gelassen werden muss.

Auch bei der Kurzarbeit Null handelt es sich um ein ruhendes Arbeitsverhältnis, sodass in dieser Konstellation letztlich wiederum nur durch ein Tätigwerden des Gesetzgebers eine Ausnahme bei der Berechnung bzw. eine Kürzungsmöglichkeit angenommen werden kann. De lege lata findet eine Umrechnung hingegen nicht statt.[1076] Zur Begründung einer solchen Ausnahme

---

1073 Letztlich ist hier aber insbesondere darauf hinzuweisen, dass die Konstellationen zwar vergleichbar, aber gerade nicht identisch sind. Beim Kurzarbeiter besteht gerade ein Vollzeitarbeitsvertrag, bei dem für einen bestimmten Zeitraum die Hauptleistungspflichten suspendiert sind. Im Fall der Teilzeitbeschäftigung besteht in einem bestimmten Zeitraum schon gar keine Arbeitspflicht.

1074 EuGH v. 08.11.2012 – C-229/11, C-230/11 NZA 2012, 1273 (Heimann/Toltschin); *Dassau/Wulfers*, ZTR 2013, 3, 5.

1075 *Bayreuther*, DB 2012, 2748; *Eckstein*, Anm. zu ArbG Passau v. 13.04.2011 – C 1 Ca 62/11, C 1 Ca 63/11 BB 2012, 1164; *Rudkowski*, NZA 2012, 74; *dies.*, EuZA 2013, 260; *Wicht*, BB 2012, 1349, 1352; für eine Differenzierung im Sinne des Europäischen Gerichtshofs auch *Fieberg*, ZESAR 2013, 258, 264.

1076 A. A. LAG Düsseldorf v. 19.01.2012 – 15 Sa 380/11 ZTR 2012, 283, 285 (2. a) cc)); v. 01.10.2010 – 9 Sa 1541/09 – juris (Rn. 100); *Rudkowski*, NZA 2012, 74; *Wicht*,

bietet sich zunächst die Vergleichbarkeit zur Situation eines Teilzeitbeschäftigten an. Dazu muss beim teilzeitbeschäftigten Arbeitnehmer, der an null Tagen arbeitet, nach § 3 Abs. 1 BUrlG auch ein Urlaubsanspruch von Null zu berechnen sein. Bei strenger Anwendung der vom Bundesarbeitsgericht in diesen Fällen angewendeten Formel, errechnen sich null Urlaubstage. Was aber genau die Vereinbarung eines „Teilzeitverhältnisses Null“[1077] beinhalten soll, wird nicht klar. Vielmehr wird es kaum einen Fall geben, in dem die Vertragsparteien, ohne ein Ruhen zu vereinbaren, regeln, dass der Arbeitnehmer an null Tagen im Betrieb des Arbeitgebers arbeitet. Eine solche Vereinbarung wäre inhaltsleer und es läge mangels essentialia negotii schon kein Vertrag vor. Daher gelangt man gar nicht erst zu einer Umrechnung von Urlaubstagen nach § 3 BUrlG, bei der man den Faktor null einsetzen kann. Das Argument der Vergleichbarkeit zum Teilzeitbeschäftigten überzeugt daher insoweit nicht.[1078] Vielmehr stellt die Erstreckung des pro rata temporis-Grundsatzes auf diese Konstellation eine „gedankliche Extension“ dar.[1079]

Jedoch lassen sich insbesondere in pragmatischer Hinsicht gute Argumente für eine solche Ausnahme finden. Der Arbeitgeber versucht hier in wirtschaftlich heikler Lage, den Arbeitsplatz des Arbeitnehmers zu erhalten. Sollten ihm nun wirtschaftliche Nachteile durch entstehende Urlaubsansprüche erwachsen, kann dies dazu führen, dass er sich für eine solche Vereinbarung unzugänglich zeigt.[1080] Damit sprechen auf praktischer Seite gewichtige Argumente für die gesetzliche Festlegung einer Kürzungsmöglichkeit oder einer Ausnahme bei der Berechnung des Urlaubsanspruchs im Fall der Kurzarbeit. Wird eine solche vorgenommen, so hat der Arbeitnehmer, bei dem Kurzarbeit Null angeordnet wurde, einen Urlaubsanspruch in der Höhe von null Urlaubstagen und damit letztlich keinen Urlaubsanspruch.[1081]

BB 2012, 1349, 1352. Für eine differenziertere Betrachtung durch die Rechtsprechung spricht sich *Fieberg*, ZESAR 2013, 258, 264 aus.

1077 LAG Düsseldorf v. 19.01.2012 – 15 Sa 380/11 ZTR 2012, 283, 285 (2. a) cc)).

1078 Auch *Leuchten/Klapper*, ZESAR 2013, 114, 116 erkennen, dass es einen „Teilzeitgrad Null“ im Grunde gar nicht gibt, während der Europäische Gerichtshof diese Tatsache „geflissentlich unter den Tisch“ fallen lasse. Auch die übrigen Literaturstimmen gehen über diese Tatsache hinweg, um zu dem gewünschten Ergebnis zu gelangen, vgl. dazu etwa *Rudkowski*, NZA 2012, 74; *Wicht*, BB 2012, 1349, 1352.

1079 *Fieberg*, ZESAR 2013, 258, 264.

1080 *Dassau/Wulfers*, ZTR 2013, 3, 5.

1081 Einen sachgerechten Vorschlag, wie ein solches Gesetz aussehen könnte, liefert *Bayreuther*, DB 2012, 2748, 2750. Nicht überzeugend ist daher der Ansatz von *Schubert*, NZA 2013, 1105, 1110, die für den Fall der Kurzarbeit Null richtig erkennt, dass es

f) Ergebnis

Im ruhenden Arbeitsverhältnis entsteht also der Urlaubsanspruch und kann auch von den Vertragsparteien nicht gekürzt werden.[1082] Im Fall der Kurzarbeit besteht die Arbeitspflicht „an sich", sodass eine Umrechnung des Urlaubsanspruchs nach § 3 BUrlG nicht in Betracht kommt. Es kommt lediglich die gesetzliche Schaffung einer Kürzungsmöglichkeit oder einer Ausnahme für die Berechnung nach § 3 BUrlG in Betracht, nach der im Fall der Kurzarbeit trotz bestehender Arbeitspflicht eine Umrechnung analog zur Teilzeitbeschäftigung pro rata temporis vorgenommen wird, also in der Konstellation der Kurzarbeit eine Umrechnung in Abhängigkeit zum in Vollzug befindlichen Teil des Arbeitsverhältnisses erfolgt. Dies gilt ebenso für den Fall der Kurzarbeit Null. Einem solchen Verständnis steht im Übrigen auch kein Unionsrecht entgegen.[1083]

---

de lege lata nicht um eine Umrechnung, sondern um eine Kürzung des Urlaubsanspruchs geht. Eine solche kann aber nur der Gesetzgeber vorsehen, diese „besteht" de lege lata gerade nicht. Auch die für die übrigen Fälle der Kurzarbeit vorgenommene Umrechnung wegen der Vergleichbarkeit zu den Teilzeitbeschäftigten überzeugt aus den bereits dargelegten Gründen nach bestehender Rechtslage nicht. *Fiebergs* Beitrag in der ZESAR 2013, 258 darf wohl als Aufruf an das Bundesarbeitsgericht aufgefasst werden, richterrechtlich eine an den Europäischen Gerichtshof angelehnte, nach Ruhensgründen unterscheidende Differenzierung vorzunehmen. Eine solche ist aber de lege lata nicht möglich.

1082 I. E. ebenso HK-BUrlG/*Oppermann*, § 1 BUrlG Rn. 11; a. A. LAG Düsseldorf v. 19.01.2012 - 15 Sa 380/11 ZTR 2012, 283, 285 (2. a) cc)); v. 01.10.2010 - 9 Sa 1541/09 - juris (Rn. 100); *Conze*, öAT 2013, 29, 31; *Fieberg*, NZA 2009, 929, 934, demzufolge eine Vereinbarung der anteiligen Kürzung möglich ist; *ders.*, ZESAR 2013, 258, 264; *C. Picker*, ZTR 2009, 230, 236 ff., nach dem der Arbeitgeber ein Recht auf Kürzung des im ruhenden Arbeitsverhältnis entstehenden Urlaubsanspruchs hat; *Wicht*, BB 2012, 1349, 1351 f., nach der automatisch eine Umrechnung entsprechend der Teilzeitbeschäftigung vorzunehmen ist.

1083 Versteht man die Rechtsprechung des Europäischen Gerichtshofs in dem Sinne, dass dieser für die Frage, ob der Mindesturlaubsanspruch gekürzt werden kann, an die faktische Möglichkeit des Arbeitnehmers zur Erholung anknüpft, so ist damit in dem nationalen Regelungssystem im Hinblick auf das ruhende Arbeitsverhältnis ein höherer Schutzstandard des nationalen Rechts zu sehen. Letztlich ist dies aber kein Argument gegen ein solches Verständnis des nationalen Rechts. Vielmehr knüpft der nationale Gesetzgeber grundsätzlich gerade nicht an ein Erholungsbedürfnis oder eine Erholungsmöglichkeit an. Lediglich beim Verfall wird dies bei der unionsrechtskonformen Rechtsfortbildung von § 7 Abs. 3 S. 3 BUrlG angeführt. Nicht überzeugend ist daher das Argument von *Powietzka/Christ*, NZA 2013, 18, 21 f.

3. *Verfall des im ruhenden Arbeitsverhältnis entstandenen Urlaubsanspruchs*

Entsteht also grundsätzlich im ruhenden Arbeitsverhältnis ein Urlaubsanspruch und kann dieser nicht gekürzt werden, so stellt sich schließlich die Frage, wann er verfällt und insbesondere, ob auch hier die unionsrechtskonforme Rechtsfortbildung des § 7 Abs. 3 S. 3 BUrlG anzuwenden ist. Der Europäische Gerichtshof hat seine Aussagen zu Art. 7 der Arbeitszeitrichtlinie 2003/88/EG zwar nicht vor dem Hintergrund derartiger Fälle getroffen. Allerdings lassen sich aus seiner Rechtsprechung die entscheidenden Kriterien zur Lösung ableiten. Danach ist an die tatsächliche Möglichkeit des Arbeitnehmers anzuknüpfen, den Urlaub in Anspruch zu nehmen.[1084] Hatte er eine solche Möglichkeit nicht und auch keine Erholungsmöglichkeit, so muss ihm innerhalb bestimmter Grenzen der Urlaubsanspruch erhalten bleiben.[1085] Das Bundesarbeitsgericht folgt dem Europäischen Gerichtshof bei dieser Rechtsprechung und bildete daher § 7 Abs. 3 S. 3 BUrlG für den Fall der arbeitsunfähigen Erkrankung modifiziert unionsrechtskonform fort.[1086] Ruht nun das Arbeitsverhältnis, so hat der Arbeitnehmer keine tatsächliche Möglichkeit der Inanspruchnahme des Urlaubs. Dies spricht zunächst für eine generelle Erstreckung der unionsrechtskonformen Auslegung des § 7 Abs. 3 S. 3 BUrlG auf ruhende Arbeitsverhältnisse. Berücksichtigt man aber des Weiteren, dass der Europäische Gerichtshof auch stets die faktische Erholungsmöglichkeit des Arbeitnehmers in den Fokus nimmt[1087] und dass die Rechtsprechung vor dem Hintergrund entstand, dass der arbeitsunfähig erkrankte Arbeitnehmer keine solche Möglichkeit hat,[1088] stellt sich dies anders dar. Der Arbeitnehmer, dessen Arbeitsverhältnis ruht, hat nicht generell keine tatsächliche Erholungsmöglichkeit. Vielmehr ist eine solche, je nach Ruhensgrund, grundsätzlich gegeben, indem er über seine freie Zeit verfügen kann.

1084 ErfK/*Gallner*, § 7 BUrlG Rn. 55.

1085 EuGH v. 24.01.2012 – C-282/10 EuZW 2012, 342 (Dominguez); v. 22.11.2011 – C-214/10 EuZW 2011, 958 (KHS); v. 20.01.2009 – C-350/06, C-520/06 Slg. 2009, I-179 (Schultz-Hoff).

1086 BAG v. 07.08.2012 – 9 AZR 353/10 NZA 2012, 1216; v. 24.03.2009 – 9 AZR 983/07 NZA 2009, 538.

1087 EuGH v. 08.11.2012 – C-229/11, C-230/11 NZA 2012, 1273, 1274 (Rn. 29) (Heimann/Toltschin); v. 22.11.2011 – C-214/10 EuZW 2011, 958 (Rn. 33 ff.) (KHS); v. 20.01.2009 – C-350/06, C-520/06 Slg. 2009, I-179 (Schultz-Hoff).

1088 EuGH v. 22.11.2011 – C-214/10 EuZW 2011, 958 (KHS); v. 20.01.2009 – C-350/06, C-520/06 Slg. 2009, I-179 (Schultz-Hoff); im Unterschied zu dem sich im ruhenden Arbeitsverhältnis befindlichen Arbeitnehmer, EuGH v. 08.11.2012 – C-229/11, C-230/11 NZA 2012, 1273, 1274 (Rn. 29) (Heimann/Toltschin).

Lediglich im Fall der Erkrankung ist eine faktische Erholungsmöglichkeit nicht gegeben, sodass demnach in diesem Fall auch, wenn in diesem Fall das Arbeitsverhältnis ruht, § 7 Abs. 3 S. 3 BUrlG Anwendung findet.[1089] Das bedeutet aber auch, dass § 7 Abs. 3 S. 3 BUrlG in seiner unionsrechtskonformen aktuellen Interpretation nicht auf Fälle der arbeitsunfähigen Erkrankung beschränkt bleibt, sondern auf alle Fälle Anwendung findet, in denen der Arbeitnehmer keine tatsächliche Möglichkeit der Inanspruchnahme des Urlaubs sowie keine faktische Erholungsmöglichkeit hat.[1090]

4. *Urlaub bei der Altersteilzeit im Blockmodell*

Bevor auf die Konsequenzen der eben gefundenen Ergebnisse für das ruhende Arbeitsverhältnis eingegangen wird, soll die Altersteilzeit im Blockmodell betrachtet werden.[1091] Hier ist insbesondere von Interesse, ob in der passiven Phase, in welcher der Arbeitnehmer nicht arbeitet, jedoch weiterhin das (gekürzte) Arbeitsentgelt erhält, Urlaubsansprüche entstehen. Nach den für das ruhende Arbeitsverhältnis gefundenen Ergebnissen ist nunmehr als Ausgangspunkt klar, dass der Urlaubsanspruch grundsätzlich im bestehenden Arbeitsverhältnis entsteht, unabhängig von einer Unmöglichkeit der Erfüllung des Urlaubsanspruchs.[1092]

Bei der Altersteilzeit im Blockmodell handelt es sich gerade um kein ruhendes Arbeitsverhältnis. Vielmehr erbringt der Arbeitnehmer in der ersten Phase seine volle Arbeitspflicht, während die Pflicht des Arbeitgebers zur Zahlung der Vergütung in der Fälligkeit auf die zweite Phase verschoben wird.[1093] Indem während beider Phasen das Arbeitsverhältnis besteht, entsteht zunächst auch für diese beiden Phasen ein Urlaubsanspruch. Dieser berechnet sich wiederum nach § 3 BUrlG. Nach der Berechnungsmethode des Bundesarbeitsgerichts richtet sich der Urlaubsumfang nach der Arbeitspflicht des Arbeitnehmers. In der ersten Phase ist diese Arbeitspflicht gerade in voller Höhe gegeben, sodass der Urlaubsanspruch auch in voller Höhe entsteht. In der zweiten Phase hingegen

---

1089 I. E. auch *Bayreuther*, DB 2012, 2748, 2750; ErfK/*Gallner*, § 7 BUrlG Rn. 55.

1090 So auch ErfK/*Gallner*, § 7 BUrlG Rn. 48; 55.

1091 Zur Abgrenzung des Altersteilzeitmodells im Blockmodell zum ruhenden Arbeitsverhältnis siehe im zweiten Teil, A. IX. 1. c) (S. 209 f.).

1092 A. A. *Fieberg*, NZA 2009, 929, 934, der in Anlehnung an seinen zum ruhenden Arbeitsverhältnis entwickelten Lösungsansatz vertritt, dass Regelungen zulässig seien, die das Entstehen von Urlaubsansprüchen während der Freistellungsphase ausschließen.

1093 MüKoBGB/*Müller-Glöge*, § 611 BGB Rn. 1287.

besteht gerade keine Arbeitspflicht des Arbeitnehmers,[1094] sodass sich hier der Urlaubsanspruch nach § 3 BUrlG auf null Urlaubstage berechnet. Vereinbarungen wie § 7 TV ATZ geben also lediglich die geltende Rechtslage wieder.

5. Konsequenzen für die Vertragsgestaltung

Im Folgenden sollen die Konsequenzen der gefundenen Ergebnisse für die Vertragsgestaltung dargestellt werden. Diese erfolgen zwar auf der Grundlage des hier verfolgten Lösungsansatzes. Da aber die Rechtslage weder nationalrechtlich noch unionsrechtlich abschließend höchstrichterlich geklärt ist, sollen an den jeweiligen Stellen daneben die Konsequenzen für die Vertragsgestaltung aufgezeigt werden, die sich ergeben, wenn einem abweichenden Lösungsansatz gefolgt wird.

a) Mindesturlaub

Den Mindesturlaub betreffend sind insbesondere drei Regelungsmöglichkeiten von Interesse. Einerseits ist zu untersuchen, ob die Vertragsparteien regeln können, dass auch im ruhenden Arbeitsverhältnis Urlaub entsteht. Von größerem Interesse dürfte sein, ob Kürzungsvereinbarungen für den Fall des ruhenden Arbeitsverhältnisses getroffen werden können. Schließlich sollen Regelungsmöglichkeiten bezüglich der Kurzarbeit geprüft werden.

aa) Regelung, dass im ruhenden Arbeitsverhältnis Urlaub entsteht

Auf Grundlage des gefundenen Ergebnisses, dass auch im ruhenden Arbeitsverhältnis Urlaubsansprüche entstehen, ist eine Regelung, nach der ein solches Entstehen vorgesehen würde, rein deklaratorischer Natur. Ebenso verhält es sich jedenfalls für den Fall des krankheitsbedingten Ruhens nach der Rechtsprechung des Bundesarbeitsgerichts.

Geht man hingegen davon aus, dass im ruhenden Arbeitsverhältnis nicht in jedem Fall Urlaubsansprüche bereits (in vollem Umfang) entstehen,[1095] so wäre eine solche Regelung, die gerade Urlaubsansprüche zugunsten des Arbeitnehmers entstehen lässt, im Hinblick auf § 13 Abs. 1 BUrlG ebenfalls möglich und hätte insoweit konstitutive Wirkung.

1094 Im Unterschied zum ruhenden Arbeitsverhältnis besteht hier auch nicht „an sich" eine Arbeitspflicht, sondern schlicht keine.

1095 So nach *Eckstein*, Anm. zu ArbG Passau v. 13.04.2011 - C 1 Ca 62/11, C 1 Ca 63/11 BB 2012, 1164; *Fieberg*, NZA 2009, 929; *Rudkowski*, NZA 2012, 74; *Wicht*, BB 2012, 1349.

Beispielsklausel 64: Entstehender Mindesturlaubsanspruch im ruhenden Arbeitsverhältnis

> *Für den Arbeitnehmer, dessen Arbeitsverhältnis ruht, entsteht während des Ruhenszeitraums der Anspruch auf den Jahresmindesturlaub.*

bb) Regelung, dass im ruhenden Arbeitsverhältnis Urlaub gekürzt wird

Eine Regelung, nach welcher der im ruhenden Arbeitsverhältnis entstehende Urlaubsanspruch des Arbeitnehmers gekürzt wird, scheitert nach dem hier vertretenen Lösungsansatz hinsichtlich des Mindesturlaubs an § 13 Abs. 1 S. 1 bzw. S. 3 BUrlG. Dies gilt jedenfalls für den Fall des krankheitsbedingten Ruhens auch nach der Rechtsprechung des Bundesarbeitsgerichts.[1096]

Nach anderer Ansicht ist eine solche Kürzungsvereinbarung zulässig.[1097] Soweit ohnehin davon ausgegangen wird, dass im ruhenden Arbeitsverhältnis[1098] kein Urlaubsanspruch entsteht, wäre eine solche Regelung rein deskriptiver Natur. Letztlich ist nach keinem der Lösungsansätze zur Vereinbarung einer solchen Klausel zu raten.[1099]

cc) Kurzarbeit

Nach dem hier vertretenen Lösungsansatz entsteht der Urlaubsanspruch auch während der Kurzarbeit. Einer Regelung bedarf es daher nicht, zuungunsten des Arbeitnehmers kann wegen § 13 Abs. 1 S. 1, 3 BUrlG nicht abgewichen werden. Die Dauer des Urlaubs richtet sich nach § 3 Abs. 1 BUrlG. Sollte richterrechtlich eine Ausnahme der Berechnungsmethode für den Fall der Kurzarbeit angenommen werden, so richtet sie sich nach der Dauer des in Vollzug gesetzten Arbeitsverhältnisses. Auch hierfür ist aber keine Vereinbarung nötig.

Es bedarf also für die Zeit der Kurzarbeit gerade keiner Regelung, die vorsieht, dass sich der Urlaubsanspruch der Höhe nach nach § 3 BUrlG richtet. Auch im Fall der Kurzarbeit Null ergibt sich der Umfang des Urlaubsanspruchs aus dem Gesetz und lässt sich wegen § 13 Abs. 1 S. 1, 3 BUrlG nicht zuungunsten des Arbeitnehmers ändern.[1100]

1096 Siehe dazu BAG v. 07.08.2012 – 9 AZR 353/10 NZA 2012, 1216.

1097 *Fieberg*, NZA 2009, 929, 934; *C. Picker*, ZTR 2009, 230, 237.

1098 Bzw. bei bestimmten Ruhensgründen, vgl. dazu *Wicht*, BB 2012, 1349, 1351.

1099 A. A. Arnold/Tillmanns/*Zimmermann*, § 1 BUrlG Rn. 34, die vorsorglich vertragliche Zwölftelungsregelungen empfiehlt, um das finanzielle Risiko des Arbeitgebers einzudämmen, soweit dieses vertraglich beeinflussbar sei.

1100 Nicht ganz klar ist daher die Forderung von *Eckstein*, Anm. zu ArbG Passau v. 13.04.2011 – C 1 Ca 62/11, C 1 Ca 63/11 BB 2012, 1164 nach einer Vereinbarung,

Ordnet der Arbeitgeber durch eine Betriebsvereinbarung Kurzarbeit an, so sollten die Arbeitnehmer für die Dauer ihres Erholungsurlaubs von der Kurzarbeit ausgenommen werden. Dadurch kann auch während der Kurzarbeit der Urlaub verbraucht werden und die beurlaubten Arbeitnehmer haben Anspruch auf Urlaubsentgelt. Der Arbeitgeber vermeidet die Entstehung ungeförderter Kurzarbeit und die Pflicht zur Gewährung von Ersatzurlaub in einem Zeitraum außerhalb der Kurzarbeit.[1101]

Wird Kurzarbeit hingegen arbeitsvertraglich vereinbart, so unterliegen solche Klauseln der AGB-Kontrolle und müssen daher, um angemessen im Sinne von § 307 Abs. 1 S. 1 BGB zu sein, konkrete Voraussetzungen für die Anordnung von Kurzarbeit enthalten.[1102] In solchen Klauseln sollte nur die Einführung von durch die Agentur für Arbeit geförderter Kurzarbeit gestattet werden. Dann werden Arbeitnehmer, für die vorher schon Urlaub bewilligt wurde, automatisch von der Kurzarbeit ausgenommen sein. In der nachträglichen Urlaubsgewährung dürfte stets die konkludente Aufhebung der Kurzarbeit für den Urlaubszeitraum zu sehen sein.[1103]

b) Mehrurlaub

Bei der Betrachtung der Regelungsmöglichkeiten von Mehrurlaub im ruhenden Arbeitsverhältnis ist zuvörderst die Notwendigkeit einer klaren Differenzierungsklausel zwischen Mindest- und Mehrurlaub hervorzuheben.[1104]

aa) Regelung, dass im ruhenden Arbeitsverhältnis Urlaub gekürzt wird

Ist eine solche vorhanden, so kann grundsätzlich vorgesehen werden, dass im ruhenden Arbeitsverhältnis der Mehrurlaub anteilig gekürzt wird. Für die genauen gesetzlichen Grenzen, denen eine solche Regelung unterworfen ist, muss

---

aus der deutlich werden „müsse", dass während der Kurzarbeit entsprechend dem Freistellungserfordernis der Höhe nach auch nur ein anteiliger Urlaubsanspruch entstehe. Nach der zuvor erörterten Berechnung, die sich nach § 3 BUrlG richtet, ergibt sich dies gerade aus dem Gesetz. Daher ist eine solche Vereinbarung allenfalls als Verdeutlichung und rein deskriptiv möglich. Auch *Rudkowski*, NZA 2012, 74; *Wicht*, BB 2012, 1349 gehen davon aus, dass sich die Umrechnung des Anspruchs bereits aus dem Gesetz ergibt.

1101 *Bauer/Kern*, NZA 2009, 925, 927; *Walker*, SAE 2010, 70, 72.

1102 *Bauer/Günther*, BB 2009, 662, 664 f. zur AGB-Kontrolle einer solchen Klausel samt eines abschließenden Formulierungsvorschlags; *Kleinebrink*, DB 2009, 342, 344; *Walker*, SAE 2010, 70, 71.

1103 *Bauer/Kern*, NZA 2009, 925, 928; *Walker*, SAE 2010, 70, 73.

1104 Siehe dazu im ersten Teil, F. (S. 69 ff.).

allerdings danach unterschieden werden, in welchem Verhältnis zur Arbeitsleistung der Mehrurlaub gewährt wird.

Wird er im unmittelbaren Gegenseitigkeitsverhältnis gewährt, so ergibt sich eine solche Kürzung bereits aus dem Gesetz, namentlich aus § 326 Abs. 1 S. 1 BGB, das vorsieht, dass ein Anspruch auf die Vergütung nur bei erbrachter Arbeitsleistung besteht. Dann ist eine gesonderte Kürzungsvereinbarung also nicht erforderlich und hat, sollte eine solche dennoch vorhanden sein, lediglich deklaratorischen Charakter.[1105]

Wird der Mehrurlaub als Anwesenheitsprämie gewährt, werden auch solche Zeiträume von der Regelung erfasst, in denen der Arbeitnehmer wegen eines ruhenden Arbeitsverhältnisses nicht gearbeitet hat.[1106] Eine solche Regelung darf insbesondere nicht diskriminieren.[1107] Eine Diskriminierung kann sich in Bezug auf gesetzlich vorgesehene Ruhenstatbestände, bei denen die Kürzungsregelung einschlägig wäre, in Bezug auf §§ 15, 17 BEEG ergeben, da es sich bei den in Elternzeit gehenden Arbeitnehmern zu einem Großteil um Frauen handeln wird.

Der Arbeitgeber, der in seinem Betrieb unter bestimmten Voraussetzungen zusätzliche Leistungen gewährt, ist an den Grundsatz der Gleichbehandlung gebunden.[1108] Er muss also die Voraussetzungen so abgrenzen, dass nicht sachwidrig oder willkürlich ein Teil der Arbeitnehmer von den Vergünstigungen ausgeschlossen bleibt.[1109] Der sachliche Grund, Mitarbeiter im Erziehungsurlaub von der Gratifikation auszunehmen, ergibt sich aber aus dem Zweck der Leistung, nämlich der Belohnung des in Vollzug befindlichen Arbeitsverhältnisses. Indem im Fall des Erziehungsurlaubs die beiderseitigen Hauptpflichten suspendiert werden, ist daher eine Vereinbarung, dass während dieser Zeit zusätzliche

1105 Ausführlich zum Verhältnis von tatsächlicher Arbeitsleistung und Gratifikation bezogen auf „arbeitsleistungsbezogene Sonderzuwendungen“ MünchArbR/*Krause*, § 59 Rn. 9 ff.

1106 Zu Kürzungsvereinbarungen, bei denen der Anspruch auf Mehrurlaub von der tatsächlichen Arbeitsleistung abhängig gemacht wird, und den Grenzen, denen diese unterliegen, siehe bereits im zweiten Teil, A. III. 1. c) (S. 145 ff.).

1107 Zu den allgemeinen Grenzen, denen eine solche Vereinbarung unterliegt, siehe bereits im zweiten Teil, A. III. 1. c) (S. 145 ff.). An dieser Stelle sollen die Besonderheiten erörtert werden, die sich aus ruhenden Arbeitsverhältnissen für solche Vereinbarungen ergeben.

1108 Siehe zu den unterschiedlichen dogmatischen Herleitungen nur *Bötticher*, RdA 1953, 161, 162 f.; *G. Hueck*, S. 83 ff.; 172. Jedenfalls aus dem Gewohnheitsrecht kann man ihn herleiten, ErfK/*Preis*, § 611 BGB Rn. 574 ff. m. w. N.

1109 Siehe dazu nur BAG v. 12.10.2011 – 10 AZR 510/10 NZA 2012, 680.

Leistungen nicht beansprucht werden können, nicht zu beanstanden.[1110] Auch gegen Art. 157 AEUV[1111] darf eine solche Kürzungsvereinbarung nicht verstoßen. Diese Vorschrift umfasst auch Sonderzuwendungen. Der Unterschied zwischen einem ruhenden und einem in Vollzug befindlichen Arbeitsverhältnis ist aber hinreichend gewichtig, um eine unterschiedliche Behandlung im Hinblick auf die Sonderleistung zu rechtfertigen.[1112] Damit ist eine solche Vereinbarung sowohl mit nationalem Recht als auch mit Unionsrecht vereinbar.

Eine Kürzungsvereinbarung kann also an die tatsächliche Arbeitsleistung anknüpfen. Dann fallen auch ruhende Arbeitsverhältnisse darunter. Es gelten die allgemeinen Grenzen, insbesondere im Fall von krankheitsbedingten Fehlzeiten die Vorschrift des § 4a EFZG sowie bei arbeitsvertraglichen Regelungen in Allgemeinen Geschäftsbedingungen das Transparenzgebot des § 307 Abs. 1 S. 2 BGB.[1113]

Schließlich können die Vertragsparteien aber auch nur für den Fall des Ruhens eine Kürzungsvereinbarung in Bezug auf den Mehrurlaubsanspruch vereinbaren.[1114] Eine solche Vereinbarung muss, wenn sie als Teil von Allgemeinen Geschäftsbedingungen vorgesehen wird, den allgemeinen Grenzen genügen, also insbesondere angemessen im Sinne von § 307 Abs. 1 S. 1 BGB sein. Knüpft der Arbeitgeber für die Kürzung des Mehrurlaubs, der als Sondervergütung (mit Mischcharakter) gewährt wird, an das ruhende Arbeitsverhältnis an, verfolgt er das Interesse, das in Vollzug befindliche Arbeitsverhältnis zu belohnen. Eine solche Unterscheidung zwischen ruhendem und in Vollzug befindlichem Arbeitsverhältnis hat ausreichendes Gewicht, um eine unterschiedliche Behandlung im Hinblick auf die Sondervergütung zu rechtfertigen. Daher ist auch eine solche Regelung angemessen im Sinne von § 307 Abs. 1 S. 1 BGB.

1110 BAG v. 10.12.2008 – 10 AZR 35/08 NJW 2009, 1370, 1371 f. (Rn. 19); v. 12.01.2000 – 10 AZR 840/98 NZA 2000, 944; v. 24.05.1995 – 10 AZR 619/94 NZA 1996, 31.

1111 Zuvor Art. 141 EGV, davor Art. 119 EWGV.

1112 EuGH v. 21.10.1999 – C 333/97 AP EG-Vertrag Art. 119 Nr. 14 (Lewen); BAG v. 28.09.1994 – 10 AZR 697/93 NZA 1996, 176; MünchArbR/*Krause*, § 59 Rn. 10 in Bezug auf „arbeitsleistungsbezogene Sonderzuwendungen“.

1113 Siehe dazu im zweiten Teil, A. III. 1. c) bb) (S. 146 ff.).

1114 So auch LAG Berlin-Brandenburg v. 06.07.2012 – 10 Sa 368/12 LAGE § 7 BUrlG Nr. 51; *Grosse-Brockhoff/Tielmann*, GWR 2012, 552, 554.

Beispielsklausel 65: Anteilige Kürzung von Mehrurlaub im ruhenden Arbeitsverhältnis[1115]

(1) *„Der Arbeitnehmer hat Anspruch auf den gesetzlichen Mindesterholungsurlaub im Umfang von 20 Tagen pro Jahr, bezogen auf eine Fünf-Tage-Woche. Das Nähere bestimmt sich nach den Vorschriften des Bundesurlaubsgesetzes.“*[1116]

(2) *Darüber hinaus erlangt der Arbeitnehmer in Abhängigkeit zu seinem in Vollzug gesetzten Arbeitsverhältnis nach Maßgabe der Absätze 3–4 einen zusätzlichen bezahlten Erholungsurlaub von weiteren [x] Tagen pro Jahr (Jahresmehrurlaub).*

(3) *Bezogen auf den Zeitraum des laufenden Kalenderjahres verkürzt sich der Jahresmehrurlaubsanspruch* für jeden vollen Kalendermonat, in dem das *Arbeitsverhältnis ruht, um je* $^{1}/_{12}$.

(4) *Ist der Mehrurlaub im laufenden Kalenderjahr bei Eintritt der Kürzungsvoraussetzung nach Absatz 3 bereits gewährt und genommen worden, so ist der Arbeitnehmer zur Rückzahlung des Mehrurlaubsentgelts insoweit verpflichtet, als es, wäre der Mehrurlaub zu dem Zeitpunkt noch nicht gewährt worden, dem durch die Kürzungsklausel erloschenen Mehrurlaub entspricht.*[1117]

(5) *Urlaubsjahr ist das Kalenderjahr.*

(6) *Tilgungsbestimmung*[1118]

bb) Regelung, dass im ruhenden Arbeitsverhältnis Urlaub entsteht

Nach dem hier verfolgten Lösungsansatz bedarf es keiner Regelung, die vorsieht, dass im ruhenden Arbeitsverhältnis ein Mehrurlaubsanspruch entsteht. Ein solcher entsteht, soweit für den Mehrurlaub keine abweichenden Regelungen getroffen werden, ohnehin.

Geht man hingegen davon aus, dass im ruhenden Arbeitsverhältnis nicht in jedem Fall Urlaubsansprüche bereits (in vollem Umfang) entstehen,[1119] so ist eine Regelung, die gerade Mehrurlaubsansprüche zugunsten des Arbeitnehmers entstehen lässt, möglich.

1115 Zur Kürzungsregelung in Abhängigkeit von tatsächlicher Arbeitsleistung, die ruhende Arbeitsverhältnisse einschließt, siehe bereits im zweiten Teil, A. III. 1. c) dd) (Beispielsklausel 28, S. 155 ff.).

1116 *Powietzka/Fallenstein*, NZA 2010, 673, 675.

1117 Zur Zulässigkeit von Rückzahlungsklauseln siehe im zweiten Teil, A. VII. (S. 186 ff.). Zu einer solchen Rückzahlungsklausel, die sich auf Kürzungsvereinbarungen bezieht, siehe im zweiten Teil, A. VII. 2. c) (Beispielsklausel 51, S. 196).

1118 Zu einem Formulierungsvorschlag für eine Tilgungsbestimmung siehe Beispielsklausel 7, S. 102.

1119 So nach *Eckstein*, Anm. zu ArbG Passau v. 13.04.2011 – C 1 Ca 62/11, C 1 Ca 63/11 BB 2012, 1164; *Fieberg*, NZA 2009, 929; *Rudkowski*, NZA 2012, 74; *Wicht*, BB 2012, 1349.

Beispielsklausel 66: Entstehender Mehrurlaubsanspruch im ruhenden Arbeitsverhältnis

> *Für den Arbeitnehmer, dessen Arbeitsverhältnis ruht, entsteht während des Ruhenszeitraums ein Anspruch auf den Jahresmehrurlaub.*

cc) Verfallklausel

Möchten die Vertragsparteien keine Kürzungsvereinbarung im oben genannten Sinne treffen, bleibt ihnen schließlich die Möglichkeit, den Verfall des Anspruchs zu vereinbaren.[1120] Von einer solchen Verfallsklausel ist dann auch der Urlaubsanspruch erfasst, der im ruhenden Arbeitsverhältnis entstanden ist.

X. Vereinbarungen hinsichtlich des Urlaubsabgeltungsanspruchs

Schließlich ist im Rahmen von Urlaubsregelungen auch an Vereinbarungen bezüglich des Urlaubsabgeltungsanspruchs zu denken. Um die hierbei bestehenden Gestaltungsmöglichkeiten aufzeigen zu können, ist vorab die geltende Rechtslage hinsichtlich des Urlaubsabgeltungsanspruchs zu untersuchen. § 7 Abs. 4 BUrlG zufolge ist Urlaub, der wegen Beendigung des Arbeitsverhältnisses ganz oder teilweise nicht mehr gewährt werden kann, abzugelten.

1. Surrogatstheorie des Bundesarbeitsgerichts

Seit den 1960er-Jahren interpretierte das Bundesarbeitsgericht diese Vorschrift in dem Sinne, dass ein strenger Zusammenhang zwischen dem Urlaubsanspruch und dem Abgeltungsanspruch bestand.[1121] Nach diesem Verständnis war eine Abgeltung des Urlaubs nur möglich, wenn hypothetisch betrachtet auch eine Inanspruchnahme des zugrundeliegenden Urlaubs noch möglich gewesen wäre. Wäre hingegen der Urlaubsanspruch aus rechtlichen oder tatsächlichen Gründen nicht mehr erfüllbar, so konnte auch ein Abgeltungsanspruch im Sinne von § 7 Abs. 4 BUrlG nicht entstehen. Die Abgeltung wurde also vom Bundesarbeitsgericht als Surrogat verstanden, das mit der Freizeitgewährung „zwei rechtlich verschiedene Erscheinungsformen des einheitlichen Urlaubsanspruchs"[1122]

1120 Siehe hierzu bereits im zweiten Teil, A. II. (S. 112 ff.).

1121 BAG v. 07.12.1993 – 9 AZR 683/92 NZA 1994, 802; v. 26.04.1990 – 8 AZR 517/89 AP BUrlG § 7 Abgeltung Nr. 53; v. 07.03.1985 – 6 AZR 334/82 NZA 1986, 132; v. 28.06.1984 – 6 AZR 521/81 NZA 1985, 156; v. 06.06.1968 – 5 AZR 410/67 DB 1968, 1407.

1122 BAG v. 30.11.1977 – 5 AZR 667/76 AP BUrlG § 13 Unabdingbarkeit Nr. 4; v. 06.06.1968 – 5 AZR 410/67 DB 1968, 1407, 1408.

bildete. Die Entstehung des Abgeltungsanspruchs war dabei von denselben rechtlichen Faktoren abhängig wie die des Urlaubsanspruchs. Er musste also dieselben Voraussetzungen erfüllen wie der Urlaubsanspruch.[1123]

2. *Entscheidungen des Europäischen Gerichtshofs zum Abgeltungsanspruch*

Mit dem *Schultz-Hoff*-Urteil stellte aber der Europäische Gerichtshof klar, dass der Urlaubsanspruch des ununterbrochen arbeitsunfähig erkrankten Arbeitnehmers während des Bezugszeitraums und des Übertragungszeitraums nicht erlischt. Dies gilt diesem zufolge auch für den Abgeltungsanspruch.[1124]

3. *Auswirkungen auf das nationale Recht – Schrittweise Aufgabe der Surrogatstheorie bis zum vorläufigen Ende*

In Umsetzung des *Schultz-Hoff*-Urteils nahm das Bundesarbeitsgericht eine richtlinienkonforme Rechtsfortbildung des § 7 Abs. 3 S. 3 BUrlG vor. Es gab außerdem die Surrogatstheorie hinsichtlich ununterbrochen arbeitsunfähig erkrankter Arbeitnehmer auf.[1125] Der zuvor unterstellte Surrogationscharakter des Abgeltungsanspruchs, der keinen Niederschlag im Wortlaut gefunden habe, könne nicht mehr länger durch Auslegung angenommen werden. Daher verfalle im Falle der arbeitsunfähig erkrankten Arbeitnehmer der Abgeltungsanspruch mangels Surrogationscharakters nicht.[1126]

Damit wurde der enge Zusammenhang zwischen Urlaubs- und Abgeltungsanspruch zunächst nur für den Fall der fortdauernden Arbeitsunfähigkeit, die auch (bis zum Ende des Arbeitsverhältnisses) nicht wiedererlangt wird, aufgegeben. Eine vollständige Aufgabe der Surrogatstheorie war darin freilich noch nicht zu sehen. In den folgenden Entscheidungen des Bundesarbeitsgerichts blieb es zunächst bei der bereits mit der Umsetzung von *Schultz-Hoff* begründeten teilweisen Aufgabe der Surrogatstheorie.[1127]

1123 BAG v. 06.06.1968 – 5 AZR 410/67 DB 1968, 1407, 1408.

1124 EuGH v. 20.01.2009 – C-350/06, C-520/06 Slg. 2009, I-179 (Schultz-Hoff); zum Inhalt der Entscheidung im Einzelnen siehe bereits im ersten Teil, A. II. 3. b) (S. 17 ff.). In der *KHS*-Entscheidung äußerte sich der Europäische Gerichtshof jedoch nicht zum Abgeltungsanspruch.

1125 BAG v. 24.03.2009 – 9 AZR 983/07 NZA 2009, 538.

1126 BAG v. 24.03.2009 – 9 AZR 983/07 NZA 2009, 538, 544.

1127 BAG v. 09.08.2011 – 9 AZR 475/10 NZA 2012, 166, 168; v. 09.08.2011 – 9 AZR 365/10 NZA 2011, 1421, 1423.

Einen weiteren Schritt ging das Bundesarbeitsgericht jüngst, indem es nun die Surrogatstheorie auch für den Fall der wiedererlangten Arbeitsfähigkeit des Arbeitnehmers aufgibt.[1128] Dies wird damit begründet, dass durch die bei der Umsetzung von *Schultz-Hoff* begründete partielle Aufgabe der Surrogatstheorie für fortdauernd arbeitsunfähig erkrankte Arbeitnehmer die innere Rechtfertigung fehle. Schließlich war der enge Zusammenhang zwischen Abgeltungs- und Urlaubsanspruch zur Vermeidung einer Besserstellung von arbeitsunfähig ausscheidenden Arbeitnehmern im Vergleich zu im Arbeitsverhältnis verbleibenden arbeitsunfähigen Arbeitnehmern geschaffen worden. Daher konnte die Begründung für die Theorie mangels sachlicher Gründe nicht mehr aufrechterhalten werden.[1129] Nunmehr wird der Urlaubsabgeltungsanspruch als „reiner Geldanspruch" angesehen, der also nicht mehr denselben Voraussetzungen unterliegt wie der Urlaubsanspruch. Er hängt damit insgesamt nicht mehr von der Erfüllbarkeit des Urlaubsanspruchs ab, sodass das Fristenregime des Urlaubsanspruchs für ihn nicht gilt.[1130]

Ob diese Sichtweise mit Art. 7 Abs. 2 der Arbeitszeitrichtlinie zu vereinbaren ist, ist aktuell Gegenstand eines Vorabentscheidungsverfahrens des Landesarbeitsgerichts Hamm vor dem Europäischen Gerichtshof. Es stellt dabei u. a. die Frage, ob die Urlaubsabgeltung nach Art. 7 Abs. 2 der Arbeitszeitrichtlinie an die Person des Arbeitnehmers gebunden ist und dies einer Beurteilung als reiner Geldforderung entgegensteht.[1131]

Auch, wenn der Abgeltungsanspruch nun insgesamt nicht mehr von denselben Voraussetzungen wie der Urlaubsanspruch abhängt, sollte dies nicht darüber hinwegtäuschen, dass die Vorgaben des Art. 7 Abs. 2 der Richtlinie 2003/88/EG im Rahmen der Auslegung des § 7 Abs. 4 BUrlG Beachtung finden müssen. Nach Art. 7 Abs. 2 „ersetzt" der Abgeltungsanspruch den Urlaubsanspruch. Es muss daher davon ausgegangen werden, dass trotz eines nun unterschiedlichen rechtlichen Schicksals von Urlaubs- und Abgeltungsanspruch derselbe unionsrechtliche Zweck hinter beiden Regelungen steht: Die Erholung der Arbeitnehmer soll sichergestellt werden. Im Falle der Beendigung des Arbeitsverhältnisses kann dies ausnahmsweise durch eine finanzielle Vergütung erfolgen. Die vollständige Aufgabe der Surrogatstheorie bedeutet damit nicht, dass der Urlaubs- und der

1128 BAG v. 19.06.2012 – 9 AZR 652/10 NZA 2012, 1087.

1129 BAG v. 19.06.2012 – 9 AZR 652/10 NZA 2012, 1087, 1088.

1130 BAG v. 19.06.2012 – 9 AZR 652/10 NZA 2012, 1087.

1131 LAG Hamm v. 14.02.2013 – 16 Sa 1511/12 NJOZ 2013, 897, 899, anhängig beim EuGH unter C-118/13 (Bollacke).

Abgeltungsanspruch künftig in jeglicher Konstellation getrennte Wege gehen.[1132] Vielmehr muss bei den verschiedenen Konstellationen jeweils der unionsrechtliche Zweck Beachtung finden.[1133]

4. *Praktische Konsequenzen für die Vertragsgestaltung*

Für die Vertragsgestaltung ergeben sich aus der (endgültigen) Aufgabe der Surrogatstheorie zunächst einige Unsicherheiten, letztlich bewirkt sie aber ein größeres Maß an Möglichkeiten vertraglicher Gestaltung. Im Folgenden sollen die unterschiedlichen Bereiche untersucht werden, in denen sich hinsichtlich des (gesetzlichen) Abgeltungsanspruchs nun Änderungen ergeben und es sollen jeweils Klauselbeispiele hierzu erarbeitet werden. Auch die Regelbarkeit des Abgeltungsanspruchs hinsichtlich des Mehrurlaubs soll untersucht werden und hierfür soll ein Klauselbeispiel entwickelt werden. Bei der Untersuchung werden zunächst Probleme auf der Ebene der Entstehung des Anspruchs, sodann rechtsvernichtende Einwendungen und schließlich rechtshemmende Einwendungen betrachtet.

a) Entstehungszeitpunkt des Abgeltungsanspruchs

Vorab ist der Entstehungszeitpunkt des Abgeltungsanspruchs zu klären. Dieser ist nicht erst durch die Aufgabe der Surrogatstheorie strittig.[1134] Allerdings ist er für Folgefragen von Belang, die sich beim Abgeltungsanspruch stellen. So kann eine mögliche Übertragbarkeit des Abgeltungsanspruchs nur rechtlich betrachtet werden, wenn klar ist, in welchem Zeitpunkt dieser entstanden ist.[1135] Auch und gerade der Verjährungsbeginn des Abgeltungsanspruchs kann nach § 199 Abs. 1 Nr. 1 BGB nur bestimmt werden, wenn der Entstehungszeitpunkt des Anspruchs klar ist.[1136]

Vom Wortlaut des § 7 Abs. 4 BUrlG ausgehend ist der Urlaub abzugelten, wenn dieser wegen Beendigung des Arbeitsverhältnisses ganz oder teilweise nicht mehr gewährt werden kann. Damit sprechen Wortlaut und Telos

---

1132 Vertiefend zur Bewertung des Urteils im Lichte des Unionsrechts *Stiebert/Pötters*, NZA 2012, 1334, 1336.

1133 Hierzu eingehend *Stiebert/Pötters*, NZA 2012, 1334.

1134 Siehe zuvor bereits BAG v. 14.08.2007 – 9 AZR 934/06 NZA 2008, 473; *Fenski*, DB 2007, 686.

1135 Zur Übertragbarkeit des Urlaubsabgeltungsanspruchs siehe im zweiten Teil, A. X. 4. e) (S. 255 f.).

1136 Zur Verjährung des Urlaubsabgeltungsanspruchs siehe im zweiten Teil, A. X. 4. g) (S. 258 ff.).

der Norm zunächst für die Entstehung des Anspruchs in dem Zeitpunkt, in welchem die Unmöglichkeit der Urlaubsgewährung in natura wegen der Beendigung des Arbeitsverhältnisses eintritt. Auch Art. 7 Abs. 2 der Richtlinie 2003/88/EG, nach dem der Urlaubsanspruch nur bei Beendigung des Arbeitsverhältnisses vergütet werden darf, stellt einen klaren Zusammenhang zwischen der Beendigung des Arbeitsverhältnisses und der Vergütung her. Daraus kann zu schließen sein, dass der Abgeltungsanspruch also im Moment der Unmöglichkeit der Urlaubsgewährung in natura wegen Beendigung des Arbeitsverhältnisses entsteht.[1137]

Andererseits kann man den Abgeltungsanspruch auch dogmatisch als Teil des ursprünglichen einheitlichen Urlaubsanspruchs ansehen, der mit diesem zusammen entsteht.[1138] Danach handelt es sich bei der Urlaubsgewährung und dem Urlaubsentgelt um zwei Aspekte eines Anspruchs, also zwei Seiten einer Medaille. Bei der Urlaubsabgeltung sei es nicht mehr möglich, tatsächlich bezahlten Jahresurlaub zu nehmen, weil das Arbeitsverhältnis ende, sodass in diesem Fall allein die Vergütungsseite des ursprünglichen Anspruchs verbleibe.[1139] Hierfür werden insbesondere unionsrechtliche Argumente hervorgebracht.[1140] Der Europäische Gerichtshof spreche sich für einen Einheitsanspruch aus, indem er zum einen den Urlaubs- und den Urlaubsentgeltanspruch als „die zwei Teile eines einzigen Anspruchs" sehe.[1141] In den Schlussanträgen zu *Schultz-Hoff* heißt es, dass gerade diese Funktionsidentität von Lohn- und Urlaubsabgeltungsanspruch dafür spreche, diesen als untrennbaren Teil des Anspruchs

---

1137 BAG v. 21.02.2012 – 9 AZR 486/10 NZA 2012, 750, 752 (Rn. 22); v. 14.08.2007 – 9 AZR 934/06 NZA 2008, 473; v. 23.06.1992 – 9 AZR 111/91 AP BUrlG § 7 Abgeltung Nr. 59; v. 26.04.1990 – 8 AZR 517/89 AP BUrlG § 7 Abgeltung Nr. 53; LAG Düsseldorf v. 04.05.2011 – 12 Sa 1832/10 LAGE § 7 BUrlG Nr. 49; v. 18.08.2010 – 12 Sa 650/10 – juris; v. 05.05.2010 – 7 Sa 1571/09 NZA-RR 2010, 568; *Pötters/Stiebert*, NJW 2012, 1034, 1038 f.

1138 LAG Düsseldorf v. 01.10.2010 – 9 Sa 1541/09 – juris; v. 25.02.2011 – 9 Sa 258/10 ZTR 2011, 506; *Bieder*, AuR 2012, 239, 241 ff.; siehe zum Streit um den Inhalt des Urlaubsanspruchs auch bereits im ersten Teil, D. II. (S. 48 ff.) sowie *Suckow/Klose*, JArbR 2012, 59 ff.

1139 LAG Düsseldorf v. 01.10.2010 – 9 Sa 1541/09 – juris (Rn. 88 ff.); v. 25.02.2011 – 9 Sa 258/10 ZTR 2011, 506; *Bieder*, AuR 2012, 239, 241 f.

1140 Siehe hierzu LAG Düsseldorf v. 01.10.2010 – 9 Sa 1541/09 – juris; v. 25.02.2011 – 9 Sa 258/10 ZTR 2011, 506; *Bieder*, AuR 2012, 239, 241 ff.; *Fenski*, DB 2007, 686, 690.

1141 EuGH v. 20.01.2009 – C-350/06, C-520/06 Slg. 2009, I-179 (Rn. 60) (Schultz-Hoff); v. 16.03.2006 – C-131/04, C-257/04 NZA 2006, 481, 483 (Rn. 58) (Robinson-Steele).

auf Mindesturlaub zu behandeln.[1142] Auch die Äußerungen des Europäischen Gerichtshofs zur Berechnung der Höhe des Abgeltungsanspruchs werden für diesen Einheitsanspruch angeführt. Diesem zufolge richtet sie sich nach dem gewöhnlichen Arbeitsentgelt des Arbeitnehmers, das während der dem bezahlten Jahresurlaub entsprechenden Ruhezeit weiterzuzahlen ist.[1143] Unionsrechtlich gesehen spricht damit einiges dafür, den Urlaubsanspruch als Einheitsanspruch zu sehen und damit den Abgeltungsanspruch als Teil des Urlaubsanspruchs zu betrachten, sodass dieser gleichzeitig mit dem Urlaubsanspruch entsteht.

Vom Entstehungszeitpunkt ist aber der Fälligkeitszeitpunkt zu unterscheiden. Nach § 271 Abs. 1 Hs. 2 BGB ist der Anspruch in dem Zeitpunkt fällig, in welchem der Gläubiger die Leistung verlangen kann. Erfüllbar ist der Anspruch hingegen nach § 271 Abs. 1 Hs. 3 BGB, sobald der Schuldner die Leistung bewirken kann. Versteht man den Abgeltungsanspruch als Teil des einheitlichen Urlaubsanspruchs, so wird dieser dennoch erst in dem Moment fällig, in welchem der Gläubiger die Leistung verlangen kann. Dies kann er aber erst im Zeitpunkt der Beendigung des Arbeitsverhältnisses.[1144] Die Ansatzpunkte unterscheiden sich nicht im Fälligkeitszeitpunkt der Ansprüche, lediglich der Entstehungszeitpunkt divergiert.

Des Weiteren ist aber zu beachten, dass die traditionellen Vertreter des Einheitsanspruchs zudem aus der Einheitlichkeit von Urlaub und Urlaubsvergütung schließen, dass die Vergütungsseite als Teil des Urlaubsanspruchs höchstpersönlich ist.[1145] Dies scheint nach der neuesten Entwicklung aber nicht mehr als zwingend. Sieht man den Urlaubsanspruch als einheitlich an, kommt diesem eine Doppelnatur[1146] zu, sodass sich auch vertreten lässt, dass die Entgeltkomponente isoliert betrachtet werden kann und muss.[1147]

In der Praxis wird es beim Großteil der Fallgestaltungen letztlich im Ergebnis keinen Unterschied zwischen den Betrachtungsweisen geben, weil es auf den

---

1142 Schlussanträge *Trstenjak* v. 24.01.2008 – C-350/06 BeckRS 2008, 70070 (Rn. 72) (Schultz-Hoff).

1143 LAG Düsseldorf v. 01.10.2010 – 9 Sa 1541/09 – juris (Rn. 93 ff.); v. 25.02.2011 – 9 Sa 258/10 ZTR 2011, 506, 507 f. (VII. 1. cc) (3.2)).

1144 *Bieder*, AuR 2012, 239, 241.

1145 *Neumann/Fenski*, § 1 BUrlG Rn. 73 ff.

1146 Die ältere Theorie die den Urlaubsanspruch als Doppelanspruch ansieht, ist der neuesten Entwicklung nahestehend RAG v. 11.01.1930 – RAG 351/29 AS 8, 280, 284; *Leinemann/Linck*, § 1 BUrlG Rn. 12 ff.; *Streblow*, S. 49 ff.

1147 *Bieder*, AuR 2012, 239, 241.

Zeitpunkt der Fälligkeit ankommt[1148] oder weil Instrumente wie ein Ausschluss nach § 814 BGB praktisch zum gleichen Ergebnis führen.[1149]

Entscheidend ist der Entstehungszeitpunkt aber zum einen bei der Pfändbarkeit des Abgeltungsanspruchs, die von den traditionellen Vertretern des Einheitsanspruchs verneint wird,[1150] sowie in dem vom Bundesarbeitsgericht bereits entschiedenen Fall, dass das Arbeitsverhältnis des Arbeitnehmers durch dessen Tod endet.[1151] Das Bundesarbeitsgericht, das im Urlaubsanspruch den Freistellungsanspruch des Arbeitnehmers sieht, ohne dass hiervon die Arbeitsvergütung betroffen ist,[1152] geht davon aus, dass in diesem Fall das Arbeitsverhältnis mit dem Tod des Arbeitnehmers endet und damit auch der Urlaubsanspruch erlischt. Daher könne kein Urlaubsabgeltungsanspruch mehr entstehen.[1153] Geht man aber davon aus, dass der Urlaubsabgeltungsanspruch als Teil des einheitlichen Urlaubsanspruchs gemeinsam mit diesem entstanden ist und dass man die Entgeltkomponente isoliert betrachten kann,[1154] so unterliegt er ab diesem Zeitpunkt der erbrechtlichen Universalsukzession.[1155] In dem Fall kann also, da der Anspruch bereits entstanden ist, davon ausgegangen werden, dass das Arbeitsverhältnis durch den Tod des Arbeitnehmers beendet wurde und dadurch der

---

1148 Wie z. B. bei der Verjährung, siehe dazu eingehend im zweiten Teil, A. X. 4. g) (S. 258 ff.).

1149 *Fenski*, DB 2007, 686, 690; siehe dazu auch im zweiten Teil, A. VII. (S. 186 ff.).

1150 *Fenski*, DB 2007, 686, 690; *Neumann/Fenski*, § 1 BUrlG Rn. 73, 80 m. w. N.

1151 BAG v. 12.03.2013 – 9 AZR 532/11 NZA 2013, 678; v. 20.09.2011 – 9 AZR 416/10 NJW 2012, 634.

1152 BAG v. 14.08.2007 – 9 AZR 934/06 NZA 2008, 473; siehe zum Inhalt des Urlaubsanspruchs auch bereits im zweiten Teil, D. II. (S. 48 ff.).

1153 BAG v. 12.03.2013 – 9 AZR 532/11 NZA 2013, 678; v. 20.09.2011 – 9 AZR 416/10 NJW 2012, 634; v. 23.06.1992 – 9 AZR 111/91 NZA 1992, 1088 (3); v. 26.04.1990 – 8 AZR 517/89 NZA 1990, 940, 941 (1 b); *Höpfner*, RdA 2013, 65, 69 f.; a. A. *LAG Hamm* v. 22.04.2010 – 16 Sa 1502/09 NZA 2011, 106; Arnold/Tillmanns/*Arnold*, § 7 BUrlG Rn. 186; *Bieder*, AuR 2012, 239, 240; *Jesgarzewski*, BB 2012, 1347, 1348 f.; *Schipper/Polzer*, NZA 2011, 80. Die Folgerung, dass daher der Urlaubsabgeltungsanspruch nicht entstehe, stellt das LAG Hamm v. 14.02.2013 – 16 Sa 1511/12 NJOZ 2013, 897, 899 in Frage und legte diese Frage daher dem Europäischen Gerichtshof vor, anhängig beim EuGH unter C-118/13 (Bollacke). Zu den „makaberen Konsequenzen“ dieser Rechtsprechung siehe auch *Bauer*, Anm. zu BAG v. 20.09.2011 – 9 AZR 416/10 ArbRAktuell 2011, 534; *ders.*, Anm. zu BAG v. 12.03.2013 – 9 AZR 532/11 ArbRAktuell 2013, 333.

1154 A. A. *Neumann/Fenski*, § 1 BUrlG Rn. 73 ff.

1155 *Bieder*, AuR 2012, 239, 241.

Abgeltungsanspruch fällig geworden ist, der in der Person des Arbeitnehmers entstanden ist, nun aber im Wege der Universalsukzession nach § 1922 BGB dem Erben zukommt.

Auch wenn, insbesondere europarechtlich, gute Gründe für die Annahme eines Einheitsanspruchs sprechen und ein solcher nationalrechtlich bereits aus § 1 BUrlG hergeleitet werden kann,[1156] wird im Folgenden bei der Darstellung der vertraglichen Gestaltungsmöglichkeiten die geltende Rechtslage unter Berücksichtigung der aktuellen Rechtsprechung des Bundesarbeitsgerichts der Untersuchung zugrunde gelegt. An gegebener Stelle wird aber auf die abweichenden Rechtsfolgen hingewiesen, die sich für den Abgeltungsanspruch ergeben, wenn von einem Einheitsanspruch ausgegangen wird. Dies betrifft insbesondere den bereits abgebildeten Fall der Beendigung des Arbeitsverhältnisses durch den Tod des Arbeitnehmers. Folgt man den traditionellen Vertretern der Einheitstheorie, so ergeben sich auch bei der Verpfändung Unterschiede.[1157]

b) Höhe des Abgeltungsanspruchs

Die Berechnung der Höhe des Abgeltungsanspruchs ist nach Aufgabe der Surrogatstheorie grundsätzlich im nationalen Recht nicht geklärt, orientierte sie sich bislang doch an der Höhe des Urlaubsentgelts. Unionsrechtlich ist aber längst geklärt, dass dies auch weiterhin der Fall ist. Nach dem Europäischen Gerichtshof ist für die Höhe des Abgeltungsanspruchs das gewöhnliche Arbeitsentgelt des Arbeitnehmers, das während der dem bezahlten Jahresurlaub entsprechenden Ruhezeit weiterzuzahlen ist, maßgebend.[1158] Auch nationalrechtlich ist also davon auszugehen, dass weiterhin eine Orientierung am Urlaubsentgelt erfolgen wird. Zugunsten des Arbeitnehmers kann selbstverständlich eine andere Berechnung vereinbart werden, § 13 Abs. 1 S. 3 BUrlG.[1159]

c) Abgeltungsanspruch unter zusätzlichen Voraussetzungen

aa) Arbeitsvertragliche Vereinbarungen

Der Abgeltungsanspruch, der sich aus dem Mindesturlaubsanspruch ergibt, kann nicht unter zusätzliche Voraussetzungen gestellt werden. Hier steht einerseits der Gesetzeswortlaut des § 7 Abs. 4 BUrlG entgegen, der gerade keine zusätzlichen Voraussetzungen vorsieht. Darüber hinaus spricht auch der unionsrechtliche Schutzzweck gegen die Zulässigkeit solcher Vereinbarungen. Danach ist der

---

1156 Siehe dazu auch bereits im zweiten Teil, D. II. (S. 48 ff.).

1157 Hierzu näher bei der Übertragbarkeit im zweiten Teil, A. X. 4. e) (S. 255 f.).

1158 EuGH v. 20.01.2009 – C-350/06, C-520/06, Slg 2009, I-179 (Schultz-Hoff).

1159 Zur Regelbarkeit des Urlaubsentgeltanspruchs siehe im zweiten Teil, A. VIII. (S. 197 ff.).

Abgeltungsanspruch gerade der Ersatz für den Urlaub, der nicht mehr gewährt werden kann. Dieser muss dem Arbeitnehmer bei Beendigung des Arbeitsverhältnisses tatsächlich zur Verfügung stehen.[1160] Daher kann erst ab der Entstehung des Abgeltungsanspruchs über diesen verfügt werden. Eine Einschränkung vor dem Entstehen durch die Vereinbarung zusätzlicher Voraussetzungen ist mithin nicht möglich.[1161] Zugunsten der Arbeitnehmer kann hingegen freilich von den gesetzlichen Anforderungen an eine Urlaubsabgeltung abgewichen werden. So können die Vertragsparteien arbeits- und tarifvertraglich beispielsweise vorsehen, dass auch bereits erloschener Urlaub noch abgegolten wird.[1162] Hierbei wird, da eine Abgeltung für nach dem Gesetz nicht mehr bestehenden Urlaub begründet wird, nicht gegen § 13 Abs. 1 S. 1 bzw. 3 BUrlG verstoßen.[1163]

bb) Tarifvertragliche Vereinbarungen

Ob hinsichtlich des Mindesturlaubs tarifvertraglich zuungunsten der Arbeitnehmer von § 7 Abs. 4 BUrlG abgewichen werden darf, ist angesichts der aufgegebenen Surrogatstheorie nicht vollends geklärt.[1164] Nach nationalem Recht hängt dies davon ab, ob eine solche Regelung letztendlich gegen §§ 1, 3 Abs. 1 BUrlG verstößt. § 7 Abs. 4 BUrlG selbst ist in § 13 Abs. 1 S. 1 BUrlG nicht genannt. Jedoch ist auch im Hinblick auf den unionsrechtlichen Schutzzweck davon auszugehen, dass der Arbeitnehmer die Möglichkeit haben muss, den Mindesturlaubsabgeltungsanspruch tatsächlich in Anspruch zu nehmen.[1165] Hierfür spricht nationalrechtlich zudem § 1 BUrlG, der ihm einen Anspruch auf bezahlten Erholungsurlaub gibt. Eben dieser Urlaub wird in § 7 Abs. 4 BUrlG bei Beendigung des Arbeitsverhältnisses ausnahmsweise abgegolten. Durch die Aufgabe der Surrogatstheorie wird der Zusammenhang zwischen Urlaubs- und Abgeltungsanspruch nicht aufgehoben, sondern vielmehr lediglich die Abhängigkeit des Abgeltungsanspruchs von der Erfüllbarkeit des Urlaubsanspruchs beseitigt.[1166] Daher ist auch weiterhin eine Abweichung der Tarifvertragsparteien

---

1160 EuGH v. 22.11.2011 – C-214/10 EuZW 2011, 958, 960 (Rn. 26) (KHS).

1161 HK-BUrlG/*Oppermann*, § 7 BUrlG Rn. 74.

1162 Zu tarifvertraglichen Regelungen BAG v. 03.05.1994 – 9 AZR 522/92 NZA 1995, 476; v. 26.05.1992 – 9 AZR 172/91 NZA 1993, 29; v. 08.03.1984 – 6 AZR 560/83 NZA 1984, 195. Dies gilt aber auch für individualvertragliche Regelungen.

1163 Zu tarifvertraglichen Regelungen BAG v. 26.05.1983 – 6 AZR 273/82 NJW 1984, 1835. Ebenso gilt dies für individualvertragliche Regelungen.

1164 ErfK/*Gallner*, § 13 BUrlG Rn. 5.

1165 EuGH v. 20.01.2009 C-350/06, C-520/06 Slg. 2009, I-179 (Schultz-Hoff).

1166 *Stiebert/Pötters*, NZA 2012, 1334, 1336.

zuungunsten des Arbeitnehmers von § 7 Abs. 4 BUrlG wegen eines Verstoßes gegen § 1 BUrlG nach § 13 Abs.1 S. 1 BUrlG nicht möglich.

d) Ausschlussfristen

Aus der endgültigen Aufgabe der Surrogatstheorie ergibt sich die Frage nach der Zulässigkeit von Ausschlussfristen hinsichtlich des Urlaubsabgeltungsanspruchs. In Bezug auf den Urlaubsanspruch ist § 7 Abs. 3 BUrlG zwingend, ein solches Fristenregime gibt es aber in Bezug auf den Abgeltungsanspruch gerade nicht. Weder der Wortlaut noch die Systematik noch Sinn und Zweck des § 7 Abs. 4 BUrlG sprechen dafür, das Fristenregime des § 7 Abs. 3 BUrlG auf diesen zu erstrecken.[1167] Er unterliegt vielmehr gerade nicht mehr dem Fristenregime des Bundesurlaubsgesetzes und hat sich damit vom Kalenderjahresbezug des Urlaubsanspruchs nach § 1 BUrlG gelöst.[1168]

Dem *Schultz-Hoff*-Urteil des Europäischen Gerichtshofs folgend muss es dem Arbeitnehmer zumindest tatsächlich möglich sein, den durch Art. 7 der Arbeitszeitrichtlinie verliehenen Anspruch auszuüben. Dies gilt dem Europäischen Gerichtshof zufolge ebenfalls für den Abgeltungsanspruch.[1169] Damit ist grundsätzlich nunmehr die Vereinbarkeit von (tarifvertraglichen und arbeitsvertraglichen) Ausschlussfristen mit dem Abgeltungsanspruch zu bejahen.[1170] Die Grenzen solcher Fristen verlaufen dort, wo eine effektive Geltendmachung des Anspruchs für den Arbeitnehmer nicht mehr möglich ist.[1171] Da der Rechtsprechung des Bundesarbeitsgerichts folgend, die vorliegend zugrunde gelegt wird, der Abgeltungsanspruch erst mit Beendigung des Arbeitsverhältnisses entsteht und fällig wird,[1172] darf die Frist auch nicht an einen Zeitpunkt vor der

---

1167 *Stiebert/Pötters*, NZA 2012, 1334, 1336 f.

1168 BAG v. 19.06.2012 – 9 AZR 652/10 NZA 2012, 1087; Arnold/Tillmanns/*Arnold*, § 7 BUrlG Rn. 180; *Boecken/Jacobsen*, ZTR 2011, 267, 276; *Powietzka/Rolf*, § 7 BUrlG Rn. 137.

1169 EuGH v. 20.01.2009 C-350/06, C-520/06 Slg. 2009, I-179 (Schultz-Hoff).

1170 So bereits das BAG v. 09.08.2011 – 9 AZR 365/10 NZA 2011, 1421; zust. *Arnold*, GWR 2012, 73; BAG v. 21.02.2012 – 9 AZR 486/10 NZA 2012, 750 und im Anschluss an die jüngste Entscheidung des Bundesarbeitsgerichts erneut *Arnold*, ArbRAktuell 2012, 314 sowie jüngst BAG v. 14.05.2013 – 9 AZR 844/11 NZA 2013, 1098, 1099 (Rn. 14); v. 16.04.2013 – 9 AZR 731/11 NZA 2013, 850; v. 14.11.2012 – 5 AZR 107/11 AP TVG § 1 Bezugnahme auf Tarifvertrag Nr. 118.

1171 BAG v. 21.02.2012 – 9 AZR 486/10 NZA 2012, 750, 752 (Rn. 20); v. 13.12.2011 – 9 AZR 399/10 NZA 2012, 514, 516 f. (Rn. 26).

1172 St. Rspr., siehe nur BAG v. 26.04.1990 – 8 AZR 517/89 AP BUrlG § 7 Abgeltung Nr. 53; v. 23.06.1992 – 9 AZR 111/91 AP BUrlG § 7 Abgeltung Nr. 59; v. 14.08.2007 –

Anspruchsentstehung anknüpfen.[1173] Ist eine solche Frist vorgesehen, steht einer Zulässigkeit grundsätzlich nichts entgegen.

aa) Zulässige Dauer für tariflich vereinbarte Ausschlussfristen
Hinsichtlich tariflicher Ausschlussfristen gibt es gem. § 310 Abs. 4 S. 1 BGB keine Angemessenheitskontrolle, sodass es lediglich auf die effektive Möglichkeit der Geltendmachung des Anspruchs ankommt.[1174] Hierbei hat das Bundesarbeitsgericht bisher bereits zwei Monate sowie jüngst sechs Wochen als angemessen angesehen.[1175] Weiter geht das Landesarbeitsgericht Berlin-Brandenburg, das einen Monat ausreichen lässt.[1176] Es bleibt abzuwarten, ab welcher Wochenzahl nicht mehr von einer effektiven Wahrnehmungsmöglichkeit des Arbeitnehmers auszugehen ist.

bb) Zulässige Dauer für arbeitsvertraglich vereinbarte Ausschlussfristen
Von der Kontrollfreiheit nach § 310 Abs. 4 S. 1 BGB sind lediglich normativ geltende Tarifverträge und solche, die kraft individualvertraglicher Globalverweisung Bestandteil des Arbeitsvertrags geworden sind,[1177] erfasst. Dahingegen ist bei der Vereinbarung von Ausschlussfristen im Arbeitsvertrag bei den in der Regel verwendeten Allgemeinen Geschäftsbedingungen die Angemessenheitskontrolle nach § 307 Abs. 1 BGB einzuhalten.[1178] Dabei ging die bisherige

---

9 AZR 934/06 NZA 2008, 473; v. 21.02.2012 – 9 AZR 486/10 NZA 2012, 750, 752 (Rn. 22); zum Gegenstandpunkt siehe soeben im zweiten Teil, A. X. 4. a) (S. 241 ff.). Folgt man dem Gegenstandpunkt, so dürfte die Frist nicht an einen Zeitpunkt vor der Fälligkeit anknüpfen. Eine effektive Geltendmachung ist nur dort möglich, wo der Arbeitnehmer die tatsächliche Möglichkeit einer Geltendmachung hat. Diese hat er erst, wenn er auch die Erfüllung verlangen kann, also im Zeitpunkt der Fälligkeit. Der Standpunkt unterscheidet sich damit in diesem Punkt im Ergebnis nicht von der Rechtsprechung des Bundesarbeitsgerichts.

1173 *Stiebert/Pötters*, NZA 2012, 1334, 1337.

1174 BAG v. 13.12.2011 – 9 AZR 399/10 NZA 2012, 514, 517 (Rn. 27); v. 22.09.1999 – 10 AZR 839/98 NZA 2000, 551; siehe zum unterschiedlichen Prüfungsmaßstab bei tarifvertraglichen Urlaubsregelungen bereits im ersten Teil, B. (S. 34 ff.).

1175 Zwei Monate: BAG v. 16.04.2013 – 9 AZR 731/11 NZA 2013, 850; v. 21.02.2012 – 9 AZR 486/10 NZA 2012, 750, 751 f. (Rn. 18 ff.); v. 13.12.2011 – 9 AZR 399/10 NZA 2012, 514, 517 (Rn. 27); sechs Wochen: BAG v. 18.09.2012 – 9 AZR 1/11 NZA 2013, 216.

1176 LAG Berlin-Brandenburg v. 01.06.2012 – 8 Sa 682/12 ZTR 2012, 577.

1177 Zu einer solchen Globalverweisung siehe BAG v. 18.09.2012 – 9 AZR 1/11 BeckRS 2012, 76159.

1178 BAG v. 19.06.2012 – 9 AZR 652/10 NZA 2012, 1087; v. 25.05.2005 – 5 AZR 572/04 NZA 2005, 1111.

Rechtsprechung des Bundesarbeitsgerichts sehr großzügig vor. So wurden tariflich nachgebildete Ausschlussfristen von nur zwei Monaten[1179] und in einem Fall von sogar nur einem Monat[1180] in Arbeitsverträgen für zulässig erklärt.[1181] Allerdings ist insbesondere im Hinblick auf die einschlägigen Verjährungsvorschriften, die bei der Beurteilung der Länge von Ausschlussfristen ein gesetzliches Leitbild vorgeben, die Angemessenheit bei einer „ganz erheblichen" Unterschreitung der gesetzlichen Verjährungsfristen nach § 307 Abs. 2 Nr. 1 BGB abzulehnen.[1182] Diesem vom Bundesgerichtshof[1183] bereits früher eingeschlagenen Weg schließt sich inzwischen auch das Bundesarbeitsgericht an, das nunmehr eine Ausschlussfrist auf zweiter Stufe, die die gerichtliche Geltendmachung betrifft, von weniger als drei Monaten für unangemessen hält.[1184] Diese Grenze lässt sich auch durch die Vorschrift des § 61b Abs. 1 ArbGG stützen.[1185] Sie wurde inzwischen auch auf einstufige Ausschlussfristen erstreckt.[1186] Damit verläuft also bei arbeitsvertraglich vereinbarten Ausschlussfristen die Angemessenheitsgrenze bei drei Monaten.

cc) Geltendmachung des Anspruchs

Zur Geltendmachung der Forderung müssen der Anspruchsgrund und die bezifferte oder zumindest die bezifferbare Höhe angegeben werden.[1187] Zudem ist darauf zu achten, dass die Geltendmachung des Urlaubsanspruchs nicht derjenigen des Urlaubsabgeltungsanspruchs gleichsteht.[1188]

1179 BAG v. 27.02.2002 – 9 AZR 543/00 AP TVG § 4 Ausschlussfristen Nr. 162; v. 17.06.1997 – 9 AZR 801/95 NZA 1998, 258.

1180 BAG v. 13.12.2000 – 10 AZR 168/00 RdA 2002, 38.

1181 Siehe vertiefend zur Länge der Ausschlussfristen und zur berechtigten Kritik an der bisherigen Rechtsprechung WLP/*Stoffels*, Anhang zu § 310 ArbR Rn. 102 ff.

1182 WLP/*Stoffels*, Anhang zu § 310 ArbR Rn. 102 ff. in Ablehnung von BAG v. 13.12.2000 – 10 AZR 168/00 RdA 2002, 38, das kein Problem in einer solchen „ganz erheblichen" Unterschreitung sah.

1183 BGH v. 19.05.1988 – I ZR 147/86 NJW 1988, 2888, 2889; v. 09.04.1981 – VII ZR 194/80 NJW 1981, 1510; v. 20.03.1978 – II ZR 19/76 NJW 1978, 1314.

1184 BAG v. 25.05.2005 – 5 AZR 572/04 NZA 2005, 1111, 1114.

1185 WLP/*Stoffels*, Anhang zu § 310 ArbR Rn. 102.

1186 St. Rspr. seit BAG v. 28.09.2005 – 5 AZR 52/05 NZA 2006, 149, 152 m. w. N.; v. 19.06.2012 – 9 AZR 652/10 NZA 2012, 1087, 1089 f. (Rn. 31).

1187 ErfK/*Preis*, §§ 194–218 BGB Rn. 59.

1188 *Hoß*, ArbRB 2004, 274, 276; *Oberthür*, ArbRB 2013, 225, 227.

(1) Erhebung einer Bestandsschutzklage zur Wahrung der ersten Stufe einer Ausschlussfrist

Möglicherweise reicht aber die Erhebung einer Bestandsschutzklage zur Geltendmachung der ersten Stufe einer Ausschlussfrist beim Abgeltungsanspruch aus. Hierbei sieht das Bundesarbeitsgericht in der Klageerhebung die schriftliche Geltendmachung aller Ansprüche, die von dem ungewissen Fortbestand des Arbeitsverhältnisses abhängen.[1189] Der Arbeitnehmer wahrt daher auch ohne bezifferte Geltendmachung die erste Stufe einer Ausschlussfrist für alle vom Ausgang dieses Rechtsstreits abhängigen Ansprüche. Damit erstrebe der Arbeitnehmer nämlich nicht nur die Erhaltung seines Arbeitsplatzes, sondern bezwecke darüber hinaus, sich die Vergütungsansprüche wegen Annahmeverzugs zu erhalten.[1190]

Betrachtet man den Urlaubsabgeltungsanspruch, so knüpft dieser aber an die Beendigung des Arbeitsverhältnisses an und gerade nicht an den Bestand des Arbeitsverhältnisses, wie dies bei der erfolgreichen Kündigungsschutzklage der Fall ist. Vielmehr muss der Arbeitgeber im Rahmen von Bestandsschutzstreitigkeiten nicht ohne weiteres mit der Geltendmachung eines Anspruchs rechnen, der sich aus der Beendigung des Arbeitsverhältnisses ergibt.[1191] Auch ist mit der einfachen schriftlichen Geltendmachung kein besonderes Kostenrisiko verbunden.[1192]

Mithin reicht für eine Geltendmachung des Abgeltungsanspruchs die Erhebung einer Bestandsschutzklage nicht aus. Die Erhebung einer solchen verhindert damit auch nicht den Verfall des Abgeltungsanspruchs.[1193] Der Arbeitnehmer muss vielmehr den Anspruch auf Urlaubsabgeltung rechtzeitig nach der streitigen Beendigung des Arbeitsverhältnisses unter Angabe der Anzahl der Urlaubstage und der hierfür geschuldeten Abgeltung ausdrücklich geltend machen.[1194]

1189 BAG v. 26.04.2006 – 5 AZR 403/05 NZA 2006, 845 m. w. N.

1190 BAG v. 19.09.2012 – 5 AZR 924/11 NZA 2013, 156, 157 (Rn. 18); v. 19.09.2012 – 5 AZR 627/11 NZA 2013, 101, 102 (Rn. 14 ff.).

1191 BAG v. 21.10.1997 – 1 AZR 138/97 – juris (Rn. 33); *Oberthür*, ArbRB 2013, 225, 227; a. A. LAG Niedersachsen v. 13.08.2013 – 9 Sa 138/13 – juris.

1192 So die Beklagte im Rahmen des Verfahrens LAG Niedersachsen v. 13.08.2013 – 9 Sa 138/13 – juris (Rn. 29).

1193 BAG v. 21.02.2012 – 9 AZR 486/10 NZA 2012, 750, 752 (Rn. 24); *Oberthür*, ArbRB 2013, 225, 227; HK-BUrlG/*Oppermann*, § 7 BUrlG Rn. 66; a. A. LAG Niedersachsen v. 13.08.2013 – 9 Sa 138/13 – juris.

1194 *Fröhlich/Schelp*, ArbRB 2011, 278, 280; *Oberthür*, ArbRB 2013, 225, 227.

(2) Geltendmachung bei der zweistufigen Ausschlussfrist

Darüber hinaus macht der Arbeitnehmer inzwischen zugleich mit der Erhebung einer Bestandsschutzklage die vom Ausgang dieses Rechtsstreits abhängigen Ansprüche im Sinne der zweiten Stufe einer vertraglich geregelten Ausschlussfrist gerichtlich geltend. Verlangte das Bundesarbeitsgericht hierbei zunächst die Erhebung einer bezifferten Zahlungsklage,[1195] so genügt nach einer gegenteiligen Entscheidung des Bundesverfassungsgerichts[1196] inzwischen auch nach der Rechtsprechung des Bundesarbeitsgerichts die Erhebung einer Bestandsschutzklage zur Wahrung der zweiten Stufe einer Ausschlussfrist.[1197]

Zu prüfen ist, wie es sich insoweit mit dem Urlaubsabgeltungsanspruch verhält und ob hierbei die Argumente des Bundesverfassungsgerichts ebenfalls eingreifen können. Dieses sah den Arbeitnehmer bei der ursprünglichen Auslegung und Anwendung der Ausschlussfristen in seinem Grundrecht auf Gewährung effektiven Rechtsschutzes verletzt. Dem Arbeitnehmer werde insoweit eine übersteigerte Obliegenheit zur gerichtlichen Geltendmachung seiner Ansprüche wegen Annahmeverzugs auferlegt. Die Art der Geltendmachung der Ansprüche auf Vergütung wegen Annahmeverzugs müsse dem Arbeitnehmer möglich und zumutbar sein. Das sei nicht der Fall, wenn er gezwungen werde, Ansprüche wegen Annahmeverzugs einzuklagen, bevor die Bestandsschutzstreitigkeit rechtskräftig abgeschlossen sei. Damit erhöhe sich das Kostenrisiko des Arbeitnehmers im Rechtsstreit über den Bestand des Arbeitsverhältnisses.[1198]

Wie bereits aufgezeigt verhält es sich beim Urlaubsabgeltungsanspruch anders. Hier hängt der Anspruch gerade nicht vom Erfolg der Bestandsschutzstreitigkeit ab, sondern von ihrem Misserfolg. Auch wurde bei der ersten Stufe der Ausschlussfrist der Zweck der Ausschlussfrist gegen eine Übertragbarkeit der Rechtsprechung zum Annahmeverzug angeführt. Ausschlussfristen bezwecken, dem Schuldner zeitnah Gewissheit darüber zu verschaffen, mit welchen Ansprüchen er noch zu rechnen hat. Zulasten des Arbeitnehmers wirkende Ausschlussfristen sollen den Arbeitgeber vor der Verfolgung unzumutbarer Ansprüche bewahren. Das sind regelmäßig solche, mit deren Geltendmachung

---

1195 BAG v. 17.11.2009 – 9 AZR 745/08 AP TVG § 4 Ausschlussfristen Nr. 194; v. 26.04.2006 – 5 AZR 403/05 NZA 2006, 845; v. 03.11.1961 – 1 AZR 302/60 – juris.

1196 BVerfG v. 01.12.2010 – 1 BvR 1682/07 NZA 2011, 354.

1197 BAG v. 19.09.2012 – 5 AZR 924/11 NZA 2013, 156; v. 19.09.2012 – 5 AZR 627/11 NZA 2013, 101.

1198 BVerfG v. 01.12.2010 – 1 BvR 1682/07 NZA 2011, 354.

er nicht rechnet und auch nicht zu rechnen braucht.[1199] Jedoch hat der Arbeitnehmer den Urlaubsabgeltungsanspruch bereits zur Wahrung der ersten Stufe rechtzeitig ausdrücklich gegenüber dem Arbeitgeber geltend zu machen. Dieser weiß also in diesem Fall, mit welchen Ansprüchen er noch zu rechnen hat und wird gerade nicht im Ungewissen gelassen. Damit spricht der Zweck der Ausschlussfrist nicht dagegen, das Erheben einer Bestandsschutzklage für die Wahrung der zweiten Stufe einer Ausschlussfrist beim Abgeltungsanspruch ausreichen zu lassen. Die Differenzierung zwischen den Stufen der Ausschlussfristen führt damit nicht zu einer unnatürlichen Aufspaltung, die für die Prozessparteien nicht verständlich ist.[1200] Sie führt vielmehr dazu, dass aus dem Erfordernis der schriftlichen Geltendmachung auf erster Stufe für die zweite Stufe geschlossen werden kann, dass hier die Ungewissheit des Arbeitgebers kein Argument sein kann.[1201]

Lässt man die Erhebung der Bestandsschutzklage nicht für die Einhaltung der zweiten Stufe einer Ausschlussfrist ausreichen, bedeutet dies, dass der Arbeitnehmer während des laufenden Bestandsschutzprozesses den Abgeltungsanspruch gerichtlich geltend machen muss, um die Frist zu wahren. Praktisch gesehen muss ihm also geraten werden, mit Erhebung der Bestandsschutzklage bereits hilfsweise den Abgeltungsanspruch für den Fall der Beendigung des Arbeitsverhältnisses einzuklagen.

Hiergegen lässt sich zum einen anführen, dass der Arbeitnehmer dadurch zu widersprüchlichem Verhalten verpflichtet wird. Er muss bei Erhebung der Bestandsschutzklage gerade einen Anspruch geltend machen, von dessen Bestehen er nicht ausgeht.[1202] Darüber hinaus muss auch er ein erhöhtes Kostenrisiko tragen, das sich aus der Erhebung des Hilfsantrags ergibt.[1203]

Möglicherweise lässt sich für eine Übertragbarkeit der Argumentation des Bundesverfassungsgerichts auch die Risikoerweiterung anführen. Dieses geht davon aus, dass dem Arbeitnehmer beim Annahmeverzug ein prozessuales Risiko aufgebürdet wird, das die Durchsetzung des gesetzlichen Bestandsschutzes beeinträchtigen kann, wenn er nicht das Obsiegen in der Bestandsschutzstreitigkeit

---

1199 BAG v. 19.09.2012 – 5 AZR 627/11 NZA 2013, 101, 102 (Rn. 22); so schon RAG v. 27.02.1940 – RAG 162/39 AS 38, 355, 362.

1200 So aber LAG Niedersachsen v. 13.08.2013 – 9 Sa 138/13 – juris (Rn. 29).

1201 Nicht überzeugend ist daher der Erst-Recht-Schluss, den das LAG Niedersachsen zieht, v. 13.08.2013 – 9 Sa 138/13 – juris (Rn. 29).

1202 *Oberthür*, ArbRB 2013, 225, 227.

1203 *Oberthür*, ArbRB 2013, 225, 227.

abwarten kann.[1204] Kann der Arbeitnehmer hingegen nicht das Verlieren der Bestandsschutzstreitigkeit abwarten, um den Abgeltungsanspruch geltend zu machen, so muss auch er bereits während der Bestandsschutzstreitigkeit Abgeltungsansprüche geltend machen, die vom Ausgang der Streitigkeit abhängen. Dadurch wird ihm ebenso ein zusätzliches prozessuales Risiko aufgebürdet. Die Argumente des Bundesverfassungsgerichts lassen sich daher auf die Wahrung der zweiten Stufe der Ausschlussfrist bei Abgeltungsansprüchen übertragen. Damit muss für die gerichtliche Geltendmachung auch die Erhebung der Bestandsschutzklage ausreichen.[1205] Eine zweistufige Ausschlussfrist ist unter dieser Prämisse auch bei Abgeltungsansprüchen angemessen.

Eine unangemessene Benachteiligung ist hingegen in einer solchen Klausel zu sehen, wenn man davon ausgeht, dass die Erhebung der Bestandsschutzklage zur Wahrung der zweiten Stufe gerade nicht ausreicht. In diesem Fall sollte daher bei der zweiten Stufe ein Zusatz in die Klausel aufgenommen werden, aus dem ersichtlich wird, dass dem Arbeitnehmer nicht die gerichtliche Geltendmachung des Abgeltungsanspruchs abverlangt wird, soweit und solange die für diesen Anspruch wesentlichen Vorfragen noch der Klärung bedürfen. Dies betrifft wegen der verfassungsrechtlichen Dimension nicht nur Ausschlussfristen in Allgemeinen Geschäftsbedingungen, sondern auch tarifvertragliche und individualvertragliche Ausschlussfristen.

dd) Ergebnis

Durch die nun vollständig aufgegebene Surrogatstheorie des Bundesarbeitsgerichts ist also die Vereinbarung von Ausschlussfristen hinsichtlich des Urlaubsabgeltungsanspruchs grundsätzlich zulässig. Auf den ersten Blick scheint dies den Arbeitnehmer im Vergleich zur vorherigen Rechtslage zu benachteiligen, muss er doch jetzt genau darauf achten, etwaige Abgeltungsansprüche auch rechtzeitig geltend zu machen.[1206] Der Verfall des Abgeltungsanspruchs ist nun im konkreten Fall gegebenenfalls einfacher als nach der alten Rechtslage, bei der das Bundesarbeitsgericht § 13 BUrlG auf den Abgeltungsanspruch erstreckte.[1207] Allerdings ist hierbei zu beachten, dass der Arbeitnehmer durch die rechtliche

1204 BVerfG v. 01.12.2010 – 1 BvR 1682/07 NZA 2011, 354; BAG v. 19.09.2012 – 5 AZR 627/11 NZA 2013, 101, 102 (Rn. 23).

1205 Ebenso *Oberthür*, ArbRB 2013, 225, 227; LAG Niedersachsen v. 13.08.2013 – 9 Sa 138/13 – juris (Rn. 22 ff.; 28).

1206 *Arnold*, Anm. zu BAG v. 19.06.2012 – 9 AZR 652/10 ArbRAktuell 2012, 314.

1207 BAG v. 20.05.2008 – 9 AZR 219/07 NZA 2008, 1237, 1241 (Rn. 48); v. 23.04.1996 – 9 AZR 165/95 NZA 1997, 44; v. 24.11.1992 – 9 AZR 549/91 NZA 1993, 472.

Unabhängigkeit des Abgeltungsanspruchs vom Urlaubsanspruch letztlich einen Zuwachs an Rechten erlangt, indem er nun in Fällen einen Anspruch erlangt, in denen er nach der alten Rechtslage wegen der Betrachtung des hypothetischen Urlaubsanspruchs keinen Anspruch auf Abgeltung des Urlaubs gehabt hat.[1208] Daher muss der Arbeitnehmer zwar bei Ausschlussfristen nun wachsam sein, dies gilt aber auch für Ausschlussfristen hinsichtlich anderer zivil- und arbeitsrechtlicher Ansprüche, sodass dies nicht als ungewöhnlich einzustufen ist. Eine Schlechterstellung des Arbeitnehmers ist, auch wenn dies im konkreten Fall so erscheinen mag, insgesamt gesehen mit der (endgültigen) Aufgabe der Surrogatstheorie nicht verbunden. Bei der Geltendmachung des Abgeltungsanspruchs ist die Erhebung einer Bestandsschutzklage nicht geeignet, um die erste Stufe der Ausschlussfrist zu wahren. Bislang ungeklärt ist, wie es sich bei der zweiten Stufe verhält. Hier ist richtigerweise davon auszugehen, dass das Erheben einer Bestandsschutzklage für die gerichtliche Geltendmachung des Abgeltungsanspruchs ausreicht.

Beispielsklausel 67: Arbeitsvertragliche Ausschlussfrist für Abgeltungsanspruch bezüglich des Mindesturlaubs

> *[1]Der Urlaubsabgeltungsanspruch, der den gesetzlichen Mindesturlaub betrifft, verfällt, wenn er nicht binnen drei Monaten nach Fälligkeit gegenüber der anderen Vertragspartei schriftlich geltend gemacht wird. [2]Lehnt die andere Vertragspartei den Abgeltungsanspruch ab oder erklärt sie sich nicht innerhalb von drei Wochen nach Geltendmachung des Anspruchs, verfällt dieser, wenn er nicht innerhalb von drei Monaten nach der Ablehnung oder dem Ablauf der Dreiwochenfrist gerichtlich geltend gemacht wird.*[1209]

Beispielsklausel 68: Zweistufige Ausschlussfrist bezüglich des Abgeltungsanspruchs, falls davon ausgegangen wird, dass die Erhebung einer Bestandsschutzklage zur Wahrung der zweiten Stufe nicht ausreicht

> *[1]Der Urlaubsabgeltungsanspruch, der den gesetzlichen Mindesturlaub betrifft, verfällt, wenn er nicht binnen drei Monaten nach Fälligkeit gegenüber der anderen Vertragspartei schriftlich geltend gemacht wird. [2]Lehnt die andere Vertragspartei den Abgeltungsanspruch ab oder erklärt sie sich nicht innerhalb von drei Wochen nach Geltendmachung des Anspruchs, verfällt dieser, wenn er nicht innerhalb von drei Monaten nach der Ablehnung oder dem Ablauf der Dreiwochenfrist gerichtlich geltend gemacht wird. [3]Soweit die für diesen Anspruch wesentlichen Vorfragen noch der gerichtlichen Klärung bedürfen, beginnt die zweite Stufe der Ausschlussfrist nicht zu laufen.*[1210]

1208 *Stiebert/Pötters*, NZA 2012, 1334, 1337.

1209 In Anlehnung an Bauer/Lingemann/*Lingemann*, M 2.1a Ziff. 10 (S. 112).

1210 In Anlehnung an Bauer/Lingemann/*Lingemann*, M 2.1a Ziff. 10 (S. 112).

e) Übertragbarkeit

Auf der Ebene der rechtsvernichtenden Einwendungen stellt sich außerdem die Frage der Übertragbarkeit des Urlaubsabgeltungsanspruchs. Beim Urlaubsanspruch ist diese wegen der Höchstpersönlichkeit des Anspruchs eindeutig zu verneinen, durch die Qualifizierung des Abgeltungsanspruchs als reinem Geldanspruch stellt sich die Rechtslage hingegen bei diesem nicht so eindeutig dar.

Ausdrücklich regelt das Bundesurlaubsgesetz die Übertragung des Abgeltungsanspruchs nicht, vielmehr ist hierbei grundsätzlich von den allgemeinen gesetzlichen Vorschriften auszugehen. Bei der Übertragung kommen die Vererbung, die Verpfändung sowie die Abtretung in Betracht. Auch im Unionsrecht findet sich keine ausdrückliche Regelung zur Übertragbarkeit des Abgeltungsanspruchs. Grundsätzlich ist davon auszugehen, dass ein wirksam entstandener Abgeltungsanspruch auch übertragen werden kann. Erfolgt die Übertragung zeitlich nach dem Ausscheiden des Arbeitnehmers aus dem Arbeitsverhältnis, ist dem Erholungszweck, den auch der Abgeltungsanspruch verfolgt, gedient. Dieser hat schließlich den Anspruch erlangt. Wie er mit dem Geldanspruch im Weiteren verfährt, bleibt ihm selbst überlassen.[1211]

Der Abgeltungsanspruch kann also als reiner Geldanspruch nach § 1922 BGB vererbt werden, wenn er im Zeitpunkt des Todes bereits in der Person des Erblassers bestand. Ebenso verhält es sich mit den Übertragungsmöglichkeiten der Verpfändung und Abtretung. Ein einmal entstandener Abgeltungsanspruch kann verpfändet und abgetreten werden. Wie der Arbeitnehmer mit seinem finanziellen Ausgleich für den unmöglich gewordenen Urlaubsanspruch verfährt, bleibt ihm überlassen.[1212]

f) Abdingbarkeit

Geht man beim Entstehungszeitpunkt mit dem Bundesarbeitsgericht von der Beendigung des Arbeitsverhältnisses aus, so ist jedenfalls ab diesem Zeitpunkt von einer Abdingbarkeit auszugehen.[1213] Ab diesem Zeitpunkt kann der

---

1211 Siehe dazu eingehend *Stiebert/Pötters*, NZA 2012, 1334, 1338.

1212 Ebenso ErfK/*Gallner*, § 7 BUrlG Rn. 82; HK-BUrlG/*Hohmeister*, § 1 BUrlG Rn. 17; HK-BUrlG/*Oppermann*, § 7 BUrlG Rn. 74; *Stiebert/Pötters*, NZA 2012, 1334, 1338. Anders ist dies freilich, wenn man mit den traditionellen Vertretern des Einheitsanspruchs den Abgeltungsanspruch als Teil des „Doppelanspruchs" sieht und daher der Abgeltungsanspruch ebenfalls höchstpersönlich ist. In diesem Fall ist dieser nicht übertragbar, *Fenski*, DB 2007, 686, 690; *Neumann/Fenski*, § 1 Rn. 73, 80 m. w. N.

1213 So nun auch BAG v. 14.05.2013 – 9 AZR 844/11 NZA 2013, 1098.

Arbeitnehmer mit dem Anspruch verfahren wie mit jedem anderen Anspruch. § 13 Abs. 1 S. 3 BUrlG soll dabei lediglich sicherstellen, dass der Arbeitnehmer im laufenden Arbeitsverhältnis einen Anspruch auf den gesetzlichen Mindesturlaub und den gesetzlichen Urlaubsabgeltungsanspruch hat. Daher steht der Schutzzweck des § 13 Abs. 1 S. 3 BUrlG einem solchen Verzicht nach Entstehung des Anspruchs nicht entgegen.[1214] Insbesondere in Form von allgemeinen Ausgleichsklauseln erlangt daher die Abdingbarkeit nunmehr auch hinsichtlich des Abgeltungsanspruchs Bedeutung.

In einem Verzicht des Arbeitnehmers vor Entstehung des Anspruchs ist ein Verstoß gegen § 13 Abs. 1 S. 3 BUrlG zu sehen, da der Arbeitnehmer letztlich nie in den Genuss des entstandenen Abgeltungsanspruchs kommt. Auch nach Aufgabe der Surrogatstheorie ersetzt der Abgeltungsanspruch den wegen Beendigung des Arbeitsverhältnisses unmöglich gewordenen Urlaubsanspruch. Auf den Mindesturlaubsanspruch kann ohne Zweifel nicht verzichtet werden. Daher kann dasselbe für den Abgeltungsanspruch angenommen werden.[1215] Dies gilt nach §§ 1, 13 Abs. 1 S. 1 BUrlG auch für einen tarifvertraglich vereinbarten Verzicht.

Hiergegen kann aber sprechen, dass der Abgeltungsanspruch nunmehr kein höchstpersönlicher ist.[1216] Kann man daher ab dem Zeitpunkt der Entstehung auf ihn verzichten, so muss dies im Rahmen eines Erlasses bzw. im Rahmen eines konstitutiven negativen Schuldanerkenntnisses, wenn es beispielsweise um allgemeine Ausgleichsklauseln geht, ebenso bereits vor der Entstehung möglich sein. Ein Erlass ist auch hinsichtlich künftiger Forderungen möglich. Der Anspruch entsteht hierbei dennoch für eine logische Sekunde, bevor sodann die Verfügung den Anspruch erfasst.[1217]

Allerdings bleibt der unionsrechtliche Zweck zu beachten, der hinter dem gesetzlichen Abgeltungsanspruch steht. Auch der Abgeltungsanspruch sichert letztlich den Erholungszweck des Arbeitnehmers. Dieser muss nach der Rechtsprechung des Europäischen Gerichtshofs die tatsächliche Möglichkeit haben,

---

1214 BAG v. 14.05.2013 – 9 AZR 844/11 NZA 2013, 1098, 1099 (Rn. 12 f.); a. A. *Höpfner*, RdA 2013, 65, 69.

1215 So zur alten Rechtslage BAG v. 18.06.1980 – 6 AZR 328/78 AP BUrlG § 13 Unabdingbarkeit Nr. 6; GK-BUrlG/*Bleistein*, § 1 Rn. 93 ff.; Preis/*Stoffels*, Der Arbeitsvertrag, II U Rn. 53 ff.

1216 A. A. die traditionellen Vertreter des Einheitsanspruchs *Fenski*, DB 2007, 686, 690; *Neumann/Fenski*, § 1 BUrlG Rn. 73, 80 m. w. N.

1217 Staudinger/*Rieble*, § 397 BGB Rn. 104.

die ihm von der Richtlinie verliehenen Ansprüche auszuüben.[1218] Diese Möglichkeit hat aber der Arbeitnehmer, der bereits im laufenden Arbeitsverhältnis auf seinen später entstehenden Abgeltungsanspruch verzichtet, gerade nicht. Daher ist ein solcher Verzicht auch nach Aufgabe der Surrogatstheorie nach dem nationalen Recht, im Lichte des Europarechts betrachtet, nicht möglich.[1219]

Mithin ist nunmehr auch der Verzicht auf den Abgeltungsanspruch möglich, soweit die Vereinbarung nach der Beendigung des Arbeitsverhältnisses zustande kommt. Insoweit wird der Abgeltungsanspruch auch von einer allgemeinen Ausgleichsklausel erfasst.[1220] Ein Verzicht vor Entstehung des Anspruchs ist hingegen auch weiterhin nicht möglich. Bei der Vertragsgestaltung muss also ein besonderes Augenmerk auf den Zeitpunkt des vereinbarten Verzichts gelegt werden.[1221] Zu beachten bleibt, dass bei tarifvertraglichen Abgeltungsansprüchen wegen § 4 Abs. 4 TVG ein Verzicht nur in einem von den Tarifvertragsparteien gebilligten Vergleich zulässig ist.[1222]

Beispielsklausel 69: Verzicht auf Abgeltungsanspruch im Rahmen einer allgemeinen Ausgleichsklausel

> *„¹Die Parteien sind sich einig, dass mit Erfüllung dieser Vereinbarung sämtliche gegenseitigen Ansprüche aus dem Arbeitsverhältnis und seiner Beendigung, gleich aus welchem Rechtsgrund, seien sie bekannt oder unbekannt, erledigt sind. ²Dasselbe gilt für Ansprüche im Zusammenhang mit dem Arbeitsverhältnis und seiner Beendigung.“*[1223]

Beispielsklausel 70: Konkrete Verzichtsklausel hins. des Abgeltungsanspruchs nach Beendigung des Arbeitsverhältnisses

> *Ich verzichte auf Urlaubsabgeltungsansprüche.*

Hierin ist der Verzicht auf entstandene Urlaubsabgeltungsansprüche, die sich aus dem Mindest- und dem Mehrurlaub ergeben, zu sehen. Das Problem einer geltungserhaltenden Reduktion hinsichtlich des verzichtbaren

---

1218 EuGH v. 22.11.2011 – C-214/10 EuZW 2011, 958, 960 (Rn. 26) (KHS).

1219 Das Bundesarbeitsgericht geht ausdrücklich nunmehr nur von einer Verzichtbarkeit aus, soweit die Vereinbarung nach der Beendigung des Arbeitsverhältnisses zustande kommt, BAG v. 14.05.2013 – 9 AZR 844/11 NZA 2013, 1098, 1099 (Rn. 12 ff.).

1220 BAG v. 14.05.2013 – 9 AZR 844/11 NZA 2013, 1098.

1221 A. A. *Höpfner*, RdA 2013, 65, 69, der unter Berufung darauf, dass die Zulässigkeit des Verzichts dann von kautelarjuristischen Zufälligkeiten abhänge.

1222 So auch *Liebscher/Dülk*, Anm. zu BAG v. 14.05.2013 – 9 AZR 844/11 öAT 2013, 187; *Schindele*, Anm. zu LAG Köln v. 08.11.2012 – 7 Sa 767/12 ArbRAktuell 2013, 482.

1223 Bauer/Lingemann/*Lingemann*, M 23.1a Ziff. 26 (S. 959).

Mehrurlaubsabgeltungsanspruchs stellt sich damit insoweit nicht mehr.[1224] Lediglich beim Verzicht auf künftige Urlaubsabgeltungsansprüche kann dieses Problem weiterhin bestehen.[1225]

g) Verjährung

Hinsichtlich der Verjährung ist nun grundsätzlich von der regelmäßigen Verjährungsfrist von drei Jahren nach § 195 BGB auszugehen.[1226] Nach § 199 Abs. 1 Nr. 1 BGB beginnt diese mit dem Schluss des Jahres, in dem der Anspruch entstanden ist.

aa) Verjährungsbeginn – Entstehungszeitpunkt des Abgeltungsanspruchs

Um den Beginn der Verjährung des Abgeltungsanspruchs zu bestimmen, ist also zu klären, wann dieser entsteht.[1227] Der Rechtsprechung des Bundesarbeitsgerichts folgend entsteht der Anspruch bei Beendigung des Arbeitsverhältnisses.[1228]

Ist man aber der Ansicht zugeneigt, nach welcher der Abgeltungsanspruch eine Seite eines einheitlichen Urlaubsanspruchs darstellt, sodass dieser gleichzeitig mit dem Urlaubsanspruch entsteht,[1229] ist im nächsten Schritt zu fragen, was diese für den Verjährungsbeginn bedeutet. Vom Wortlaut des § 199 Abs. 1 Nr. 1 BGB ausgehend scheinen „Entstehung" des Anspruchs und „Fälligkeit" zwei unterschiedliche Zeitpunkte zu sein.

Allerdings wird bei einer Betrachtung des Telos der Norm sowie der Gesetzgebungsgeschichte deutlich, dass die Begriffe des Entstehens und der Fälligkeit im Rahmen von § 199 Abs. 1 Nr. 1 BGB identisch sein sollen. Zunächst war im Gesetzesentwurf als Wortlaut die „Fälligkeit" vorgesehen.[1230] Wie aus

---

1224 Dies stellte sich vor Aufgabe der Surrogatstheorie, siehe dazu BAG v. 31.05.1990 – 8 AZR 132/89 AP BUrlG § 13 Unabdingbarkeit Nr. 13; v. 21.07.1978 – 6 AZR 1/77 AP BUrlG § 13 Unabdingbarkeit Nr. 5; Preis/*Stoffels*, Der Arbeitsvertrag, II U 20 Rn. 56.

1225 Siehe dazu sogleich im zweiten Teil, A. X. 4. i) aa) (S. 265 ff.).

1226 So auch Arnold/Tillmanns/*Arnold*, § 7 BUrlG Rn. 199; *Eckert*, DStR 2012, 1612, 1617.

1227 Eingehend hierzu bereits *Pötters/Stiebert*, NJW 2012, 1034, 1038 f.; *Stiebert/Pötters*, NZA 2012, 1334, 1337 f.

1228 Siehe hierzu im zweiten Teil, A. X. 4. a) (S. 241 ff.).

1229 LAG Düsseldorf v. 01.10.2010 – 9 Sa 1541/09 – juris (Rn. 88 ff.); v. 25.02.2011 – 9 Sa 258/10 ZTR 2011, 506; *Bieder*, AuR 2012, 239, 241 f.; siehe hierzu bereits ausführlich im zweiten Teil, A. X. 4. a) (S. 241 ff.).

1230 § 158 Abs 1 E I lautete: „Die Verjährung des Anspruchs beginnt mit dem Zeitpunkt, in dem die Befriedigung des Anspruchs rechtlich verlangt werden kann (Fälligder Gesetzesbegründung hervorgeht, wurde diese nur herausgenommen, um den im Deliktsrecht entwickelten Grundsatz der Schadenseinheit nicht zu gefährden, nach dem der Geschädigte schon jetzt Feststellungsklage wegen möglicher künftiger Schäden erheben muss. Eine Änderung der Rechtslage sollte dadurch nicht herbeigeführt werden.[1231] Daher ist davon auszugehen, dass „entstehen" und „fällig" hier identisch verwendet werden, sodass ein Anspruch lediglich im Sinne von § 199 Abs. 1 Nr. 1 BGB entstanden ist, wenn er auch fällig ist.[1232]

Auch wenn man also den Abgeltungsanspruch als Teil des Einheitsanspruchs ansieht, ist von einem Verjährungsbeginn mit dem Schluss des Jahres, in dem das Arbeitsverhältnis beendet wurde, auszugehen, soweit man die Fälligkeit des Abgeltungsanspruchs erst im Zeitpunkt der Beendigung des Arbeitsverhältnisses als gegeben ansieht. Damit macht der dogmatisch unterschiedliche Ansatz für den Verjährungsbeginn keinen Unterschied.

Schließlich ist aber ein weiterer Ansatz hinsichtlich des Verjährungsbeginns des Abgeltungsanspruchs möglich. Die 9. Kammer des Landesarbeitsgerichts Düsseldorf geht davon aus, dass zum einen der Abgeltungsanspruch einen Teil des Urlaubsanspruchs darstelle. Darüber hinaus richte sich aber die Verjährung des Urlaubsabgeltungsanspruchs nicht nach seiner Entstehung, sondern nach der Verjährungsfrist des zugrunde liegenden Urlaubsanspruchs.[1233] Damit würde die Verjährung bereits mit dem Schluss des Jahres beginnen, in dem der Urlaubsanspruch entstanden ist. Ist der Arbeitnehmer im Urlaubsjahr arbeitsunfähig erkrankt, so ist nach dieser Ansicht im nächsten Schritt zu klären, ob der Urlaubsanspruch auch in diesem Fall im Sinne von § 199 Abs. 1 Nr. 1 BGB entsteht. Dies wird teils unter Verweis auf die fehlende Erfüllbarkeit verneint. Der Arbeitnehmer könne hier auch nicht erfolgreich eine Feststellungsklage erheben, da regelmäßig nicht feststehe, ob der Arbeitnehmer die Arbeitsfähigkeit

---

keit)." Im Regierungsentwurf des Gesetzes zur Modernisierung des Schuldrechts lautete § 199 „(1) Die regelmäßige Verjährungsfrist beginnt, wenn 1. der Anspruch fällig ist (…)" (BT-Drs. 14/6040, 3).

1231 BT-Drs. 14/6040, S. 3; 108.

1232 Staudinger/*Peters/Jacoby*, § 199 BGB Rn. 5.

1233 LAG Düsseldorf v. 01.10.2010 – 9 Sa 1541/09 – juris; v. 25.02.2011 – 9 Sa 258/10 ZTR 2011, 506; von einer derartigen Verbundenheit zwischen Urlaubs- und Abgeltungsanspruch geht auch, ohne aber von einem „Einheitsanspruch" auszugehen, die 12. Kammer aus – LAG Düsseldorf v. 18.08.2010 – 12 Sa 650/10 – juris; v. 04.05.2011 – 12 Sa 1832/10 LAGE § 7 BUrlG Nr. 49.

wiedererlange.[1234] Nach dieser Ansicht wird der Urlaubsanspruch erst bei der Wiedererlangung der Arbeitsfähigkeit fällig und entsteht damit im Sinne von § 199 Abs. 1 Nr. 1 BGB. Erlangt der Arbeitnehmer bis zum Ende des Arbeitsverhältnisses die Arbeitsfähigkeit nicht wieder, so wäre dies erst im Beendigungszeitpunkt klar, sodass in diesem Fall die Verjährung ebenfalls erst mit Beendigung des Arbeitsverhältnisses beginnt. Lediglich, sofern man also davon ausgeht, dass auch dem arbeitsunfähig erkrankten Arbeitnehmer der Urlaubsanspruch entsteht und fällig wird, da dieser eine Feststellungsklage erheben kann, um die Verjährungsfristen zu hemmen, kommt es auf den Schluss des Jahres an, in dem der Urlaubsanspruch entstanden ist.[1235]

bb) Zwischenergebnis

Letztlich kommen damit zwei Zeitpunkte für den Verjährungsbeginn in Betracht. Zum einen der Schluss des Jahres, in dem das Arbeitsverhältnis beendet wurde. Zu diesem Zeitpunkt gelangt man, wenn man den Abgeltungsanspruch als ein Aliud zum Urlaubsanspruch ansieht und daher vom Wortlaut und Sinn und Zweck des § 7 Abs. 4 BUrlG ausgeht. Außerdem ist dieser Zeitpunkt entscheidend, wenn man den Urlaubs- und den Entgeltanspruch zwar als zwei Seiten eines einheitlichen Urlaubsanspruchs ansieht, sodass der Abgeltungsanspruch als Vergütungsseite des Urlaubsanspruchs Teil dessen ist, allerdings erst mit der Beendigung des Arbeitsverhältnisses fällig wird. Indem der Gesetzgeber den Fälligkeitsbegriff in § 199 Abs. 1 Nr. 1 BGB mit dem Begriff des Entstehens gleichsetzen wollte, beginnt damit die Verjährung ebenfalls erst mit dem Schluss des Jahres, in dem das Arbeitsverhältnis beendet wurde.

Andererseits kommt als Zeitpunkt für den Verjährungsbeginn der Schluss des Jahres, in dem der Urlaubsanspruch entstanden ist, in Betracht. Zu diesem Zeitpunkt gelangt man, wenn man ebenfalls von einem Einheitsanspruch ausgeht und daraus schließt, dass sich damit die Verjährung des Abgeltungsanspruchs nach der Verjährungsfrist des zugrunde liegenden Urlaubsanspruchs richtet. Darüber hinaus muss, um zu diesem Zeitpunkt zu gelangen, davon ausgegangen werden, dass auch bei Arbeitsunfähigkeit des Arbeitnehmers der Urlaubsanspruch bei Entstehung fällig wird, indem dem Arbeitnehmer die Erhebung einer Feststellungsklage möglich ist.

1234 LAG Düsseldorf v. 23.02.2012 – 5 Sa 1370/11 ZTR 2012, 350; LAG Hessen v. 07.12.2010 – 19 Sa 939/10 NZA-RR 2011, 120, 122 f.

1235 LAG Düsseldorf v. 01.10.2010 – 9 Sa 1541/09 – juris.

cc) Problemfall des verjährten Urlaubsanspruchs

Die letztgenannte Ansicht leitet sogleich zu der Fallkonstellation über, aus der all diese Überlegungen entsprungen sind. In der Zeitspanne zwischen der Umsetzung von *Schultz-Hoff* und *KHS* durch das Bundesarbeitsgericht erschien der Fall als problematisch, dass der Urlaubsanspruch selbst verjährt ist und die Frage, ob dennoch ein Abgeltungsanspruch aus ihm entstehen kann. Dieser Fall beschäftigte das Landesarbeitsgericht Düsseldorf bereits in mehreren Fällen.[1236] Die 12. Kammer vertritt dabei unter Berufung auf die Verbundenheit zwischen Urlaubs- und Abgeltungsanspruch die Ansicht, dass dies nicht möglich ist.[1237] Hierbei argumentiert es, dass sich die Verjährung des Abgeltungsanspruchs nach dem zugrunde liegenden Urlaubsanspruch richtet.[1238] Dies erscheint insbesondere im Hinblick auf den Wortlaut des § 199 Abs. 1 Nr. 1 BGB zweifelhaft, nach dem für den Verjährungsbeginn lediglich der Entstehungszeitpunkt des Anspruchs selbst entscheidend ist, hier also der Zeitpunkt, in dem der Abgeltungsanspruch entsteht.[1239]

Argumentiert man hingegen, wie die 9. Kammer des Landesarbeitsgerichts Düsseldorf,[1240] dass es sich beim Urlaubsanspruch um einen Einheitsanspruch, bestehend aus Freistellung und Vergütung, handelt, so lässt sich die Annahme, dass sich die Verjährung des Abgeltungsanspruchs nach der Verjährung des zugrunde liegenden Urlaubsanspruchs richten soll, noch am ehesten begründen. Ist der Abgeltungsanspruch Teil des Urlaubsanspruchs, so ist zumindest nachvollziehbar, dass § 199 Abs. 1 Nr. 1 BGB so ausgelegt werden kann, dass mit dem „Entstehen des Anspruchs" der Anspruch insgesamt gemeint sein kann, sodass letztlich auf den Urlaubsanspruch abgestellt wird.[1241]

1236 LAG Düsseldorf v. 04.05.2011 – 12 Sa 1832/10 LAGE § 7 BUrlG Nr. 49; v. 18.08.2010 – 12 Sa 650/10 – juris. Die Revisionen, die beim Bundesarbeitsgericht anhängig waren, wurden inzwischen zurückgenommen bzw. haben sich durch Vergleich erledigt.

1237 LAG Düsseldorf v. 04.05.2011 – 12 Sa 1832/10 LAGE § 7 BUrlG Nr. 49 (Rn. 56); v. 18.08.2010 – 12 Sa 650/10 – juris (Rn. 26); v. 25.02.2011 – 9 Sa 258/10 ZTR 2011, 506, 507 f. (VII. 1. cc) (3.1) ff.).

1238 LAG Düsseldorf v. 04.05.2011 – 12 Sa 1832/10 LAGE § 7 BUrlG Nr. 49 (Rn. 56); v. 18.08.2010 – 12 Sa 650/10 – juris (Rn. 26); v. 25.02.2011 – 9 Sa 258/10 ZTR 2011, 506, 507 f. (VII. 1. cc) (3.1) ff.).

1239 So auch *Pötters/Stiebert*, NJW 2012, 1034, 1038 f.

1240 LAG Düsseldorf v. 01.10.2010 – 9 Sa 1541/09 – juris; v. 25.02.2011 – 9 Sa 258/10 ZTR 2011, 506.

1241 Das LAG Düsseldorf zieht diese Begründung leider nicht heran, wobei dies bei seinem Ansatzpunkt am verständlichsten wäre.

Darüber hinaus lassen sich hierfür auch ohne Annahme eines Einheitsanspruchs die Rechtsprechung und Literatur zur Verjährung eines Erfüllungsanspruchs anführen, nach deren Ablauf ein Schadensersatzanspruch wegen Unmöglichkeit entstanden ist. Danach könne der Schuldner in diesem Fall auch bezüglich des an sich nicht verjährten Schadensersatzanspruchs die Einrede der Verjährung erheben.[1242] Auch Sinn und Zweck der Abgeltung können schließlich fruchtbar gemacht werden. Diese soll die vor Beendigung des Arbeitsverhältnisses erworbene urlaubsrechtliche Position des Arbeitnehmers aufrechterhalten, aber auch nur unter den Modalitäten, denen der ursprüngliche Urlaubsanspruch vor seiner Umwandlung in einen Abgeltungsanspruch wegen der Beendigung des Arbeitsverhältnisses unterlag.[1243]

Indem das Bundesarbeitsgericht aber inzwischen das *KHS*-Urteil des Europäischen Gerichtshofs[1244] umgesetzt hat und nunmehr der Urlaubsanspruch von langzeiterkrankten Arbeitnehmern nach nationalem Recht gemäß § 7 Abs. 3 S. 3 BUrlG am 31. März des zweiten auf das Urlaubsjahr folgenden Jahres, also 15 Monate nach Ablauf des Kalenderjahres, verfällt,[1245] hat dieser Problemfall seine Relevanz verloren. Bei den vom Landesarbeitsgericht Düsseldorf entschiedenen Fällen interpretierte dieses das *Schultz-Hoff*-Urteil in dem Sinne, dass der Urlaubsanspruch gar nicht befristet (bzw. „entfristet“ [1246]) sei. Nach diesem Verständnis konnte also der Urlaubsanspruch, soweit man ihn trotz der Arbeitsunfähigkeit des Arbeitnehmers als entstanden auffasste, nach allgemeinem Verjährungsrecht gemäß §§ 199 Abs. 1 Nr. 1, 195 BGB in drei Jahren verjähren.[1247] Nach der jetzigen nationalen Interpretation des § 7 Abs. 3 S. 3 BUrlG verfällt aber der Urlaubsanspruch der Langzeiterkrankten bereits 15 Monate nach Ablauf des Kalenderjahres,[1248] derjenige der (wieder) gesunden Arbeitnehmer erlischt nach § 7 Abs. 3 S. 1 BUrlG am Ende des Kalenderjahres, bei einer Übertragung in das

1242 KG Berlin v. 01.07.2004 – 12 U 51/02 – juris (Rn. 45 ff.); *Boecken/Jacobsen*, ZTR 2011, 267, 275; jurisPK-BGB/*Lakkis*, § 199 BGB Rn. 24; Erman/*Schmidt-Räntsch*, § 199 BGB Rn. 4.

1243 *Boecken/Jacobsen*, ZTR 2011, 267, 275.

1244 EuGH v. 22.11.2011 – C-214/10 EuZW 2011, 958 (KHS).

1245 BAG v. 11.06.2013 – 9 AZR 855/11 BeckRS 2013, 72914; v. 16.10.2012 – 9 AZR 63/11 NZA 2013, 326; v. 07.08.2012 – 9 AZR 353/10 NZA 2012, 1216.

1246 LAG Düsseldorf v. 04.05.2011 – 12 Sa 1832/10 LAGE § 7 BUrlG Nr. 49; v. 18.08.2010 – 12 Sa 650/10 – juris; v. 25.02.2011 – 9 Sa 258/10 ZTR 2011, 506.

1247 LAG Düsseldorf v. 04.05.2011 – 12 Sa 1832/10 LAGE § 7 BUrlG Nr. 49; v. 18.08.2010 – 12 Sa 650/10 – juris; v. 25.02.2011 – 9 Sa 258/10 ZTR 2011, 506.

1248 BAG v. 11.06.2013 – 9 AZR 855/11 BeckRS 2013, 72914; v. 16.10.2012 – 9 AZR 63/11 NZA 2013, 326; v. 07.08.2012 – 9 AZR 353/10 NZA 2012, 1216.

nächste Jahr jedoch nach § 7 Abs. 3 S. 3 BUrlG bereits drei Monate nach Ende des Kalenderjahres. Damit verfällt bei Langzeiterkrankten der Urlaubsanspruch spätestens 27 Monate nach seiner Entstehung, bei Gesunden spätestens 15 Monate nach seiner Entstehung. Zu einer Verjährung des Urlaubsanspruchs kann es daher gerade nicht kommen, sodass das Problem obsolet geworden ist.

Dennoch ist festzustellen, dass die 12. Kammer des Landesarbeitsgerichts Düsseldorf in seinen Entscheidungen noch von der für langzeiterkrankte Arbeitnehmer zu dem Zeitpunkt bereits aufgegebenen Surrogatstheorie auszugehen scheint. Es statuiert, dass der Abgeltungsanspruch auf demselben urlaubsrechtlichen Schuldverhältnis beruhe, in Abhängigkeit zu dem nicht erfüllten Urlaubsanspruch stehe und lediglich Wertersatz für den ursprünglichen in natura bestehenden Urlaubsanspruch sei.[1249] Dies kann aber gerade im Hinblick auf die Aufgabe der Surrogatstheorie nicht überzeugen. Zwar besteht noch immer ein tatsächlicher Zusammenhang zwischen Urlaubs- und Abgeltungsanspruch, jedoch gerade keine Abhängigkeit des Abgeltungsanspruchs vom Urlaubsanspruch.[1250]

dd) Ergebnis

Der Urlaubsabgeltungsanspruch verjährt nun als reiner Geldanspruch innerhalb der regelmäßigen Verjährungsfrist der §§ 195, 199 Abs. 1 Nr. 1 BGB innerhalb von drei Jahren. Dabei ist allerdings der Beginn der Verjährung streitig. Sie beginnt entweder mit dem Schluss des Jahres, in dem das Arbeitsverhältnis beendet wurde oder in dem der Urlaubsanspruch entstanden ist.

Der zwischenzeitlich als problematisch aufgetretene Fall, dass die Urlaubsansprüche bereits verjährt sind und sich die Frage stellt, ob sich daraus ein durchsetzbarer Abgeltungsanspruch ergeben kann, ist mit der *KHS*-Umsetzung des Bundesarbeitsgerichts obsolet geworden.

Dennoch kann es nach den verschiedenen Ansatzpunkten zu unterschiedlichen Zeitpunkten der Verjährung beim Abgeltungsanspruch kommen. Letztlich erscheint zwar durchaus auch der Ansatzpunkt des Einheitsanspruchs vertretbar. Gerade die angeführte Ansicht des Europäischen Gerichtshofs, der

---

1249 LAG Düsseldorf v. 04.05.2011 – 12 Sa 1832/10 LAGE § 7 BUrlG Nr. 49 (Rn. 56); v. 18.08.2010 – 12 Sa 650/10 – juris (Rn. 26); v. 25.02.2011 – 9 Sa 258/10 ZTR 2011, 506, 507 f. (VII. 1. cc) (3.1) ff.).

1250 Ebenso mit Stellungnahme zu dem nun obsoleten Problem der Entstehung des Abgeltungsanspruchs bei verjährtem Urlaubsanspruch *Pötters/Stiebert*, NJW 2012, 1034, 1038 f.; *Thüsing/Stiebert*, ZESAR 2010, 476, 478.

den Urlaubsanspruch und den Urlaubsentgeltanspruch einheitlich auffasst,[1251] macht deutlich, dass sich aus § 7 Abs. 4 BUrlG eine Auslegung des Abgeltungsanspruchs als ein Aliud zum Urlaubsanspruch nicht zwingend ergibt. Im Hinblick auf die Richtlinie 2003/88/EG, die bei der Auslegung des Bundesurlaubsgesetzes heranzuziehen ist, ist darauf hinzuweisen, dass der Abgeltungsanspruch, auch wenn das Bundesarbeitsgericht die Surrogatstheorie aufgegeben hat, immer noch den Urlaubsanspruch „ersetzt". Ein Zusammenhang ist ihnen daher keinesfalls abzusprechen.[1252] Schließlich ist aber bei § 199 Abs. 1 Nr. 1 BGB vom Zeitpunkt des Entstehens des „Anspruchs" die Rede. Selbst, wenn man von einem „einheitlichen Urlaubsanspruch" ausgeht, erscheint es doch überzeugend, dass dann auch die Entgeltkomponente und die Freistellungskomponente getrennt betrachtet werden können.[1253] § 199 Abs. 1 Nr. 1 BGB ist daher auch in dem Sinne auszulegen, dass damit die zu betrachtende Vergütungsseite, namentlich der Abgeltungsanspruch selbst, entstanden sein muss und nicht der ursprüngliche Urlaubsanspruch. Der Abgeltungsanspruch entsteht im Sinne von § 199 Abs. 1 Nr. 1 BGB erst mit seiner Fälligkeit, die mit Beendigung des Arbeitsverhältnisses eintritt. Damit ist, von welchem dogmatischen Ansatz man auch ausgeht, der Zeitpunkt des Verjährungsbeginns mit dem Schluss des Jahres gegeben, in dem das Arbeitsverhältnis beendet wurde.

h) Einwendung des Rechtsmissbrauchs, § 242 BGB

Schließlich ist hinsichtlich des Urlaubsabgeltungsanspruchs der Einwand des Rechtsmissbrauchs nach § 242 BGB zu beachten. Dieser ist insbesondere anzunehmen, wenn der Arbeitnehmer von vornherein beabsichtigt, allein den Abgeltungsanspruch als Geldanspruch durchzusetzen und daher den Urlaubsanspruch vereitelt.[1254]

i) Abgeltungsanspruch hinsichtlich des Mehrurlaubs

Auch hinsichtlich der Ausgestaltung des den Mehrurlaub betreffenden Abgeltungsanspruchs handelt es sich um leistungsausgestaltende Klauseln, sodass

---

1251 EuGH v. 20.01.2009 – C-350/06, C-520/06 Slg. 2009, I-179 (Rn. 60) (Schultz-Hoff); v. 16.03.2006 – C-131/04, C-257/04 NZA 2006, 481, 483 (Rn. 58) (Robinson-Steele).

1252 Siehe dazu auch *Stiebert/Pötters*, NZA 2012, 1334.

1253 *Bieder*, AuR 2012, 239, 241.

1254 BAG v. 22.10.2009 – 8 AZR 865/08 AP BGB § 133 Nr. 57 (Rn. 26); *Neumann/Fenski*, § 7 BUrlG Rn. 120 f.; *Powietzka/Rolf*, § 1 BUrlG Rn. 37 ff.; siehe dazu bereits eingehend im ersten Teil, A. VI. 1. (S. 30 ff.).

nach § 307 Abs. 3 BGB die Inhaltskontrolle eröffnet ist.[1255] Besteht eine Differenzierungsklausel, so sind die Vertragsparteien in der Regelung des Urlaubsabgeltungsanspruchs, wie hinsichtlich des Urlaubsanspruchs selbst, grundsätzlich frei. Für den Abgeltungsanspruch, der sich auf den Mehrurlaub bezieht, können also Regelungen hinsichtlich des Ausschlusses, der Berechnung der Höhe, der Übertragung und des Verzichts getroffen werden.

aa) Verzicht, Ausschlussfristen, Übertragbarkeit, Verjährung

Kann auf den Abgeltungsanspruch, der den Mindesturlaub betrifft, nach seinem Entstehen verzichtet werden, so gilt dies erst recht für den den Mehrurlaub betreffenden Anspruch. Hinsichtlich des Abgeltungsanspruchs, der den Mehrurlaub betrifft, kann darüber hinaus auch bereits vor seinem Entstehen verzichtet werden. Bei einer solchen Vereinbarung, die während des laufenden Arbeitsverhältnisses getroffen wird, steht weder § 13 Abs. 1 S.1, 3 BUrlG noch die Auslegung der Arbeitszeitrichtlinie entgegen.

Beispielsklausel 71: Konkrete Verzichtsklausel hins. des Mehrurlaubsabgeltungsanspruchs während der Dauer des laufenden Arbeitsvertrags

In Bezug auf den Mehrurlaub verzichte ich auf einen möglicherweise bei Beendigung des Arbeitsverhältnisses entstehenden Abgeltungsanspruch.

Beispielsklausel 72: Konkrete Verzichtsklausel hins. des Mehrurlaubsabgeltungsanspruchs während der Dauer des laufenden Arbeitsvertrags

Urlaubsabgeltungsansprüche, die sich aus den Mehrurlaubsansprüchen ergeben, werde ich nicht geltend machen.[1256]

Wird eine solche Klausel allgemein auf den „Urlaub" bezogen, so ist die Klausel hinsichtlich des den Mindesturlaub betreffenden Abgeltungsanspruchs gemäß §§ 13 Abs. 1 S. 3 BUrlG, 134 BGB unwirksam. In Allgemeinen Geschäftsbedingungen wird auch der Teil, der den Mehrurlaub betrifft, mangels Teilbarkeit der Klausel nicht aufrechterhalten, § 306 Abs. 2 BGB.[1257] Bei individualvertraglichen sowie tarifvertraglichen Vereinbarungen kann erwogen werden, den den Mehrurlaub betreffenden Teil nach § 139 BGB aufrechtzuerhalten.[1258] Durch einen

---

1255 Siehe allgemein zur Eröffnung der Inhaltskontrolle bezüglich des Mehrurlaubsanspruchs im ersten Teil, A. V. 2. b) (S. 25 ff.).

1256 In Anlehnung an Preis/*Stoffels,* Der Arbeitsvertrag, II U 20 Rn. 54.

1257 Siehe dazu bereits im ersten Teil, A. V. 6. (S. 29 ff.).

1258 Dies nahm das Bundesarbeitsgericht vor Aufgabe der Surrogatstheorie insgesamt hinsichtlich des Verzichts an, ohne § 139 BGB anzuwenden, siehe dazu BAG

ausdrücklichen Bezug der Klausel zum Mehrurlaubsanspruch lässt sich dieses Risiko aber vermeiden.

Darüber hinaus kann der Arbeitnehmer unter bestimmten Voraussetzungen auf den Mehrurlaubsabgeltungsanspruch verzichten, so beispielsweise, wenn der Arbeitgeber das Arbeitsverhältnis durch eine außerordentliche Kündigung beendet.

Beispielsklausel 73: Konkrete Verzichtsklausel hins. des Mehrurlaubsabgeltungsanspruchs während der Dauer des laufenden Arbeitsvertrags für den Fall der Beendigung des Arbeitsverhältnisses durch eine außerordentliche Kündigung des Arbeitgebers

In Bezug auf den Mehrurlaub verzichte ich auf einen möglicherweise bei Beendigung des Arbeitsverhältnisses entstehenden Abgeltungsanspruch, falls das Arbeitsverhältnis durch eine außerordentliche Kündigung vonseiten des Arbeitgebers beendet wird.

Auch Ausschlussfristen können hinsichtlich des den Mehrurlaub betreffenden Abgeltungsanspruchs vereinbart werden. Sowohl in tarifvertraglicher als auch in arbeitsvertraglicher Hinsicht sind dabei dieselben Grenzen zu beachten, die bereits hinsichtlich des Mindesturlaubs dargestellt wurden.[1259] Darüber hinaus sind die Übertragung, also die Vererbung, Verpfändung sowie die Abtretung möglich und unterscheiden sich nicht von den bereits dargestellten Grundsätzen. Genauso verhält es sich mit der Verjährung des Abgeltungsanspruchs.

bb) Berechnung der Höhe des Abgeltungsanspruchs

Hinsichtlich der Berechnung der Höhe des Abgeltungsanspruchs ergeben sich hingegen in Bezug auf den Mehrurlaub mehr Regelungsmöglichkeiten. So besteht zum einen die Möglichkeit, eine andere Berechnungsart des Abgeltungsanspruchs zu wählen. Arbeitnehmer und Arbeitgeber können beispielsweise vereinbaren, dass der Abgeltungsanspruch, der den Mehrurlaub betrifft, akzessorisch zum Mehrurlaubsanspruch verläuft und damit letztlich die Surrogatstheorie in Bezug auf den Mehrurlaubsanspruch wiederaufleben bzw. weiterleben lassen. Da die Surrogatstheorie von der Praxis zuweilen als „juristisches Hochreck“[1260] empfunden wurde, ist nicht davon auszugehen, dass sie freiwillig hieran festhalten wird.[1261]

---

v. 31.05.1990 – 8 AZR 132/89 AP BUrlG § 13 Unabdingbarkeit Nr. 13; v. 21.07.1978 – 6 AZR 1/77 AP BUrlG § 13 Unabdingbarkeit Nr. 5; zu Recht kritisch sieht dies Preis/*Stoffels*, Der Arbeitsvertrag, II U 20 Rn. 56.

1259 Siehe soeben im zweiten Teil, A. X. 4. d) (S. 247 ff.).

1260 *Arnold*, Anm. zu BAG v. 19.06.2012 – 9 AZR 652/10 ArbRAktuell 2012, 314.

1261 Eine vereinbarte Aufrechterhaltung der Surrogatstheorie wird aber beispielsweise in der Regelung des § 12 Abschn. IV Ziff. 2 Satz 2 MTV Chemie gesehen, siehe dazu

Aus dem Zusammenhang, der ohne Zweifel weiterhin zwischen Urlaubs- und Abgeltungsanspruch bestehen bleibt, ergibt sich, dass sich grundsätzlich die Höhe des Abgeltungsanspruchs an der Höhe des Urlaubsentgelts orientiert. Dieses kann aber von den Vertragsparteien hinsichtlich des Mehrurlaubs abweichend vereinbart werden.[1262]

cc) Zeitpunkt der Abgeltung

Hinsichtlich des Zeitpunktes kann der vertragliche Mehrurlaub auch im laufenden Arbeitsverhältnis bei gegenseitigem Einverständnis jederzeit abgegolten werden. Hierfür ist keine entsprechende Klausel im Arbeitsvertrag erforderlich. Auch möglich ist aber eine Klausel, nach welcher der vertragliche Mehrurlaub, der nicht in Anspruch genommen wurde, automatisch am Jahresende abgegolten wird, sodass eine Übertragung vermieden wird.[1263]

Beispielsklausel 74: Automatische Urlaubsabgeltung am Jahresende bezüglich des Mehrurlaubs

> *„Der Mehrurlaub wird, soweit er im laufenden Kalenderjahr nicht gewährt wurde, nicht auf das folgende Kalenderjahr übertragen, sondern am 31.12. jeden Jahres abgegolten."*[1264]

dd) Abbedingung des Abgeltungsanspruchs

Schließlich stellt sich die Frage, ob von vornherein vereinbart werden kann, dass für nicht in Anspruch genommenen Mehrurlaub kein Abgeltungsanspruch entsteht. Letztlich stellte dies eine Abbedingung des § 7 Abs. 4 BUrlG dar. Ist dies für den den Mindesturlaub betreffenden Abgeltungsanspruch wegen §§ 1, 13 Abs. 1 S. 1, 3 BUrlG unzweifelhaft unmöglich, so verhält es sich möglicherweise bei dem den Mehrurlaub betreffenden Abgeltungsanspruch anders.

Einerseits spricht die Ähnlichkeit der Situation zu einer Vereinbarung der Kürzung des Mehrurlaubs auf null, eines vereinbarten Verfalls des Mehrurlaubs oder eines Verzichts auf den Abgeltungsanspruch für die Möglichkeit einer solchen Vereinbarung. Andererseits ist dabei der dogmatische Unterschied zu beachten, dass in den genannten Konstellationen der Urlaubs- bzw.

BAG v. 13.11.2012 – 9 AZR 64/11 NJOZ 2013, 514; auch HK-BUrlG/*Oppermann*, § 7 BUrlG Rn. 40 weist auf diese Möglichkeit für tarifvertragliche Regelungen hin. Auch arbeitsvertragliche Regelungen, die dies vorsehen, sind aber möglich.

1262 Zur Regelbarkeit des Urlaubsentgelts hinsichtlich des Mehrurlaubs siehe im zweiten Teil, A. VIII. 1. b) (S. 199 ff.).

1263 Siehe hierzu MaSiG/*Viethen/Viethen*, Urlaub Rn. 79.

1264 MaSiG/*Viethen/Viethen*, Urlaub Rn. 79.

Abgeltungsanspruch entsteht (und sei es nur für eine logische Sekunde) und erst im Nachhinein entfällt. Der Arbeitnehmer erlangt also zunächst einen Anspruch und lediglich über den späteren Verbleib des Anspruchs wird eine Abrede getroffen.

Jedoch können die Vertragsparteien gerade hinsichtlich des Mehrurlaubs bei ausreichender Differenzierung von den gesetzlichen Vorgaben abweichen. Der Arbeitnehmer muss hier gerade nicht die tatsächliche Möglichkeit der Inanspruchnahme des Anspruchs erlangen, da die Arbeitszeitrichtlinie den Mehrurlaubsanspruch und den diesbezüglichen Abgeltungsanspruch bei einer Differenzierung nicht erfasst.[1265] Auch § 13 Abs. 1 S. 1, 3 BUrlG greift hier nicht ein, sodass einer Abbedingung des Abgeltungsanspruchs, der sich auf den Mehrurlaub bezieht, an sich oder unter bestimmten Voraussetzungen grundsätzlich nichts entgegensteht. Dementsprechend ist eine derartige Vereinbarung in Tarifverträgen auch bereits als zulässig anerkannt worden.[1266]

Auch bei der Regelung in Allgemeinen Geschäftsbedingungen ist von einer Angemessenheit einer solchen Klausel nach § 307 Abs. 1 S. 1 BGB auszugehen. Legt der Arbeitgeber von vornherein fest, dass der Mehrurlaub nur in natura gewährt werden soll, so ist hierin keine unangemessene Benachteiligung des Arbeitnehmers zu erblicken. Hier wird vielmehr die tatsächliche Erholung als Zweck der Mehrurlaubsgewährung klar in den Vordergrund gestellt.

Beispielsklausel 75: Abbedingung der Abgeltung bezüglich des Mehrurlaubs

Der Mehrurlaub wird nicht abgegolten.

ee) Abgeltungsanspruch unter zusätzlichen Voraussetzungen

Weniger problematisch erscheint die Regelung, dass der Abgeltungsanspruch hinsichtlich des Mehrurlaubs nur unter zusätzlichen Voraussetzungen entsteht.[1267] Hierbei ist der Mehrurlaubsanspruch auch weiterhin grundsätzlich abzugelten, es müssen lediglich zusätzliche Voraussetzungen hierfür vorliegen. Dabei ist daher bei arbeitsvertraglichen Regelungen von einer Vereinbarkeit mit § 307 Abs. 2 Nr. 1 BGB sowie der Angemessenheit nach § 307 Abs. 1 S. 1 BGB auszugehen.

1265 Siehe zur Differenzierung eingehend im ersten Teil, F. (S. 69 ff.).

1266 BAG v. 13.11.2012 – 9 AZR 64/11 NJOZ 2013, 514; v. 22.05.2012 – 9 AZR 618/10 NZA 2012, 987, 989 (Rn. 22) für eine tarifliche Regelung, die vorsieht, nicht erfüllbare Urlaubsansprüche nicht abzugelten.

1267 So bereits vor der Aufgabe der Surrogatstheorie zum tarifvertraglichen Mehrurlaub BAG v. 07.09.2004 – 9 AZR 587/03 NJOZ 2005, 575; v. 10.02.2004 – 9 AZR 116/03 NZA 2004, 986.

Beispielsklausel 76: Abgeltungsanspruch bezüglich des Mehrurlaubs unter zusätzlichen Voraussetzungen

> *Der den Mehrurlaub betreffende Abgeltungsanspruch entsteht nicht, wenn der Arbeitnehmer das Arbeitsverhältnis unbegründet ohne Einhaltung der Kündigungsfrist auflöst.*[1268]

Auch in Bezug auf den tariflichen Mehrurlaub kann die Gewährung der Urlaubsabgeltung von zusätzlichen Voraussetzungen abhängig gemacht werden. Solange die Auslegung den Differenzierungswillen der Parteien zwischen Mindest- und Mehrurlaub ergibt, ist eine solche Vereinbarung möglich.[1269] Liegt hingegen eine nicht differenzierte Urlaubsklausel vor, die den Mindest- und den Mehrurlaubsabgeltungsanspruch einheitlich regelt, so ist der den Mindesturlaubsabgeltungsanspruch betreffende Teil der Vereinbarung nach § 134 BGB unwirksam. Der den Mehrurlaubsabgeltungsanspruch betreffende Teil der Vereinbarung ist in diesem Fall richtigerweise mangels Teilbarkeit nicht nach § 139 BGB aufrechtzuerhalten.[1270]

ff) Einwendung des Rechtsmissbrauchs, § 242 BGB

Auch beim Abgeltungsanspruch hinsichtlich des Mehrurlaubs ist der Einwand des Rechtsmissbrauchs nach § 242 BGB zu beachten. Wird beim Abgeltungsanspruch aber vertraglich vom gesetzlichen Abgeltungsregime abgewichen, so kann erwogen werden, dass andere Anforderungen an den Rechtsmissbrauchseinwand zu stellen sind. Für die hohen Anforderungen des Einwands wurde die

---

1268 In Anlehnung an BAG v. 10.02.2004 – 9 AZR 116/03 AP BUrlG § 7 Übertragung Nr. 27, wobei sich dabei die Klausel auf den tariflichen Mehrurlaubsanspruch bezog. Eine solche Regelung macht freilich nur Sinn, wenn nicht bereits der Verfall des Mehrurlaubsanspruchs in diesem Fall vorgesehen wurde, siehe dazu im zweiten Teil, A. II. 3. d) aa) (S. 130 f.).

1269 BAG v. 10.02.2004 – 9 AZR 116/03 AP BUrlG § 7 Übertragung Nr. 27 zum Verfall von tariflichem Mehrurlaub bei unbegründeter Auflösung des Arbeitsverhältnisses ohne Einhaltung der Kündigungsfrist; siehe dazu auch *Powietzka/Rolf*, § 7 BUrlG Rn. 144; zu tarifvertraglichen Ausschlussfristen siehe im zweiten Teil, A. X. 4. d) (S. 247 ff.).

1270 A. A. BAG v. 12.04.2011 – 9 AZR 80/10 NZA 2011, 1050, das auch einen einheitlichen Regelungswillen für einen ausreichenden Differenzierungswillen ausreichen lässt und daher folgerichtig wohl von einer Teilbarkeit ausgeht. Siehe hierzu bereits im zweiten Teil, F. II. (S. 70 ff.).

Streichung von § 7 Abs. 4 S. 2 BUrlG angeführt.[1271] Weicht aber die Abgeltungsregelung insgesamt von den gesetzlichen Vorschriften ab, so greift dieses Argument unter Umständen nicht mehr ein. In diesem Fall muss aber dennoch eine Betrachtung des Einzelfalls vorgenommen werden. So kann ein individueller Rechtsmissbrauch vorliegen, wenn die Ausübung eines Rechts nach Abwägung im Einzelfall gegen Treu und Glauben verstößt.[1272] Hierbei sind insbesondere die Interessen der Parteien miteinzubeziehen.[1273]

Wenn der Arbeitnehmer von vornherein beabsichtigt, allein den monetären Abgeltungsanspruch durchzusetzen und daher den Mehrurlaubsanspruch vereitelt, ist damit auch beim Abgeltungsanspruch hinsichtlich des Mehrurlaubs von einem Rechtsmissbrauch nach § 242 BGB auszugehen. Der Abgeltungsanspruch wird sowohl beim Mindest- als auch beim Mehrurlaubsanspruch als Ersatz des Urlaubsanspruchs gewährt. Freilich können die Modalitäten des Abgeltungsanspruchs im Einzelnen abweichend geregelt werden. Jedoch ist grundsätzlich vorrangig der Mehrurlaubsanspruch zu gewähren, sodass bei einer Vereitelung § 242 BGB grundsätzlich heranzuziehen ist. Die Umstände des Einzelfalls dürfen dabei nicht außer Acht gelassen werden.

5. *Abschließende Beispielsklausel zum Urlaubsabgeltungsanspruch*

Abschließend soll eine Beispielsklausel dargestellt werden, wie sie künftig für den Abgeltungsanspruch verwendet werden kann. Hierbei muss zwischen dem Regelwerk des Abgeltungsanspruchs, der den Mindesturlaub betrifft und demjenigen, der den Mehrurlaub betrifft, deutlich unterschieden werden. Nicht vergessen werden sollte, dass auch zwischen Mindest- und Mehrurlaub weiterhin unterschieden werden muss. Im Folgenden soll daher eine Beispielsklausel insgesamt dargestellt werden. Hinsichtlich des vertraglichen Mehrurlaubs können dabei mehrere der im vorstehenden Kapitel dargestellten Klauselbeispiele verwendet werden, wobei bei der Kombination auf die Vermeidung von Widersprüchen geachtet werden muss. Vorliegend wird die hier vertretene Meinung zugrunde gelegt, dass beim Abgeltungsanspruch das Erheben einer Bestandsschutzklage zur Einhaltung der zweiten Stufe einer Ausschlussfrist ausreicht. Daher ist eine solche zweistufige Ausschlussfrist als angemessen anzusehen.[1274]

1271 Siehe dazu eingehend im ersten Teil, A. VI. 1. (S. 30 ff.).

1272 Staudinger/*Looschelders/Olzen*, § 242 BGB Rn. 218.

1273 Staudinger/*Looschelders/Olzen*, § 242 BGB Rn. 222 ff.

1274 Siehe dazu eingehend im zweiten Teil, A. X. 4. d) cc) (S. 249 ff.).

Beispielsklausel 77: Urlaubsabgeltung

„§ 1 Gesetzlicher Mindesturlaub

(1) *„[1]Der Arbeitnehmer hat Anspruch auf den gesetzlichen Mindesterholungsurlaub von 20 Tagen jährlich, bezogen auf eine Fünf-Tage-Woche. [2]Im Übrigen gelten die Vorschriften des Bundesurlaubsgesetzes in seiner jeweils geltenden Fassung“*[1275]

(2) *[1]Der Urlaubsabgeltungsanspruch, der den gesetzlichen Mindesturlaub betrifft, verfällt, wenn er nicht binnen drei Monaten nach Fälligkeit gegenüber der anderen Vertragspartei schriftlich geltend gemacht wird. [2]Lehnt die andere Vertragspartei den Abgeltungsanspruch ab oder erklärt sie sich nicht innerhalb von drei Wochen nach Geltendmachung des Anspruchs, verfällt dieser, wenn er nicht innerhalb von drei Monaten nach der Ablehnung oder dem Ablauf der Dreiwochenfrist gerichtlich geltend gemacht wird.*[1276]

§ 2 Vertraglicher Mehrurlaub

(1) *Über den gesetzlichen Mindesturlaub hinaus steht dem Arbeitnehmer zusätzlich bezahlter Mehrurlaub von weiteren [x] Tagen pro Jahr zu.*

(2) *Urlaubsjahr ist das Kalenderjahr.*

(3) *[Widerrufsvorbehalt/Freiwilligkeitsvorbehalt/Verfall/Anteilige Kürzungsregelung o. Ä. bezüglich des Mehrurlaubs]*[1277]

(4) *Tilgungsbestimmung*[1278]

(5) *[1]Der Urlaubsabgeltungsanspruch, der den Mehrurlaub betrifft, verfällt, wenn er nicht binnen drei Monaten nach Fälligkeit gegenüber der anderen Vertragspartei schriftlich geltend gemacht wird. [2]Lehnt die andere Vertragspartei den Abgeltungsanspruch ab oder erklärt sie sich nicht innerhalb von drei Wochen nach Geltendmachung des Anspruchs, verfällt dieser, wenn er nicht innerhalb von drei Monaten nach der Ablehnung oder dem Ablauf der Dreiwochenfrist gerichtlich geltend gemacht wird.*[1279]

(6) *Die Berechnung der Abgeltung bemisst sich nach dem durchschnittlichen Arbeitsverdienst, den der Arbeitnehmer in den letzten 15 Wochen vor dem Beginn des Urlaubs erhalten hat, unter Einbeziehung des zusätzlich für Überstunden gezahlten Arbeitsverdienstes.*

(7) *„Der Mehrurlaub wird, soweit er im laufenden Kalenderjahr nicht gewährt wurde, nicht auf das folgende Kalenderjahr übertragen, sondern am 31.12. jeden Jahres abgegolten.“*[1280]

1275 *Powietzka/Fallenstein*, NZA 2010, 673, 675.

1276 In Anlehnung an Bauer/Lingemann/*Lingemann*, M 2.1a Ziff. 10 (S. 112).

1277 Siehe hierzu die jeweiligen Kapitel mit ihren jeweiligen Klauselbeispielen.

1278 Zu einem Formulierungsvorschlag für eine Tilgungsbestimmung siehe Beispielsklausel 7, S. 102.

1279 In Anlehnung an Bauer/Lingemann/*Lingemann*, M 2.1a Ziff. 10 (S. 112).

1280 MaSiG/*Viethen/Viethen*, Urlaub Rn. 79.

(8) *Der den Mehrurlaub betreffende Abgeltungsanspruch entsteht nicht, wenn der Arbeitnehmer das Arbeitsverhältnis unbegründet ohne Einhaltung der Kündigungsfrist auflöst.*

Beispielsklausel 78: Urlaubsabgeltung

„§ 1 Urlaub

(1) *„[1]Der Arbeitnehmer hat Anspruch auf den gesetzlichen Mindesterholungsurlaub von 20 Tagen jährlich, bezogen auf eine Fünf-Tage-Woche. [2]Im Übrigen gelten die Vorschriften des Bundesurlaubsgesetzes in seiner jeweils geltenden Fassung.“*[1281]

(2) *Darüber hinaus steht dem Arbeitnehmer zusätzlich bezahlter Mehrurlaub in Höhe von weiteren [x] Tagen pro Jahr zu.*

(3) *Urlaubsjahr ist das Kalenderjahr.*

(4) *[Widerrufsvorbehalt/Freiwilligkeitsvorbehalt/Verfall/Anteilige Kürzungsregelung o. Ä. bezüglich des Mehrurlaubs]*[1282]

(5) *Tilgungsbestimmung*[1283]

§ 2 Urlaubsabgeltung

(1) *[1]Der Urlaubsabgeltungsanspruch verfällt, wenn er nicht binnen drei Monaten nach Fälligkeit gegenüber der anderen Vertragspartei schriftlich geltend gemacht wird. [2]Lehnt die andere Vertragspartei den Abgeltungsanspruch ab oder erklärt sie sich nicht innerhalb von drei Wochen nach Geltendmachung des Anspruchs, verfällt dieser, wenn er nicht innerhalb von drei Monaten nach der Ablehnung oder dem Ablauf der Dreiwochenfrist gerichtlich geltend gemacht wird.*[1284]

(2) *Die Abgeltung des Mehrurlaubs bemisst sich nach dem durchschnittlichen Arbeitsverdienst, den der Arbeitnehmer in den letzten 15 Wochen vor dem Beginn des Urlaubs erhalten hat, unter Einbeziehung des zusätzlich für Überstunden gezahlten Arbeitsverdienstes.*

(3) *„Der Mehrurlaub wird, soweit er im laufenden Kalenderjahr nicht gewährt wurde, nicht auf das folgende Kalenderjahr übertragen, sondern am 31.12. jeden Jahres abgegolten.“*[1285]

(4) *Der den Mehrurlaub betreffende Abgeltungsanspruch entsteht nicht, wenn der Arbeitnehmer das Arbeitsverhältnis unbegründet ohne Einhaltung der Kündigungsfrist auflöst.*

1281 *Powietzka/Fallenstein*, NZA 2010, 673, 675.

1282 Siehe hierzu die jeweiligen Kapitel mit ihren jeweiligen Klauselbeispielen.

1283 Zu einem Formulierungsvorschlag für eine Tilgungsbestimmung siehe Beispielsklausel 7, S. 102.

1284 In Anlehnung an Bauer/Lingemann/*Lingemann*, M 2.1a Ziff. 10 (S. 112).

1285 MaSiG/*Viethen/Viethen*, Urlaub Rn. 79.

Übersichtlicher und daher transparenter sowie deutlicher differenziert ist hierbei der erste Klauselvorschlag, bei dem bereits in den Überschriften zwischen Mindest- und Mehrurlaub unterschieden wird.

XI. Vereinbarungen über die Berücksichtigung von Urlaub als Ausgleichszeitraum nach dem Arbeitszeitgesetz

Es stellt sich überdies die Frage, inwieweit sich die Berücksichtigung von Urlaub als Ausgleichszeitraum im Rahmen des Arbeitszeitgesetzes vereinbaren lässt. Dazu ist zunächst zu klären, ob Urlaub von Gesetzes wegen als Ausgleichszeitraum berücksichtigt wird und falls nicht, ob dies vereinbart werden kann.

Nach dem Arbeitszeitgesetz ist innerhalb bestimmter Grenzen eine Verlängerung der werktäglichen Arbeitszeit, die nach § 3 S. 1 ArbZG grundsätzlich acht Stunden beträgt, möglich. Dazu darf aber die Arbeitszeit von im Durchschnitt acht Stunden werktäglich innerhalb eines Ausgleichszeitraums nicht überschritten werden. Nach § 3 S. 2 ArbZG darf z. B. die werktägliche Arbeitszeit auf zehn Stunden verlängert werden, wenn innerhalb von sechs Kalendermonaten oder innerhalb von 24 Wochen im Durchschnitt acht Stunden werktäglich nicht überschritten werden. Nach § 7 ArbZG kann in einem Tarifvertrag oder aufgrund eines Tarifvertrags in einer Betriebs- oder Dienstvereinbarung abweichend von § 3 ArbZG die Arbeitszeit verlängert werden oder ein anderer Ausgleichszeitraum, also ein kürzerer, längerer oder veränderter Zeitraum,[1286] festgelegt werden.

1. *Berücksichtigungsfähigkeit des (gesetzlichen) Mindesturlaubs als Ausgleichszeitraum*

Zunächst ist zu klären, ob und inwieweit Mindesturlaubstage als Ausgleichszeiten berücksichtigungsfähig sind.

a) Meinungsstand

Für eine solche Berücksichtigungsfähigkeit wird zum einen die Übereinstimmung von Sinn und Zweck der Urlaubsgewährung und des Arbeitszeitgesetzes angeführt. Die Urlaubsgewährung diene der Erholung und § 3 S. 2 ArbZG bezwecke einen Ausgleich für die höhere Beanspruchung der Arbeitskraft der Arbeitnehmer und damit den Gesundheitsschutz. Da die Zweckrichtungen der beiden Gesetze damit in diesem Punkt übereinstimmen, können danach die

1286 *Anzinger/Koberski*, § 7 ArbZG Rn. 27; *Neumann/Biebl*, § 7 ArbZG Rn. 20.

Urlaubstage auch bei den Ausgleichszeiten berücksichtigt werden.[1287] Darüber hinaus bestehe der Zweck des Arbeitszeitgesetzes auch in der Verbesserung der Rahmenbedingungen für flexible Arbeitszeiten. Dieser Zweck könne daher auch bei der Berücksichtigung von Urlaubstagen erreicht werden.[1288]

Gegen diese Ansicht sprechen jedoch gewichtige Argumente. Zunächst ist zu konstatieren, dass das Arbeitszeitgesetz selbst zur Berücksichtigungsfähigkeit von Urlaubstagen im Rahmen der Ausgleichszeiten schweigt. Im Unionsrecht findet sich aber die Vorschrift des Art. 16b der Richtlinie 2003/88/EG, derzufolge bei der Berechnung des Durchschnitts die Zeiten des bezahlten Jahresurlaubs unberücksichtigt bleiben oder neutral behandelt werden. Es ist davon auszugehen, dass der Gesetzgeber die Vorschrift im Sinne des Unionsrechts ausgelegt wissen wollte. Legt man also § 3 S. 2 ArbZG richtlinienkonform aus, werden die Urlaubstage des Mindesturlaubs nicht berücksichtigt oder sind neutral zu behandeln.[1289] Für diese Betrachtungsweise wird auch angeführt, dass die jeweilige Arbeitsbefreiung des Arbeitnehmers einen Zweck hat. Dieser verbiete es, die ausgefallene Arbeitszeit doppelt zu berücksichtigen. Auch, wenn der Zweck des Erholungsurlaubs und derjenige des gesetzlichen Arbeitsschutzes gleichgerichtete Schutzziele haben, stehen diese nebeneinander und ergänzen sich gegenseitig.[1290] Schließlich spreche auch gegen eine Berücksichtigung der Urlaubstage, dass bei dem Ausgleichszeitraum nur die tatsächliche Arbeitsleistung berücksichtigt werde, nicht aber eine fiktive.[1291]

b) Eigene Stellungnahme

Betrachtet man die Arbeitszeitrichtlinie, so spricht diese eine deutliche Sprache. Angesichts des hierzu schweigenden Arbeitszeitgesetzes und des Wortlauts von Art. 16b 2003/88/EG ist daher § 3 ArbZG richtlinienkonform dahingehend auszulegen, dass der Mindesturlaub im Rahmen des Ausgleichszeitraums nicht

---

1287 Zu dieser Argumentation eingehend *Dobberahn*, Rn. 31.

1288 *Dobberahn*, Rn. 31.

1289 In diesem Sinne auch LAG Brandenburg v. 27.05.2005 – 5 Sa 141/04 NZA-RR 2005, 626, das aber nicht zwischen Mindest- und Mehrurlaub differenziert; *Anzinger/Koberski*, § 3 ArbZG Rn. 62; *Buschmann/Ulber*, § 3 ArbZG Rn. 7a; *Didier*, NZA 2007, 120, 122; *Erasmy*, NZA 1994, 1105, 1107; *Junker*, ZfA 1998, 105, 112; BeckOKArbR/*Kock*, § 3 ArbZG Rn. 7; *Linck/Schütz* in FS Leinemann, 171, 189 f.; *Neumann/Biebl*, § 3 ArbZG Rn. 10; *Roggendorff*, § 3 ArbZG Rn. 11; *Schliemann*, § 3 ArbZG Rn. 84 ff.; Schaub/*Vogelsang*, § 156 Rn. 28; ErfK/*Wank*, § 3 ArbZG Rn. 10; i. E. auch Erlass des Ministeriums für Arbeit, Gesundheit und Soziales des Landes NRW – II A 2 – 8435.4.11 – v. 03.03.2008, S. 3 (§ 3 2.).

1290 Eingehend hierzu *Schliemann*, § 3 Rn. 87.

1291 *Schliemann*, § 3 Rn. 81.

berücksichtigt wird oder neutral ist.[1292] Sinn und Zweck des Mindesturlaubs ist es, dem Arbeitnehmer einmal im Jahr über einen längeren Zeitraum die Möglichkeit zu gewähren, sich von der Arbeitsleistung zu erholen und neue Kräfte zu sammeln. Berechnete man diese Urlaubstage im Vor- oder Nachhinein als Ausgleichstage für erbrachte oder noch zu erbringende Arbeitsleistungen, widerspräche dies gerade dieser Zwecksetzung.[1293] Auch unionsrechtlich ist dieser Zweck gegeben, wie sich aus Art. 7, 16 der Arbeitszeitrichtlinie ergibt. Der Anspruch des Arbeitnehmers auf bezahlten Jahresurlaub soll diesem gerade ohne anderweitige Nachteile zustehen. Daher wäre es widersinnig, wenn diese Urlaubstage Mehrarbeit an anderen Tagen ermöglichten.[1294] Mithin ist der Mindesturlaub bei der Berechnung des Ausgleichszeitraums richtigerweise nicht berücksichtigungsfähig. Die Tarif- und Arbeitsvertragsparteien können daher eine Berücksichtigung auch nicht vereinbaren. Eine solche Vereinbarung verstößt gegen die unionsrechtskonform ausgelegte Vorschrift des § 3 ArbZG und stellt damit eine Ordnungswidrigkeit nach § 22 Abs. 1 Nr. 1 ArbZG sowie gegebenenfalls eine Straftat nach § 23 Abs. 1 ArbZG dar. Sie ist daher nach § 134 BGB unwirksam.[1295]

2. *Berücksichtigungsfähigkeit des (gesetzlichen) Zusatzurlaubs*

Beim gesetzlichen Zusatzurlaub ist von einer einheitlichen Auslegung zum gesetzlichen Mindesturlaub auszugehen, auch wenn dieser nicht von der Arbeitszeitrichtlinie erfasst wird.[1296] Mithin ist auch dieser im Rahmen der Berechnung des Ausgleichszeitraums nicht berücksichtigungsfähig oder ist neutral.[1297] Auch hier kann von den Tarif- und Arbeitsvertragsparteien keine Berücksichtigung vereinbart werden.

1292 Ein näheres Eingehen auf die zusätzlich genannten Argumente *Schliemanns* erübrigt sich an dieser Stelle. Auf sie wird daher im zweiten Teil, A. XI. 4. (S. 277 ff.) eingegangen, wo sie sich als entscheidungserheblich erweisen.

1293 *Anzinger/Koberski*, § 3 ArbZG Rn. 61.

1294 *Buschmann/Ulber*, § 3 ArbZG Rn. 7a.

1295 Für einen Verstoß gegen die Höchstarbeitszeiten sieht dies auch Schaub/*Vogelsang*, § 156 Rn. 36 so.

1296 Siehe zur Argumentation für die einheitliche Auslegung eingehend im zweiten Teil, A. II. 2. a) bb) (S. 116 ff.).

1297 I. E. ebenso *Anzinger/Koberski*, § 3 ArbZG Rn. 62; *Buschmann/Ulber*, § 3 ArbZG Rn. 7a; *Didier*, NZA 2007, 120, 122; BeckOKArbR/*Kock*, § 3 ArbZG Rn. 7; *Neumann/Biebl*, § 3 ArbZG Rn. 10; *Roggendorff*, § 3 ArbZG Rn. 11; Erlass des Ministeriums für Arbeit, Gesundheit und Soziales des Landes NRW – II A 2 – 8435.4.11 – v. 03.03.2008, S. 3 (§ 3 2.).

3. *Berücksichtigungsfähigkeit des Sonderurlaubs*

Im nächsten Schritt stellt sich die Frage nach der Berücksichtigungsfähigkeit von Sonderurlaub, also in der Regel unbezahlter Freistellung des Arbeitnehmers aus besonderen, in seiner Person liegenden Gründen[1298]. Auch die Beantwortung dieser Frage wird uneinheitlich betrachtet.

Einerseits wird der Sonderurlaub im Rahmen der Berechnung des Ausgleichszeitraums als berücksichtigungsfähig angesehen. Hierfür wird angeführt, dass bei diesem der einzige Zweck in der Freistellung des Arbeitnehmers bestehe, sodass keine „doppelte" Berücksichtigung der ausgefallenen Arbeitszeit drohe.[1299] Darüber hinaus spreche hierfür, dass die Arbeitszeitrichtlinie den Sonderurlaub gerade nicht erfasse und nach Sinn und Zweck des Zeitausgleichs daher solche Tage beim Ausgleich berücksichtigt werden müssen.[1300] Die Vertreter des gegenteiligen Standpunkts begründen diesen nicht.[1301]

Bei der Entscheidung für einen der Standpunkte ist zunächst das Unionsrecht heranzuziehen. Art. 16b der Arbeitszeitrichtlinie erfasst gerade nur den gesetzlichen Mindesturlaub und damit nicht den Sonderurlaub. Dies spricht dafür, dass dieser als Ausgleichszeitraum berücksichtigungsfähig ist.[1302] Jedoch lässt sich hiergegen anführen, dass dies ebenso beim gesetzlichen Zusatzurlaub der Fall ist, dieser aber ebenso wie der gesetzliche Mindesturlaub als nicht berücksichtigungsfähig oder neutral eingestuft wird.[1303] Jedoch steht beim gesetzlichen Zusatzurlaub derselbe gesundheitspolitische Zweck hinter der Regelung wie beim Mindesturlaub, sodass dieser grundsätzlich einheitlich mit dem Mindesturlaub auszulegen ist.[1304] Beim Sonderurlaub ist aber ein vergleichbarer gesundheitspolitischer Zweck nicht vorhanden. Daher ist nicht von einer zwingend einheitlichen gesetzlichen Behandlung auszugehen. Damit sprechen das Unionsrecht und das nationale Urlaubsrecht zunächst für eine Berücksichtigung der Sonderurlaubstage. Sinn und Zweck des Ausgleichs, der darin besteht, dass die Arbeitsbelastung

---

1298 Nipperdey/*Kortstock*, Lexikon Arbeitsrecht, Sonderurlaub.

1299 *Schliemann*, § 3 ArbZG Rn. 89.

1300 *Baeck/Deutsch*, § 3 ArbZG Rn. 45; i. E. auch *Linck/Schütz* in FS Leinemann, 171, 190; Erlass des Ministeriums für Arbeit, Gesundheit und Soziales des Landes NRW – II A 2 – 8435.4.11 – v. 03.03.2008, S. 3 (§ 3 2.).

1301 *Buschmann/Ulber*, § 3 ArbZG Rn. 7a; *Neumann/Biebl*, § 3 ArbZG Rn. 10; *Roggendorff*, § 3 ArbZG Rn. 11.

1302 Ebenso *Junker*, ZfA 1998, 105, 112.

1303 Siehe dazu soeben im zweiten Teil, A. XI. 2. (S. 275).

1304 Siehe dazu eingehend im zweiten Teil, A. II. 2. a) bb) (S. 116 ff.).

des Arbeitnehmers für Tage, an denen dieser mehr als acht Stunden werktäglich gearbeitet hat, ausgeglichen wird, ist bei (unbezahltem) Sonderurlaub des Arbeitnehmers außerdem erfüllt. Auch sind Vergütungserwägungen arbeitszeitrechtlich stets als irrelevant einzustufen,[1305] sodass die Eigenschaft des Sonderurlaubs als unbezahlt bei der Betrachtung unberücksichtigt bleibt. Damit sprechen sowohl das Europarecht, das Urlaubsrecht, als auch Sinn und Zweck des Arbeitszeitgesetzes für eine Berücksichtigung der Sonderurlaubstage im Rahmen der Berechnung des Ausgleichszeitraums.[1306] Vereinbaren hier die Vertragsparteien Gegenteiliges, ist dies eine Regelung, die dem Gesundheitsschutz des Arbeitnehmers zugutekommt, sodass eine solche Vereinbarung wirksam und in Allgemeinen Geschäftsbedingungen nach § 307 BGB angemessen ist.

Beispielsklausel 79: Keine Berücksichtigung des Sonderurlaubs bei der Berechnung des Ausgleichszeitraums im Rahmen des Arbeitszeitgesetzes

> *[1]Dem Arbeitnehmer steht in folgenden Fällen ein Anspruch auf unbezahlten Sonderurlaub zu: [...] [2]Dieser wird bei der Berechnung des Ausgleichszeitraums im Rahmen des Arbeitszeitgesetzes nicht berücksichtigt.*

4. *Berücksichtigungsfähigkeit des Mehrurlaubs*

Schließlich ist die Berücksichtigungsfähigkeit des Mehrurlaubs im Rahmen der Berechnung des Ausgleichszeitraums zu klären und ihre Regelbarkeit im konkreten Fall zu untersuchen.

a) Bestehende Rechtslage

Auch zur Berücksichtigungsfähigkeit des Mehrurlaubs schweigt das Arbeitszeitgesetz. Geht man vom Unionsrecht aus, so erfasst Art. 16b der Arbeitszeitrichtlinie den übergesetzlichen Mehrurlaub gerade nicht. Dies spricht für eine

---

1305 *Didier*, NZA 2007, 120, 122.

1306 I. E. ebenso *Anzinger/Koberski*, § 3 ArbZG Rn. 64; *Baeck/Deutsch*, § 3 ArbZG Rn. 45; *Didier*, NZA 2007, 120, 122; *Junker*, ZfA 1998, 105, 112; *Linck/Schütz* in FS Leinemann, 171, 190; Erlass des Ministeriums für Arbeit, Gesundheit und Soziales des Landes NRW – II A 2 – 8435.4.11 – v. 03.03.2008, S. 3 (§ 3 2.). Auf das zusätzlich genannte Argument *Schliemanns* wird sogleich an entscheidungserheblicher Stelle im zweiten Teil, A. XI. 4. (S. 277 ff.) eingegangen.

Berücksichtigungsfähigkeit.[1307] Darüber hinaus kann hierfür angeführt werden, dass mangels ausdrücklicher Äußerung des Gesetzgebers hierzu keine gesetzliche Wertung vorliegt, sodass eine Anrechnung als Ausgleichszeitraum weiterhin möglich und zulässig bleibt.[1308]

Gegen eine Berücksichtigungsfähigkeit des Mehrurlaubs lassen sich aber möglicherweise die im Rahmen der Berücksichtigungsfähigkeit des Mindesturlaubs angeführten Argumente *Schliemanns* anführen.[1309] Zum einen dient auch der übergesetzlich gewährte Mehrurlaub in aller Regel der Erholung des Arbeitnehmers und verfolgt dabei je nach Regelung auch darüber hinausgehende Zwecke, wie die Belohnung der Betriebstreue o. Ä. Geht man mit *Schliemann* davon aus, dass der Erholungszweck des Urlaubs der Berücksichtigung als Ausgleichszeitraum entgegensteht, weil der Arbeitszeitschutz und das Urlaubsrecht bei gleichgerichtetem Schutzziel nebeneinander stehen und sich gegenseitig ergänzen,[1310] so gilt dies bei konsequenter Fortführung des Gedankens ebenso für den Mehrurlaub, der auch der Erholung des Arbeitnehmers dient. Jedoch ist nicht ersichtlich, wo die Regel entspringt, dass nur ohne eigene Zweckverfolgung der Freistellung eine arbeitszeitrechtliche Berücksichtigung erfolgen kann. Aus dem Gesetz selbst lässt sich nicht ableiten, dass die Urlaubstage bei mehreren Zwecken, die in die gleiche Richtung zeigen, streng nebeneinander stehen und sich ergänzen, sich aber insoweit nicht überschneiden können, als der Mehrurlaub auch arbeitszeitrechtliche Berücksichtigung erfährt. Überzeugend erscheint vielmehr, dass die Zweckverfolgung der Gesetze und der Urlaubsgewährung selbst für eine Entscheidung der Berücksichtigung im Rahmen des Ausgleichszeitraums ohne Belang ist.

Schließlich spricht auch *Schliemanns* Einschätzung, dass im Rahmen des Arbeitszeitgesetzes lediglich tatsächliche, nicht aber fiktive Arbeitsleistung zu berücksichtigen sei,[1311] dafür, dass auch die Mehrurlaubstage nicht berücksichtigungsfähig sind. Werden nämlich stets tatsächlich nicht geleistete Arbeitsstunden als nicht berücksichtigungsfähig eingeschätzt, so trifft dies ebenso auf die Mehrurlaubstage zu. Hiergegen spricht bereits, dass bei Vornahme der richtlinienkonformen Auslegung auch eine neutrale Betrachtung des Mindesturlaubs bei

---

1307 Hierfür sprechen sich auch *Didier*, NZA 2007, 120, 122; *Linck/Schütz* in FS Leinemann, 171, 190 sowie *Dobberahn* für den Fall aus, dass man nicht seiner Ansicht folgt, Rn. 31.

1308 *Didier*, NZA 2007, 120, 122.

1309 Siehe hierzu soeben im zweiten Teil, A. XI. 1. b) (S. 274 f.).

1310 So *Schliemann*, § 3 ArbZG Rn. 87 für das gesetzliche Urlaubsrecht.

1311 *Schliemann*, § 3 ArbZG Rn. 81.

der Berechnung des Ausgleichszeitraums möglich ist. Eine solche erreicht man aber gerade, indem Urlaubstage bei der Berechnung mit einer fiktiven Arbeitszeit von je acht Stunden in Ansatz gebracht werden. Nimmt man also die richtlinienkonforme Auslegung ernst, so ist die Betrachtung von fiktiver Arbeitsleistung im Rahmen des Arbeitszeitgesetzes zumindest in bestimmten Fällen möglich.[1312]

Auch die generelle Abgeltungsmöglichkeit von Mehrurlaubstagen im Urlaubsrecht spricht für die arbeitsschutzrechtliche Berücksichtigungsfähigkeit von Mehrurlaubstagen. Im Fall der Berücksichtigung der Mehrurlaubstage als Ausgleichstage werden die Urlaubstage tatsächlich gewährt, ermöglichen aber Mehrarbeit an anderen Tagen. Im Fall der Abgeltung von Mehrurlaubstagen werden diese nicht einmal gewährt. Um die Einheitlichkeit der Rechtsordnung zu wahren, überzeugt daher auch unter diesem Aspekt die Berücksichtigungsfähigkeit des Mehrurlaubs.[1313]

Damit sprechen das Unionsrecht[1314] und die Einheitlichkeit der Rechtsordnung[1315] für die Berücksichtigung des Mehrurlaubs. Die Gegenargumente, die aus *Schliemanns* Standpunkten zum Mindesturlaub fortgeführt wurden, können nicht überzeugen.

b) Regelungsmöglichkeiten

Bei der Betrachtung der Regelungsmöglichkeiten bietet sich in Parallele zur Betrachtung des Bundesurlaubsgesetzes eine Unterscheidung danach an, ob eine Differenzierungsklausel vorliegt.[1316] Wird der Urlaub ohne Differenzierung gewährt und finden keinerlei abweichende Regelungen für den Mehrurlaub statt, so wird dieser im Urlaubsrecht nach Auslegung des Parteiwillens wie der

---

1312 Für eine Zugrundelegung von acht fiktiven Arbeitsstunden beim Mindesturlaub zumindest als Möglichkeit sprechen sich ausdrücklich auch *Anzinger/Koberski*, § 3 ArbZG Rn. 62; *Baeck/Deutsch*, § 3 ArbZG Rn. 44; *Buschmann/Ulber*, § 3 ArbZG Rn. 7a; *Didier*, NZA 2007, 120, 122; BeckOKArbR/*Kock*, § 3 ArbZG Rn. 7; *Neumann/Biebl*, § 3 ArbZG Rn. 10; *Roggendorff*, § 3 ArbZG Rn. 11; Erlass des Ministeriums für Arbeit, Gesundheit und Soziales des Landes NRW – II A 2 – 8435.4.11 – v. 03.03.2008, S. 3 (§ 3 2.) aus; a. A. *Dobberahn*, Rn. 31, der unter Berufung auf den Zweck des Arbeitszeitgesetzes Urlaubstage mit null Stunden ansetzen will.

1313 So überzeugend *Schlottwerdt*, ZESAR 2013, 222, 229 f.

1314 I. E. auch *Didier*, NZA 2007, 120, 122; BeckOKArbR/*Kock*, § 3 ArbZG Rn. 7; *Neumann/Biebl*, § 3 ArbZG Rn.10; Erlass des Ministeriums für Arbeit, Gesundheit und Soziales des Landes NRW – II A 2 – 8435.4.11 – v. 03.03.2008, S. 3 (§ 3 2.).

1315 So auch *Schlottfeldt*, ZESAR 2013, 222, 229 f.

1316 Zur Differenzierung von Mindest- und Mehrurlaub und den Folgen im Urlaubsrecht siehe eingehend im ersten Teil, F. (S. 69 ff.).

Mindesturlaub nach dem Bundesurlaubsgesetz behandelt. Er verfällt daher beispielsweise ebenso wie der Mindesturlaub im Falle des § 7 Abs. 3 S. 3 BUrlG in richtlinienkonformer Auslegung, obwohl der Mehrurlaub nicht von Art. 7 der Arbeitszeitrichtlinie erfasst ist.[1317] Zur Wahrung der Einheitlichkeit der Rechtsordnung bietet sich eine solche Unterscheidung auch im Rahmen des Arbeitszeitgesetzes an. Wird nicht zwischen Mindest- und Mehrurlaub unterschieden, so bestünde der einzige Unterschied darin, dass der Mehrurlaub nicht von der Arbeitszeitrichtlinie erfasst wird. Die Zwecksetzung ist jedoch weitgehend identisch und es ist davon auszugehen, dass die Vertragsparteien ohne Differenzierung den Mindest- und den Mehrurlaub einheitlich behandelt wissen wollen. Daher erscheint es als überzeugend, die Mindest- und Mehrurlaubstage wie im Urlaubsrecht bei fehlender Differenzierung identisch zu behandeln. Fehlt also eine Differenzierung, so ist der Urlaub im konkreten Fall nach dem Parteiwillen insgesamt nicht zu berücksichtigen. Da die Vereinbarung einer einheitlichen Regelung in diesem Fall dem Gesundheitsschutz des Arbeitnehmers zugutekommt, ist diese Vereinbarung hinsichtlich des Mehrurlaubs wirksam und in Allgemeinen Geschäftsbedingungen nach § 307 BGB angemessen.

Vereinbaren nun die Arbeitsvertragsparteien zunächst die Differenzierung und sehen sie im weiteren Schritt die Berücksichtigung der Mehrurlaubstage bei der Berechnung des Ausgleichszeitraums ausdrücklich vor, so stellt dies eine deklaratorische Regelung dar, sodass nach § 307 Abs. 3 S. 1 BGB keine Inhaltskontrolle stattfindet. Es muss jedoch nach § 307 Abs. 3 S. 2; Abs. 1 S. 2 BGB auf eine transparente Gestaltung der Klausel geachtet werden.[1318] Treffen die Vertragsparteien hinsichtlich des Mehrurlaubs die Vereinbarung, diesen im Rahmen des Arbeitszeitgesetzes nicht bei der Berechnung der Ausgleichszeiten zu berücksichtigen, ist dies eine Regelung, die dem Gesundheitsschutz des Arbeitnehmers zugutekommt, sodass eine solche Vereinbarung ebenso wie beim Sonderurlaub wirksam und in Allgemeinen Geschäftsbedingungen nach § 307 BGB angemessen ist.

Mithin können sowohl Tarifvertragsparteien, bei denen schon keine Angemessenheitsprüfung vorgenommen wird, als auch Arbeitsvertragsparteien wirksam die Berücksichtigung sowie die Nichtberücksichtigung des Mehrurlaubs bei der Berechnung des Ausgleichszeitraums im Rahmen des Arbeitszeitgesetzes vorsehen.

1317 Siehe dazu näher im ersten Teil, F. (S. 69 ff.).

1318 I. E. ebenso *Linck/Schütz* in FS Leinemann, 171, 190, die jedoch von der Eröffnung der Inhaltskontrolle auszugehen scheinen.

Beispielsklausel 80: Klarstellung der Berücksichtigung von Mehrurlaub bei der Berechnung des Ausgleichszeitraums im Rahmen des Arbeitszeitgesetzes

[1]Darüber hinaus steht dem Arbeitnehmer zusätzlich bezahlter Mehrurlaub von weiteren [x] Tagen pro Jahr zu (Jahresmehrurlaub). [2]Er wird bei der Berechnung des Ausgleichszeitraums im Rahmen des Arbeitszeitgesetzes berücksichtigt.

Beispielsklausel 81: Vereinbarung, dass der Mehrurlaub bei der Berechnung des Ausgleichszeitraums im Rahmen des Arbeitszeitgesetzes nicht berücksichtigt wird

[1]Darüber hinaus steht dem Arbeitnehmer zusätzlich bezahlter Mehrurlaub von weiteren [x] Tagen pro Jahr zu (Jahresmehrurlaub). [2]Dieser wird dem Arbeitnehmer zur Belohnung der Betriebstreue und zur Erholung von der Arbeitsbelastung gewährt. [3]Er wird daher nicht bei der Berechnung des Ausgleichszeitraums im Rahmen des Arbeitszeitgesetzes berücksichtigt.

c) Betrachtung der Rechtsprechung

In diesem Sinne kann auch das Urteil des Verwaltungsgerichts Köln verstanden werden.[1319] Dieses hatte darüber zu entscheiden, ob tariflicher Mehrurlaub bei der Berechnung des Ausgleichszeitraums im Rahmen des Arbeitszeitgesetzes zu berücksichtigen ist.[1320] Es kommt dabei in dem konkreten Fall zu dem Ergebnis, dass der Mehrurlaub nicht berücksichtigungsfähig ist. Dies begründet es u. a. damit, dass sich der Mehrurlaub ohne eine abweichende Regelung lediglich als „Verlängerung des Mindesturlaubs" darstellt, der denselben Zweck verfolgt und daher ebenfalls nicht zu berücksichtigen ist. Als weitere Begründung wird der Zweck des Arbeitszeitgesetzes angeführt, das den Arbeitnehmer gerade schützen möchte. Werde nun der Mehrurlaub zusätzlich als Ausgleichszeitraum berücksichtigt, so habe dies für den Arbeitnehmer eine zusätzliche Belastung zur Folge, indem seine maximal zulässige Arbeitsleistung um die Zahl der Ausgleichstage erhöht werde. Werde darüber hinaus ein Arbeitszeitschutzkonto geführt und die Mehrurlaubstage dort als „Soll" eingetragen, so dürfe vom Arbeitnehmer nicht nur eine vermehrte Arbeitsleistung erbracht werden, diese müsse sogar erbracht werden.[1321]

Im Ergebnis stimmt das Verwaltungsgericht Köln mit dem hier vertretenen Standpunkt überein, dass bei fehlender Differenzierung zwischen Mindest- und Mehrurlaub davon auszugehen ist, dass eine einheitliche Auslegung vorzunehmen ist, sodass auch der Mehrurlaub nicht berücksichtigungsfähig ist. Da in dem

---

1319 VG Köln v. 22.11.2012 – 1 K 4015/11 – juris.
1320 VG Köln v. 22.11.2012 – 1 K 4015/11 – juris.
1321 VG Köln v. 22.11.2012 – 1 K 4015/11 – juris.

konkreten Fall nach Ansicht des Verwaltungsgerichts keine Differenzierung zwischen Mindest- und Mehrurlaub vorgenommen wurde,[1322] äußert es sich nicht zu der Rechtslage in diesem Fall. Der zusätzlichen Argumentation ist zwar zuzugestehen, dass das Arbeitszeitgesetz dem Schutz des Arbeitnehmers dient, der bei einer Berücksichtigung des Mehrurlaubs als Ausgleichszeitraum mit Mehrarbeit belastet werden könnte. Jedoch bleibt bei diesem Argument unberücksichtigt, dass der Arbeitnehmer in diesem Fall einen zusätzlichen Anspruch auf Mehrurlaub erlangt, den er gesetzlich nicht erhalten müsste. Er bekommt damit eine zusätzliche Möglichkeit der Erholung, die damit auch und gerade Mehrarbeit zu einem anderen Zeitpunkt rechtfertigen kann. Die Argumentation hinsichtlich des Schutzzwecks des Arbeitszeitgesetzes kann damit nicht überzeugen. Im Ergebnis kann aber dem Verwaltungsgericht Köln hinsichtlich des einheitlich geregelten Urlaubsanspruchs zugestimmt werden. Zu beachten bleibt freilich, dass die Differenzierungsgrundsätze einheitlich angewendet werden müssen.[1323]

XII. Urlaubsgeldabreden

Bei der vertraglichen Regelung von Urlaub spielt auch die Gewährung von Urlaubsgeld regelmäßig eine Rolle. Dies ist eine Sonderleistung, die aus Anlass des Urlaubs zusätzlich zur Arbeitsvergütung gewährt wird.[1324] Sie wird also zusätzlich zum Urlaubsentgelt gezahlt und ist hiervon klar zu unterscheiden.[1325] Bei der Gestaltung des Urlaubsgeldes ist wie bei der Vereinbarung des Mehrurlaubs auf eine transparente Gestaltung des Verhältnisses des Urlaubsgeldes zur Arbeitsleistung zu achten und Widersprüche sind zu vermeiden.[1326] Die Zweckbestimmung besteht hierbei in der Regel darin, dem beurlaubten Arbeitnehmer während des Urlaubs das wirtschaftliche Fundament für die gewohnte Lebensart zu sichern.[1327]

1322 A. A. *Schlottwerdt*, ZESAR 2013, 222, 229 f., der die Divergenzen zur Auslegung durch das Bundesarbeitsgericht aufzeigt.

1323 Zur Differenzierung zwischen Mindest- und Mehrurlaub siehe bereits im ersten Teil, F. (S. 69 ff.).

1324 Schaub/*Linck*, § 78 Rn. 3.

1325 BAG v. 15.03.1973 – 5 AZR 525/72 NJW 1973, 1247; Schaub/*Linck*, § 104 Rn. 137; näher dazu *Sibben*, DB 1997, 1178.

1326 Zum Begriff der Sondervergütung und Gratifikation und der schwierigen Einordnung von Urlaubsansprüchen siehe bereits im ersten Teil, D. (S. 46 ff.).

1327 Preis/*Stoffels*, Der Arbeitsvertrag, II U 20 Rn. 80.

Die Gewährung von Urlaubsgeld kann auf verschiedenste Weise durch die Vertragsparteien vertraglich geregelt werden.[1328] So ist zum einen die zum Urlaubsanspruch akzessorische Regelung des Urlaubsgeldes denkbar. Alternativ besteht die Möglichkeit, den Anspruch auf das Urlaubsgeld unter einen Widerrufs- oder Freiwilligkeitsvorbehalt zu stellen, der Verfall des Urlaubsgeldes kann vereinbart werden, die Parteien können Kürzungsvereinbarungen oder Rückzahlungsregelungen hinsichtlich des Urlaubsgeldes treffen oder die Urlaubsgeldabrede mit einer Ausschlussfrist versehen.[1329] Es bieten sich hier also mannigfaltige Regelungsmöglichkeiten, bei denen die Parteien zum größten Teil frei sind. Bei der Regelung des Urlaubsgeldes in Form von Allgemeinen Geschäftsbedingungen liegt eine leistungsausgestaltende Klausel vor, die kontrollfähig im Sinne von § 307 Abs. 3 S. 1 BGB ist.[1330]

1. *Vereinbarung der Akzessorietät des Urlaubsgeldes zum Urlaubsanspruch*

Das Urlaubsgeld kann (arbeits- und tarif-) vertraglich mit dem Urlaub verknüpft werden, sodass es sich akzessorisch zum Urlaubsanspruch verhält.[1331] Eine solche Akzessorietät besteht aber nicht grundsätzlich, sondern muss zwischen den Vertragsparteien vereinbart werden. Dies muss nicht ausdrücklich geschehen, sondern kann sich auch aus dem Regelungszusammenhang ergeben. Aus der bloßen Bezeichnung als „Urlaubsgeld“ kann dabei noch keine Abhängigkeit vom Bestand des Urlaubsanspruchs abgeleitet werden.[1332] Vielmehr sind die Leistungsvoraussetzungen und vorgesehenen Ausschlusstatbestände heranzuziehen

1328 Hierbei sind sowohl arbeitsvertragliche als auch tarifvertragliche Regelungen möglich. Darüber hinaus kann Urlaubsgeld auch durch Betriebsvereinbarungen oder aufgrund einer Gesamtzusage gewährt werden, Preis/*Stoffels*, Der Arbeitsvertrag, II U 20 Rn. 80.

1329 Siehe dazu auch Schaub/*Linck*, § 104 Rn. 138 ff.

1330 Siehe zu den hier ebenfalls geltenden Grundsätzen im Einzelnen im ersten Teil, A. V. 2. (S. 24 ff.).

1331 Zu einer solchen akzessorischen Vereinbarung siehe beispielsweise LAG Rheinland-Pfalz v. 01.03.2012 – 11 Sa 647/11 – juris.

1332 Siehe zu tarifvertraglichen Regelungen BAG v. 12.10.2010 – 9 AZR 522/09 NZA 2011, 695, 697 (Rn. 23 f.); v. 13.02.2007 – 9 AZR 52/06 AP BUrlG § 7 Nr. 42 (Rn. 15); v. 15.02.2005 – 9 AZR 78/04 AP InsO § 108 Nr. 4 (II. 2. b)); v. 27.05.2003 – 9 AZR 62/01 NJOZ 2004, 550, 551 f.; v. 18.03.1997 – 9 AZR 84/96 NZA 1997, 1168, 1169. Diese Auslegungsgrundsätze sind aber ebenso für die arbeitsvertragliche Regelung von Urlaubsgeld heranzuziehen.

und es ist auszulegen, ob das Urlaubsgeld abhängig vom Urlaubsanspruch sein soll oder ob es als bloße saisonale Sonderleistung gewährt werden soll.[1333]

a) Akzessorietät in Form eines Anknüpfens an das Urlaubsentgelt

Zunächst kann eine Akzessorietät durch ein Anknüpfen des Anspruchs auf Urlaubsgeld an den Anspruch auf Urlaubsentgelt geschehen. Dann wird er nur geschuldet, wenn auch ein Anspruch auf Urlaubsentgelt besteht, er unterliegt also denselben Regeln über Entstehung, Inhalt und Umfang.[1334] Hierbei spricht für eine vereinbarte Akzessorietät, wenn das Urlaubsgeld als bloßer prozentualer „Aufschlag“ zum Urlaubsentgelt gewährt wird.[1335] Auch die Formulierung „zusätzliches Urlaubsgeld“ sowie die Gewährung des Urlaubsgeldes als Bestandteil der Urlaubsvergütung sprechen für eine Abhängigkeit.[1336] Wird also lediglich das Urlaubsentgelt um einen bestimmten Betrag des zusätzlichen Urlaubsgeldes aufgestockt, so ist von einer Abhängigkeit des Urlaubsgeldes von dem Urlaubsentgelt auszugehen.

Darüber hinaus ist zu bedenken, dass bei einer Differenzierung zwischen Mindest- und Mehrurlaubsentgelt präzisiert werden muss, an welches Urlaubsentgelt für die Berechnung des Urlaubsgeldes angeknüpft werden soll und ob sich das Urlaubsgeld akzessorisch zum Mindest- und zum Mehrurlaubsentgeltanspruch verhalten soll oder beispielsweise nur zum Mehrurlaubsentgeltanspruch.

Beispielsklausel 82: Abhängigkeit des Urlaubsgeldes vom Urlaubsentgelt

Urlaubsvergütung

(1) [1]Das Mindesturlaubsentgelt bemisst sich nach § 11 BUrlG. [2]Das Mehrurlaubsentgelt bemisst sich nach dem durchschnittlichen Arbeitsverdienst, den der Arbeitnehmer in

---

1333 Siehe zu tarifvertraglichen Regelungen BAG v. 12.10.2010 – 9 AZR 522/09 NZA 2011, 695, 697 (Rn. 23 f.); v. 13.02.2007 – 9 AZR 52/06 AP BUrlG § 7 Nr. 42 (Rn. 15).

1334 BAG v. 14.08.1996 – 10 AZR 70/96 NZA 1996, 1204; ErfK/*Gallner*, § 11 BUrlG Rn. 29; siehe zu tarifvertraglichen Regelungen BAG v. 07.08.2012 – 9 AZR 760/10 NZA 2013, 104, 107 (Rn. 21); v. 19.05.2009 – 9 AZR 477/07 NJOZ 2009, 3803; v. 13.02.2007 – 9 AZR 52/06 AP BUrlG § 7 Nr. 42 (Rn. 15); v. 24.06.2003 – 9 AZR 563/02 AP TVG § 1 Tarifverträge: Gebäudereinigung Nr. 15 (I. 2.a) cc)); v. 03.04.2001 – 9 AZR 166/00 NZA 2002, 678; v. 24.10.2000 – 9 AZR 610/99 NZA 2001, 663.

1335 BAG v. 14.08.1996 – 10 AZR 70/96 NZA 1996, 1204; siehe zu tarifvertraglichen Regelungen BAG v. 07.08.2012 – 9 AZR 760/10 NZA 2013, 104, 107 (Rn. 21); v. 19.05.2009 – 9 AZR 477/07 NJOZ 2009, 3803; v. 13.02.2007 – 9 AZR 52/06 AP BUrlG § 7 Nr. 42 (Rn. 15); v. 03.04.2001 – 9 AZR 166/00 AP BUrlG § 11 Urlaubsgeld Nr. 19; v. 24.10.2000 – 9 AZR 610/99 NZA 2001, 663.

1336 Zu einer tarifvertraglichen Regelung BAG v. 07.08.2012 – 9 AZR 760/10 NZA 2013, 104, 107 (Rn. 21); AnwK-ArbR/*Düwell*, § 11 BUrlG Rn. 58.

den letzten dreizehn Wochen vor dem Beginn des Urlaubs erhalten hat, mit Ausnahme des zusätzlich für Überstunden gezahlten Arbeitsverdienstes. [3]Die hierbei zugrunde zu legende Arbeitszeit bemisst sich nach der durchschnittlichen Arbeitszeit, die der Arbeitnehmer in den letzten dreizehn Wochen vor dem Beginn des Urlaubs abgeleistet hat, mit Ausnahme der abgeleisteten Überstunden.[1337]

(2) *[1]Das Urlaubsentgelt wird um ein zusätzliches Urlaubsgeld aufgestockt. [2]Die Höhe beträgt dabei [x] Prozent des Mindesturlaubsentgelts. [3]Es wird vom Arbeitgeber anteilig zur Anzahl der in Anspruch genommenen Urlaubstage zusammen mit dem Urlaubsentgelt ausbezahlt.*

Bei dieser Klausel orientiert sich die Höhe des Urlaubsgeldes zwar am Mindesturlaubsentgelt. Allerdings wird das Urlaubsgeld zusammen mit dem Urlaubsentgelt anteilig zur Anzahl der in Anspruch genommenen Urlaubstage ausbezahlt. Verfällt beispielsweise der Mehrurlaubsanspruch früher, so verfällt auch der auf diesen entfallende Anteil des Urlaubsgeldes. Hier verhält sich also das Urlaubsgeld akzessorisch zum jeweiligen Teil des Urlaubsentgelts.

Beispielsklausel 83: Abhängigkeit des Urlaubsgeldes vom Mehrurlaubsentgelt

Urlaubsvergütung

(1) *[1]Das Mindesturlaubsentgelt bemisst sich nach § 11 BUrlG. [2]Das Mehrurlaubsentgelt bemisst sich nach dem durchschnittlichen Arbeitsverdienst, den der Arbeitnehmer in den letzten dreizehn Wochen vor dem Beginn des Urlaubs erhalten hat, mit Ausnahme des zusätzlich für Überstunden gezahlten Arbeitsverdienstes. [3]Die hierbei zugrunde zu legende Arbeitszeit bemisst sich nach der durchschnittlichen Arbeitszeit, die der Arbeitnehmer in den letzten dreizehn Wochen vor dem Beginn des Urlaubs abgeleistet hat, mit Ausnahme der abgeleisteten Überstunden.*[1338]

(2) *[1]Das Mehrurlaubsentgelt wird um ein zusätzliches Urlaubsgeld aufgestockt. [2]Die Höhe beträgt dabei [x] Prozent des Mehrurlaubsentgelts. [3]Es wird vom Arbeitgeber zusammen mit dem Mehrurlaubsentgelt ausbezahlt.*

Bei dieser Variante orientiert sich die Höhe des Urlaubsgeldes am Mehrurlaubsentgeltanspruch. Der Anspruch auf Urlaubsgeld ist hier akzessorisch zum Mehrurlaubsentgeltanspruch geregelt. Verfällt dieser also beispielsweise früher als der Mindesturlaubsentgeltanspruch, so gilt dies auch für den (gesamten) Urlaubsgeldanspruch.

1337 Siehe zu dieser und anderen Beispielsklauseln für die Regelung des Urlaubsentgelts im zweiten Teil, A. VIII. (S. 197 ff.).

1338 Siehe zu dieser und anderen Beispielsklauseln für die Regelung des Urlaubsentgelts im zweiten Teil, A. VIII. (S. 197 ff.).

b) Akzessorietät in Form eines Anknüpfens an den Urlaubsanspruch

Eine Akzessorietät kann aber auch dergestalt vereinbart werden, dass der Anspruch auf das Urlaubsgeld an den Urlaubsanspruch anknüpft. Beispielsweise kann hierbei vereinbart werden, dass der Urlaubsgeldanspruch mit Antritt des Urlaubs entsteht. Verfällt also in diesem Fall der Urlaubsanspruch, so gilt wegen seiner Akzessorietät dasselbe für den Urlaubsgeldanspruch.[1339] Auch denkbar ist die Vereinbarung, dass der Anspruch auf Urlaubsgeld mit der Gewährung des Urlaubs fällig wird.[1340] Die Gewährung des Urlaubsgeldes als Festbetrag spricht dabei nicht gegen die Annahme der Akzessorietät.[1341]

Schließlich ist auch bei dieser Variante zu beachten, dass bei einer differenzierten Regelung des Mehrurlaubsanspruchs ausdrücklich vorgesehen werden muss, auf welchen Teil des Gesamturlaubsanspruchs sich die Akzessorietät des Urlaubsgeldes bezieht. Denkbar ist hierbei freilich auch, das Urlaubsgeld anteilig an die angetretenen bzw. gewährten Urlaubstage zu knüpfen.

Beispielsklausel 84: Akzessorietät des Urlaubsgeldanspruchs vom Mehrurlaubsanspruch

(1) [1]Der Arbeitnehmer erlangt pro Kalenderjahr einen zusätzlichen Anspruch auf Urlaubsgeld in Höhe von [x]. [2]Dieses wird ihm am [y] des laufenden Kalenderjahres vom Arbeitgeber ausbezahlt.

(2) Der Anspruch auf Urlaubsgeld ist an den Anspruch auf Mehrurlaub des Arbeitnehmers geknüpft und ist von dessen Bestand abhängig.

Bei dieser Klausel verhält sich der Urlaubsgeldanspruch nur akzessorisch zum Mehrurlaubsanspruch.

Beispielsklausel 85: Akzessorietät des Urlaubsgeldes zum Urlaubsanspruch – Entstehen mit Urlaubsantritt

[1]Der Arbeitnehmer erlangt pro Kalenderjahr einen zusätzlichen Anspruch auf Urlaubsgeld in Höhe von [x] je Urlaubstag. [2]Dieser entsteht mit Urlaubsantritt. [3]Die Ausbezahlung erfolgt anteilig zur Anzahl der in Anspruch genommenen Urlaubstage.

1339 Zu einer tarifvertraglichen Regelung BAG v. 20.04.2012 – 9 AZR 504/10 AP BUrlG § 7 Nr. 58; v. 24.06.2003 – 9 AZR 563/02 AP TVG § 1 Tarifverträge: Gebäudereinigung Nr. 15 (I. 2. a) cc)).

1340 BAG v. 03.04.2001 – 9 AZR 166/00 NZA 2002, 678; v. 03.04.2001 – 9 AZR 166/00 AP BUrlG § 11 Urlaubsgeld Nr. 19.

1341 BAG v. 03.04.2001 – 9 AZR 166/00 NZA 2002, 678; v. 03.04.2001 – 9 AZR 166/00 AP BUrlG § 11 Urlaubsgeld Nr. 19.

Hier verhält sich das Urlaubsgeld akzessorisch zum jeweiligen Teil des Urlaubsanspruchs. Er entsteht mit Urlaubsantritt.

Beispielsklausel 86: Akzessorietät des Urlaubsgeldes zum Urlaubsanspruch – Fälligkeit des Urlaubsgeldes mit der Urlaubsgewährung

> *[1]Der Arbeitnehmer erlangt pro Kalenderjahr einen zusätzlichen Anspruch auf Urlaubsgeld in Höhe von [x] Euro je Urlaubstag. [2]Dieser wird mit der Urlaubsgewährung fällig. [3]Die Ausbezahlung erfolgt anteilig zur Anzahl der gewährten Urlaubstage.*

Bei dieser Klausel verhält sich das Urlaubsgeld ebenfalls akzessorisch zum jeweiligen Teil des Urlaubsanspruchs. Verfällt also beispielsweise ein Teil des Mehrurlaubsanspruchs früher, so geschieht mit dem Anteil des Urlaubsgeldes dasselbe. Der Urlaubsgeldanspruch wird hier mit der Urlaubsgewährung fällig.

Beispielsklausel 87: Akzessorietät des Urlaubsgeldes zum Mehrurlaubsanspruch – Entstehen mit dem Mehrurlaubsantritt

> *[1]Der Arbeitnehmer erlangt pro Kalenderjahr einen zusätzlichen Anspruch auf Urlaubsgeld in Höhe von [x] Euro je Mehrurlaubstag. [2]Dieser entsteht mit dem Antritt des Mehrurlaubs und verhält sich akzessorisch zum Anspruch auf Mehrurlaub.*

In dieser Variante ist der Urlaubsgeldanspruch akzessorisch zum Mehrurlaubsanspruch geregelt. Er besteht lediglich pro Mehrurlaubstag und entsteht erst mit dem Antritt des Mehrurlaubs.

c) Ergebnis

Möchten die Vertragsparteien insbesondere nicht, dass der Anspruch auf Urlaubsgeld im Fall der Langzeiterkrankung ebenso lang erhalten bleibt wie der gesetzliche Mindesturlaubsanspruch, sollten sie keine Akzessorietät vereinbaren, sondern sollten vielmehr ein eigenes Regelungsregime für das Urlaubsgeld mit abweichenden Verfallfristen aufstellen.[1342] Darüber hinaus kann es sich anbieten, den Urlaubsgeldanspruch akzessorisch zum Mehrurlaubsanspruch zu regeln, bei dem vielgestaltige Regelungsmöglichkeiten hinsichtlich des Entstehens, des Verfalls, der Kürzung usw. bestehen.

1342 *Powietzka/Fallenstein*, NZA 2010, 673, 677; LAG Düsseldorf v. 02.02.2009 – 12 Sa 486/06 NZA-RR 2009, 242, 247, das feststellt, dass das Urlaubsgeld als Sonderzahlung außerhalb der gesetzlichen Mindeststandards des BUrlG steht.

2. *Widerrufs- und Freiwilligkeitsvorbehalt*

Das Urlaubsgeld kann unter einen Widerrufs- oder einen Freiwilligkeitsvorbehalt gestellt werden. Bei der Regelung in Form eines Widerrufsvorbehalts muss also insbesondere die Grenze hinsichtlich der Höhe beachtet werden.[1343] Es ergeben sich hinsichtlich der zu beachtenden Grenzen keine Besonderheiten.

Beispielsklausel 88: Widerrufsvorbehalt für das Urlaubsgeld

[1]Darüber hinaus steht dem Arbeitnehmer zusätzlich jährlich ein Anspruch auf Urlaubsgeld in Höhe von [x] zu. [2]Dieses wird am [y] ausgezahlt. [3]Der Arbeitgeber behält sich jedoch vor, das Urlaubsgeld nach billigem Ermessen zu widerrufen und zukünftig ganz oder in Teilen nicht mehr zu gewähren. [4]Ein Widerruf durch den Arbeitgeber kann nur aus wirtschaftlichen Gründen erfolgen. [5]Der Widerruf ist nur dann zulässig, wenn der Jahresabschluss des Arbeitgebers für das vorangegangene Geschäftsjahr ein negatives Jahresergebnis ausweist.[1344]

3. *Verfallsregelungen*

Des Weiteren kann ein uneingeschränkter Verfall des Urlaubsgeldes unter bestimmten Voraussetzungen vereinbart werden. Dies kann insbesondere sinnvoll sein, wenn im Übrigen das Urlaubsgeld akzessorisch zum Urlaubsanspruch ausgestaltet wurde, bei längerer Krankheit hingegen Urlaubsgeldansprüche früher verfallen sollen.[1345]

Beispielsklausel 89: Verfallklausel für das Urlaubsgeld

„[1]Der Arbeitnehmer erhält ein Urlaubsgeld in Höhe von [x] % eines Brutto-Monatsgehalts, das jeweils am Monatsende anteilig für die Anzahl der im betreffenden Monat gewährten Urlaubstage ausgezahlt wird. [2]Der Urlaubsgeldanspruch verfällt, wenn und soweit der Arbeitnehmer die entsprechenden Urlaubstage nicht spätestens bis zum Ende des jeweiligen Urlaubsjahres verwirklicht. [3]Das gilt auch dann, wenn der Arbeitnehmer den Urlaub aus von ihm nicht zu vertretenden Gründen nicht nehmen kann, z. B. weil er während des Urlaubsjahres arbeitsunfähig erkrankt ist.“[1346]

1343 Vgl. die Darstellung im ersten Teil, A. V. 2. b) aa) sowie bezogen auf den Mehrurlaub im zweiten Teil, A. V. 1.; BAG v. 12.01.2005 – 5 AZR 364/04 NZA 2005, 465; v. 11.10.2006 – 5 AZR 721/05 NZA 2007, 87.

1344 In Anlehnung an *Powietzka/Fallenstein*, NZA 2010, 673, 676; weitere Beispiele finden sich bei *Hromadka/Schmitt-Rolfes*, Der unbefristete Arbeitsvertrag, S. 107; Preis/*Stoffels*, Der Arbeitsvertrag, II U 20 Rn. 86 (Typ 15).

1345 *Powietzka/Fallenstein*, NZA 2010, 673, 677; Preis/*Stoffels*, Der Arbeitsvertrag, II U 20 Rn. 88.

1346 *Powietzka/Fallenstein*, NZA 2010, 673, 677.

Darüber hinaus sind auch verschiedenste Verfallsregelungen in Bezug auf das Urlaubsgeld denkbar. So kann etwa der Verfall des Urlaubsgeldes als Sanktionsmittel für den Fall der eigenmächtigen Urlaubsnahme, der beharrlichen Arbeitsverweigerung und des mehrfachen unentschuldigten Fehlens oder des Arbeitsvertragsbruchs vorgesehen werden.[1347] Auch für den Fall der Beendigung des Arbeitsverhältnisses kann der Verfall des Urlaubsgeldes vereinbart werden.[1348] Für die Verfallsregelungen kann insoweit auf die in Bezug auf den Mehrurlaub bereits dargestellten Beispielsklauseln verwiesen werden.[1349]

4. *Anteilige Kürzung des Urlaubsgeldanspruchs*

Ebenso wie beim Mehrurlaub kann auch hinsichtlich des Urlaubsgeldes eine anteilige Kürzung des Anspruchs, die an bestimmte Voraussetzungen geknüpft wird, vereinbart werden.[1350] Insbesondere die anteilige Kürzung des Urlaubsgeldanspruchs in Abhängigkeit von der tatsächlichen Arbeitsleistung kann hier für die Vertragsparteien von Interesse sein. Diese kann ohne weiteres vereinbart werden.[1351] Hierbei gelten die bereits in Bezug auf den Mehrurlaub dargestellten Grenzen. Insbesondere die Vorschrift des § 4a EFZG gilt es hier zu beachten.[1352]

Liegt keine ausdrückliche Vereinbarung diesbezüglich vor, so ist es eine Frage der Auslegung, ob die Parteien die Gewährung des Urlaubsgeldes von der tatsächlichen Arbeitsleistung abhängig machen wollten.[1353] Für eine solche Auslegung kann die tatsächliche Handhabung herangezogen werden. Die bloße Bezeichnung als „zusätzliches Urlaubsgeld“ reicht hierfür nicht aus. Wird lediglich ein Festbetrag als Urlaubsgeld ausgezahlt, so spricht dies gegen eine Verknüpfung

---

1347 Siehe zu einer Beispielsklausel in Bezug auf den Mehrurlaub dazu bereits im zweiten Teil, A. II. 3. c) (Beispielsklausel 14, S. 123). Eine solche kann auch in Bezug auf das Urlaubsgeld vereinbart werden.

1348 Siehe zu den einzelnen hierbei in Frage kommenden Regelungen im zweiten Teil, A. II. 3. d) (Beispielsklauseln 15–19, S. 130 ff.).

1349 Siehe dazu im zweiten Teil, A. II. 3. c) (S. 129 f.); d) (S. 130 ff.).

1350 Siehe zu den einzelnen Regelungsmöglichkeiten und Beispielsklauseln, die so auch für das Urlaubsgeld vereinbart werden können im zweiten Teil, A. III. (S. 139 ff.).

1351 Siehe zu den dabei zu beachtenden Grenzen und den auf das Urlaubsgeld übertragbaren Beispielsklauseln im zweiten Teil, A. III. 1. c) (S. 145 ff.).

1352 Siehe dazu bereits eingehend im zweiten Teil, A. III. 1. c) bb) (S. 146 ff.). Hierbei kann sich insbesondere das Problem der nach § 4a S. 2 EFZG geltenden Obergrenze bei der Gewährung mehrerer Sondervergütungen, siehe im zweiten Teil, A. III. 1. c) bb) (4) (S. 150 ff.).

1353 Eine ausdrückliche Vereinbarung beugt solchen Auslegungsschwierigkeiten vor.

von Urlaubsgeld und Arbeitsleistung. Gegen eine solche Verknüpfung spricht außerdem auch die Gepflogenheit, dass der Arbeitgeber das Urlaubsgeld Mitte des Jahres unabhängig davon auszahlt, ob Urlaub bereits genommen worden ist oder im laufenden Jahr noch genommen werden wird.[1354] Weiterhin ist es zulässig, teilzeitbeschäftigten Arbeitnehmern das Urlaubsgeld nur anteilig auszuzahlen, wenn nach Ausgestaltung des Vertrags der Entgeltcharakter des Urlaubsgeldes im Vordergrund steht.[1355]

Es ist also zu empfehlen, ausdrückliche Vereinbarungen hinsichtlich des Urlaubsgeldes und einer etwaigen anteiligen Kürzungsmöglichkeit zu treffen.[1356]

Beispielsklausel 90: Kürzungsregelung für das Urlaubsgeld in Abhängigkeit von tatsächlicher Arbeitsleistung

(1) *[1]Der Arbeitnehmer erlangt pro Kalenderjahr einen zusätzlichen Anspruch auf Urlaubsgeld in Höhe von [x]. [2]Dieses wird ihm am [y] des laufenden Kalenderjahres vom Arbeitgeber ausbezahlt.*

(2) *Bezogen auf den Zeitraum des laufenden Kalenderjahres entfällt für jeweils vier krankheitsbedingte Fehltage des Arbeitnehmers der Urlaubsgeldanspruch in Höhe von [z].*[1357] *[2]Für die Berechnung des Kürzungsumfangs werden sämtliche krankheitsbedingte Fehltage summiert (jährliche Gesamterkankungsdauer).*

(3) *Bezogen auf den Zeitraum des laufenden Kalenderjahres verkürzt sich der laufende Urlaubsgeldanspruch um je [a] für je drei Tage, an denen der Arbeitnehmer seiner Arbeitspflicht nicht nachgekommen ist, ohne dass dies krankheitsbedingt war.*[1358] *[2]Für die Berechnung des Kürzungsumfangs werden sämtliche nicht krankheitsbedingte Fehltage summiert (jährliche Gesamtdauer).*

(4) *Bezogen auf den Zeitraum des laufenden Kalenderjahres mindert sich der Urlaubsgeldanspruch um* $^{1}/_{12}$ für jeden vollen Monat, in dem der Arbeitnehmer keinen Anspruch auf Entgelt bzw. Entgeltfortzahlung hatte.[1359]

(5) *Ist das Urlaubsgeld im laufenden Kalenderjahr bereits geleistet worden, so ist der Arbeitnehmer bei Eintritt der Kürzungsvoraussetzungen im Sinne von Absatz 2, 3 oder 4 zur Rückzahlung des Urlaubsgeldes insoweit verpflichtet, als es, wäre das Urlaubsgeld*

1354 LAG Hamburg v. 12.12.2001 – 8 Sa 83/01 – juris; Preis/*Stoffels*, Der Arbeitsvertrag, II U 20 Rn. 80.

1355 BAG v. 15.04.2003 – 9 AZR 548/01 ZTR 2003, 563; LAG Thüringen v. 18.07.2001 – 6 Sa 452/2000 – juris.

1356 Siehe zu den einzelnen Beispielsklauseln, die so auch für das Urlaubsgeld vereinbart werden können im zweiten Teil, A. III. (S. 139 ff.). Die folgenden Beispielsklauseln sollen daher nur exemplarisch sein.

1357 Hier ist der Höhe nach die Begrenzung von § 4a EFZG zu beachten.

1358 In Anlehnung an Preis/*Stoffels*, Der Arbeitsvertrag, II U 20 Klausel Typ 7, vor Rn. 26; *Hümmerich*, NZA 2003, 753, 760.

1359 In Anlehnung an *Oberthür*, ArbRB 2009, 278, 279.

zu diesem Zeitpunkt noch nicht geleistet worden, dem durch die Kürzungsklausel erloschenen Urlaubsgeld entspricht.[1360]

Beispielsklausel 91: Umfassende Urlaubsgeldklausel mit anteiliger Kürzung des Anspruchs auf Mehrurlaub in Abhängigkeit des Ein- und Austritts im laufenden Kalenderjahr

(1) [1]Der Arbeitnehmer erlangt pro Kalenderjahr einen zusätzlichen Anspruch auf Urlaubsgeld in Höhe von [x]. [2]Dieses wird ihm am [y] des laufenden Kalenderjahres vom Arbeitgeber ausbezahlt.

(2) [1]Für das Urlaubsjahr, in dem das Arbeitsverhältnis beginnt, steht dem Arbeitnehmer für jeden vollen Beschäftigungsmonat $^1/_{12}$ des vollen Urlaubsgeldanspruchs zu. [2]Für das Urlaubsjahr, in dem das Arbeitsverhältnis endet, steht dem Arbeitnehmer nach mehr als sechsmonatigem Bestehen des Arbeitsverhältnisses für jeden vollen Beschäftigungsmonat $^1/_{12}$ des vollen Urlaubsgeldanspruchs zu.

5. *Ausschlussfristen*

Schließlich ist auch die Vereinbarung von Ausschlussfristen hinsichtlich des Urlaubsgeldanspruchs möglich. Die Grenzen solcher Fristen verlaufen dort, wo eine effektive Geltendmachung des Anspruchs für den Arbeitnehmer nicht mehr möglich ist.[1361] Dabei ist also, je nachdem, ob es sich um eine arbeitsvertragliche oder um eine tarifvertragliche Klausel handelt, die noch zulässige Dauer als Grenze zu beachten.[1362] Tarifliche Ausschlussfristen zur Geltendmachung des Urlaubsgeldanspruchs verstoßen auch nicht gegen das Verzichtsverbot nach § 4 Abs. 4 TVG.[1363]

Beispielsklausel 92: Arbeitsvertragliche Ausschlussfrist für das Urlaubsgeld

[1]Der Urlaubsgeldanspruch verfällt, wenn er nicht binnen drei Monaten nach Fälligkeit gegenüber der anderen Vertragspartei schriftlich geltend gemacht wird. [2]Lehnt die andere Vertragspartei den Urlaubsgeldanspruch ab oder erklärt sie sich nicht innerhalb von drei Wochen nach Geltendmachung des Anspruchs, verfällt dieser, wenn er nicht innerhalb von drei Monaten nach der Ablehnung oder dem Ablauf der Dreiwochenfrist gerichtlich geltend gemacht wird.[1364]

1360 Zu Rückzahlungsvereinbarungen, die das Urlaubsgeld betreffen, siehe im zweiten Teil, A. XII. 6. (S. 292 ff.).

1361 BAG v. 21.02.2012 – 9 AZR 486/10 NZA 2012, 750, 752 (Rn. 20); v. 13.12.2011 – 9 AZR 399/10 NZA 2012, 514, 516 f. (Rn. 26).

1362 Siehe hierzu im Einzelnen bereits beim Urlaubsabgeltungsanspruch, zweiter Teil, A. X. 4. d) (S. 247 ff.).

1363 BAG v. 19.02.2002 – 1 AZR 342/01 NJOZ 2002, 1933; LAG Hamm v. 26.04.2001 – 4 Sa 1502/00 – juris.

1364 In Anlehnung an Bauer/Lingemann/*Lingemann*, M 2.1a Ziff. 10 (S. 112).

6. *Rückzahlungsvereinbarungen*

Zudem können hinsichtlich des Urlaubsgeldes Rückzahlungsvereinbarungen getroffen werden. Hierbei ist § 5 Abs. 3 BUrlG nicht einschlägig, da der Erholungsurlaub nicht tangiert wird.[1365]

a) Arbeitsvertragliche Rückzahlungsvereinbarungen bezüglich des Urlaubsgeldes

Die Rechtsprechung des Bundesarbeitsgerichts zur Rückzahlung von Gratifikationen ist auf arbeitsvertragliche Rückzahlungsvereinbarungen bezüglich des Urlaubsgeldes anzuwenden.[1366] Damit die Rückzahlungsvereinbarung also angemessen im Sinne von § 307 Abs. 1 S. 1 BGB ist, darf eine Bindung des Arbeitnehmers an den Arbeitgeber im Folgejahr nur in der vom Bundesarbeitsgericht entwickelten Staffelung erfolgen.

Die zulässige Bindungsdauer richtet sich dabei nach der Höhe und dem Zeitpunkt der vereinbarten Fälligkeit der Leistung. Beträgt eine am Jahresende gezahlte Sonderleistung mehr als 100 Euro brutto, aber weniger als ein Bruttomonatsgehalt, so ist eine Bindung bis zum 31.3. des Folgejahres zulässig. Erfolgt die Sonderleistung genau in Höhe eines Bruttomonatsgehalts, so ist eine Bindung über den 31.3. des Folgejahres zulässig, sodass der Arbeitnehmer zum nächstmöglichen Termin nach dem 31.3. kündigen kann.[1367] Bei einer Sonderzahlung von mindestens einem Bruttomonatsgehalt, aber weniger als zwei Bruttomonatsgehältern, ist eine Bindung bis zum 30.6. des Folgejahres zulässig, wenn es für ihn bis zu diesem Zeitpunkt mehrere Kündigungsmöglichkeiten gab.[1368] Über den 30.6. des folgenden Jahres kann eine Bindung nur vorgesehen werden, wenn die Sonderleistung ein Monatsgehalt erheblich übersteigt und eine eindrucksvolle und beachtliche Gratifikation darstellt.[1369] Die genannte Staffelung bezieht sich auf im Dezember ausgezahlte Sonderzahlungen. Sie ist aber entsprechend auf in anderen Monaten ausgezahlte Sonderzahlungen übertragbar. Wird das Urlaubsgeld also beispielsweise im August ausgezahlt, bezieht sich die Staffelung der Bindungsdauer auf die

1365 BAG v. 24.10.2000 – 9 AZR 610/99 AP BUrlG § 5 Nr. 19; *Neumann/Fenski*, § 11 BUrlG Rn. 79.

1366 Siehe z. B. BAG v. 24.10.2007 – 10 AZR 825/06 NZA 2008, 40; v. 21.05.2003 – 10 AZR 390/02 NZA 2003, 1032; v. 09.06.1993 – 10 AZR 529/92 NZA 1993, 935.

1367 BAG v. 28.04.2004 – 10 AZR 356/03 NZA 2004, 924, 925.

1368 BAG v. 24.10.2007 – 10 AZR 825/06 NZA 2008, 40, 43; v. 09.06.1993 – 10 AZR 529/92 NZA 1993, 935.

1369 BAG v. 12.12.1962 – 5 AZR 324/62 AP BGB § 611 Gratifikation Nr. 25.

darauf folgenden Quartale.[1370] Hält die Klausel diese Grenzen ein, so ist auch von einer Angemessenheit im Sinne von § 307 Abs. 1 S. 1 BGB auszugehen.

Beispielsklausel 93: Rückzahlungsvereinbarung beim Urlaubsgeld

(1) Der Arbeitnehmer erhält ein Urlaubsgeld in Höhe eines Monatsge-haltes, das jeweils am 30.6. jedes Jahres zusammen mit dem dann fälligen Monatsgehalt ausgezahlt wird.

(2) Der Arbeitnehmer ist verpflichtet, das Urlaubsgeld zurückzuzahlen, wenn er bis zum 30.9. des laufenden Kalenderjahres ausscheidet und die Beendigung des Arbeitsverhältnisses nicht aus dem Verantwortungsbereich des Arbeitgebers stammt.

In Allgemeinen Geschäftsbedingungen vereinbarte überschießende Rückzahlungsklauseln sind insgesamt unwirksam, eine geltungserhaltende Reduktion kann nicht vorgenommen werden.[1371]

Arbeitsvertragliche Rückzahlungsvereinbarungen, die sich auf eine tarifvertragliche vorbehaltlos zugesagte Urlaubsgeldleistung beziehen, sind wegen Verstoßes gegen § 4 Abs. 1, 3 TVG insgesamt unwirksam.[1372]

b) Tarifvertragliche Rückzahlungsvereinbarungen bezüglich des Urlaubsgeldes

Tarifvertragliche Rückzahlungsvereinbarungen im oben genannten Sinne sind wirksam. Es stellt sich jedoch die Frage der Wirksamkeit einer Vereinbarung, die eine längere Bindungsdauer vorsieht. Das Bundesarbeitsgericht hat selbst erklärt, dass die Tarifpartner nicht an das Richterrecht für Rückzahlungsklauseln bei Gratifikationen gebunden sind.[1373] Aus der Tarifautonomie folgt vielmehr ein weitergehender Spielraum, sodass sie nur an Gesetzesrecht, namentlich an Art. 12 GG und an § 134 BGB, gebunden sind.[1374] Aus dieser Bindung folgt aber, dass der Arbeitnehmer auch durch Tarifverträge nicht durch eine überlange Bindungsdauer unverhältnismäßig eingeschränkt werden darf. Insoweit gibt Art. 12 GG einen „tariffesten Kern des Richterrechts"[1375] vor, wobei der Gestaltungsspielraum der Tarifvertragsparteien weitgehender als derjenige der

---

1370 BAG v. 21.05.2003 – 10 AZR 390/02 NZA 2003, 1032.

1371 So auch Preis/*Stoffels*, Der Arbeitsvertrag, II U 20 Rn. 90; a. A. noch BAG v. 12.12.1962 – 5 AZR 324/62 AP BGB § 611 Gratifikation Nr. 25.

1372 Preis/*Stoffels*, Der Arbeitsvertrag, II U 20 Rn. 91.

1373 BAG v. 23.02.1967 – 5 AZR 234/66 AP BGB § 611 Gratifikation Nr. 57; *Löwisch/Rieble*, § 1 TVG Rn. 2055 f.

1374 BAG v. 23.02.1967 – 5 AZR 234/66 AP BGB § 611 Gratifikation Nr. 57; *Löwisch/Rieble*, § 1 TVG Rn. 2055 f.

1375 *Löwisch/Rieble*, § 1 TVG Rn. 2056; 954 m. w. N.

Arbeitsvertragsparteien ist.[1376] So können die Tarifvertragsparteien beispielsweise auch die Rückzahlung für den Fall der Auflösung des Arbeitsverhältnisses durch Kündigung des Arbeitgebers vorsehen,[1377] wobei eine überlange Bindungdauer oder überhohe Rückzahlungsverpflichtungen wegen Verstoßes gegen Art. 12 GG unwirksam sind.[1378]

Beispielsklausel 94: Tarifvertragliche Rückzahlungsklausel bezüglich des Urlaubsgeldes

> (1) *Der Arbeitnehmer erhält ein Urlaubsgeld in Höhe eines Monatsgehaltes, das jeweils am 31.08. jedes Jahres zusammen mit dem dann fälligen Monatsgehalt ausgezahlt wird.*
> (2) *Der Arbeitnehmer ist verpflichtet, das Urlaubsgeld zurückzuzahlen, wenn er bis zum 30.06. des auf die Auszahlung folgenden Kalenderjahres ausscheidet.*

7. *Verjährung des Urlaubsgeldanspruchs*

Der Anspruch auf Urlaubsgeld unterliegt grundsätzlich der regelmäßigen Verjährungsfrist nach §§ 195, 199 Abs. 1 BGB.[1379]

B. Urlaubsregelungen in Betriebsvereinbarungen

I. Urlaubsrechtliche Regelungen in Betriebsvereinbarungen im Bereich des § 77 Abs. 3 S. 1 BetrVG

Im Bereich des § 77 Abs. 3 S. 1 BetrVG ist im Rahmen von Betriebsvereinbarungen in der Regel, wenn dies die Auslegung des konkreten Tarifvertrags ebenfalls ergibt, die Vereinbarung von Urlaub mit anderer Zielrichtung möglich.[1380] Hier kommt beispielsweise die Gewährung von bezahltem Bildungsurlaub in Betracht, soweit hierfür nicht ohnehin landesrechtliche Regelungen bestehen.[1381]

1376 BAG v. 04.09.1985 – 5 AZR 655/84 NZA 1986, 225, 226.

1377 BAG v. 23.01.1992 – 6 AZR 539/89 NZA 1992, 1086; v. 04.09.1985 – 5 AZR 655/84 NZA 1986, 225.

1378 *Löwisch/Rieble*, § 1 TVG Rn. 2056.

1379 ErfK/*Gallner*, § 11 BUrlG Rn. 35.

1380 LAG Hamm v. 08.08.1979 – 12 Ta BV 44/79 DB 1979, 2236; *Richardi*, § 77 BetrVG Rn. 287; *Zöllner in* FS Nipperdey, Bd. II, 699, 718 f.; enger *Neumann-Duesberg*, S. 471.

1381 Bildungsurlaubsgesetze existieren aktuell in allen Bundesländern außer in Baden-Württemberg, Bayern, Sachsen und Thüringen.

Beispielsklausel 95: Betriebsvereinbarung über Urlaub im Rahmen des § 77 Abs. 3 S. 1 BetrVG – andere Zielrichtung des Urlaubs

§ 1 Grundsätze

(1) *Arbeitnehmer haben unter Fortzahlung des Arbeitsentgelts gegenüber ihrem Arbeitgeber Anspruch auf Freistellung von der Arbeit für die Teilnahme an anerkannten Bildungsveranstaltungen (Bildungsurlaub). […]*

(2) *Bildungsurlaub dient der politischen Bildung [oder] der beruflichen Weiterbildung. […]*

(3) *Politische Bildung soll die Fähigkeit des Arbeitnehmers fördern, politische Zusammenhänge zu beurteilen und politische und gesellschaftliche Aufgaben wahrzunehmen.*

(4) *Berufliche Weiterbildung soll die berufliche Qualifikation erhalten, verbessern oder erweitern und die Kenntnis gesellschaftlicher und betrieblicher Zusammenhänge vermitteln.*

§ 2 Dauer des Bildungsurlaubes

Der Bildungsurlaub beträgt [x] Arbeitstage innerhalb eines Zeitraumes von [y] aufeinanderfolgenden Kalenderjahren. […]

§ 3 Gewährung des Bildungsurlaubes

(1) *[1]Der Bildungsurlaub ist für den Zeitraum der vom Arbeitnehmer ausgewählten anerkannten Bildungsveranstaltung im Rahmen des Freistellungsanspruches gemäß § 2 zu gewähren. [2]Die Inanspruchnahme und der Zeitpunkt des Bildungsurlaubes sind dem Arbeitgeber so frühzeitig wie möglich, grundsätzlich [z] Wochen vor Beginn der Freistellung, mitzuteilen.*

(2) *[1]Der Bildungsurlaub kann nicht in der von dem Arbeitnehmer vorgesehenen Zeit genommen werden, wenn zwingende betriebliche Belange oder Urlaubsansprüche anderer Arbeitnehmer, die unter sozialen Gesichtspunkten den Vorrang verdienen, entgegenstehen. [2]Die Ablehnung ist dem Arbeitnehmer so frühzeitig wie möglich, grundsätzlich innerhalb von [a] Tagen nach der Mitteilung entsprechend Absatz 1 Satz 2, unter Darlegung der Gründe schriftlich mitzuteilen. […]*

[…]

§ 4 Verbot der Erwerbstätigkeit

Während des Bildungsurlaubes darf der Arbeitnehmer keine dem Urlaubszweck zuwiderlaufende Erwerbstätigkeit ausüben.

§ 5 Bildungsurlaubsentgelt

Für die Berechnung des Bildungsurlaubsentgeltes und im Falle der Erkrankung während des Bildungsurlaubes gelten die §§ 9, 11 und 12 des Bundesurlaubsgesetzes entsprechend.

§ 6 Abgeltungsverbot

Eine Abgeltung des Bildungsurlaubs findet nicht statt."[1382]

1382 Bildungsgesetz Berlin in der Fassung vom 24.10.1990, http://www.berlin.de/imperia/md/content/hjav/berliner_bildungsurlaubsgesetz.pdf (12.03.2014).

Darüber hinaus ist eine Urlaubsgewährung durch Betriebsvereinbarung möglich, wenn sie an ganz besondere andersartige und nicht für alle Arbeitnehmer in Betracht kommende Voraussetzungen anknüpft und die Auslegung des konkreten Tarifvertrags ergibt, dass der Urlaub insoweit nicht umfassend und abschließend geregelt ist.[1383] Hier kommt insbesondere die Urlaubsgewährung als Belohnung für Betriebstreue in Betracht, jedoch nur, wenn im Tarifvertrag keine Regelung vorgesehen ist, die für die Gewährung von Mehrurlaub an die Betriebszugehörigkeit anknüpft und wenn die Auslegung auch keine abschließende Regelung des Urlaubs ergibt.

Beispielsklausel 96: Betriebsvereinbarung im Rahmen des § 77 Abs. 3 S. 1 BetrVG – Anknüpfung an besondere und andersartige Voraussetzungen

> *Mehrurlaub*
>
> *[1]Zu ihrem Urlaub erhalten die Arbeitnehmer nach ununterbrochener*
>
> *(a) 10jähriger Betriebszugehörigkeit 3 Tage*
> *(b) 20jähriger Betriebszugehörigkeit 6 Tage*
>
> *Mehrurlaub im Jahr. [2]Mitarbeiter, die spätestens am 30.9. eines laufenden Jahres ihr Jubiläum feiern, erhalten den Mehrurlaub für das betreffende Jahr bereits in voller Höhe. [3]Für Jubiläen nach diesem Stichtag entsteht der Mehrurlaubsanspruch erst mit Beginn des folgenden Urlaubsjahres.*[1384]

II. Urlaubsrechtliche Regelungen in Betriebsvereinbarungen im Bereich des § 77 Abs. 3 S. 2 BetrVG

Beispielsklausel 97: Beispiel für eine Öffnungsklausel im Tarifvertrag i.S.v. § 77 Abs. 3 S. 2 BetrVG

> *„[1]Die Rechtsnatur des Urlaubs schließt eine Vererblichkeit des Anspruchs im Todesfall des/der ArbeitnehmerIn aus. [2]In diesem Fall wird eine soziale Beihilfe in entsprechender Höhe an den/die Anspruchsberechtigte/n gewährt. [3]Näheres ist durch Betriebsvereinbarung zu regeln.“*[1385]

1383 Siehe dazu bereits im ersten Teil, C. III. 1. (S. 41 ff.); LAG Hamm v. 08.08.1979 – 12 Ta BV 44/79 DB 1979, 2236; in dieselbe Richtung argumentiert das BAG v. 19.04.1994 – 9 AZR 478/92 NZA 1995, 86, 87, nach dem es sich um „außertarifliche Leistungen“ handeln muss.

1384 In Anlehnung an die Betriebsvereinbarung aus BAG v. 19.04.1994 – 9 AZR 478/92 NZA 1995, 86.

1385 § 10 Nr. 7 Manteltarifvertrag zwischen der Fa. Integra Unternehmensberatung GmbH, Rheinbach, der Industriegewerkschaft Metall – Bezirksleitung NRW, Düsseldorf und der Ver.di – Bundesverwaltung, siehe http://www.fau.org/artikel/tarife/integra_igm_tarifvertrag.pdf (12.03.2014).

Ist eine solche Öffnungsklausel in einem Tarifvertrag vorhanden, dürfen die Betriebsparteien in dem vorgesehenen Bereich Regelungen in Betriebsvereinbarungen treffen.

III. Urlaubsrechtliche Regelungen in Betriebsvereinbarungen im Bereich des § 87 Abs. 1 Nr. 5 BetrVG

Schließlich dürfen die Betriebsparteien im Bereich des § 87 Abs. 1 Nr. 5 BetrVG Betriebsvereinbarungen treffen, wenn keine zwingende und abschließende tarifliche Regelung existiert.[1386]

IV. Urlaubsgeldregelungen in Betriebsvereinbarungen

Da das Urlaubsgeld in der Regel abschließend und umfassend in den Tarifverträgen geregelt ist, bleibt für eine Regelung in Betriebsvereinbarungen kaum ein Anwendungsbereich. Eine Urlaubsgeldregelung kommt aber einerseits in tariffreien Branchen in Betracht und andererseits, wenn sie an ganz besondere andersartige und nicht für alle Arbeitnehmer in Betracht kommende Voraussetzungen anknüpft und die Auslegung des konkreten Tarifvertrags ergibt, dass das Urlaubsgeld insoweit nicht umfassend und abschließend geregelt ist.[1387] Hier kommt, wie beim Urlaub selbst auch, insbesondere die Urlaubsgeldgewährung als Belohnung für Betriebstreue in Betracht, jedoch nur, wenn im Tarifvertrag keine solche Regelung vorgesehen ist und wenn die Auslegung auch keine abschließende Regelung des Urlaubsgeldes ergibt.

Beispielsklausel 98: Betriebsvereinbarung über Urlaubsgeld im Rahmen des § 77 Abs. 3 S. 1 BetrVG – Anknüpfung an besondere und andersartige Voraussetzungen

Zusätzliches Urlaubsgeld
[1]Zu ihrem Urlaubsgeld erhalten die Arbeitnehmer nach ununterbrochener

(a) 10jähriger Betriebszugehörigkeit ein zusätzliches Urlaubsgeld in Höhe von ½ Monatsgehalt

---

1386 Siehe dazu im ersten Teil, C. III. 3. (S. 43 ff.); für Musterbetriebsvereinbarungen im Bereich des § 87 Abs. 1 Nr. 5 BetrVG siehe Schaub/Schrader/Straube/Vogelsang/*Schrader/Thoms*, B. Rn. 191; *Eichhorn/Hickler/Steinmann*, S. 179 ff.; *Frey/Pulte*, S. 165 ff.; *Hunold*, S. 62 ff.; *Kleinebrink*, ArbRB 2013, 257.

1387 Siehe dazu bereits im ersten Teil, E. (S. 68 ff.); LAG Hamm v. 08.08.1979 – 12 Ta BV 44/79 DB 1979, 2236; in dieselbe Richtung argumentiert das BAG v. 19.04.1994 – 9 AZR 478/92 NZA 1995, 86, 87, nach dem es sich um „außertarifliche Leistungen" handeln muss.

(b) 20jähriger Betriebszugehörigkeit ein zusätzliches Urlaubsgeld in Höhe von einem Monatsgehalt

im Jahr. [2]Mitarbeiter, die spätestens am 30.9. eines laufenden Jahres ihr Jubiläum feiern, erhalten das zusätzliche Urlaubsgeld für das betreffende Jahr bereits in voller Höhe. [3]Für Jubiläen nach diesem Stichtag entsteht der Urlaubsgeldanspruch erst mit Beginn des folgenden Urlaubsjahres.[1388]

1388 In Anlehnung an die Betriebsvereinbarung aus BAG v. 19.04.1994 – 9 AZR 478/92 NZA 1995, 86.

Dritter Teil: Zusammenfassung der Ergebnisse

1. Mehrurlaub lässt sich als unmittelbare Gegenleistung für erbrachte Arbeitsleistung regeln. Er lässt sich dann als Sachbezug im Sinne von § 107 GewO einordnen. Er kann aber auch als Sondervergütung gewährt werden. Der Sondervergütungsbegriff ist dabei als einheitlich im Arbeitsrecht verwendeter Begriff anzusehen.
2. Für Arbeits- und Tarifvertragsparteien gibt es die Möglichkeit, ihren dem Gleichlauf von Mindest- und Mehrurlaub entgegenstehenden Regelungswillen auszudrücken, indem sie ausdrücklich zwischen Mindest- und Mehrurlaub unterscheiden und den Mehrurlaub abweichend von den Vorschriften des Bundesurlaubsgesetzes regeln. Die zusätzlich vom Bundesarbeitsgericht angenommene Möglichkeit, einen eindeutigen Regelungswillen auch ohne eine ausdrückliche Differenzierung anzunehmen, kann, weil dabei der Parteiwille gerade auf die Regelung eines einheitlichen Urlaubsanspruchs gerichtet ist, nicht überzeugen und sollte daher vermieden werden.
3. Den Vertragsparteien wird empfohlen, eine Tilgungsbestimmung in ihre Vertragswerke aufzunehmen. Fehlt eine solche, ist danach zu unterscheiden, ob eine zwischen Mindest- und Mehrurlaub differenzierende Klausel vorliegt. Ist dies nicht der Fall, so ist von einem einheitlichen Urlaubsanspruch auszugehen. § 366 BGB kommt dann nicht, mangels planwidriger Regelungslücke auch nicht analog, zur Anwendung. Der Anspruch wird unter allen in Frage kommenden Anspruchsgrundlagen erfüllt. Bei einem differenzierenden Regelungswerk liegen unterschiedliche Ansprüche vor, sodass § 366 Abs. 2 BGB direkt einschlägig ist. § 366 Abs. 2 BGB ist je nach der konkreten Regelung anzuwenden.
4. Hinsichtlich des Mehrurlaubsanspruchs können arbeits- und tarifvertraglich ein Widerrufs- oder ein Freiwilligkeitsvorbehalt vereinbart werden, wobei bei der Regelung in Form von Allgemeinen Geschäftsbedingungen die AGB-Kontrolle durch die leistungsausgestaltende Vereinbarung gemäß § 307 Abs. 3 S. 1 BGB eröffnet ist. Die beim Widerrufsvorbehalt zu beachtende Grenze wird der Höhe nach aber in aller Regel keine praktische Rolle spielen, sodass die Vereinbarung eines Widerrufsvorbehalts zulässig ist.
5. Der Verfall von Urlaubsansprüchen vollzieht sich schrittweise. Hinsichtlich des Mindesturlaubsanspruchs lässt sich wegen § 13 Abs. 1 S. 1, 3 BUrlG lediglich zugunsten des Arbeitnehmers von den gesetzlichen Vorschriften abweichen. Hinsichtlich des Mehrurlaubsanspruchs können einerseits

Verfallklauseln zugunsten, andererseits aber auch zulasten des Arbeitnehmers vereinbart werden. So lässt sich der Verfall des Mehrurlaubsanspruchs auch für den Fall der Langzeiterkrankung des Arbeitnehmers, als Sanktionsmittel oder für den Fall der Beendigung des Arbeitsverhältnisses vereinbaren. Bei der Regelung des Mehrurlaubsanspruchs als Sondervergütung ist hierbei von der Angemessenheit solcher Vereinbarungen auszugehen.

6. Eine anteilige Kürzung des Mehrurlaubsanspruchs kann von zahlreichen unterschiedlichen Faktoren abhängig gemacht werden. Bei der Abhängigkeit von der tatsächlichen Arbeitsleistung des Arbeitnehmers ist, soweit es sich um eine Sondervergütung handelt und krankheitsbedingte Fehlzeiten in eine solche Kürzungsvereinbarung einbezogen werden sollen, die Vorschrift des § 4a EFZG zu berücksichtigen. Überschreitet die Regelung den in § 4a EFZG vorgegebenen Rahmen, so ist die AGB-Regelung nach § 307 Abs. 1 S. 1 BGB unwirksam. Handelt es sich um eine einzel- oder tarifvertragliche Vereinbarung, so ist der überschreitende Teil der Regelung nach § 134 BGB unwirksam, wobei die Anwendung von § 139 BGB dazu führt, dass in der Regel der nach § 4a EFZG zulässige Teil nach dem Parteiwillen aufrechtzuerhalten sein wird. Auch das Verhalten des Arbeitnehmers während des Urlaubs kann durch Kürzungsvereinbarungen gesteuert werden.
7. Für den Fall der Beendigung des Arbeitsverhältnisses können die Vertragsparteien einerseits regeln, dass der Resturlaub während der Kündigungsfrist gewährt wird. Eine AGB-Klausel muss dabei die Unzumutbarkeit als Grenze des arbeitgeberseitigen Bestimmungsrechts beinhalten. Fehlt diese, ist hinsichtlich des Mindesturlaubs ein Verstoß gegen §§ 7 Abs. 1, 13 Abs. 1 S. 3 BUrlG und gegen § 307 BGB gegeben. Hinsichtlich des Mehrurlaubs ist eine solche Klausel ebenfalls unangemessen nach § 307 Abs. 1 S. 1 BGB. Einzel- sowie tarifvertraglich ist eine solche Vereinbarung aber mangels entgegenstehender Verbote möglich.
8. Eine Rückrufmöglichkeit kann bezüglich des Mindesturlaubsanspruchs wegen § 13 Abs. 1 S. 3 BUrlG nicht vereinbart werden. Bezüglich des Mehrurlaubsanspruchs ist eine solche Vereinbarung in Allgemeinen Geschäftsbedingungen unangemessen im Sinne von § 307 Abs. 2 Nr. 1, Abs. 1 BGB. Individualvertraglich sowie in Tarifverträgen kann eine Rückrufmöglichkeit hingegen mangels gesetzlicher Verbote vereinbart werden.
9. Rückzahlungsvereinbarungen hinsichtlich des Mindesturlaubsentgelts, die für Fälle außerhalb des § 5 Abs. 3 BUrlG getroffen werden, sind grundsätzlich angemessen im Sinne von § 307 Abs. 1 S. 1 BGB. Um die Annahme eines stillschweigenden Rückforderungsverzichts nach §§ 133, 157 BGB zu

vermeiden, sollten die Vertragsparteien eine ausdrückliche Vereinbarung treffen. Hinsichtlich des Mehrurlaubs kann eine Rückzahlung vereinbart werden, soweit dieser in Form einer Sondervergütung gewährt wird. Diese Vereinbarungen sind, da hier noch zusätzliche rechtfertigende Interessen des Arbeitgebers hinzutreten, erst recht angemessen im Sinne von § 307 Abs. 1 S. 1 BGB.

10. Das Mindesturlaubsentgelt betreffend können die Arbeitsvertragsparteien wegen § 13 Abs. 1 S. 3 BUrlG lediglich zugunsten des Arbeitnehmers abweichende Regelungen von § 11 Abs. 1 S. 1 BUrlG treffen. Eine solche Vereinbarung ist bei der Verwendung von Allgemeinen Geschäftsbedingungen auch angemessen im Sinne von § 307 BGB. Bei Vereinbarungen in Bezug auf das Mehrurlaubsentgelt in Allgemeinen Geschäftsbedingungen stellt § 11 BUrlG ein gesetzliches Leitbild im Sinne von § 307 Abs. 2 Nr. 1 BGB dar. Es kann also nicht wesentlich weniger Urlaubsentgelt vereinbart werden, als die laufende Arbeitsvergütung beträgt.
    Die Tarifvertragsparteien dürfen hingegen gemäß § 13 Abs. 1 S. 1 BUrlG auch zulasten der Arbeitnehmer von § 11 BUrlG abweichen, wobei die Methode wegen § 1 BUrlG ebenfalls nicht wesentlich von der laufenden Arbeitsvergütung abweichen darf. Hinsichtlich des Mehrurlaubs sind die Tarifvertragsparteien dagegen unter Berücksichtigung allgemeiner Grenzen, wie § 138 BGB, weitgehend frei.
11. Richtigerweise entsteht de lege lata im ruhenden Arbeitsverhältnis der Urlaubsanspruch und kann auch nicht gekürzt werden, es sei denn, eine gesetzliche Vorschrift sieht eine Kürzungsmöglichkeit vor.
    Bei dem vielerorts diskutierten Fall des Urlaubsanspruchs in der Konstellation der Kurzarbeit entsteht der Urlaubsanspruch in voller Höhe ohne Umrechnung, da die Arbeitspflicht im Fall der Kurzarbeit gerade „an sich" bestehen bleibt. Die geführte Diskussion kann sich nur um eine Kürzungsmöglichkeit oder um eine Ausnahme von der Berechnung nach § 3 BUrlG handeln, die gesetzlich geregelt oder richterrechtlich hergeleitet werden muss. De lege lata ist aber keine Kürzung oder Ausnahme bei der Berechnung möglich.
    Bei dem Modell „Altersteilzeit im Blockmodell" handelt es sich nicht um ein ruhendes Arbeitsverhältnis. In der ersten Phase entsteht hier entsprechend der Arbeitspflicht der Urlaubsanspruch in voller Höhe. In der zweiten Phase besteht gerade keine Arbeitspflicht, sodass sich der Urlaubsanspruch gem. § 3 BUrlG auf null Urlaubstage berechnet. Regelungen wie § 7 TV ATZ sind deklaratorischer Natur.

Vereinbarungen, nach denen der Urlaub im ruhenden Arbeitsverhältnis entsteht, sind deklaratorisch. Kürzungsvereinbarungen sind hinsichtlich des Mindesturlaubs gemäß § 13 Abs. 1 S. 1, 3 BUrlG unwirksam. Hinsichtlich des Mehrurlaubs kann die Kürzung vereinbart werden, soweit es sich um eine Sondervergütung handelt. Knüpft die Kürzungsklausel an die Anwesenheit des Arbeitnehmers an, so werden davon auch Zeiten des ruhenden Arbeitsverhältnisses erfasst.

12. Der Urlaubsabgeltungsanspruch ist nach der endgültigen Aufgabe der Surrogatstheorie durch das Bundesarbeitsgericht nicht mehr von der Erfüllbarkeit des Urlaubsanspruchs abhängig, sondern stellt nunmehr einen reinen Geldanspruch dar. Die Höhe des Urlaubsabgeltungsanspruchs richtet sich nach dem Urlaubsentgelt. Zugunsten des Arbeitnehmers kann eine andere Berechnung vereinbart werden. Der Mindesturlaubsabgeltungsanspruch unterliegt nunmehr allgemeinen Ausschlussfristen. Die Erhebung einer Bestandsschutzklage genügt dabei, weil sie gerade nicht an den Bestand des Arbeitsverhältnisses anknüpft, nicht zur Wahrung der ersten Stufe. Wird diese gewahrt, so genügt die Erhebung einer Bestandsschutzklage für die Einhaltung der zweiten Stufe. Der entstandene Urlaubsabgeltungsanspruch kann nunmehr übertragen werden, auf ihn kann verzichtet werden und er verjährt in der regelmäßigen Verjährungsfrist. Schließlich ist der Einwand des Rechtsmissbrauchs zu beachten.
    Hinsichtlich des Mehrurlaubsabgeltungsanspruchs bietet sich hier in den Grenzen des § 307 Abs. 2 Nr. 1 BGB eine Vereinbarung über die Höhe der Abgeltung an. Darüber hinaus können die Vertragsparteien auch den Zeitpunkt der Abgeltung frei bestimmen. Sie können den Abgeltungsanspruch von vornherein ausschließen oder ihn unter zusätzliche Voraussetzungen stellen, müssen aber ebenfalls den Einwand des Rechtsmissbrauchs beachten.
13. Angesichts des hierzu schweigenden Arbeitszeitgesetzes und des Wortlauts von Art. 16b 2003/88/EG ist § 3 ArbZG richtlinienkonform dahingehend auszulegen, dass der Mindesturlaub im Rahmen des Ausgleichszeitraums nicht berücksichtigt wird oder neutral ist. Ebenso verhält es sich mit dem gesetzlichen Zusatzurlaub. Hinsichtlich der Sonderurlaubstage sprechen das Europarecht, das nationale Urlaubsrecht und Sinn und Zweck des Arbeitszeitgesetzes für eine Berücksichtigung. Die gegenteilige Vereinbarung kommt dem Gesundheitsschutz des Arbeitnehmers zugute, sodass sie wirksam und in Allgemeinen Geschäftsbedingungen nach § 307 Abs. 1 S. 1 BGB angemessen ist. Da Art. 16b der Arbeitszeitrichtlinie den übergesetzlichen Mehrurlaub gerade nicht erfasst, spricht das Europarecht für die Berücksichtigungsfähigkeit des Mehrurlaubs.

Zur Wahrung der Rechtseinheit sind die Mindest- und Mehrurlaubstage wie im Urlaubsrecht bei fehlender Differenzierung identisch zu behandeln. Da die Vereinbarung in diesem Fall dem Gesundheitsschutz des Arbeitnehmers zugutekommt, ist sie hinsichtlich des Mehrurlaubs wirksam und in Allgemeinen Geschäftsbedingungen nach § 307 Abs. 1 S. 1 BGB angemessen. Vereinbaren die Arbeitsvertragsparteien zunächst die Differenzierung und sehen sie die Berücksichtigung der Mehrurlaubstage ausdrücklich vor, so ist dies lediglich eine deklaratorische Regelung, bei der die AGB-Kontrolle nach § 307 Abs. 3 S. 1 BGB nicht eröffnet ist.
Auch die Tarifvertragsparteien können wirksam die (Nicht-) Berücksichtigung des Mehrurlaubs bei der Berechnung des Ausgleichszeitraums im Rahmen des Arbeitszeitgesetzes vereinbaren.

14. Individualvertragliche Bezugnahmeklauseln sind grundsätzlich transparent und angemessen. Probleme hinsichtlich der Transparenz können sich allerdings bei Teilverweisen ergeben. Diese sollten daher nur auf Tarifverträge erfolgen, die ausdrücklich zwischen Mindest- und Mehrurlaub differenzieren.
15. Im Bereich des § 77 Abs. 3 S. 1 BetrVG ist im Rahmen von Betriebsvereinbarungen die Vereinbarung von Urlaub mit anderer Zielrichtung möglich, wenn dies die Auslegung des konkreten Tarifvertrags ergibt. So bieten sich beispielsweise die Gewährung von Bildungs- oder Treueurlauben an.
    Die Betriebsparteien dürfen im Bereich des § 87 Abs. 1 Nr. 5 BetrVG Betriebsvereinbarungen über die Aufstellung allgemeiner Urlaubsgrundsätze und eines Urlaubsplans treffen, wenn keine zwingende und abschließende tarifliche Regelung existiert.

Literaturverzeichnis

Abele, Roland, Geschwindigkeit ist keine Hexerei, Zur richtlinienkonformen Auslegung und Anpassung des deutschen Urlaubsrechts, RdA (2009), 312–318.

Annuß, Georg, AGB-Kontrolle im Arbeitsrecht: Wo geht die Reise hin?, BB (2002), 458–463.

– Der Arbeitnehmer als solcher ist kein Verbraucher!, NJW (2002), 2844–2846.

– Das Verbot der Altersdiskriminierung als unmittelbar geltendes Recht – Zu den Folgen des Urteils EuGH, BB 2005, 2748, BB (2006), 325–327.

Anwaltkommentar Arbeitsrecht, Hümmerich, Klaus/Boecken, Winfried/Düwell, Franz Josef, Band 2, 2. Aufl., Bonn 2010.

Anzinger, Rudolf/Koberski, Wolfgang, Kommentar zum Arbeitszeitgesetz, 3. Aufl., Frankfurt, M 2009.

Arnold, Christian, Anmerkung zu BAG v. 23.03.2010 – 9 AZR 128/09, FD-ArbR (2010), 301038.

– Anmerkung zu BAG v. 09.08.2011 – 9 AZR 365/10, GWR (2012), 73.

– Anmerkung zu BAG v. 19.06.2012 – 9 AZR 652/10, ArbRAktuell (2012), 314.

Arnold, Manfred/Tillmanns, Christoph, Bundesurlaubsgesetz, 2. Aufl., Freiburg 2010.

Avenarius, Martin, Die Anrechnung von Teilleistungen auf mehrere Forderungen bei Fehlen einer Tilgungsbestimmung, § 366 Abs. 2 BGB im Spannungsfeld zwischen Schuldnerinteressen und Rechtssicherheit, AcP 203 (2003), 511–538.

Baeck, Ulrich/Deutsch, Markus, Arbeitszeitgesetz, 3. Aufl., München 2014.

Bauer, Jobst-Hubertus, Ein Stück aus dem Tollhaus: Altersbefristung und der EuGH, NZA (2005), 800–803.

– „Spielregeln" für die Freistellung von Arbeitnehmern, NZA (2007), 409–412.

– Anmerkung zu BAG v. 20.09.2011 – 9 AZR 416/10, ArbRAktuell (2011), 534.

– Anmerkung zu BAG v. 20.03.2012 – 9 AZR 529/10, FD-ArbR (2012), 330444.

– Anmerkung zu BAG v. 12.03.2013 – 9 AZR 532/11, ArbRAktuell (2013), 333.

Bauer, Jobst-Hubertus/Arnold, Christian, Auf „Junk" folgt „Mangold" – Europarecht verdrängt deutsches Arbeitsrecht, NJW (2006), 6–12.

- Anmerkung zu BAG v. 24.03.2009 – 9 AZR 983/07, AP BUrlG § 7 Nr. 39.

- EuGH kippt deutsches Urlaubsrecht – Die Schultz-Hoff-Entscheidung und ihre Folgen, NJW (2009), 631–636.

Bauer, Jobst-Hubertus/Göpfert, Burkard/Krieger, Steffen, Allgemeines Gleichbehandlungsgesetz, 3. Aufl., München 2011.

Bauer, Jobst-Hubertus/Günther, Jens, Ungelöste Probleme bei der Einführung von Kurzarbeit, BB (2009), 662–667.

Bauer, Jobst-Hubertus/Kern, Jan, Wechselwirkung zwischen Kurzarbeit und Urlaub, NZA (2009), 925–929.

Bauer, Jobst-Hubertus/Lingemann, Stefan/Diller, Martin/Haußmann, Katrin, Anwalts-Formularbuch Arbeitsrecht, 5. Aufl., Köln 2014.

Bauer, Jobst-Hubertus/Medem, Andreas von, Kücükdeveci = Mangold hoch zwei? Europäische Grundrechte verdrängen deutsches Arbeitsrecht – Zugleich Besprechung von EuGH v. 19.1.2010 – C-555/07, ZIP 2010, 196, Kücükdeveci, ZIP (2010), 449–457.

- Rettet den Freiwilligkeitsvorbehalt – oder schafft eine Alternative!, Ein Zwischenruf zu BAG, NZA 2012, 81 und Preis/Sagan, NZA 2012, 697, NZA (2012), 894–896.

- Von Schultz-Hoff zu Schulte – der EuGH erweist sich als lernfähig, NZA (2012), 113–119.

Bayreuther, Frank, Widerrufs-, Freiwilligkeits- und Anrechungsvorbehalte – geklärte und ungeklärte Fragen der aktuellen Rechtsprechung des BAG zu arbeitsvertraglichen Vorbehalten, ZIP (2007), 2009–2015.

- Freiwilligkeitsvorbehalte: Zulässig, aber überflüssig? – Offene Fragen nach dem Urteil des 10. Senats des BAG vom 30.7.2008, BB (2009), 102–107.

- Kurzarbeit, Urlaub und der EuGH, DB (2012), 2748–2751.

Beck'scher Online-Kommentar

- Arbeitsrecht, *Rolfs, Christian/Giesen, Richard/Kreikebohm, Ralf/Udsching, Peter*, Edition 30; Stand: 1.12.2013, München 2013.

- BGB, *Bamberger, Heinz Georg/Roth, Herbert*, Edition 30; Stand: 1.2.2014, München 2014.

- Sozialrecht, *Rolfs, Christian/Giesen, Richard/Kreikebohm, Ralf/Udsching, Peter* (Hrsg.), Edition 32; Stand: 1.12.2013, München 2013.

Benecke, Martina, Anmerkung zu BAG v. 04.05.2010 – 9 AZR 183/09, RdA (2011), 241–244.

Bieder, Marcus, Arbeitsvertragliche Gestaltungsspielräume für die Entgeltflexibilisierung, NZA (2007), 1135–1139.

– Die Vererblichkeit von Urlaubs- und Urlaubsabgeltungsansprüchen, AuR (2012), 239–243.

Boecken, Winfried/Jacobsen, Daniel C., Rechtliche Folgen der Unverfallbarkeit von Urlaubs(abgeltungs)ansprüchen bei krankheitsbedingter Arbeitsunfähigkeit, ZTR (2011), 267–277.

Boldt, Gerhard/Röhsler, Waldemar, Mindesturlaubsgesetz für Arbeitnehmer (Bundesurlaubsgesetz), Kommentar, 2. Aufl., Köln 1968.

Bötticher, Eduard, Der Anspruch auf Gleichbehandlung im Arbeitsrecht, RdA (1953), 161–169.

Brechmann, Winfried, Die richtlinienkonforme Auslegung, Zugleich ein Beitrag zur Dogmatik der EG-Richtlinie, München 1994.

Breier, Alfred/Dassau, Anette/Kiefer, Karl-Heinz, TV-L, Tarifvertrag für den öffentlichen Dienst der Länder ; München 2013.

Brock, Martin/Windeln, Norbert, Anmerkung zu EuGH v. 22.11.2005 – Rs C-144/04 ZIP 2005, 2171, EWiR (2005), 869–870.

Buschmann, Rudolf/Ulber, Jürgen, Arbeitszeitgesetz, 7. Aufl., Frankfurt am Main 2011.

Busse, Reinhard, Die Ausschlußfrist im Geflecht arbeitsrechtlicher Gestaltungsfaktoren Frankfurt am Main 1991.

Canaris, Claus-Wilhelm, Wandlungen des Schuldvertragsrechts – Tendenzen zu seiner „Materialisierung", AcP 200 (2000), 273–361.

Clemenz, Susanne/Kreft, Burghard/Krause, Rüdiger, AGB-Arbeitsrecht, Kommentar zu den §§ 305 – 310 BGB, Köln 2013.

Conze, Peter, Aktuelles zum Urlaubsanspruch beim ruhenden Arbeitsverhältnis, öAT (2013), 29–33.

– Zum Erholungsurlaub für Beamte und Tarifbeschäftigte des öffentlichen Dienstes – eine vergleichende Betrachtung, ZTR (2013), 363–371.

Creifelds, Carl (Begr.)/Weber, Klaus (Hrsg.), Rechtswörterbuch, 21. Aufl., München 2014.

Curtin, Deirdre/van Ooik, Ronald, The Sting is Always in the Tail. The Personal Scope of Application of the EU Charter of Fundamental Rights, MJ (2001), 102–114.

Dassau, Anette/Wulfers, Diana, Urlaub bei Erwerbsminderungsrente – das Urteil des BAG vom 07. August 2012, ZTR (2013), 3–8.

Däubler, Wolfgang, Die Auswirkungen der Schuldrechtsmodernisierung auf das Arbeitsrecht, NZA (2001), 1329–1337.

Däubler, Wolfgang (Hrsg.), Tarifvertragsgesetz, Mit Arbeitnehmer-Entsendegesetz, 3. Aufl., Baden-Baden 2012.

Däubler, Wolfgang/Bonin, Birger/Deinert, Olaf (Hrsg.), AGB-Kontrolle im Arbeitsrecht, Kommentar zu den §§ 305 bis 310 BGB, 3. Aufl., München 2010.

Deinert, Olaf, Anmerkung zu BAG v. 30.07.2008 – 10 AZR 606/07, AP BGB § 611 Gratifikation Nr. 274.

Dersch, Hermann, Die Urlaubsgesetze 1954.

Didier, Timo, Arbeitszeit im Straßentransport, Die neue Sondervorschrift des § 21a ArbZG, NZA (2007), 120–123.

Digitales Wörterbuch der deutschen Sprache, Vergütung, Stand: 06.06.2011, http://www.dwds.de/?qu=Vergütung (besucht am 12.03.2014).

Dobberahn, Peter, Das neue Arbeitszeitgesetz in der Praxis, Grundregeln und Rechtsquellen des Arbeitszeitrechts, 2. Aufl., München 1996.

Domröse, Ronny, Krankheitsbedingte Kündigung als Verstoß gegen das Verbot der Diskriminierung wegen einer Behinderung in Beschäftigung und Beruf? – Besprechung von EuGH, Urt. v. 11.7.2006 – Rs. C 13/05 – Chacón Navas, NZA (2006), 1320–1325.

Dornbusch, Gregor/Fischermeier, Ernst/Löwisch, Manfred, Fachanwaltskommentar Arbeitsrecht, 5. Aufl., Köln 2013.

Duden

- Die deutsche Rechtschreibung, *Scholze-Stubenrecht, Werner/Klosa, Annette/Drosdowski, Günther/Wermke, Matthias,* 21. Aufl., Mannheim 1996.
- Das Synonymwörterbuch, Ein Wörterbuch sinnverwandter Wörter, *Eickhoff, Birgit/Haller-Wolf, Angelika (Red.),* 5. Aufl., Mannheim 2010.
- Deutsches Universalwörterbuch, *Scholze-Stubenrecht, Werner (Red., Projektleitung),* 7. Aufl., Mannheim 2011.

Düwell, Franz Josef, Urlaub bei Erwerbsunfähigkeit, Neues Grundsatzurteil steht an!, DB (2012), 1749–1751.

Eckert, Michael, Blick ins Arbeitsrecht, DStR (2012), 1612–1617.

Eckstein, Martin, Anmerkung zu ArbG Passau v. 13.04.2011 - C 1 Ca 62/11, C 1 Ca 63/11, BB (2012), 1164.

Ehmann, Horst/Schmidt, Thomas Benedikt, Betriebsvereinbarungen und Tarifverträge, Grenzen des Tarifvorrangs, NZA (1995), 193–203.

Eichhorn, Heinz-Josef/Hickler, Helmut/Steinmann, Rolf, Handbuch Betriebsvereinbarung, Mit zahlreichen Mustervereinbarungen, 3. Aufl., Frankfurt/Main 2002.

Erasmy, Walter, Ausgewählte Rechtsfragen zum neuen Arbeitszeitrecht (I), NZA (1994), 1105–1111.

Erfurter Kommentar zum Arbeitsrecht, Dieterich, Thomas/Müller-Glöge, Rudi,

- 12. Aufl., München 2012.

- 13. Aufl., München 2013.

- 14. Aufl., München 2014.

Erman, Bürgerliches Gesetzbuch, *Westermann, Harm Peter/Grunewald, Barbara/Maier-Reimer, Georg,* 13. Aufl.

- Band 1, §§ 1–758, AGG, UKlaG, Köln 2011.

Falder, Roland, Immer erreichbar – Arbeitszeit- und Urlaubsrecht in Zeiten des technologischen Wandels, NZA (2010), 1150–1157.

Farthmann, Friedhelm, Die Mitbestimmung des Betriebsrats bei der Regelung der Arbeitszeit, RdA (1974), 65–80.

Feichtinger, Peter/Malkmus, Hans, Entgeltfortzahlungsrecht, Arbeitsrecht – Sozialrecht – Bürgerliches Recht, 2. Aufl., Baden-Baden 2010.

Fenski, Martin, Ausschlußklauseln in Allgemeinen Arbeitsbedingungen, AuR (1989), 168–173.

- Urlaubsrecht im Umbruch?, Urlaub im Spannungsfeld zwischen internationalem, europäischem und deutschem Recht, DB (2007), 686–691.

Fieberg, Christian, Urlaubsanspruch bei ruhendem Arbeitsverhältnis, NZA (2009), 929–935.

- Urlaubsanspruch im ruhenden Arbeitsverhältnis – causa nondum finita!, ZESAR (2013), 258–266.

Fischer, Ulrich, Die formularmäßige Abbedingung des Beschäftigungsanspruchs des Arbeitnehmers während der Kündigungsfrist, NZA (2004), 233–237.

Fitting, Karl/Auffarth, Fritz/Engels, Gerd, Betriebsverfassungsgesetz, 27. Aufl., München 2014.

Flume, Werner, Allgemeiner Teil des Bürgerlichen Rechts – Zweiter Band, Das Rechtsgeschäft, 4. Aufl., Berlin 1992.

Frenz, Walter, Handbuch Europarecht, Europäische Grundrechte, Band 4, Berlin 2009.

Frey, Helmut/Pulte, Peter, Betriebsvereinbarungen in der Praxis, Eine Sammlung der wichtigsten Betriebsvereinbarungen mit praxisbezogenen Hinweisen, München 1997.

Friese, Birgit, Urlaubsrecht, München 2003.

Fröhlich, Oliver/Schelp, Thomas, Konsequenzen aus der neuen Urlaubsrechtsprechung, ArbRB (2011), 278–281.

Fuhlrott, Michael/Balupuri-Beckmann, Anamika, Voraussetzungen und Folgen der Freistellung von der Arbeitspflicht, ArbRAktuell (2011), 393.

Gabler Wirtschaftslexikon, Roberts, Laura/Mosena, Riccardo/Winter, Eggert, Band 5, L-O, 17. Aufl., Wiesbaden 2010.

Gallner, Inken, Das deutsche Urlaubsrecht im Spiegel des Unionsrechts, http://www.ffa-arbeitsrecht.de/Deutsch/Tagungen/PDF/111117_Gallner.pdf (zuletzt besucht am 12.03.2014).

– Im europäisch-deutschen Dreieck: Luxemburg, Karlsruhe, Erfurt – Geschichte einer Rezeption des Unionsrechts – in: *Bader, Peter/Lipke, Gert-Albert/Rost, Friedhelm/Weigand, Horst (Hrsg.),* Festschrift für Gerhard Etzel zum 75. Geburtstag, Köln 2011, S. 155–172.

Gamillscheg, Franz, Kollektives Arbeitsrecht, Grundlagen, Koalitionsfreiheit, Tarifvertrag, Arbeitskampf und Schlichtung, Band 1, München 1997.

Gas, Tonio, Die unmittelbare Anwendbarkeit von Richtlinien zu Lasten Privater im Urteil „Mangold“, EuZW (2005), 737.

Gast, Wolfgang, Anmerkung zu BAG v. 24.02.1987 – 1 ABR 18/85, BB (1987), 1249–1252.

Gaul, Björn/Bonanni, Andrea/Ludwig, Daniel, Urlaubsanspruch trotz Langzeiterkrankung – Handlungsbedarf für die betriebliche Praxis!, DB (2009), 1013–1017.

Gaul, Björn/Josten, Daniela/Strauf, Hendrik, EuGH: Urlaubsanspruch trotz Dauerkrankheit, BB (2009), 497–501.

Gaul, Dieter, Tarifliche Ausschlussfristen, Heidelberg 1964.

– Die Rückzahlung überzahlten Urlaubsentgelts, BB (1965), 869–874.

– Zur pfändungsrechtlichen Behandlung des Urlaubsabgeltungsanspruchs, NZA (1987), 473–478.

– Inhalt und Wirkung tariflicher Ausschlußfristen, ZTR (1988), 123–129.

– Erstreckungsinhalt und Umfang einer tariflichen Bezugnahmeklausel auf den BAT, ZTR (1991), 188–197.

Gemeinschaftskommentar zum Bundesurlaubsgesetz, Stahlhacke, Eugen/Bachmann, Bernward/Bleistein, Franzjosef/Berscheid, Ernst-Dieter, 5. Aufl., Neuwied 1992.

Gemeinschaftskommentar Betriebsverfassungsgesetz, Wiese, Günther/Kreutz, Peter/Oetker, Hartmut/Raab, Thomas/Weber, Christoph/Franzen, Martin, 9. Aufl., Neuwied 2010.

Gesamtkommentar Öffentliches Dienstrecht, Fürst, Walther/Franke, Ingeborg/Weiß, Hans-Dietrich, Köln 2013.

Geyer, Markus, Übertragung und Abgeltung von Urlaub bei Krankheit: Die Entscheidungen des EuGH vom 20. Januar 2009 und des BAG vom 24. März 2009 in der Praxis der Anwender des TV-L und TVöD, ZTR (2009), 346–355.

Greif, Stefan, Der Anwendungsvorrang unionaler Grundrechte als neues Sanktionsmittel in Fällen nicht ordnungsgemäßer Umsetzung arbeitsrechtlicher EU-Richtlinien in der Rechtsprechung des EuGH, in: *Uffmann, Katharina/Dahm, Katharina (Hrsg.),* Vielfalt oder Chaos – aktuelle Probleme und Entwicklungen im deutschen und europäischen Arbeitsrecht, 2. Assistententagung im Arbeitsrecht 2012 in Mainz, Tübingen 2013, S. 43–74.

Grobys, Marcel, Urlaub und Krankheit – Die Karten sind neu gemischt!, NJW (2009), 2177–2179.

Grosse-Brockhoff, Simon/Tielmann, Anne, Update Urlaubsrecht: Verbleibende Gestaltungsmöglichkeiten für Arbeitgeber, GWR (2012), 552–555.

Gsellensetter, Catrin, Streitfall des Tages – Warum Jobwechsler mit Extraurlaub belohnt werden, Handelsblatt online v. 03.08.2012, http://www.handelsblatt.com/finanzen/recht-steuern/streitfall-des-tages/streitfall-des-tages-warum-jobwechsler-mit-extraurlaub-belohnt-werden/6938440.html (12.03.2014).

Handkommentar

- *Ahrendt, Martina/Däubler, Wolfgang,* Arbeitsrecht, Individualarbeitsrecht mit kollektivrechtlichen Bezügen, 3. Aufl., Baden-Baden 2013.

- *Hohmeister, Frank/Oppermann, Angelika,* Bundesurlaubsgesetz, 3. Aufl., Baden-Baden 2013.

Heer, Thomas/Wolters, Léon, Anmerkung zu BAG v. 07.08.2012 – 9 AZR 760/10, ZTR (2013), 22.

Heilmann, Joachim, Urlaubsrecht, 4. Aufl., Frankfurt am Main 2013.

Henssler, Martin, Arbeitsrecht und Schuldrechtsreform, RdA (2002), 129–140.

Henssler, Martin/Moll, Wilhelm, AGB-Kontrolle vorformulierter Arbeitsbedingungen, Klauselgestaltung auf der Grundlage der aktuellen Rechtsprechung, München 2011.

Henssler, Martin/Willemsen, Heinz Josef/Kalb, Heinz-Jürgen, Arbeitsrecht Kommentar, 5. Aufl., Köln 2012.

Herrmann, Christoph, Die negative unmittelbare Wirkung von Richtlinien in horizontalen Rechtsverhältnissen – Erwiderung auf T. Gas, Gastkommentar Heft 24/2005, S. 737, EuZW (2006), 69–70.

Heselhaus, Sebastian/Nowak, Carsten, Handbuch der Europäischen Grundrechte, München 2006.

Hohmeister, Frank, Anmerkung zu BAG v. 20.06.2000 – 9 AZR 405/99, AP BUrlG § 7 Nr. 28.

Höpfner, Clemens, Vertrauensschutz und Richterrecht, Zur Zulässigkeit rückwirkender Rechtsprechungsänderungen im Zivilrecht, RdA (2006), 156–165.

- Die systemkonforme Auslegung, Zur Auflösung einfachgesetzlicher, verfassungsrechtlicher und europarechtlicher Widersprüche im Recht, zugl. Univ. Diss. Konstanz, Tübingen 2008.

- Altersdiskriminierung und europäische Grundrechte – Einige methodische Bemerkungen zum Richterrecht des EuGH, ZfA (2010), 449–486.

- Das deutsche Urlaubsrecht in Europa – Zwischen Vollharmonisierung und Koexistenz, Teil 1, RdA (2013), 16–28.

- Das deutsche Urlaubsrecht in Europa – Zwischen Vollharmonisierung und Koexistenz, Teil 2, RdA (2013), 65–73.

Hoß, Axel, Der Urlaubsanspruch im Kündigungsschutzprozess, ArbRB (2004), 274–276.

Hromadka, Wolfgang, Betriebsvereinbarung über mitbestimmungspflichtige soziale Angelegenheiten bei Tarifüblichkeit: Zwei-Schranken-Theorie ade?, DB (1987), 1991–1994.

Hromadka, Wolfgang/Schmitt-Rolfes, Günter, Der unbefristete Arbeitsvertrag, München 2006.

Hueck, Götz, Der Grundsatz der gleichmässigen Behandlung im Privatrecht, München 1958.

Hümmerich, Klaus, Gestaltung von Arbeitsverträgen nach der Schuldrechtsreform, NZA (2003), 753–764.

Hümmerich, Klaus/Reufels, Martin, Gestaltung von Arbeitsverträgen, Kommentierte Klauseln und Musterverträge, 2. Aufl., Baden-Baden 2011.

Hunold, Wolf, 50 bewährte Muster-Betriebsvereinbarungen zwischen Arbeitgeber und Betriebsrat, Kissing 1981.

Jacobs, Matthias/Krause, Rüdiger/Oetker, Hartmut/Schubert, Claudia, Tarifvertragsrecht, 2. Aufl., München 2013.

Jarass, Hans D., Charta der Grundrechte der Europäischen Union, 2. Aufl., München 2013.

Jauernig, Othmar, Bürgerliches Gesetzbuch, 15. Aufl., München 2014.

Jesgarzewski, Tim, Keine Urlaubsabgeltung bei Tod des Arbeitnehmers, BB (2012), 1347–1349.

Junker, Abbo, Brennpunkte des Arbeitszeitgesetzes, ZfA (1998), 105–130.

Juris Praxiskommentar

- BGB, Allgemeiner Teil, Band 1, *Vieweg, Klaus,* 6. Aufl., Saarbrücken 2013.
- SGB IV, *Schlegel, Rainer,* 2. Aufl., Saarbrücken 2011.
- SGB IX, Rehabilitaion und Teilhabe behinderter Menschen, *Kreitner, Jochen/Luthe, Ernst-Wilhelm,* Saarbrücken 2010.

Kaiser, Heinrich/Dunkl, Hans/Hold, Dieter/Kleinsorge, Georg, Entgeltfortzahlungsgesetz, 5. Aufl., Köln 2000.

Kamanabrou, Sudabeh, Urlaubsabgeltung bei krankheitsbedingter Arbeitsunfähigkeit nach der Schultz-Hoff-Entscheidung des EuGH, SAE (2009), 233–238.

Kempen, Otto Ernst/Zachert, Ulrich, Tarifvertragsgesetz, 5. Aufl., Frankfurt am Main 2014.

Kiefer, Karl-Heinz, Ausschlußfristen – überholte Regelungen?, NZA (1988), 785–789.

Kleinebrink, Wolfgang, In der Krise: Arbeitsrechtliche Möglichkeiten zur Verringerung des Volumens der Arbeitszeit, DB (2009), 342–346.

– Erholung ohne Ärger, Tipps und Muster für eine Betriebsvereinbarung über allgemeine Urlaubsgrundsätze, ArbRB (2013), 257–260.

Knauß, Ferdinand, Das klassische Statussymbol hat ausgedient, Wirtschaftswoche online v. 06.08.2013, http://www.wiwo.de/erfolg/trends/status-das-klassische-statussymbol-hat-ausgedient/8601148.html (zuletzt besucht am 12.03.2014).

Kohte, Wolfhard, Kontinuität und Bewegung im Urlaubsrecht, BB (1984), 609–624.

– Urlaubsrechtliche Reminiszenzen und organisationsvertragliche Perspektiven, in: *Bauer, Jobst-Hubertus/Schwerdtner, Peter/Boewer, Dietrich (Hrsg.),* Festschrift für Peter Schwerdtner zum 65. Geburtstag, Neuwied 2003, S. 99–115.

Kohte, Wolfhard/Beetz, Claudia, Anmerkung 1 zu BAG v. 24.03.2009 – 9 AZR 983/07, jurisPR-ArbR (2009).

Kreikebohm, Ralf, Sozialgesetzbuch, SGB IV, München 2008.

Kreikebohm, Ralf/Spellbrink, Wolfgang/Waltermann, Raimund, Kommentar zum Sozialrecht, 3. Aufl., München 2013.

Krieger, Steffen/Arnold, Christian, Urlaub 1. + 2. Klasse – Das BAG folgt der Schultz-Hoff-Entscheidung EuGH, NZA (2009), 530–533.

Kunz, Anne, Hochleistungsarbeiter fürchten sich vor Auszeit, Die Welt v. 06.01.2014, http://www.welt.de/wirtschaft/article123552214/Hochleistungs arbeiter-fuerchten-sich-vor-der-Auszeit.html (zuletzt besucht am 12.03.2014)

Künzl, Reinhard, Befristung des Urlaubsanspruchs, BB (1991), 1630–1635.

Küttner, Wolfdieter/Röller, Jürgen, Personalbuch 2013, Arbeitsrecht, Lohnsteuerrecht, Sozialversicherungsrecht, 20. Aufl., München 2013; 3. Aktualisierung, Rechtsstand 1.1.2014.

Langer, Karl A., Gesetzliche und vereinbarte Ausschlußfristen im Arbeitsrecht, München 1993.

Larenz, Karl/Canaris, Claus-Wilhelm, Methodenlehre der Rechtswissenschaft, 3. Aufl., Berlin 1995.

Leinemann, Wolfgang/Linck, Rüdiger, Urlaubsrecht, 2. Aufl., München 2001.

Lepke, Achim, Die Gewährung gesetzlichen Erholungsurlaubs, DB – Beilage Nr. 10 (1988), S. 7.

Leuchten, Alexius/Klapper, Corinne, Urlaubsanspruch bei Kurzarbeit, Zugleich Besprechung des EuGH-Urteils vom 8.11.2012 (Heimann/Toltschin/Kaiser), ZESAR (2013), 114–117.

Liebscher, Christopher, Die neue Urlaubsrechtsprechung bei Arbeitsunfähigkeit, öAT (2010), 11–15.

Liebscher, Christopher/Dülk, Fabian, Anmerkung zu BAG v. 14.05.2013 - 9 AZR 844/11, öAT (2013), 187.

van Lijnden, Constantin Baron, Sabbaticals für Asscociates – Ein Jahr in vier Wochen, Legal Tribune Online v. 11.09.2013, http://www.lto.de/recht/job-karriere/j/grosskanzlei-sabbatical-associate-work-life-balance-freizeit-urlaub-arbeitszeit/ (zuletzt besucht am 12.03.2014).

Linck, Rüdiger/Schütz, Friedrich, Möglichkeiten und Grenzen der Vertragsgestaltung im Urlaubsrecht, in: *Düwell, Franz Josef/Leinemann, Wolfgang/Stückemann, Wolfgang u. a. (Hrsg.),* Bewegtes Arbeitsrecht, Festschrift für Wolfgang Leinemann zum 70. Geburtstag, Neuwied 2006, S. 171–190.

Lingemann, Stefan, Anmerkung zu BAG v. 16.07.2013 – 9 AZR 50/12, ArbRAktuell (2013), 520.

Link, Lara, Anmerkung zu EuGH v. 19.01.2010 – C-555/07, NJW (2010), 430–431.

Linsenmaier, Wolfgang, Befristung und Bedingung, Ein Überblick über die aktuelle Rechtsprechung des Siebten Senats des BAG unter besonderer Berücksichtigung des Unionsrechts und des nationalen Verfassungsrechts, RdA (2012), 193–210.

Lobinger, Thomas, Vertragsfreiheit und Diskriminierungsverbote – Privatautonomie im modernen Zivil- und Arbeitsrecht in *Isensee, Josef* (Hrsg.), Vertragsfreiheit und Diskriminierung, Berlin 2007.

Löhr, Julia, Freizeit als Statussymbol, FAZ v. 10.06.2013, http://www.faz.net/aktuell/beruf-chance/arbeitswelt/generation-y/generationy-freizeit-als-statussymbol-12212620.html (zuletzt besucht am 12.03.2014).

Löwisch, Manfred/Rieble, Volker, Tarifvertragsgesetz, 3. Aufl., München 2012.

Maschmann, Frank/Sieg, Rainer/Göpfert, Burkard, Vertragsgestaltung im Arbeitsrecht, Arbeits- und Anstellungsverträge, München 2012.

Matthes, Hans-Christoph, ABC zu Urlaub, Krankheit, Entgeltfortzahlung, 2. Aufl., Bonn 1995.

Matthiessen, Michael, Arbeitsvertragliche Ausschlussfristen, Baden-Baden 2007.

Maunz, Theodor/Dürig, Günter, Grundgesetz, 68. Aufl., München 2013.

Maus, Wilhelm, Urlaubsgesetz und Hausarbeitstaggesetz für Niedersachsen, Göttingen 1950.

Mayer-Mali, Theo, Die Bedeutung des tatsächlichen Parteiwillens für den hypothetischen, in: *Jakobs, Horst Heinrich u. a. (Hrsg.),* Festschrift für Werner Flume zum 70. Geburtstag, Band I, Köln 1978.

Mestwerdt, Wilhelm, Anmerkung 2 zu ArbG Berlin v. 22.04.2009 – 56 Ca 21280/08, Urlaubsabgeltung trotz mehrjähriger Arbeitsunfähigkeit, jurisPR-ArbR (2009).

Meyer, Michael, Der Freistellungsvertrag, NZA (2011), 1249–1254.

Münchener Anwaltshandbuch Arbeitsrecht, Moll, Wilhelm, 3. Aufl., München 2012.

Münchener Handbuch zum Arbeitsrecht

- Band 1 – Individualarbeitsrecht I, *Richardi, Reinhard/Wißmann, Hellmut/Wlotzke, Otfried/Oet-ker, Hartmut,* 3. Aufl., München 2009.

- Band 1 – Individualarbeitsrecht I, *Richardi, Reinhard/Wlotzke, Otfried,* 2. Aufl., München 2000.

Münchener Kommentar zum Bürgerlichen Gesetzbuch, Säcker, Franz Jürgen/Rixecker, Roland, 6. Aufl., München 2012

- Band 1 – Allgemeiner Teil, §§ 1–240, ProstG, AGG, *Säcker, Franz Jürgen (Red.).*

- Band 2 – Schuldrecht Allgemeiner Teil, §§ 241 – 432, *Krüger, Wolfgang (Red.).*

- Band 4 – Schuldrecht Besonderer Teil II, §§ 611–704, EFZG, TzBfG, KSchG, *Henssler, Martin (Red.).*

Natzel, Benno, Bundesurlaubsrecht, 4. Aufl., Düsseldorf 1988.

Natzel, Ivo, Tilgungsbestimmung – Heilmittel im Urlaubsrecht?, NZA (2011), 77–79.

- Nehmen ist (manchmal) seliger denn Geben – Rückzahlungsklauseln schwer gemacht, Besprechungsaufsatz zum BAG-Urteil vom 21.8.2012 – 3 AZR 698/10, SAE (2013), 86–90.

Neumann, Dirk/Biebl, Josef, Arbeitszeitgesetz, 16. Aufl., München 2013.

Neumann, Dirk/Fenski, Martin, Bundesurlaubsgesetz, 10. Aufl., München 2011.

Neumann-Duesberg, Horst, Betriebsverfassungsrecht 1960.

Nikisch, Arthur, Die sogenannte Urlaubszwölftelung, BB (1959), 119–122.

Nipperdey, Hans Carl (Begr.)/Kortstock, Ulf, Nipperdey Lexikon Arbeitsrecht, 19. Ed., München 2013.

Oberthür, Nathalie, Urlaubsanspruch bei Langzeiterkrankung – Änderung der Rechtsprechung, ArbRB (2009), 150–153.

– Vertraglicher Zusatzurlaub – Gestaltungsspielräume sinnvoll nutzen, ArbRB (2009), 278–281.

– Der Verfall des Urlaubsabgeltungsanspruchs durch Ausschlussfristen, Folgerungen aus der Aufgabe der „Surrogatstheorie", ArbRB (2013), 225–228.

von Oettingen, Anna/Rabenschlag, David, Europäische Richtlinien und allgemeiner Gleichheitssatz im innerstaatlichen Recht – Anmerkungen anlässlich des Mangold-Urteils des EuGH, ZEuS (2006), 363–380.

Palandt, Otto/Bassenge, Peter, Bürgerliches Gesetzbuch, 73. Aufl., München 2014.

Persch, Sven, Kuriosa des Befristungsrechts, NZA (2012), 1079–1082.

Picker, Christian, Urlaubsanspruch trotz Dauererkrankung: Die Schultz-Hoff-Entscheidung des EuGH und ihre Folgen, ZTR (2009), 230–240.

Picker, Eduard, Anmerkung zu BAG v. 18.03.1981 – 5 AZR 952/78 AP BGB § 611 Gratifikation Nr. 170.

Polzer, Nikolaus, Die Befristung des Urlaubsanspruchs auf das Kalenderjahr, Baden-Baden 2011.

Pötters, Stephan, Anmerkung zu EuGH v. 24. 1. 2012 – C-282/10 (Dominguez), EuZW (2012), 345–346.

Pötters, Stephan/Christensen, Ralph, Richtlinienkonforme Rechtsfortbildung und Wortlautgrenze, JZ (2011), 387–394.

Pötters, Stephan/Stiebert, Tom, Fallstricke im Urlaubsrecht – Weiterhin keine Rechtssicherheit für die Praxis?, NJW (2012), 1034–1039.

– Neuausrichtung des deutschen Urlaubsrechts – Wie weit reichen die Konsequenzen der Rechtsprechung des EuGH?, ZESAR (2012), 23–28.

Powietzka, Arnim/Christ, Florian, Urlaubsanspruch im ruhenden Arbeitsverhältnis – oder doch nicht?, NZA (2013), 18–23.

Powietzka, Arnim/Fallenstein, Diana, Urlaubsklauseln in Arbeitsverträgen – Regelungsbedarf und Gestaltungsmöglichkeiten nach der „Schultz-Hoff"-Entscheidung, NZA (2010), 673–679.

Powietzka, Arnim/Rolf, Christian, BUrlG, Kommentar zum Bundesurlaubsgesetz, Köln 2012.

Preis, Ulrich, Arbeitsrecht, Verbraucherschutz und Inhaltskontrolle, NZA-Beilage (2003), 19–33.

– AGB-Recht und Arbeitsrecht – Eine Zwischenbilanz, NZA-Beilage (2006), 115–122.

– Verbot der Altersdiskriminierung als Gemeinschaftsgrundrecht – Der Fall „Mangold" und die Folgen, NZA (2006), 401–410.

– Sonderzahlungen im Wandel von Praxis und Dogmatik, SR (2012), 101–123.

– Der Arbeitsvertrag, Handbuch der Vertragsgestaltung, 4. Aufl., Köln 2011.

Preis, Ulrich/Lindemann, Viola, Anmerkung zu BAG v. 12.01.2005 – 5 AZR 364/04, AuR (2005), 229–232.

Preis, Ulrich/Sagan, Adam, Der Freiwilligkeitsvorbehalt im Fadenkreuz der Rechtsgeschäftslehre, Chronik eines angekündigten Todes, NZA (2012), 697–707.

– Wider die Wiederbelebung des Freiwilligkeitsvorbehalts!, NZA (2012), 1077–1079.

Preis, Ulrich/Temming, Felipe, Der EuGH, das BVerfG und der Gesetzgeber – Lehren aus Mangold II, NZA (2010), 185–198.

Pulz, Fabian, Anmerkung 5 zu LAG Berlin-Brandenburg v. 02.10.2009 – 6 Sa 1215/09; 6 Sa 1536/09; 6 Sa 1215/09; 6 Sa 1536/09, Zusatzurlaub schwerbehinderter Menschen bei dauerhafter Arbeitsunfähigkeit, jurisPR-ArbR (2010).

Rechtswörterbuch, Ausschlussfrist, http://www.rechtswoerterbuch.de/recht/a/ausschlussfrist/ (zuletzt besucht am 12.03.2014).

Reich, Norbert, Anmerkung zu EuGH v. 22.11.2005 – C-144/04 EuZW 2006, 20–22.

Reinecke, Gerhard, Vertragskontrolle im Arbeitsverhältnis, NZA-Beilage (2000), 23–33.

– Urlaub in der Kündigungsfrist, AuR (2013), 19–23.

Richardi, Reinhard, Betriebsverfassungsgesetz mit Wahlordnung, 14. Aufl., München 2014.

Richter, Hanns-Uwe/Lange, Björn, Kontrolle von Freistellungs- und Ausschlussklauseln in Arbeitsverträgen mit Fußballbundesliga-Trainern, NZA-RR (2012), 57–61.

Riesenhuber, Karl, Anmerkung zu BAG v. 23.03.2006 – 2 AZR 343/05, AP KSchG 1969 § 17 Nr. 21.

von Roetteken, Torsten, Allgemeines Gleichbehandlungsgesetz AGG – Kommentar zu den arbeits- und dienstrechtlichen Regelungen, Band 1, 30. Aktualisierung, Heidelberg 2013.

Roggendorff, Peter, Arbeitszeitgesetz (ArbZG), München 1994.

Rudkowski, Lena, Die Umrechnung des Urlaubsanspruchs bei Kurzarbeit und ihre Vereinbarkeit mit der Arbeitszeitrichtlinie, NZA (2012), 74–78.

– Zur Umrechnung des Urlaubsanspruchs bei Kurzarbeit, EuZA (2013), 260–267.

Rummel, Hans Georg, Anmerkung zu BAG v. 24.03.2009 – 9 AZR 983/07, AuR (2009), 217–218.

– Konsequenzen aus der EuGH-Entscheidung Schultz-Hoff für die Urlaubsrechtsprechung in Deutschland, AuR (2009), 160–164.

Schaub, Günter, Arbeitsrechts-Handbuch

– 14. Aufl., München 2011.

– 15. Aufl., München 2013.

Schaub, Günter/Schrader, Peter/Straube, Gunnar/Vogelsang, Hinrich, Arbeitsrechtliches Formular- und Verfahrenshandbuch, 10. Aufl., München 2013.

Schiek, Dagmar, Auslegung von § 17 KSchG im Lichte der Rechtsprechung des EuGH, Aspekte der vor dem BAG schwebenden Verfahren, AuR (2006), 41–45.

– Grundsätzliche Bedeutung der gemeinschaftsrechtlichen Diskriminierungsverbote nach der Entscheidung Mangold, AuR (2006), 145–150.

Schindele, Friedrich, Anmerkung zu LAG Köln v. 08.11.2012 – 7 Sa 767/12, ArbR-Aktuell (2013), 482.

Schipper, Jan/Polzer, Nikolaus, Die Vererblichkeit des Urlaubsabgeltungsanspruchs – Die Rechtsprechung im Wandel?, NZA (2011), 80–83.

Schlachter, Monika, Entwicklungen im Individualarbeitsrecht unter dem Einfluss der Rechtsprechung des EuGH – erforderliche und entbehrliche Veränderungen, RdA (2009), Sonderbeilage Heft 5, 31–40.

Schliemann, Harald, ArbZG, Kommentar zum Arbeitszeitgesetz mit Nebengesetzen, Neuwied 2009.

Schlottfeldt, Christian, Europarechtliche „Baustellen“ des deutschen Urlaubsrechts, ZESAR (2013), 222–232.

Schmid, Michael J., Verrechnung von Teilzahlungen auf Mietnebenkosten, NZM (2001), 705.

Schmitt, Jochem, Entgeltfortzahlungsgesetz und Aufwendungsausgleichsgesetz, 7. Aufl., München 2012.

Schnorr von Carolsfeld, Ludwig, Arbeitsrecht, Göttingen 1954.

Schubert, Claudia, Der Erholungsurlaub zwischen Arbeitsschutz und Entgelt, NZA (2013), 1105–1112.

Schubert, Jens M., Anmerkung zu EuGH v. 19.01.2010 – C-555/07, EuZW (2010), 180–183.

Schulze, Reiner/Zuleeg, Manfred/Kadelbach, Stefan/Beljin, Saša, Europarecht, 2. Aufl, Baden-Baden 2010.

Schwarze, Jürgen/Becker, Ulrich/Bär-Bouyssière, Bertold, EU-Kommentar, 3. Aufl., Baden-Baden 2012.

Sedlmeier, Johannes, Anmerkung zu EuGH v. 20.01.2009 – C-350/06 und C-520/06 – Urlaubsabgeltung ohne Grenzen, Urteil des Europäischen Gerichtshofs vom 20.01.2009 – Rechtssachen Schutz-Hoff/Stringer – und seine Rezeption im Urteil des Bundesarbeitsgerichts vom 24.03.2009, EuZA (2010), 88–99.

Seifert, Achim, Mangold und kein Ende – die Entscheidung der Großen Kammer des EuGH v. 19.1.2010 in der Rechtssache Kücükdeveci, EuR (2010), 802–811.

– Zur Horizontalwirkung sozialer Grundrechte, EuZA (2013), 299–311.

Siara, Berthold, Urlaub im gekündigten Arbeitsverhältnis, DB (1979), 2276–2279.

Sibben, Ralf, Das Urlaubsgeld, DB (1997), 1178–1185.

Singer, Reinhard, Arbeitsvertragsgestaltung nach der Reform des BGB, RdA (2003), 194–204.

– BAG: Freiwilligkeitsvorbehalt beim Entgelt – Besprechung des Urteils, BAG v. 25.04.2007 – 5 AZR 627/06, RdA (2008), 246–248.

Soergel, Bürgerliches Gesetzbuch, Siebert, Wolfgang/Bauer, Jürgen F., 13. Aufl.

– Band 5/3:Schuldrecht 3/3 – §§ 328–432, *Pfeiffer, Thomas (Red.),* Stuttgart 2010

Sponer, Wolf-Dieter/Steinherr, Franz, Tarifvertrag für den öffentlichen Dienst, Heidelberg 2006.

Staudinger, Kommentar zum Bürgerlichen Gesetzbuch, Neubearbeitung

- Erstes Buch, Einleitung zum BGB und Allgemeiner Teil 1, §§ 1–14, Verschollenheitsgesetz, *Abeltshauser, Thomas E./Habermann, Norbert/Honsell, Heinrich/Roth, Herbert/Weick, Günter,* Berlin 2004.
- Erstes Buch, Einleitung zum BGB und Allgemeiner Teil 1, §§ 1–14, Verschollenheitsgesetz, *Habermann, Norbert/Honsell, Heinrich/Kannowski, Bernd/Roth, Herbert,* Berlin 2013.
- Erstes Buch, Allgemeiner Teil 4b, §§ 139–163, *Bork, Reinhard/Roth, Herbert/Habermann, Norbert,* Berlin 2010.
- Erstes Buch, Allgemeiner Teil 5, §§ 164–240, *Habermann, Norbert/Peters, Frank/Jacoby, Florian/Gursky, Karl-Heinz/Repgen, Tilman/Schilken, Eberhard,* Berlin 2009.
- Zweites Buch, Recht der Schuldverhältnisse, Einleitung zum Schuldrecht: §§ 241–243, *Looschelders, Dirk/Olzen, Dirk/Schiemann, Gottfried/Martinek, Michael,* Berlin 2009.
- Zweites Buch, Recht der Schuldverhältnisse, Recht der Allgemeinen Geschäftsbedingungen, §§ 305 – 310, UKlaG, *Coester, Michael/Coester-Waltjen, Dagmar/Krause, Rüdiger/Schlosser, Peter/Martinek, Michael,* Berlin 2013.
- Zweites Buch, Recht der Schuldverhältnisse, §§ 362–396, *Gursky, Karl-Heinz/Löwisch, Manfred/Olzen, Dirk/Repgen, Tilman/Strätz, Hans-Wolfgang,* Berlin 2011.
- Zweites Buch, Recht der Schuldverhältnisse, §§ 397–432, *Busche, Jan/Looschelders, Dirk/Rieble, Volker,* Berlin 2012.
- Zweites Buch, Recht der Schuldverhältnisse, §§ 611–615, *Annuß, Georg/Reuter, Dieter/ Router, Dieter/Richardi, Reinhard,* Berlin 2005.
- Zweites Buch, Recht der Schuldverhältnisse, Ungerechtfertigte Bereicherung, §§ 812 – 822, *Lorenz, Stephan/Horn, Norbert,* Berlin 2007.

Stiebert, Tom/Pötters, Stephan, Anmerkung zu EuGH v. 22. 11. 2011 – C-214/10, EuZW (2011), 960–961.

- Anmerkung zu EuGH v. 03.05.2012 – C-337/10 (Neidel), NVwZ (2012), 690–692.
- Der schleichende Tod der Surrogatstheorie, Zugleich eine Anmerkung zu BAG v. 19.06.2012 – 9 AZR 652/10, NZA (2012), 1334–1339.
- Anmerkung zu EuGH v. 11.04.2013 – C-335/11, C 337/11 EzA EG-Vertrag 1999 Richtlinie 2000/78 Nr. 31, 23–33.

Stoffels, Markus, Der Vertragsbruch des Arbeitnehmers, Zugleich ein Beitrag zu den Grenzen der Vereinbarungsfreiheit im Arbeitsverhältnis, Heidelberg 1994.

– Anmerkung zu BAG v. 20.06.2000 – 9 AZR 405/99, SAE (2001), 331–333.

– Schranken der Inhaltskontrolle, JZ (2001), 843–849.

– AGB-Recht, 2. Aufl., München 2009.

– Grundfragen der Inhaltskontrolle von Arbeitsverträgen, ZfA (2009), 861–895.

Streblow, Jürgen, Erholungsurlaub trotz Krankheit, Heidelberg 1986.

Strick, Kerstin, Freiwilligkeitsvorbehalt und Widerrufsvorbehalt – Der Wille als Bedingung, NZA (2005), 723–726.

Strybny, Derk, Anmerkung zu EuGH v. 22.11.2005 – C-144/04 BB 2005, 2753–2754.

Subatzus, Volker, Übertragung von Urlaubsansprüchen bei Arbeitsunfähigkeit, Anmerkungen zum EuGH-Urteil vom 20.01.2009 – C-350/06, DB (2009), 510–512.

Suckow, Jens/Klose, Oliver, Das Bundesurlaubsgesetz unter Luxemburger Auspizien – Europarecht als Probierstein deutschen Urlaubsrechts, JArbR (2012), 59–78.

Suckow, Jens/Striegel, Bernhard/Niemann, Jan-Malte, Der vorformulierte Arbeitsvertrag, Leitfaden für die Praxis, Köln 2011.

Suttner, Susanna/Deeg, Oliver, Die Zuweisung von Urlaub im Rahmen der ordentlichen Kündigung, ArbRAktuell (2011), 630.

Tamm, Adolf, Die Verwirkungsklauseln in den Tarifverträgen, RdA (1959), 450–453.

Thumser, Walther, Das bayerische Urlaubsgesetz vom 11. Mai 1950 mit Durchführungsvorschriften vom 15. Juni 1950, Rosenheim 1950.

Thüsing, Gregor, Das Mitbestimmungsrecht des Betriebsrats bei der Ausgestaltung freiwilliger Jahressonderzahlungen, DB (1997), 1130–1136.

– Was sind Besonderheiten des Arbeitsrechts?, NZA (2002), 591–595.

– Europarechtlicher Gleichbehandlungsgrundsatz als Bindung des Arbeitgebers? – Kritische Gedanken zu EuGH v. 22.11.2005 – C 144/04, ZIP 2005, 2171 – Mangold/Helm, ZIP (2005), 2149–2151.

– AGB-Kontrolle im Arbeitsrecht, München 2007.

Thüsing, Gregor/Pötters, Stephan/Stiebert, Tom, Neues aus Luxemburg: Aktuelle Rechtsprechung des EuGH zu den Diskriminierungsverboten und zum Urlaubsrecht, RdA (2012), 281–291.

Thüsing, Gregor/Stiebert, Tom, Neues zum Urlaubsrecht – Fortsetzung oder Abkehr von der Entscheidung Schultz-Hoff?, Anmerkung zu EuGH v. 04.05.2010 – C 214/10 (KHS), ZESAR (2010), 476–479.

Tillmanns, Kerstin, Zum Vertrauensschutz im Arbeitsvertragsrecht, in: *Bauer, Jobst-Hubertus/Buchner, Herbert (Hrsg.),* Festschrift für Herbert Buchner zum 70. Geburtstag, München 2009, S. 885–897.

Treber, Jürgen, EFZG, Kommentar zum Entgeltfortzahlungsgesetz und zu den wesentlichen Nebengesetzen, 2. Aufl., Köln 2007.

Ulmer, Peter, Teilunwirksamkeit von teilweise unangemessenen AGB-Klauseln? – Zum Verhältnis von geltungserhaltender Reduktion und ergänzender Vertragsauslegung, NJW (1981), 2025–2033.

Ulmer, Peter/Brandner, Hans Erich/Hensen, Horst-Diether, AGB-Recht, Kommentar zu den §§ 305–310 BGB und zum UKlaG, 11. Aufl., Köln 2011.

Ulrici, Bernhard, Anmerkung zu BAG v. 20.05.2008 - 9 AZR 382/07 AP BGB § 307 Nr. 35.

Vogelsang, Hinrich, Entgeltfortzahlung, München 2003.

Wahrig, Gerhard (Begr.)/Wahrig-Burfeind, Renate (Hrsg.), Deutsches Wörterbuch, Mit einem Lexikon der Sprachlehre, 9. Aufl., Gütersloh 2011.

Walker, Wolf-Dietrich, Verhältnis zwischen Kurzarbeit und Urlaub, SAE (2010), 70–73.

Wank, Rolf, Altersgrenzen in Tarifverträgen nach der EuGH-Rechtsprechung, in: *Thüsing, Gregor (Hrsg.),* Arbeitsgerichtsbarkeit und Wissenschaft : Festschrift für Klaus Bepler zum 65. Geburtstag, München 2012, S. 585–603.

Weber, Hansjörg, Die Ausschlussfrist im Arbeitsrecht, Berlin 1983.

Weiler, Karl-Heinz/Rath, Ralf, Der Urlaub nach Ausspruch einer Kündigung, NZA (1987), 337–341.

von Westphalen, Friedrich Graf/Thüsing, Gregor, Vertragsrecht und AGB-Klauselwerke, Klauselwerke, Arbeitsverträge, München 2013.

Wicht, Susanne, Urlaub im ruhenden Arbeitsverhältnis – Lösungsansätze für die anstehende BAG-Entscheidung -, BB (2012), 1349–1353.

Wiedemann, Herbert, Tarifvertragsgesetz, 7. Aufl., München 2007.

– Anmerkung zu EuGH v. 22.11.2005 – C-144/04 AP Richtlinie 2000/78/EG Nr. 1.

Willemsen, Heinz Josef/Sagan, Adam, Die Auswirkungen der europäischen Grundrechtecharta auf das deutsche Arbeitsrecht, NZA (2011), 258–262.

Wissenschaftlicher Beirat für Familienfragen, Gerechtigkeit für Familien, Zur Begründung und Weiterentwicklung des Familienlasten- und Familienleistungsausgleichs, Stuttgart 2001.

Wißmann, Hellmut, Vertrauensschutz – europäisch und deutsch, in: *Baeck, Ulrich/Bauer, Jobst-Hubertus (Hrsg.),* Festschrift für Jobst-Hubertus Bauer zum 65. Geburtstag, München 2010, S. 1161–1169.

Wlotzke, Otfried/Preis, Ulrich/Kreft, Burghard, Betriebsverfassungsgesetz, 4. Aufl., München 2009.

Woerz, Anja/Klinkhammer, Patrick, Arbeitsrechtliche Regelungen zur Beschränkung von Nebentätigkeiten, ArbRAktuell (2012), 183.

Wolf, Manfred/Lindacher, Walter F./Pfeiffer, Thomas, AGB-Recht, 6. Aufl., München 2013.

Zöllner, Wolfgang, Die Sperrwirkung des § 59 BetrVG, in: *Dietz, Rolf (Hrsg.),* Festschrift für Hans Carl Nipperdey, zum 70. Geburtstag, 21. Januar 1965, Band II, München 1965, S. 699–720.

Osnabrücker Schriften zum Unternehmens- und Wirtschaftsrecht

Herausgegeben von Andreas Fuchs, Markus Stoffels und Dirk A. Verse

Band 1 Malte Richter: Die Verwendung von Ratings zur Regulierung des Kapitalmarkts. Eine vergleichende Untersuchung nach US-amerikanischem und deutschem Recht. 2008.

Band 2 Dietmar Haffa: Lock-up Vereinbarungen – Veräußerungsbeschränkungen für Altaktionäre beim Börsengang. 2008.

Band 3 Martin Eimer: Zeichnungsverträge und Zeichnungsvorverträge. Zu den Rechten und Pflichten aus dem Vertrag über die Vorerhöhungsgesellschaft. 2009.

Band 4 Tobias Mischitz: Die Bedeutung von Nachfragemacht für die Beurteilung von Einkaufskooperationen im EG-Kartellrecht. 2008.

Band 5 Matthias Decker: Öffentlich-rechtlicher Rechtsschutz der Zielgesellschaft und ihrer Aktionäre in Übernahmesituationen. Eine materiell- und prozessrechtliche Analyse. 2009.

Band 6 Tim Gero Joppich: Die Kodifikation des Transparenzgebots in § 307 BGB. Die Prinzipien der Transparenzkontrolle unter besonderer Berücksichtigung der Arbeitsvertragskontrolle. 2009.

Band 7 Rachid René Wiersch: Der gutgläubige Erwerb von GmbH-Anteilen. 2009.

Band 8 Oliver Kirchwehm: Reformen der Corporate Governance in Japan und Deutschland. Eine gesellschaftsrechtliche Betrachtung. 2010.

Band 9 Christian Spruß: Die Einbeziehung Allgemeiner Geschäftsbedingungen im deutschen Recht unter besonderer Berücksichtigung des europäischen Rechts und des UN-Kaufrechts. 2010.

Band 10 Jost Onstein: Der Beirat einer mittelständischen GmbH als Instrument guter Unternehmensführung. Ein Beitrag zur Corporate Governance-Diskussion in kleinen und mittleren Familienunternehmen. 2010.

Band 11 Verena Förster: Die Vereinbarung variabler Zinssätze in AGB. 2010.

Band 12 Christian Karbaum: Kartellrechtliche Compliance - Rechtsgrundlagen und Umsetzung. 2010.

Band 13 Dirk Schnelle: Die Berufsbildung der Volontäre und Praktikanten. 2010.

Band 14 Hanno Teuber: Die Beeinflussung von Börsenkursen. Kurspflege und Marktmanipulation. 2011.

Band 15 Michael Berkemeyer: Die Leihgabe von Berufssportlern. 2011.

Band 16 Adrian Jaglarz: Die fusionskontrollrechtliche Behandlung von Immaterialgüterrechtsakquisitionen im US-amerikanischen, europäischen und deutschen Recht. 2012.

Band 17 Philipp Loosen: Reformbedarf im Spruchverfahren. Empirische Analyse, Rechtsvergleich mit US-amerikanischem Recht und Reformvorschläge. 2013.

Band 18 Zacharias-Alexis Schneider: Kapitalschutz nach dem Bilanzrechtsmodernisierungsgesetz. 2014.

Band 19 Miriam Sprink: Vertragliche Gestaltung von Urlaub. Möglichkeiten und Grenzen. 2015.

www.peterlang.com